"十四五"职业教育国家规划教材

普通高等院校汽车工程类系列教材

汽车电子控制基础

（第3版）

鲁植雄 主 编

邓晓亭 许 凌 副主编

鲁 杨 徐 煌 参 编

清华大学出版社

北京

内容简介

本书以电子学、控制理论中的基本原理为出发点，综合讲述了汽车电子学方面的基础知识，主要包括汽车电子电路基础、汽车传感器、汽车电子控制单元、汽车执行器、控制理论在汽车上的应用、汽车网络系统等知识。

本书适合车辆工程、汽车服务工程、交通运输等专业的学生使用，也可供汽车爱好者学习参考。

图书在版编目(CIP)数据

汽车电子控制基础 / 鲁植雄主编.—3 版.—北京：清华大学出版社，2021.7(2023.9重印)
ISBN 978-7-302-58294-6

Ⅰ. ①汽…　Ⅱ. ①鲁…　Ⅲ. ①汽车－电子控制－高等学校－教材　Ⅳ. ①U463.602.7

中国版本图书馆 CIP 数据核字(2021)第 105901 号

责任编辑：许　龙
封面设计：常雪影
责任校对：赵丽敏
责任印制：丛怀宇

出版发行：清华大学出版社
网　　址：http://www.tup.com.cn，http://www.wqbook.com
地　　址：北京清华大学学研大厦 A 座　　邮　　编：100084
社 总 机：010-83470000　　邮　　购：010-62786544
投稿与读者服务：010-62776969，c-service@tup.tsinghua.edu.cn
质量反馈：010-62772015，zhiliang@tup.tsinghua.edu.cn
印 装 者：三河市君旺印务有限公司
经　　销：全国新华书店
开　　本：185mm×260mm　　印　　张：19.75　　字　　数：477 千字
版　　次：2011 年 4 月第 1 版　　2021 年 7 月第 3 版　　印　　次：2023 年 9 月第3 次印刷
定　　价：59.00 元

产品编号：092584-01

前　　言

电子控制技术在汽车上得到了迅速应用与发展，各种汽车新型电子控制装置与设备不断涌现，与日俱增，大大提高了汽车的动力性、经济性、安全性、舒适性、操稳性等各种性能。为了适应汽车电子控制技术高速发展，跟踪该领域的发展动向，满足高等院校对“汽车电子控制基础”课程的改革要求，现推出第3版。第3版主要修订内容如下：

(1) 修改了第2版中的文字和图形错误。

(2) 增加了新型汽车传感器、执行器，如超声波雷达、毫米波雷达、激光雷达、电动汽车驱动电机等。

(3) 删减了已淘汰的内容。

(4) 进一步完善了本书的电子课件。

各高等院校汽车类相关专业一般开设了“汽车电子控制技术”专业课，但此课程涉及电子控制基本原理却很少，学生学习感到困难，不易理解。《汽车电子控制基础》教材可视为《汽车电子控制技术》的姊妹篇。本书的编写思想是以电子学、控制理论中的基本原理为出发点，综合讲述了汽车电子控制方面的基础知识，主要包括汽车电子电路基础、汽车传感器、汽车电子控制单元、汽车执行器、控制理论在汽车上的应用、汽车网络系统等知识。

本书由南京农业大学鲁植雄教授任主编，并负责全书统稿，南京农业大学邓晓亭和南京工业大学浦江学院许凌任副主编。南京农业大学鲁杨、南京工业职业技术大学徐煌参编。编写分工如下：鲁植雄编写第1章和第6章，许凌编写第2章和第4章，邓晓亭编写第3章，徐煌编写5章，鲁杨编写第7章。

本书由东南大学陈南教授任主审。陈南教授仔细地阅读了全书的原稿，并提出了许多建设性的意见，在此表示最诚挚的谢意。

本书在编写过程中，参阅了大量相关图书和文献资料。在此，编者向有关文章的作者表示衷心的感谢。

为了方便教师授课，本书配有PPT课件，可免费赠送给采用本书作为教材的教师，可以联系作者或出版社获取。

由于编者水平有限，加之经验不足，书中难免有错误和疏漏之处，恳请广大读者批评斧正。

编　者

2021年3月

目　　录

第1章　绪　　论

1.1　电子学与微电子学

电子学(electronics)是一门以应用为主要目的的科学和技术，它主要研究电子的特性和行为以及电子器件。电子技术则是应用电子学的原理设计和制造电路、电子器件来解决实际问题的科学。电子学涉及很多的科学门类，包括物理、化学、数学、材料科学等。电子学是以电子运动和电磁波及其相互作用的研究和利用为核心而发展起来的，它作为新的信息作业手段获得了蓬勃发展。

1. 电子学的发展

电子学是在早期的电磁学和电工学的基础上发展起来的。

在电子学诞生之前，人类对于电磁现象的研究已相当深入。一系列物理定律已经确立，如正磁定律、安培定律、欧姆定律、楞次定律、法拉第电磁感应定律等。英国人 J.C.麦克斯韦集以往电磁学研究之大成，建立了电磁学的完整理论——麦克斯韦方程，并从理论上预言了电磁波的存在。与此同时，人们对电磁学的利用也达到了一定的水平，有线电报和有线电话已相继发明，并且有了横贯美洲大陆的电报、电话线路和横跨大西洋的海底电缆。同时美国人 T.A.爱迪生发明了白炽灯。所有这些，都为电子学的诞生准备了充足的条件。

标志着电子学诞生的两个重大的历史事件是爱迪生效应的发现和关于电磁波存在的验证实验。1883 年，爱迪生在致力于延长碳丝白炽灯的寿命时，意外地发现了在灯丝与加有正电压的电极间有电流流过，电极为负时则无电流，这就是爱迪生效应。这一发现导致了后来电子管的发明。

1887 年，德国人 H.R.赫兹进行了一项实验，他用火花隙激励一个环状天线，用另一个带缝隙的环状天线接收，证实了麦克斯韦关于电磁波存在的预言，这一重要的实验导致了后来无线电报的发明。

电子学在发展过程中取得了许多有重大意义的成就，如无线电报、电子管、广播与电视、雷达、电子计算机、晶体管、集成电路、卫星通信、光频等。

2. 电子学的应用

电子学是应用和渗透范围很广的学科之一。

电子学用于工业，极大地提高了现代工业的劳动生产率。电子技术与机械相结合产生了各种类型的数控机床、机械手和机器人，出现了由它们组合起来的全自动化的和柔性的生产线。电子学用于生产检验，可以有效地控制产品质量，指示产品设计和生产的改进方向。电子学用于油田开发，可以提高找油的成功率，并能科学地组织开采。电子学用于电力生产的管理，可以实现电力的合理调配，提高生产的安全性。电子学用于交通，可以引导船只、飞机安全航行。

电子学用于农业，也给农业带来了很大好处。气象对于农业至关重要，用无线电和雷达的方法可以搜集局部地区的气象资料，专用的气象卫星可以定期播发全球各地区的大范围云图,通信网用于传递气象情报,计算机用于气象情报处理并作出预报。利用遥感数据,可以获得土壤湿度、作物长势、病虫害等信息。电子学还可以用于作物的育种催芽和粮食的烘干加工。

电子学用于军事,提高了各种武器装备的性能,并深刻地影响着军事行为的方式。在现代武器装备中,电子设备所占比重不断增加。电子技术还是情报侦察、通信联络、分析决策、指挥控制等不可缺少的手段。正因为如此,一种无形的战争——电子战成了引人注目的战争形式。

电子学为科学研究提供了强有力的手段。天文学家利用巨型射电望远镜,把观测范围扩大到200亿光年的宇宙深处;地理学家用遥感的方法发现了撒哈拉沙漠浸没了的古河道;生物学家利用信息论的方法解释了生物遗传的奥秘——遗传密码;物理学家利用高灵敏度的天线接收系统发现了2.7 K的宇宙背景辐射;化学家利用超高压电子显微镜已使观察分辨能力达到分子水平。各行各业的科学工作者,利用联机检索系统和全球通信网可以从世界浩如烟海的资料库中迅速查询所需的资料。

电子学用于教育,给教育的现代化提供了许多新的技术。收音机、录音机、电视机、录像机作为教育手段已相当普遍,电子语言教室、程序教学机器、电视教育卫星已相继问世。由于知识的迅速更新和增加,终身教育的概念已经形成,以电子技术为核心的开放式学校在整个教育系统中占有的比重将会越来越高。

电子学用于医学,出现了各种类型的电子监护系统、物理治疗系统、辅助诊断系统以至医学专家系统。X射线断层成像技术是20世纪70年代的重要科学进展之一,所采用的主要技术就是图像处理技术和高速大容量计算机。电子学进入家庭,减轻了人们的家务劳动,使家庭生活更加丰富多彩。

人类社会正进入一个新的发展阶段,它是以信息的急剧膨胀为主要特征的阶段,一场以信息技术为主流的新的技术革命正在兴起。推动这一转变的正是电子学的最新成就,主角是微电子技术。各种信息作业,无一不借助于电子科学技术来完成。人们今天广泛谈论的三"A"革命(即工厂自动化、办公室自动化、家庭自动化)以及三"C"革命(即通信、计算机、控制),也无一不是建立在电子学的基础之上的。正因为如此,许多国家把发展电子学,特别是微电子技术,作为自己的重要国策之一。

3. 微电子学

微电子学(microelectronics)是电子学的一门分支学科,主要研究电子或离子在固体材料中的运动规律及其应用,并利用它实现信号处理功能。它以实现电路和系统的集成为目的。微电子学中实现的电路和系统又称为集成电路和集成系统,是微小化的;微电子学中的空间尺寸通常是以微米(μm,1 μm$=10^{-6}$ m)和纳米(nm,1 nm$=10^{-9}$ m)为单位。

微电子学是信息领域的重要基础学科,在这一领域上,微电子学是研究并实现信息获取、传输、存储、处理和输出的科学,是研究信息获取的科学,构成了信息科学的基石,其发展水平直接影响着整个信息技术的发展。微电子科学技术的发展水平和产业规模是一个国家经济实力的重要标志。

微电子学是一门综合性很强的边缘学科,其中包括半导体器件物理、集成电路工艺和集成电路及系统的设计、测试等多方面的内容;涉及固体物理学、量子力学、热力学与统计物理学、材料科学、电子线路、信号处理、计算机辅助设计、测试和加工、图论、化学等多个领域。

微电子学是一门发展极为迅速的学科，高集成度、低功耗、高性能、高可靠性是微电子学发展的方向。信息技术发展的方向是多媒体(智能化)、网络化和个体化。要求系统获取和存储海量的多媒体信息、以极高速度精确可靠地处理和传输这些信息并及时地把有用信息显示出来或用于控制。所有这些都只能依赖于微电子技术的支撑才能成为现实。超高容量、超小型、超高速、超高频、超低功耗是信息技术无止境追求的目标，是微电子技术迅速发展的动力。

微电子学渗透性强，与其他学科结合产生出了一系列新的交叉学科。微机电系统、生物芯片就是这方面的代表，是近些年发展起来的具有广阔应用前景的新技术。

1.2 电子与微电子技术在汽车上的应用与发展

电子与微电子技术根本性地改变了汽车技术。电子系统开始替代一些机械系统，如用电子点火系统代替机械式的点火断电器触点、电子燃油喷射代替传统的化油器。不断涌现的新型汽车系统，不使用微电子的电子系统是难以想象的。究其原因，在于对汽车的要求不断提高。如对发动机有害气体的排放要求，需采用诸如氧传感器、废气再循环、可变正时等电子调节系统；对汽车舒适性的要求，需采用车内气候调节系统、汽车行驶的导航调节系统、悬架阻尼和刚度调节系统等；对汽车安全性的要求，需采用防抱死制动系统、驱动防滑控制系统、电子稳定控制系统、安全气囊、倒车雷达、自动泊车、上坡辅助、自动驾驶等。

1.2.1 汽车电子技术的发展过程

现代汽车电子控制技术是汽车技术与电子技术相结合的产物。随着汽车工业与电子工业的不断发展，在现代汽车上电子技术的应用越来越广泛，汽车电子化的程度越来越高。据统计，目前紧凑型车型、中高档车型、混合动力车型及纯电动车型汽车电子成本占整车成本比例分别为15%、28%、47%、65%，其中，新能源汽车引领传统燃油车，豪华车优先中低端车。汽车电子技术发展过程分为四个阶段。

1974年以前为第一阶段，是汽车电子控制技术发展的初级阶段。主要产品有交流发电机、电子式电压调节器、电子式闪光器、电子控制式喇叭、电子式间歇刮水控制器、汽车收音机、电子点火控制器、数字时钟等。

1974—1982年为第二阶段，是汽车电子控制技术迅速发展阶段。在此期间，汽车上广泛应用集成电路和16位以下的微处理器。主要产品有电子燃油喷射系统(EFI)、空燃比反馈控制系统、防抱死制动系统(ABS)、安全气囊系统(SRS)、电子控制自动变速系统(ECT)、巡航控制系统、电子控制门锁系统、座椅安全带收紧系统、车辆防盗系统、故障自诊断系统、数字式组合仪表板等。

1982—1990年为第三阶段，也是微型计算机在汽车上应用日趋成熟并向智能化发展的阶段。主要产品有牵引力控制系统、四轮转向控制系统、轮胎气压控制系统、数字式油压表、蜂窝式电话、可热式挡风玻璃、超速限制器、自动后视镜系统、道路状态指示器等。

1990年以后为第四阶段，是汽车电子控制技术向智能化发展的高级阶段。主要产品有微波系统、多路传输系统、32位微处理器、动力最优化控制系统、通信与导航协调系统、安全驾驶检测与警告系统、自动驾驶系统和电子地图等。

如图 1-1 所示,现代汽车电子与控制系统的功能越来越强,获取的信息越来越多,智能化程度越来越高,可靠性和安全性也越来越好,已由传统的代步工具发展为舒适、环保、节能、自动化、智能化的多功能“移动空间”。当然,今天的汽车技术与未来的汽车技术之间还存在着巨大的差距,今天的汽车工程师们正面临着巨大的挑战,需要在新旧技术之间建立起一座桥梁,通过应用先进的电子技术、自动控制技术、信息技术和电子通信技术等来推动汽车技术的进步。在汽车电子与控制技术方面,今后将集中围绕如下几方面发展:

(1) 满足用户需求,大幅度提高汽车的性能,使之更舒适、方便、安全和可靠。

(2) 满足社会需求,保护环境、节省能源、节约资源。

(3) 实现交通系统智能化,将汽车和社会有机地连接起来。

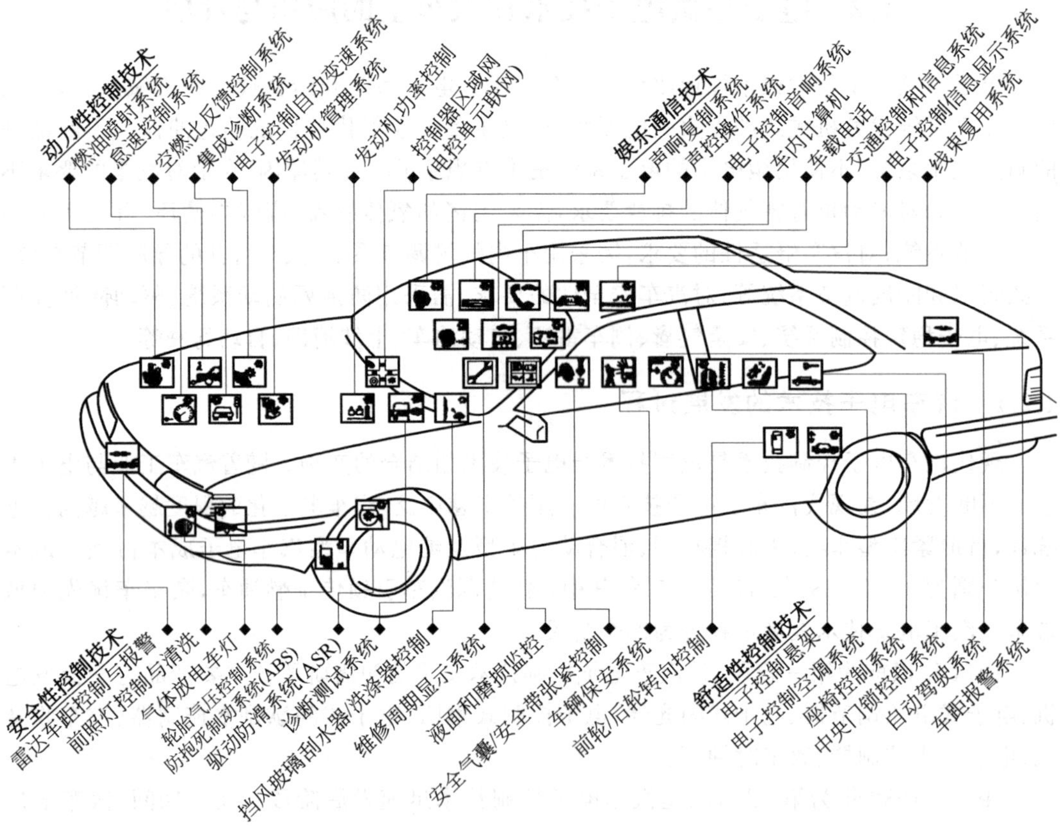

图 1-1　汽车电子与控制系统

1.2.2　微电子技术在汽车上的应用

围绕改善汽车的动力性、经济性、安全性、舒适性等性能指标,微电子技术在汽车上的应用主要有以下几个方面。

1. 发动机电子控制

发动机电子控制用于降低油耗、减少污染,提高车辆的动力性和经济性,主要有发动机供油控制、点火控制、供气控制、排气控制等,是目前乘用车所配备的基本电子控制系统。

微电子技术在发动机上的主要应用见表1-1。

表1-1 微电子技术在发动机上的应用

控制项目	控制简图	控制内容
电子燃油喷射(EFI)	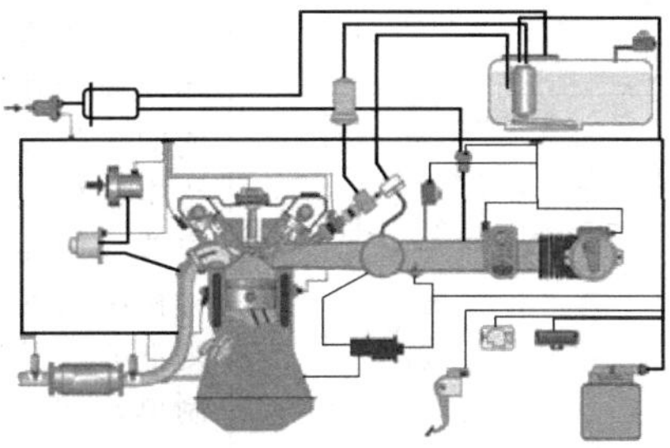	① 喷油量控制 ② 喷油正时控制 ③ 断油控制(包括减速断油控制和超速断油控制) ④ 燃油泵控制
缸内直喷(GDI)	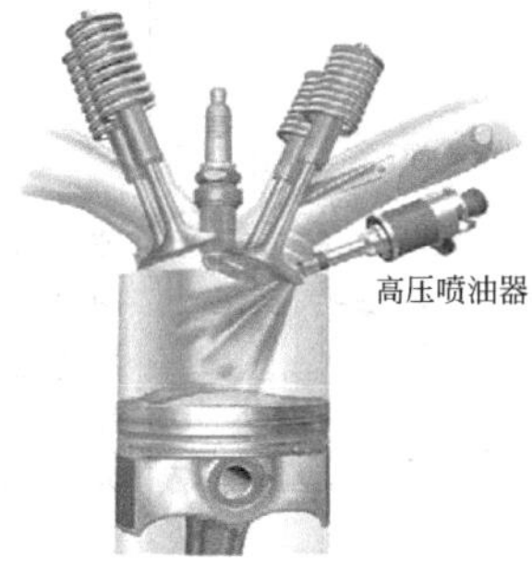	缸内直喷是将汽油直接喷入汽缸,并采用分层稀燃技术或分段喷射分层混合。控制系统由各种传感器得到所需的实际工况参数,经过控制单元的运算判断后,通过各种驱动机构对喷油器进行实时控制。GDI发动机可有效提高燃油经济性,并降低尾气排放
点火控制	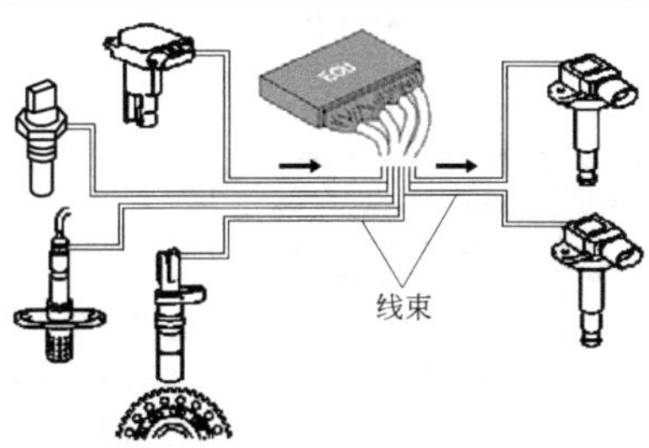	① 点火提前角控制 ② 通电时间(闭合角)控制 ③ 爆燃控制
怠速控制	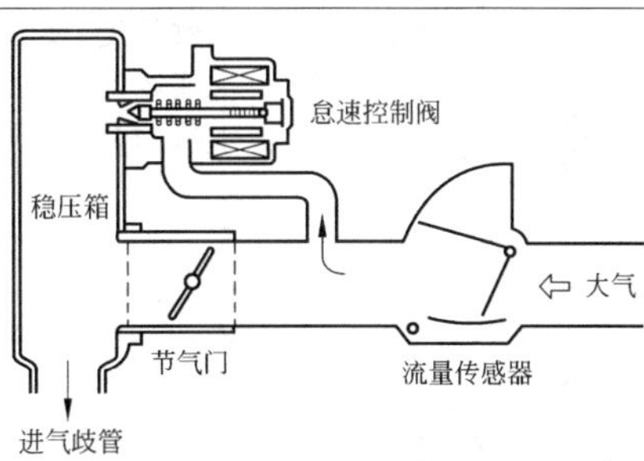	发动机在汽车制动、空调压缩机工作、变速器挂入挡位,或发动机负荷加大等怠速工况下,由ECU控制怠速控制阀,使发动机处在最佳怠速稳定转速下运转
废气再循环(EGR)控制	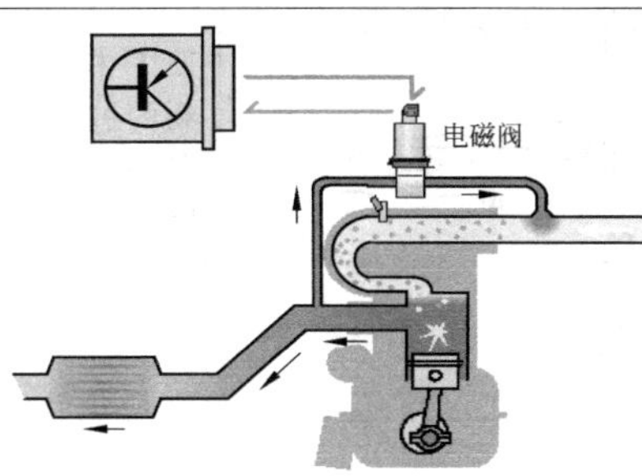	当发动机的废气排放温度达到一定值时,ECU根据发动机的转速和负荷,控制ECU阀的开启动作,使一定数量的废气进行再循环燃烧,以降低排气中NO_x的排放量

续表

<table>
<tr><th>控制项目</th><th>控 制 简 图</th><th>控 制 内 容</th></tr>
<tr><td>电子节气门</td><td>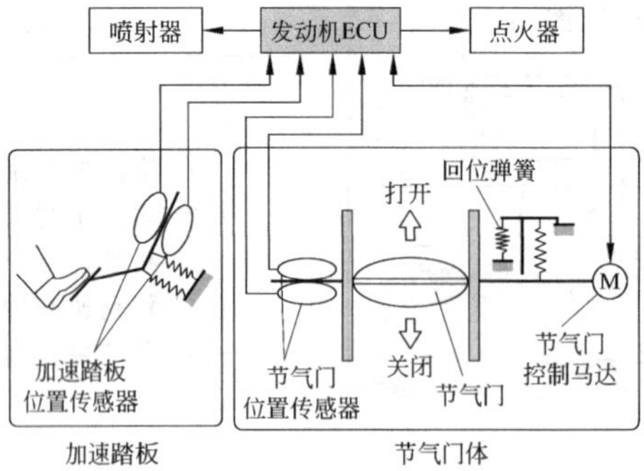
</td><td>驾驶员操纵加速踏板，加速踏板位置传感器产生相应的电压信号输入控制单元，控制单元根据当前的工作模式、踏板移动量和变化率解析驾驶员意图，计算出相应节气门转角的最佳开度，并驱动控制电机。节气门位置传感器则把节气门的开度信号反馈给控制单元，形成闭环的位置控制</td></tr>
<tr><td>活性炭罐控制</td><td>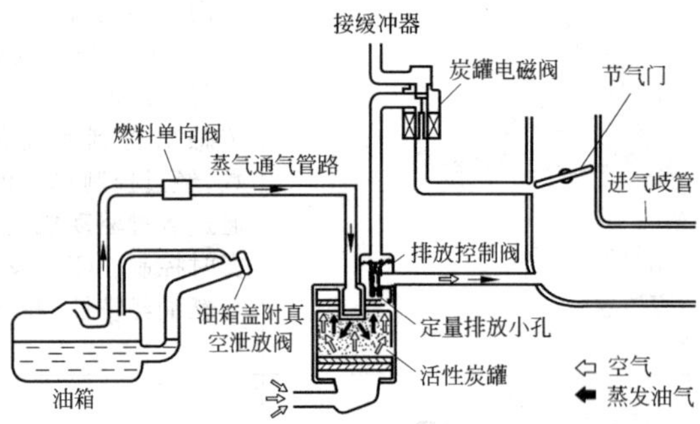
</td><td>ECU根据发动机的工作温度、转速和负荷信号，控制活性炭罐清污电磁阀的开启工作，将活性炭吸附的汽油蒸气吸入进气管，进入发动机燃烧，降低蒸发排放</td></tr>
<tr><td>进气谐波增压控制</td><td>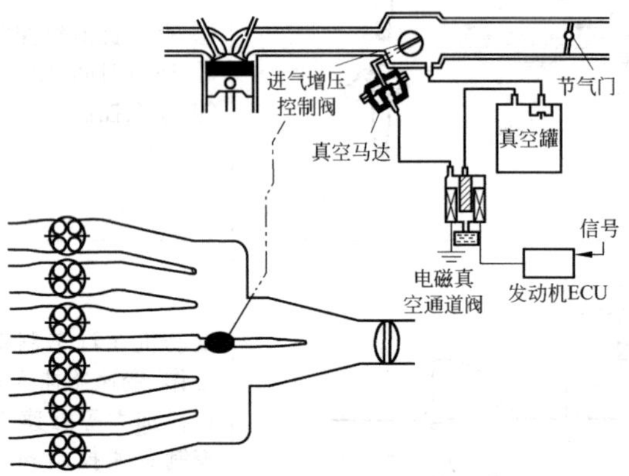
</td><td>ECU根据转速传感器检测到的发动机转速信号，控制进气增压控制阀的开闭，改变进气管的有效长度，实现中低转速区和高转速区的进气谐波增大，提高发动机的充气效率</td></tr>
<tr><td>涡轮增压控制</td><td>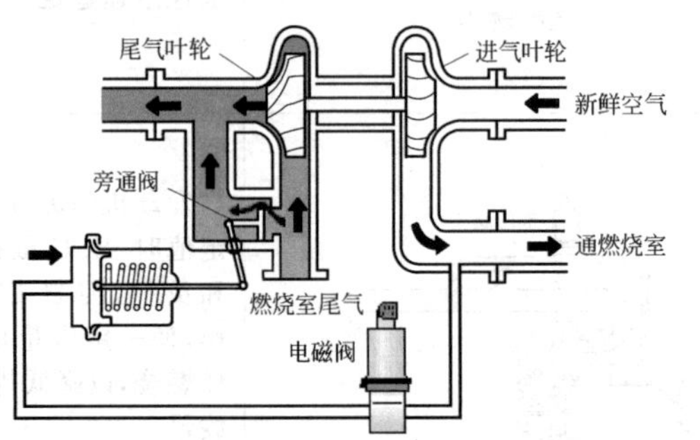
</td><td>ECU根据进气压力传感器检测到的进气压力信号控制废气增压器的废气放气阀或可变喷嘴环，以获得增压压力</td></tr>
</table>

续表

控制项目	控 制 简 图	控 制 内 容
可变配气正时控制	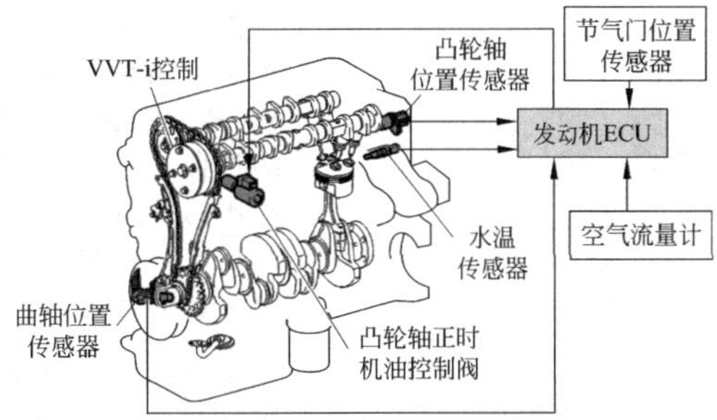	同时改变进气门正时与升程，使发动机在低、高速均具有良好的动力性和经济性
二次空气喷射控制	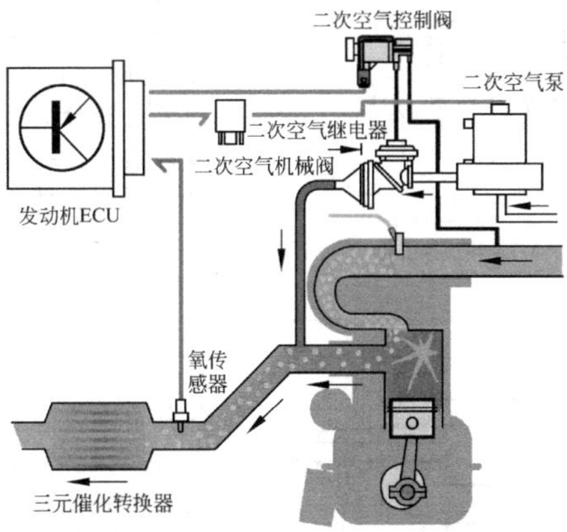	ECU 根据发动机的工作温度控制新鲜空气喷入排气歧管或三元催化转换器，用以减少排气造成的污染
自我诊断与报警	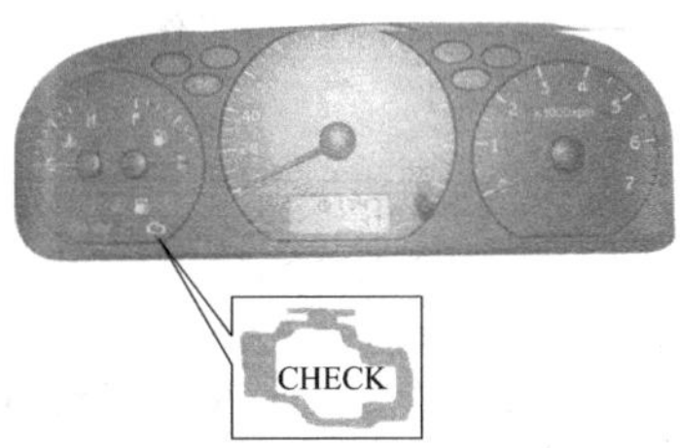	当电子控制系统出现故障时，ECU 会点亮仪表盘上的“发动机检查(CHECK)”指示灯，提醒驾驶员，发动机已出现故障，应立即随车检查修理。ECU 将故障代码的形式存储在 ECU 的存储器中，维修人员通过故障诊断插座，使用专用故障诊断仪或以跨接导线的方法调出故障信息，供维修人员进行分析

2. 底盘电子控制

底盘电子控制用于提高车辆的动力性、舒适性、安全性和经济性等，主要有离合器控制、变速器控制、差速器控制、主动/半主动悬架及车高自动控制、制动控制、驱动防滑控制、车身稳定性控制、转向控制(如 4WS)、驱动控制(如 4WD)和巡航控制等，在这些方面应用的电子控制系统正在迅速发展。

微电子技术在汽车底盘上的主要应用见表 1-2。

3. 车身系统电子控制

车身系统电子控制用于增强车辆的安全性、舒适性和方便性，主要有安全气囊、安全带、防盗系统、自动空调、车内噪声控制、电动座椅、电控刮水器、电动车窗、灯光自动调节控制和满足多种用电设备需求的电源管理系统等。

微电子技术在汽车车身上的主要应用见表 1-3。

表 1-2　微电子技术在汽车底盘上的主要应用

<table>
<tr><th>控制项目</th><th>控制简图</th><th>控制内容</th></tr>
<tr><td>无级变速控制(CVT)</td><td>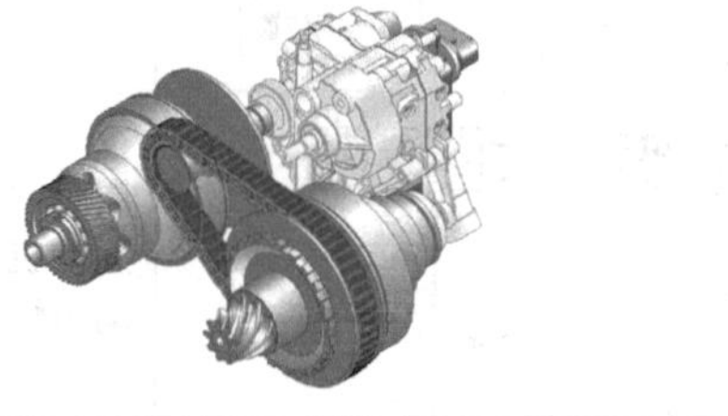</td><td>工作时,根据汽车的运行条件,通过控制可动盘作轴向移动来改变主动轮、从动轮锥面与V形传动带之间的啮合工作半径,从而达到改变传动比的目的。由于主动轮和从动轮的工作半径可以实现连续调节,从而实现了无级变速功能</td></tr>
<tr><td>电控自动离合器(ACS)</td><td>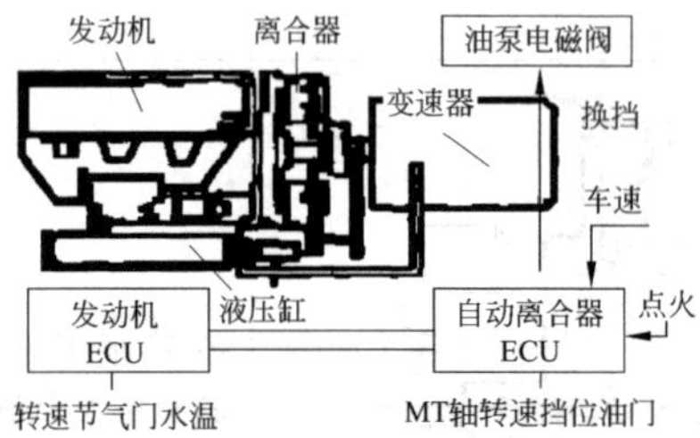
</td><td>ACS是将离合器通过机械、电子、液压等方式实现自动控制的装置。ACS ECU依据各传感器数据进行计算分析,指令离合器操纵机构驱动离合器分离、结合,替代驾驶员对离合器进行操作。驾车时收起加速踏板即可换挡。ACS会保证汽车起步平稳、换挡顺畅、制动离合、误操作蜂鸣报警提示</td></tr>
<tr><td>自动变速器</td><td>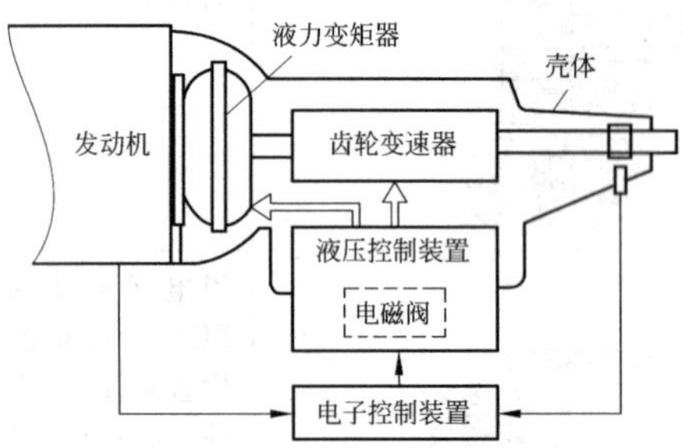
</td><td>各种自动变速器的电控主要是换挡点(传动比)控制,用来根据行驶工况和驾驶员的意图,实现发动机与传动系统的有效匹配,以达到在发动机动力性或经济性最佳的工况下工作</td></tr>
<tr><td>电子差速器</td><td>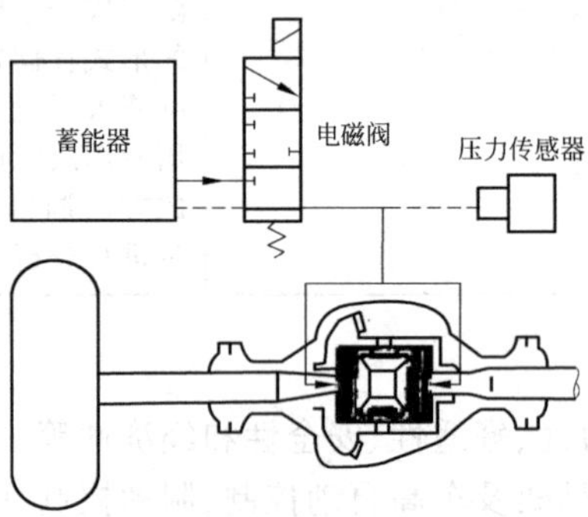
</td><td>电子差速器是根据驱动轮打滑情况,用增、减液压的方法,对差速器中的多片离合器进行控制,限制两驱动轮的转速差,保证两个驱动轮都有驱动力</td></tr>
<tr><td>电子助力转向</td><td>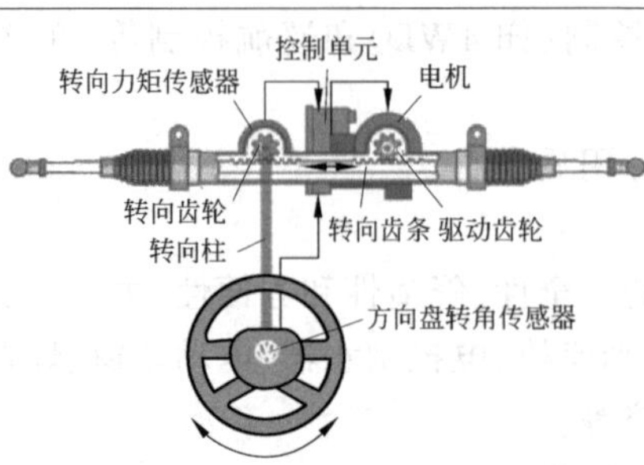
</td><td>根据转向力矩值及车速大小计算得到所需输出电流控制转向电机运转,从而达到助力转向的目的。除此基本控制功能之外,还可以进行惯性补偿控制、转向复位控制、衰减控制、负载增压控制、系统过热保护控制等</td></tr>
</table>

续表

控制项目	控 制 简 图	控 制 内 容
线控转向	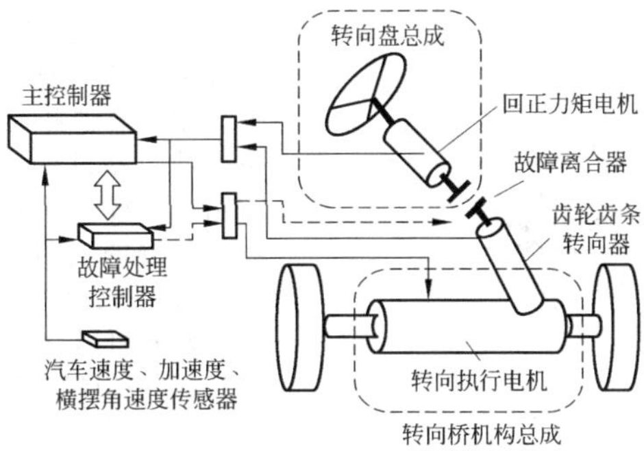 	线控转向取消了转向盘和转向轮之间的机械连接,可以自由设计汽车转向的力传递特性和角传递特性。转向ECU对采集的信号进行分析处理,判别汽车的运动状态,向回正力矩电机和转向执行电机发送命令,保证在不同车速下汽车转向响应特性基本一致
四轮转向		四轮转向是指后轮的轮胎也可转向。其目的是:在低速行驶时作逆向转向(前轮与旋转方向为逆向)使旋转时小转弯性能良好,中高速时为同向转向(前轮与旋转方向为同方向),以提高在高速时的车道变换能力或旋转时操纵稳定性
防抱死制动控制(ABS)	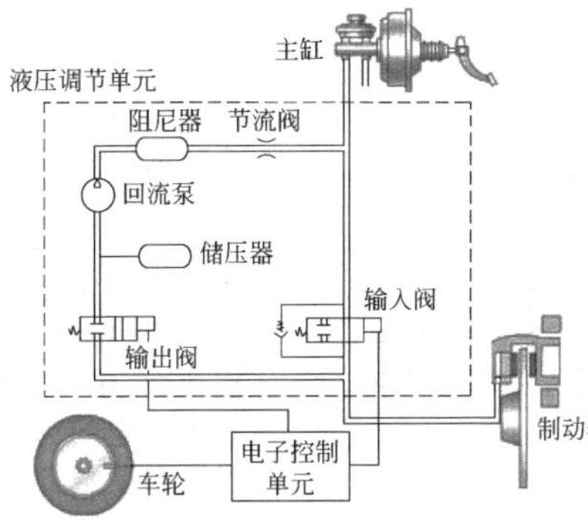 	ABS ECU根据各轮速信号,计算出每个车轮的转速,进而推算出车辆的减速度及车轮的滑移率,通过液压控制单元调节制动过程的制动压力,达到控制车轮滑移率在10%~30%之间,防止车轮抱死的目的
驱动防滑控制(ASR)	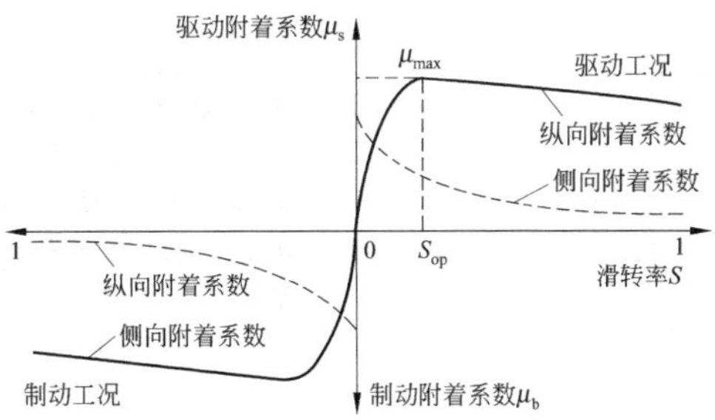 	ASR是防止汽车在起步、加速和滑溜路面行驶时驱动轮的滑转,并将滑转率控制在10%~20%范围内,以提高汽车的牵引性和操纵稳定性。ASR的控制方式有:驱动轮制动力矩控制、发动机输出转矩控制、差速器锁止控制、离合器控制、变速器控制等

续表

控制项目	控制简图	控制内容
车身稳定性控制(ESP)	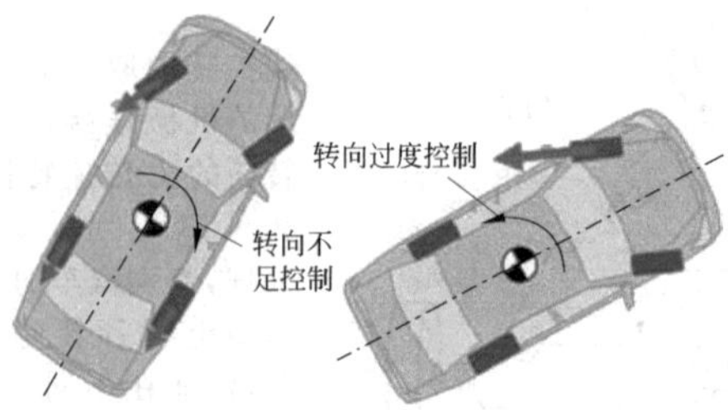	ESP是一套计算机程序,加强车辆高速转弯动态稳定性。ESP ECU计算出保持车身稳定的理论值,与偏转率传感器和横向加速度传感器测得的数据进行比较,发出平衡纠偏指令。转向不足产生向理想轨迹曲线外侧的偏离倾向,过度转向产生向理想轨迹曲线内侧的偏离倾向。ESP可以自动纠正驾驶员的不足转向和过度转向
辅助制动力控制(EBA)	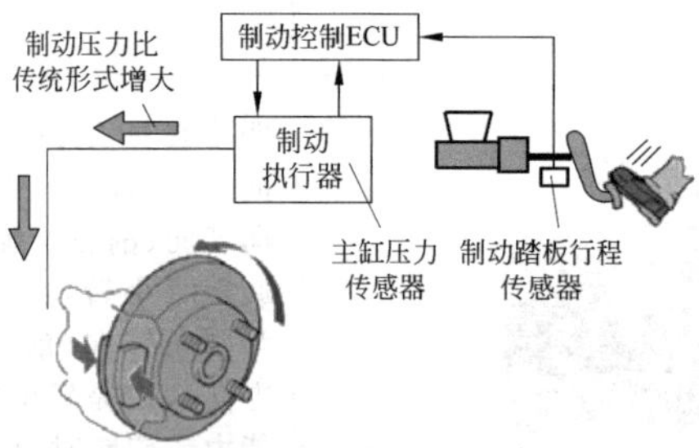	EBA利用传感器感应驾驶者对制动踏板踩踏的力度与速度大小,然后通过ECU判断驾驶者此次刹车意图。如果属于紧急制动,EBA此时就会指示制动系统产生更高的油压使ABS发挥作用,从而使制动力快速产生,减少制动距离,可有效防止追尾事故发生
坡起辅助控制(HAC)		通过软件判断车辆是否处在斜坡,并会在驾驶者从制动踏板踩向加速踏板时,自动将车辆保持几秒的静止时间(一般5 s以内)
主动悬架	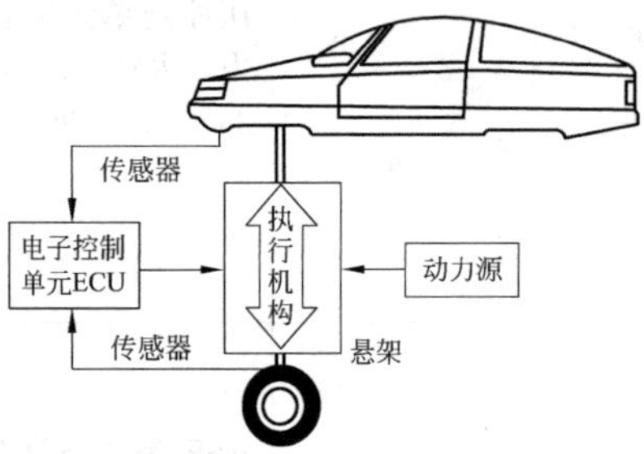	主动悬架实际上是一个动力驱动系统,它靠一定的能量向悬架部件提供动力,并对能量的大小进行控制,它无固定的弹性特性和阻尼特性,弹簧和阻尼器被作动器取代,根据地面冲击和车辆运行状态运用一定的策略产生作动力与其平衡,保证汽车在各种路面下都具有良好的平顺性
半主动悬架	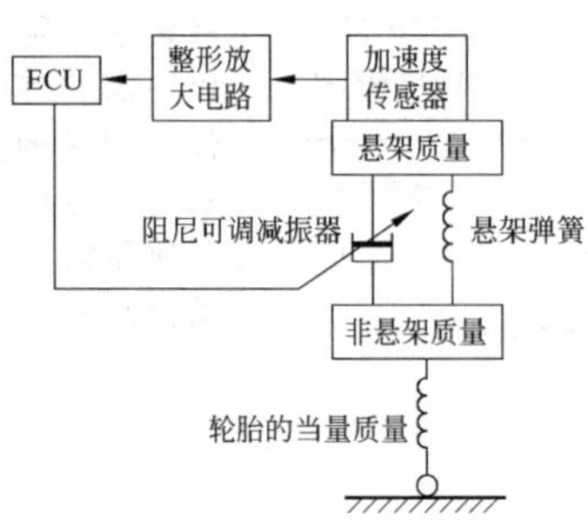	半主动悬架是指悬架弹性元件的刚度和减振器的阻尼系数之一可以根据需要进行调节控制的悬架。目前,半主动悬架研究主要集中在调节减振器的阻尼系数方面,即将阻尼可控减振器作为执行机构,通过传感器检测到的汽车行驶状况和道路条件的变化以及车身的加速度,由ECU根据控制策略发出脉冲控制信号,实现对减振器阻尼系数的无级可调

表 1-3　微电子技术在汽车车身上的主要应用

控制项目	控 制 简 图	控 制 内 容
安全气囊	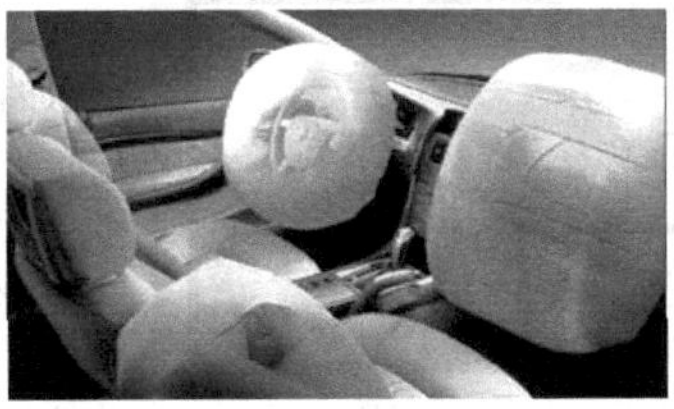	当汽车遭受碰撞导致速度急剧变化时，气囊迅速膨胀，在驾驶员或乘员与车内构件之间铺垫一个气垫，利用气囊排气节流的阻尼作用来吸收人体惯性力产生的动能，从而降低人体遭受伤害的程度
预紧式安全带	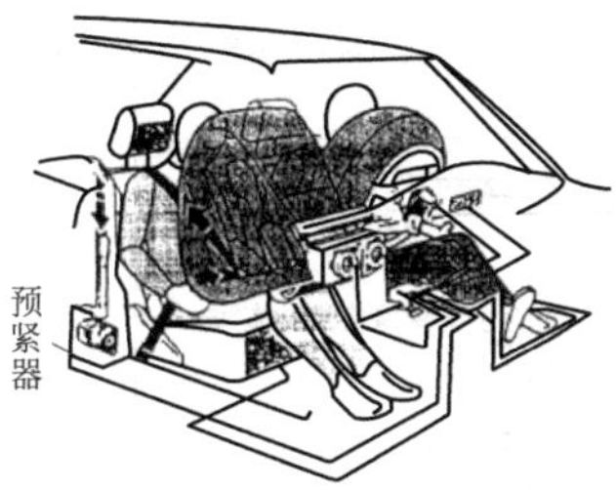	预紧式安全带是在普通安全带上增加预紧器构成的。预紧器使用火药作为动力。发生碰撞时，通过点火装备点爆安装在预紧器上的火药，火药燃烧产生的气体冲入室内，活塞在气体的压力下向右移动，通过钢丝绳将锁扣向下拉回约 80 mm，消除安全带与乘员之间的间隙
巡航控制(CCS)	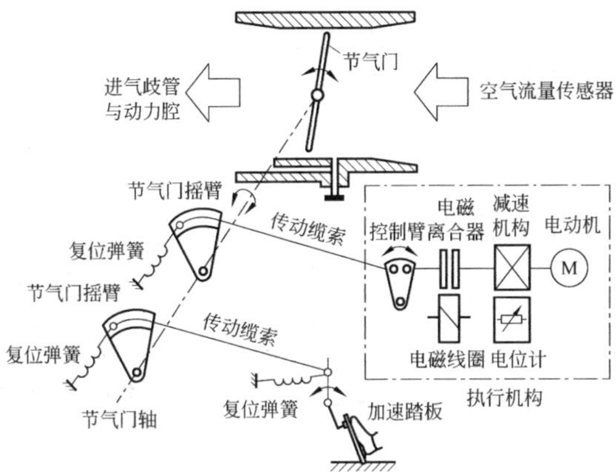	汽车在正常行驶时，CCS ECU 可以通过巡航控制系统根据行驶阻力的变化，自动增减节气门开度，不需要驾驶员操纵加速踏板，就能使汽车处于定速巡航行驶状态，车速保持一定。自适应巡航控制可以应用雷达、车载传感器等信息，自适应调整汽车行驶速度，从而保持被控车与前导车之间的安全距离和速度
防盗系统	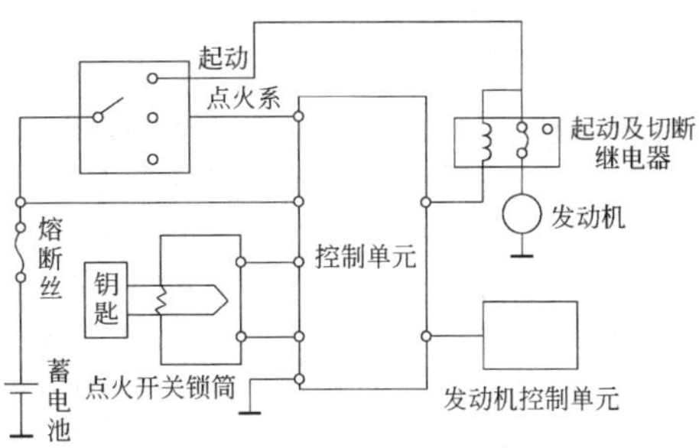	当将点火钥匙插入钥匙孔时，防盗 ECU 就对钥匙内部装置的特定电阻进行检测，并与内部设定的特定电阻阻值相对比，二阻值若为同一挡，则为正常。否则，防盗系统就发出警报，切断起动机、发动机控制电路，使车依靠自己的动力无法被开走

续表

<table>
<tr><th>控制项目</th><th>控 制 简 图</th><th>控 制 内 容</th></tr>
<tr><td>电控自动空调</td><td>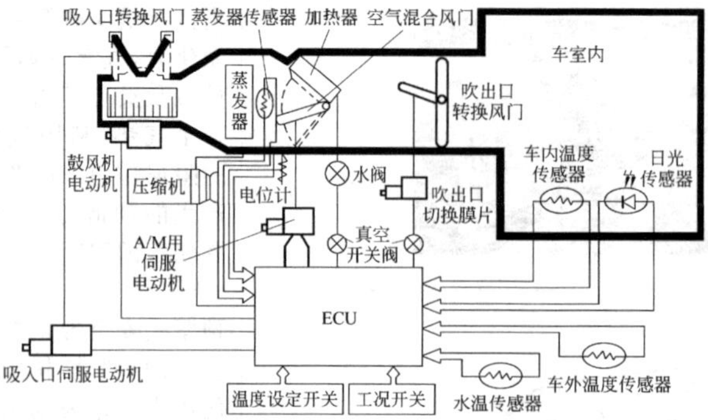
</td><td>空调ECU根据各传感器的信号进行计算、分析、比较后，发出指令，接通所需的电路并指令伺服电动机转动，按照功能选择键的输入指令，打开所需的出风口风门、调节出风温度；并按照输入的预设温度，控制温度风门的位置。其控制功能包括温度、鼓风机转速、进气、气流方式和压缩机转速等控制</td></tr>
<tr><td>电控座椅</td><td>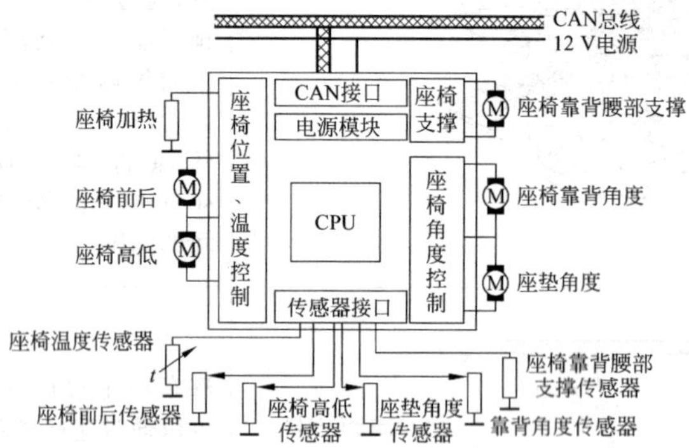
</td><td>电控座椅的基本控制包括座椅的位置、复位和温度控制</td></tr>
<tr><td>电控刮水器</td><td>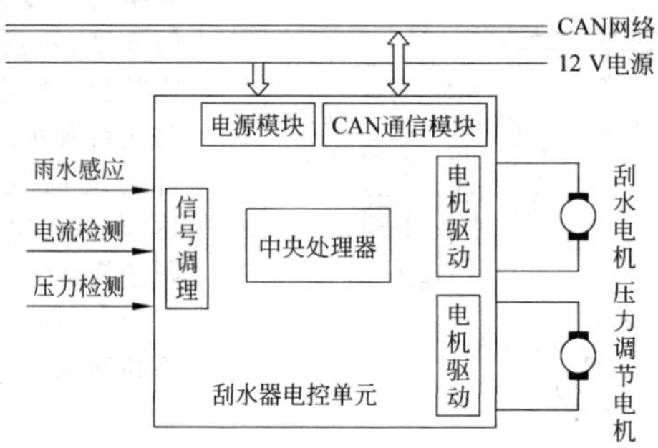
</td><td>汽车挡风玻璃刮水器通过电子控制系统不仅可以实现刮水器的延时控制，还可以实现其他一些复杂控制，如清洗、刮水(高速刮水、低速刮水、间歇刮水)、延时、摆动条正压力、降雨量感应等控制</td></tr>
<tr><td>电门控制</td><td>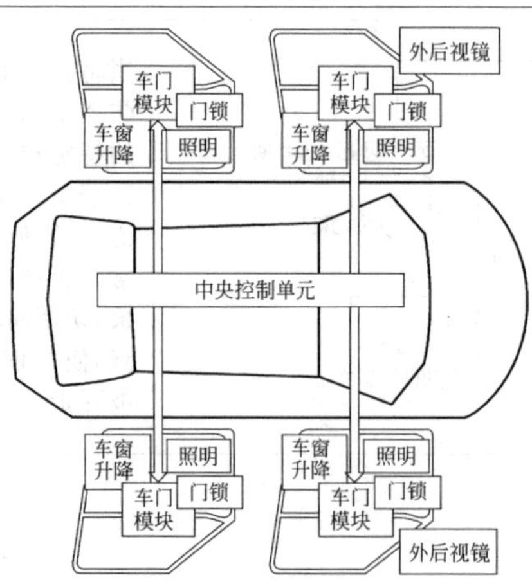
</td><td>车门控制系统功能是对各车门上的车窗升降、门锁、照明、外后视镜等进行控制。电源、CAN、网络信息、驾驶员操作指令通过输入接口进入车门ECU，有关信息经ECU中的微处理器处理后，向驱动接口发出指令操作被控对象</td></tr>
</table>

续表

<table>
<tr><th>控制项目</th><th>控 制 简 图</th><th>控 制 内 容</th></tr>
<tr><td>智能前照灯系统(AFS)</td><td>
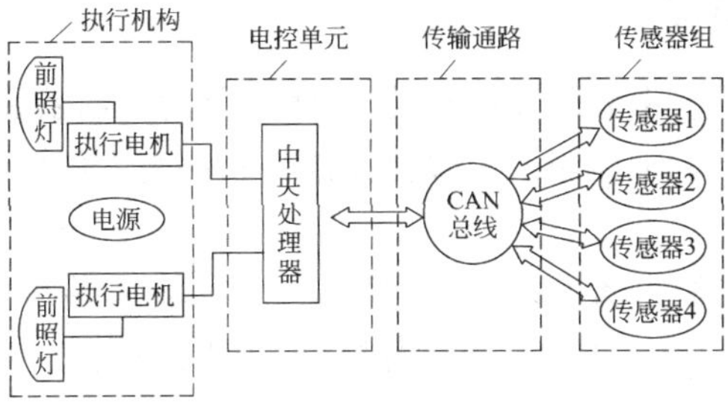

</td><td>通过优化前照灯的光线照射来适应不同的驾驶情况,从而加强夜间行车的可见度及安全性。AFS 的主要控制内容包括:远光随车速而变控制、前照灯高度自动调节、照程自动调节、转弯时灯光随动控制等</td></tr>
<tr><td>行车防撞控制系统</td><td>
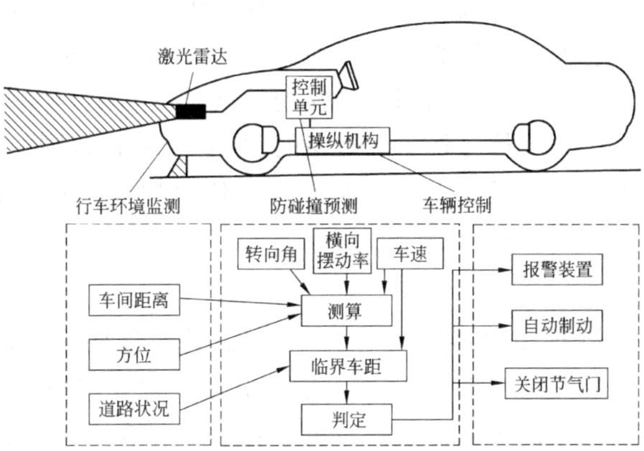

</td><td>电子控制单元根据激光雷达和路况传感器,对汽车前后障碍物的距离和方位以及路面信号进行分析,提取有用数据,进行危险性判断,输出必要的警示信号或应急汽车控制信号,并实现对电子制动系统或电子转向系统进行自动操作</td></tr>
<tr><td>倒车雷达</td><td>
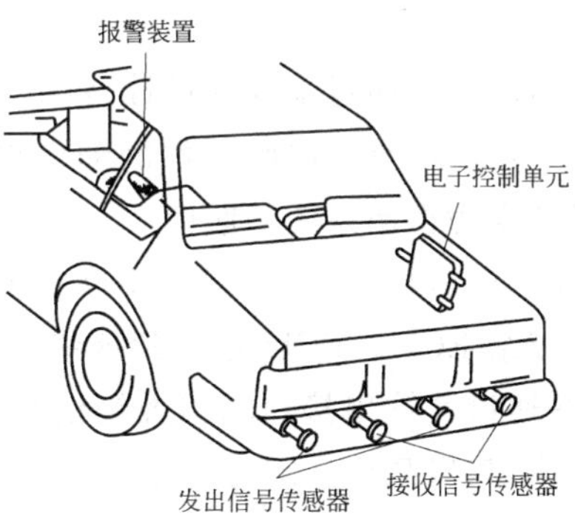

</td><td>电子控制单元根据超声波传感器传送回来的信号,经过计算,判断障碍物离车尾的距离。如果达到报警位置,就传送信号给蜂鸣器,发出不同的警告声,同时显示障碍物的距离</td></tr>
</table>

4. 信息通信系统

信息通信系统用于和社会联结,以及协调整车各部分的电子控制功能,主要有将大量计算机、传感器与交通管理服务系统联结在一起的综合显示系统、驾驶员信息系统、语音信息、导航系统(北斗和惯性导航)、计算机网络系统、状态监测与故障诊断系统等,是未来汽车电子技术发展的主要方向。

1.3　汽车电子控制系统的组成与工作过程

1.3.1　汽车电子控制系统的组成

汽车电子控制系统是以计算机为中心的高度自动化、集成化的控制系统，并随着汽车功能的不断增多而日渐完善和复杂。电子控制系统包括硬件和软件两大部分。

1. 汽车电子控制系统的硬件

汽车电子控制系统的硬件结构一般由三部分组成：信号输入装置、电子控制单元(ECU)和执行器，如图1-2所示。

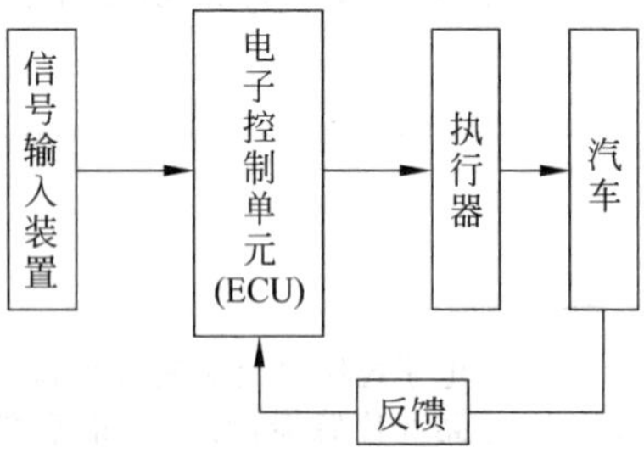

图1-2　汽车电子控制系统的基本组成

1）信号输入装置

信号输入装置的主要设备为传感器，传感器将装置的物理参数转换为电信号(数字式或模拟式)，用以监测装置的运行情况和环境条件，并将这些信号输送到电子控制单元。换言之，传感器用各种电信号将一个虚拟的、与实际装置相同的“模拟装置”反映到控制系统中。传感器可被视为控制系统的神经。

2）电子控制单元

电子控制单元(ECU)接收和处理传感器发出的各种信息，并对这些信息进行分析，以了解装置的情况。利用事先制定的控制策略，决定在当前的状态下该如何控制这个装置；最后将这种决定转换成一条或多条指令输送到执行器。电子控制单元含有一个微处理器，并在内存中存储着设计者事先编制的程序或控制软件。电子控制单元可被视为控制系统的大脑。

3）执行器

执行器接收电子控制单元发来的各种指令，通过本身的设计，将电信号转变为执行器的动作(可为电气元件的动作，也可为某种机械运动)，这些元件的动作将改变装置的运行条件，决定装置的运行和输出。执行器可被视为控制系统的肌肉。

汽车电子控制的基本工作过程：汽车在运行时，各传感器不断检测汽车运行的工况信息，并将这些信息实时地通过输入接口传给ECU。ECU接收到这些信息后，根据内部预编的控制程序，进行相应的决策和处理，并通过其输出接口输出控制信号给相应的执行器，执行器接收到程序信号后，执行相应的动作，实现某种预定的功能。

2. 汽车电子控制系统的软件

在汽车电子控制系统中，除硬件设备外，还必须配有一定的软件。软件包括系统软件和应用软件两大部分。系统软件一般用得较少，只有装有电子地图一类的特殊装置才需要，这种软件一般都是通用的，如DOS、Windows操作系统。应用软件则要根据使用场合及硬件由汽车制造厂自己编制。

应用软件是为实现控制功能所编制的程序，它的核心是控制程序。应用软件主要根据被控对象和控制要求来编写，故必须由汽车电子控制系统设计人员自行编制。

在汽车电子控制系统中，控制对象都是不一样的，因此不仅控制系统本身的硬件配置不同，而且系统应用软件也各不相同，但控制应用软件必须满足实时性、针对性、灵活性、通用性和可靠性几个方面的基本要求。

1.3.2 汽车电子控制系统的工作过程

汽车电子控制系统的控制过程一般可归纳为三个步骤：

第一步：实时数据采集。对各传感器的瞬时值实时采集、转换并输入 ECU。

第二步：实时决策。ECU 对采集到的表征被控参数的状态量进行分析，并按已确定的控制规律，计算决定进一步的控制过程策略。

第三步：实时控制。根据决策，适时地对执行器发出控制信号。

以上过程不断重复，使整个控制系统能按照一定的动态品质指标工作。此外，汽车电子控制系统还应该能对被控参数和设备本身可能出现的异常状态进行及时监督和处理。汽车电子控制系统的上述三个步骤对计算机来讲实际上只是执行算术、逻辑运算和输入、输出操作。

所谓的"实时"，是指信号的输入、计算和输出都在一定的时间范围内完成。也就是说，ECU 对输入的信息以足够快的速度进行处理，并在一定的时间内做出反应或控制。实时时间的长短随控制对象的不同而不同，对于汽车电子控制系统，因为控制对象是一个快变化对象，因此要求实时时间很短，一般为毫秒级。

1.3.3 汽车电子控制系统的特征

汽车电子控制系统的特征主要表现为目的性、相关性、层次性和随机性 4 个方面。

1. 目的性

汽车电子控制系统的目的是解决与汽车性能相关的问题，而这些问题仅依靠通常的机械系统是难以解决的。例如 ABS 是为了保证汽车行驶时的安全性；悬架控制用来改善汽车的平顺性、操纵性和稳定性；而动力转向的目的是为了改善停车或低速行驶时的转向力以及保证在高速行驶时的路感。

具体而言，汽车电子控制系统主要是为了改善如下基本功能：

(1) 改善乘坐舒适性。良好的乘坐舒适性应该是汽车在任何路面行驶时，无论法向和侧向运动，颠簸和冲击都较小，理想的情况是希望获得像乘坐喷气式客机在天空飞行一样舒适。

(2) 汽车行驶时的姿态控制。控制汽车在转向、制动和加速时的侧倾、纵倾等运动，以保证驾驶员有最舒适的汽车水平位置。

(3) 保证有高的操纵性和稳定性。依靠电子控制系统，汽车能对驾驶员的操纵及时而正确地给予响应，无论在何种速度下都能保证汽车的操纵性和稳定性。此外，汽车应不受侧向风或路面不平度的干扰。

(4) 提高行驶能力极限。汽车电子控制系统应在任何路面和任何行驶工况下实现最大的轮胎与路面间的牵引力。

(5) 自适应操纵系统。当作用在汽车上的惯性力超过轮胎与路面间的牵引力极限时，控制系统应能自动地给予转向、制动和加速，以避免汽车进入危险状态。

2. 相关性

汽车上各种电子控制系统往往是相互关联的，如果不考虑这种相关性，任何控制系统都会出现非所预期的结果。例如汽车上的主动悬架，如果不考虑防滑制动系统的行为，就有可能在紧急制动时导致汽车的上下起伏和纵向摇摆。这是因为主动悬架对防滑制动系统的波动产生的响应。又如主动悬架可以减小汽车侧倾，可是却破坏了四轮转向系统(4WS)的横摆响应。与此同时，若依靠4WS改善横摆响应，则主动悬架的侧倾收敛效果将减弱。

3. 层次性

汽车电子控制系统是有层次的，一般可以分成三个层次，如图1-3所示。第一层次是车辆综合控制系统。第二层次是各个子系统，如制动控制、转向控制、悬架控制和动力传动控制系统等。而控制系统对前、后、左、右四个车轮制动和悬架装置的控制，发动机控制系统对燃料和空气供给系统的控制等则属于第三层次。如将人-车-环境控制系统看作一个单独的控制层次，这样就成了4个层次。

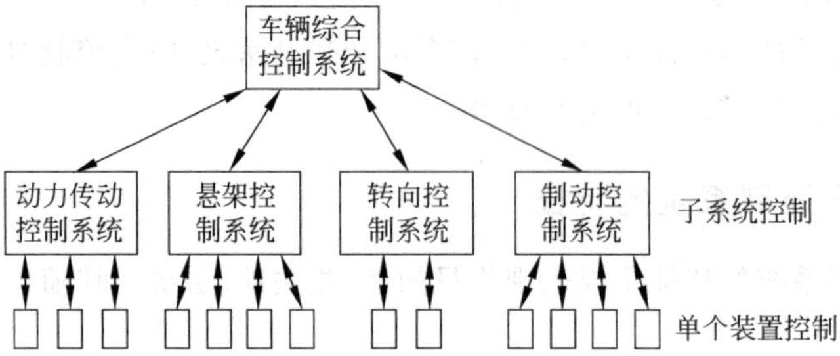

图1-3 汽车电子控制系统的三个层次

4. 随机性

由于汽车在不同的气候环境和道路条件下行驶，而其行驶工况又是动态变化的，因而汽车作为一个系统，是动态的、不确定的或随机的。例如：若某一悬架控制系统是为特定的载荷工况和道路条件设计的，那么在动负荷和路面不平度变化时，该悬架控制系统就不能保证汽车获得良好性能。因此，汽车电子控制系统必须能适应外界条件的随机变化。

1.4 本课程的主要内容

“汽车电子控制基础”是以电子学和控制理论的基本原理为出发点，系统介绍汽车电子控制基础理论和应用，主要包括汽车传感器、汽车执行器、汽车微控制器、汽车电子控制理论、汽车多路传输、汽车电磁干扰和电磁兼容等方面的知识，使学生掌握汽车电子控制的基本组成和原理，理解汽车电子信号的形成、传输、处理、驱动的基本过程，为后续学习汽车发动机、底盘、车身等电子控制技术打下基础。

思考与练习

1. 何谓电子学？简述其发展过程。
2. 何谓微电子学？
3. 何谓汽车电子学？
4. 简述汽车电子技术的发展过程和发展趋势。
5. 为何汽车电子技术占汽车总成本的比例越来越高？
6. 汽车电子控制系统由哪三部分组成？各部分的功用是什么？
7. 简述汽车电子控制系统的工作过程。
8. 本课程的学习目的是什么？

第 2 章　汽车电子电路基础

2.1　半　导　体

自然界的物质，按导电能力的强弱可分为导体、绝缘体和半导体三类。物质的导电能力可以用电导率 σ 或电阻率 ρ 来衡量，二者互为倒数。物质的导电能力越强，其电导率越大，电阻率越小。

导电能力很强的物质称为导体。金属一般都是导体，如银、铜、铝、铁等。原因是其原子核最外层的价电子受原子核的束缚作用很小，在电路中很容易受外界激发，自由移动成为自由电子。在外电场作用下，自由电子逆电场方向运动而形成电流。导体的主要特征是电阻率 ρ 很小，一般小于 $10^{-5}\ \Omega \cdot m$，例如铜的电阻率仅为 $1.75\times10^{-8}\ \Omega \cdot m$。

绝缘体是导电能力极弱的物质，电阻率大于 $10^{10}\ \Omega \cdot m$。这种物质的核外电子被束缚得很紧，因而不能自由移动，如橡胶、塑料、陶瓷、石英等都是绝缘体。

半导体是导电能力介于导体和绝缘体之间的物质，其电阻率在 $10^{-3}\sim10^{9}\ \Omega \cdot m$ 之间，如硅、锗、硒、砷化镓等都属于半导体。例如，在 27℃时，纯硅的电阻率为 $2\times10^{3}\ \Omega \cdot m$；纯锗的电阻率为 $4.7\times10^{3}\ \Omega \cdot m$。

2.1.1　半导体的性质

1. 本征半导体的特性

本征半导体就是完全纯净无杂质的、具有完整晶体结构的半导体，它是相对于杂质半导体而言的。例如，纯锗和纯硅。本征半导体共价键结构中的电子受到两个原子核的吸引而被束缚。它们不像导体中的价电子那么自由，但也不像绝缘体中的电子被束缚得那么紧。在室温下，由于光照、温度激发，会使一些价电子获得足够的能量而挣脱共价键的束缚成为自由电子。这种现象称为本征激发。当电子跑出其共价键成为自由电子后，共价键中就留下一个空位，这个空位称作空穴。

在本征半导体中，自由电子和空穴总是成对出现、成对复合的，有一个自由电子就有一个空穴，如图 2-1 所示。在外加电场作用下，半导体中出现两部分方向相反的电流：自由电子作定向移动而形成的电子电流和仍被原子核束缚的价电子递补空穴而形成的空穴电流。因此，自由电子和空穴都称为载流子。两种载流子同时参与导电是半导体导电方式的最大特点，也是半导体和金属在导电原理上的本质区别所在。

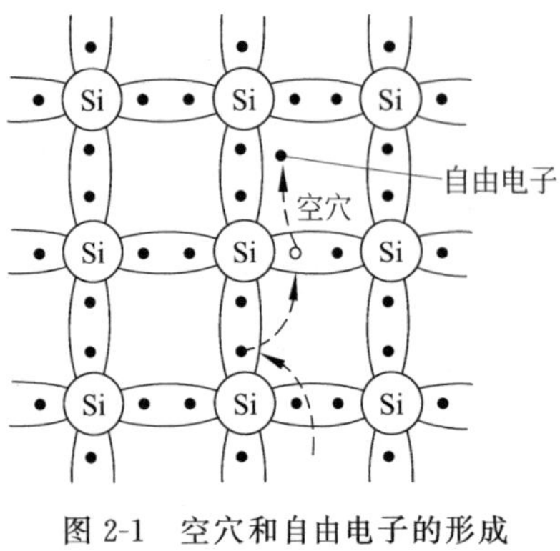

图 2-1　空穴和自由电子的形成

本征半导体具有三个重要特性：热敏特性、光敏特性和掺杂特性。

1）热敏特性

金属的电阻率随温度的变化很小，例如，温度每升高 1℃，铜的电阻率增加 0.4%左右，即温度升高 100℃，电阻率增加不到一半。而半导体的导电能力对温度变化反应灵敏，电阻率随温度升高而显著降低。例如，纯锗在温度从 20℃升高到 30℃时，其电阻率就要降低一半左右。利用这种特性可以制成各种半导体热敏元件，用来检测温度变化。

2）光敏特性

金属的电阻率不受光照的影响，但半导体的导电能力对光照敏感，光照可使半导体的电阻率显著减小。利用这种特性可以制成各种光敏元件。

3）掺杂特性

金属中含有少量杂质时，电阻率没有显著变化。但若在纯净的半导体中加入微量杂质，其电阻率会发生很大变化，导电能力可增加几十万乃至几百万倍。例如，在纯硅中掺入百分之一的硼后，硅的电阻率会从 $2\times10^{3}\ \Omega\cdot m$ 降到 $4\times10^{-3}\ \Omega\cdot m$ 左右。利用这种特性可制成半导体二极管、三极管、场效应晶体管及晶闸管等各种不同用途的半导体器件。

2. 杂质半导体

本征半导体虽有自由电子和空穴两种载流子，但由于数量极少，导电能力很弱。如果在其中掺入微量的杂质（某种元素），就会使掺杂后的半导体（称作杂质半导体）的导电能力显著增强。因所掺入的杂质不同，杂质半导体可分为 N 型和 P 型两大类。

1）N 型半导体

若在四价的硅（或锗）晶体中掺入少量五价元素磷（P），晶体点阵中磷原子就会占据某些硅原子原来的位置，如图 2-2 所示。磷原子中的 5 个价电子只有 4 个能够和相邻的硅原子组成共价键结构，余下的一个电子因不受共价键的束缚，很容易挣脱磷原子核的吸引而成为自由电子。于是自由电子数目大量增加，自由电子导电成为这种半导体的主要导电方式，故称其为电子型半导体或 N 型半导体。N 型半导体中，由于自由电子数远大于空穴数，因此自由电子是多数载流子（简称多子），空穴是少数载流子（简称少子）。由于磷原子是施放电子的，故称磷为施主杂质。

2）P 型半导体

若在硅（或锗）的晶体中掺入三价元素硼（B），由于硼原子只有 3 个价电子，因而在组成共价键结构时，因缺少一个价电子而多出一个空穴，如图 2-3 所示。于是半导体中空穴数目大量增加，空穴导电成为这种半导体的主要导电方式，故称它为空穴型半导体或 P 型半导体。由于硼原子是接受电子的，故称为受主杂质。在 P 型半导体中，空穴为多子，自由电子为少子。

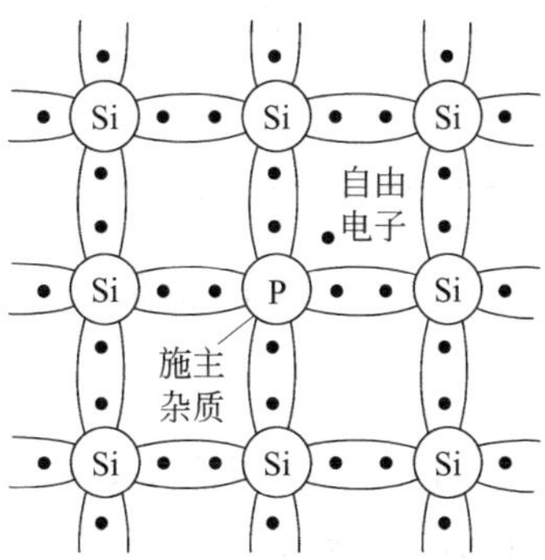

图 2-2　硅晶体中掺入磷元素

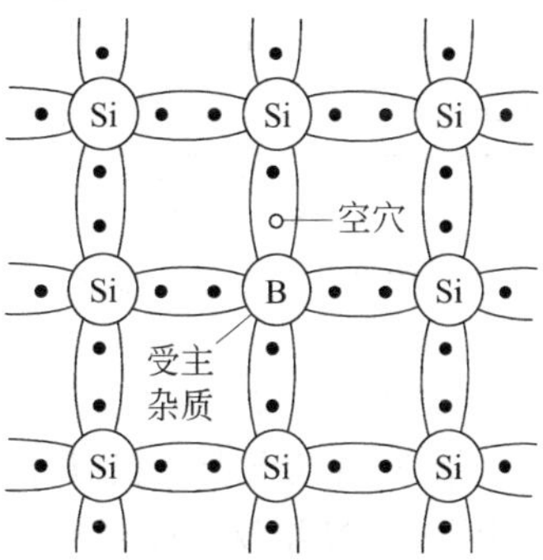

图 2-3　硅晶体中掺入硼元素

无论是 N 型半导体还是 P 型半导体,尽管都有一种载流子占多数,但因存在着相同数量的带电离子,所以整个晶体仍是电中性的。此外,需要注意的是,虽然杂质半导体中多数载流子是由杂质原子提供的,但仍然同时存在着本征激发产生的少量电子空穴对,其中之一就成为杂质半导体中的少数载流子。对于 N 型半导体,自由电子是多数载流子,空穴是少数载流子。而 P 型半导体,空穴是多数载流子,自由电子是少数载流子。

3. PN 结

虽然 P 型和 N 型半导体的导电能力比本征半导体增强了许多,但并不能直接用来制造半导体器件。通常采用一定的掺杂工艺,在一块本征半导体晶片的两边掺入不同的杂质,分别形成P 型半导体和 N 型半导体。

掺杂工艺完成后,一块半导体晶片中形成 P 型和 N 型的两个异型区。P 区内空穴很多而电子很少,N 区内电子很多而空穴很少,多数载流子由于浓度的差异而产生扩散运动。空穴要从浓度高的 P 区向 N 区扩散,并与 N 区的电子复合;电子要从浓度高的 N 区向 P 区扩散,并与 P 区的空穴复合。扩散使得 P 区和 N 区分别因失去空穴和电子而在交界面两侧留下带负电和正电的离子,形成了一个空间电荷区,如图 2-4 所示。这个空间电荷区就是 PN 结。PN 结是构成各种半导体器件的基础。

4. PN 结的单向导电性

PN 结在没有外加电压时,其中的扩散和漂移处于动态平衡,PN 结内无电流通过。那么在 PN 结两端加上外部电压后,情况会怎样?

1) PN 结外加正向电压

将 PN 结 P 区接电源正极,N 区接电源负极,称为 PN 结外加正向电压,又叫正向偏置,如图 2-5 所示。PN 结正向偏置时,外电场与内电场方向相反,从而削弱了内电场,破坏了 PN 结原有的动态平衡,使得空间电荷区的宽度减小,多数载流子的扩散运动显著增强,形成较大的扩散电流,而少数载流子的漂移运动减弱。所以在外加正向电压的 PN 结中,扩散电流占主导地位,在外电路中形成较大的流入 P 区的正向电流 I_F,PN 结呈现低阻性。

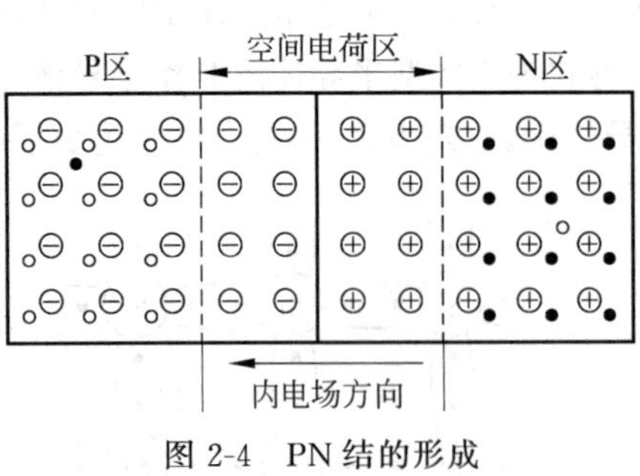

图 2-4 PN 结的形成

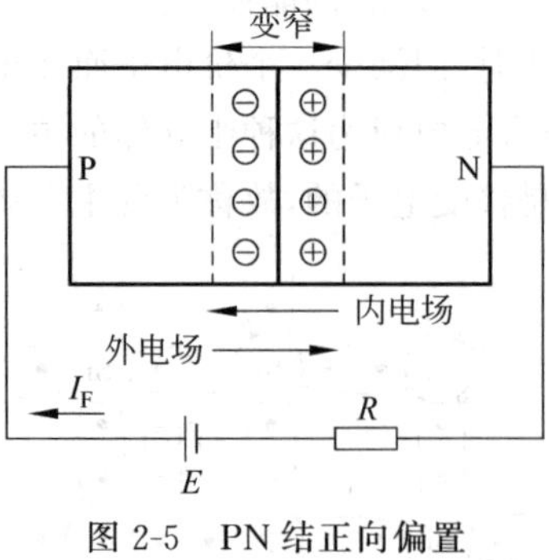

图 2-5 PN 结正向偏置

2) PN 结外加反向电压

将 PN 结 N 区接电源正极,P 区接电源负极,称为 PN 结外加反向电压,又叫反向偏置,如图 2-6 所示。PN 结反向偏置时,外电场与内电场方向相同,同样也破坏了 PN 结原有的动态平衡。外电场驱使空间电荷区两侧的空穴和自由电子移走,使得空间电荷增加,空间电荷区变宽，内电场增强，使多数载流子的扩散运动难以进行，扩散电流趋近于零。同时，内电场的增强也加强了少数载流子的漂移运动，但由于少数载流子数量很少，因此反向电流 I_R 不大，PN 结呈现很高的反向电阻。因为少数载流子是由于价电子获得能量挣脱共价键的束缚而产生的，环境温度越高，少数载流子的数量越多。所以，温度对反向电流的影响很大。由于在一定温度下，少数载流子的数目是一定的，当外加反向电压超过某数值后，全部少数载流子都参与导电，此时反向电流几乎与外加电压的大小无关，故称为反向饱和电流。

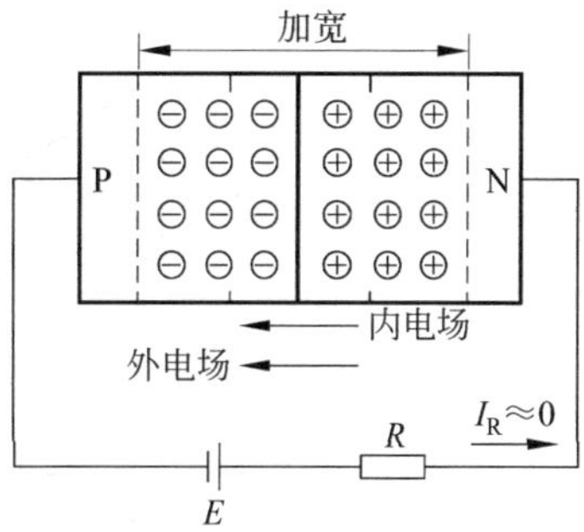

图 2-6　PN 结反向偏置

归纳上述分析，可得出：

(1) 在 PN 结上加正向偏压(P 区电位高于 N 区电位)，PN 结变窄，结电阻很小，P 区的多数载流子空穴和 N 区的多数载流子自由电子在电场的作用下通过 PN 结进入对方，两者形成较大的正向电流，PN 结呈现低阻性，处于导通状态。

(2) 在 PN 结上加反向偏压(P 区电位低于 N 区电位)，PN 结变宽，结电阻很大，P 区和 N 区的多数载流子受阻很难通过 PN 结。这时只有少数载流子在电场作用下通过 PN 结进入对方，形成很小的反向电流，PN 结呈现高阻性，处于截止状态。

这就是 PN 结的单向导电性。

2.1.2　半导体二极管

1. 二极管的结构

半导体二极管是由一个 PN 结加上电极引出线和外壳构成的，P 区一侧引出的电极称为阳极，N 区一侧引出的电极称为阴极，图形符号如图 2-7(a)所示。

2. 二极管的类型

二极管有很多类型。按材料的不同，常用的二极管可分为硅管和锗管两种；按 PN 结结构形式的不同，又可分为点接触型、面接触型和平面型等。

(1) 点接触型二极管的结构如图 2-7(b)所示，由三价金属铝的触丝与锗结合构成 PN 结。其特点是 PN 结的结面积很小，因而结电容小，适用于高频(可达几百兆赫)电路。但不能通过较大的电流，也不能承受较高的反向电压，主要用于高频检波和开关电路。

(2) 面接触型二极管的结构如图 2-7(c)所示，PN 结是用扩散法或合金法做成的。其特点是 PN 结的结面积大，能通过较大的电流(可达几千安)，但结电容也大，适用于频率较低的整流电路。

(3) 平面型二极管的结构如图 2-7(d)所示，它是采用先进的集成电路制造工艺制成的。其特点是结面积较大时，能通过较大的电流，适用于大功率整流电路；结面积较小时，结电容较小，工作频率较高，适用于开关电路。

按封装形式，二极管可分为塑料管、金封管和玻璃封管等。其封装外形主要分为贴片式(SMD)、直插式(DIP)、螺栓式和平板式。

3. 二极管的伏安特性曲线

二极管的伏安特性曲线反映了二极管的单向导电性和击穿特性。当二极管处于正向偏

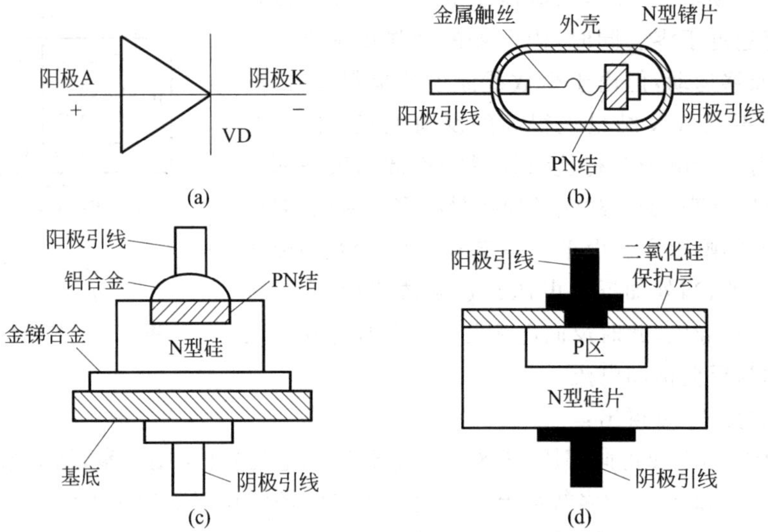

图 2-7　二极管的图形符号及结构分类

(a) 图形符号；(b) 点接触型二极管；(c) 面接触型二极管；(d) 平面型二极管

置，且小于二极管的开启电压 U_{th} 时，正向电流很小，几乎为零。当正向电压超过开启电压 U_{th} 时，电流随电压线性增长很快(见图 2-8)。

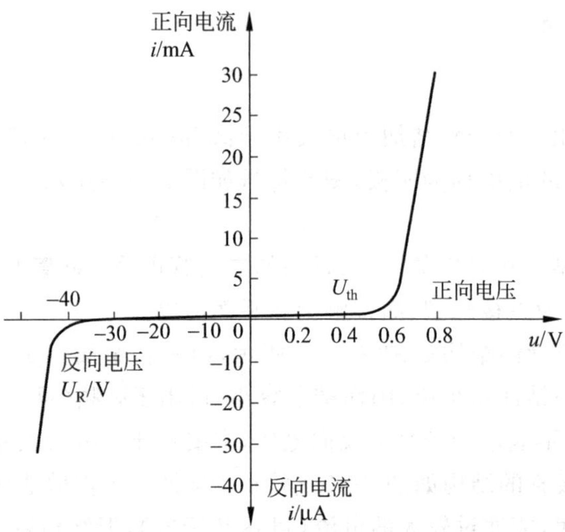

图 2-8　二极管的伏安特性曲线

当二极管处于反向偏置时，形成很小的反向电流。在反向电压不超过击穿电压 U_R 时，二极管的反向电流大小基本恒定。反向电流随温度的上升增加很快。

当二极管所加反向电压高于二极管的击穿电压 U_R 时，反向电流突然增大，二极管失去单向导电性，二极管被击穿。

4. 二极管的主要参数

二极管的参数主要有最大整流电流(I_{FM})、最高反向工作电压(U_{RM})及最大反向电流(I_{RM})等。这几个参数都是二极管使用时的极限参数，它为选用二极管提供了主要的依据。

(1) 最大整流电流(I_{FM})又称额定正向平均电流,是指二极管长时间使用时,允许流过的最大正向平均电流。它由 PN 结的面积和散热条件决定,大功率二极管在使用时,应加装规定尺寸的散热片。当实际电流超过该值时,二极管将因 PN 结过热而损坏。

(2) 最高反向工作电压(U_{RM}),是指保证二极管不被击穿所允许施加的最高反向电压,一般规定为反向击穿电压的一半或三分之二。

(3) 最大反向电流(I_{RM}),是指二极管加上最高反向工作电压时的反向电流值。反向电流越小,则二极管的单向导电性越好,并且受温度的影响也越小。

其他参数,如二极管的最高工作频率、最大整流电流下的正向压降、结电容等,在需要时可查阅产品手册,但要注意给出参数的测试条件和产品制造过程中难以避免的分散性。

5. 二极管在汽车上的应用

利用二极管的单向导电性,可以组成整流、续流、限幅及检波等电路应用到汽车电路中。

1) 二极管的整流电路

将交流电变成直流电的过程叫做整流。在汽车交流发电机中,就是利用二极管组成的整流板将发电机产生的三相交流电整流为直流电。为了适应汽车发电机的需要,专门制作了用于汽车的整流二极管,它们分为正极管和负极管,如图 2-9 所示。

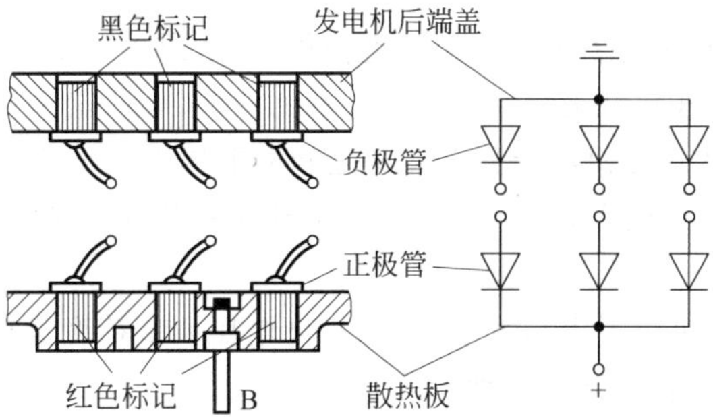

图 2-9　汽车交流发电机整流二极管的安装示意图

正极管的外壳为负极,引出极为正极,在管壳底上一般标有红色标记。在负极搭铁的硅整流发电机中,三个正极管的外壳压装在散热板的三个座孔内,共同组成发电机的正极,由一个与发电机后端盖绝缘的整流板固定螺栓通至机壳外,作为发电机的火线接线柱“B”(“+”或“电枢”接线柱)。

负极管的外壳为正极,引出极为负极,在管壳底上一般标有黑色标记。三个负极管的外壳压装在后端盖的三个孔内,和发电机外壳一起成为发电机的负极。

三个正极管和三个负极管构成的整流电路称为三相桥式整流电路,将发电机的交流电变为 12 V 的直流电。汽车交流发电机的整流电路和电压波形如图 2-10 所示。

在电路中,三个正极管的正极引出线分别与三相绕组的首端相连。在某一瞬间,只有与电位最高的一相绕组相连的正极管导通。同样,三个负极管的引出线也分别同三相绕组的首端相连。在某一瞬间,只有与电位最低的一相绕组相连的负极管导通。

其整流过程如下:

在 $t=0$ 时,$U_U=0$,U_V为负值,U_W为正值,则二极管 VD3、VD5 获得正向电压而导通。电流从 W 相出发,经 VD3、用电设备、VD5 回到 V 相构成回路。因为二极管内阻很小,所以

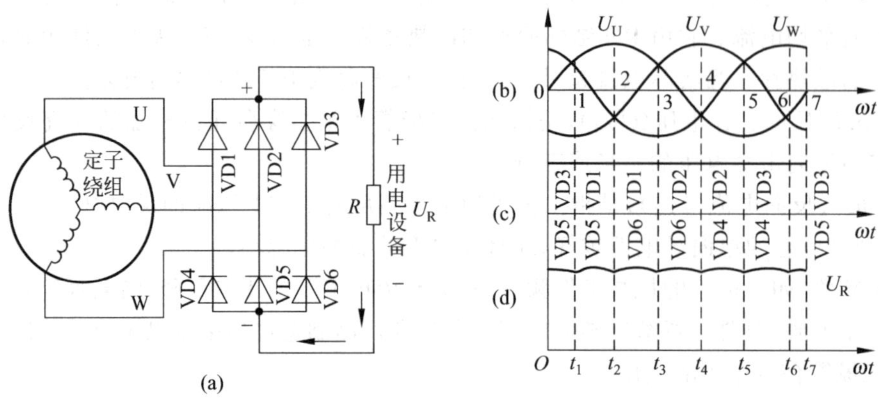

图 2-10　汽车交流发电机的整流电路和电压波形

(a) 整流电路；(b) 三相交流电波形；(c) 某瞬间导通的二极管；(d) 整流后负载上的电压波形

此时 W、V 之间的电压都加在负载上。

在 $t_1 \sim t_2$ 时间内，U 相电压最高，V 相电压最低，所以 VD1、VD5 处于正向电压下而导通，U、V 之间的电压加在负载上。

在 $t_2 \sim t_3$ 时间内，U 相电压最高，W 相电压最低，所以 VD1、VD6 处于正向电压下而导通，U、W 之间的电压加在负载上。

在 $t_3 \sim t_4$ 时间内，VD2、VD6 导通，V、W 之间的电压加在负载上。

这样反复循环，6 只二极管轮流导通，在负载端便得到一个较平稳的直流电压。电压波形如图 2-10(d)所示。

有些汽车交流发电机为了提高发电功率、提高电压调节精度等功能，采用的整流方式有 8 管电路、9 管电路和 11 管电路等几种。

2) 二极管的续流电路

一个通电的线圈，当突然断电时，就会在线圈中产生一个反向电动势。如果这个反向电动势叠加在电路中的其他电子元件上(一般为三极管)，就会引起元件的损坏。为了避免这种现象的出现，一般都在线圈旁边并联一个二极管来吸收反向电动势，这种电路就是二极管的续流电路，如图 2-11 所示。在这种电路中，二极管起到了对其他电子元件的保护作用，所以也称为保护二极管。电路中，与线圈并联的二极管应将阴极接高电位，阳极接低电位。

在汽车电子调压器中，起开关作用的三极管根据发电机输出电压的高低控制交流发电机励磁绕组的通断，以达到稳定输出电压的目的。在图 2-12 所示电子电压调节器电路中，点画线框内就是二极管续流电路。在该调压器电路中，三极管 VT2 和 VT3 联合起到开关作用来控制发电机励磁线圈的通断。当三极管断开励磁绕组时，励磁绕组中就会产生一个较高的反向电动势，这个电动势如果叠加在电源电压上将对 VT2 和 VT3 造成很大冲击，甚至将三极管烧毁。当并联上保护二极管 VD3 后，这个反向电动势经过 VD3 被励磁线圈自己吸收，避免了对三极管的冲击。

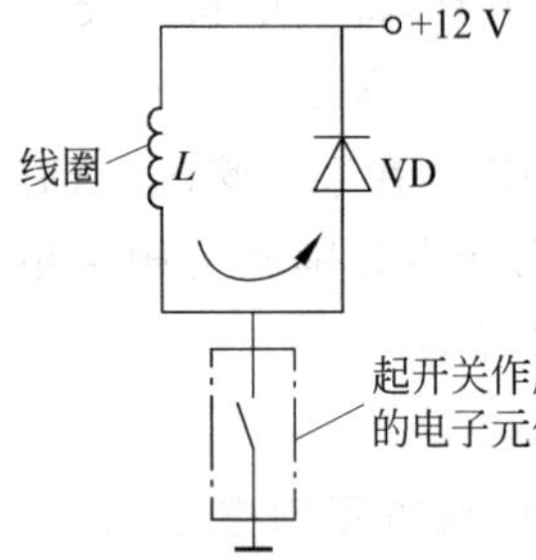

图 2-11　二极管续流电路

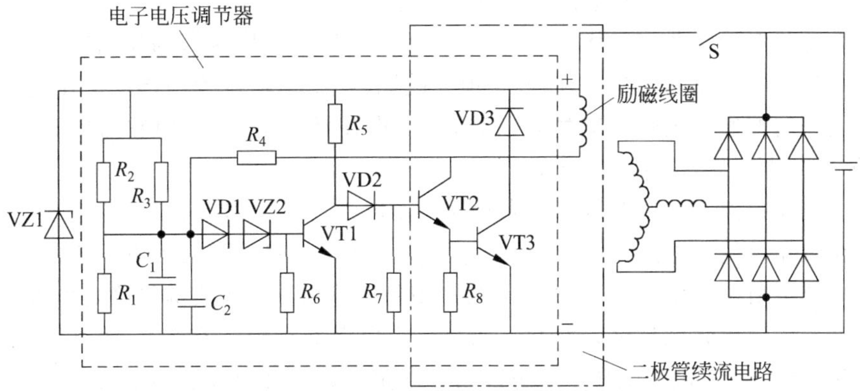

图 2-12　电子电压调节器的开关三极管保护电路

二极管的续流电路在汽车电子电路中随处可见，一般在继电器、线圈等旁边都并联有保护二极管。保护二极管有些装在器件外部，有些装在器件内部、线圈的旁边。

3) 二极管的限幅电路

二极管的限幅电路是利用二极管在导通后正向压降近似为零(硅管为 0.7 V，锗管为 0.3 V)的特性，达到限制电压幅度的作用。图 2-13(a)为二极管双向限幅电路，用来限制输出电压的幅度。输入、输出波形如图 2-13(b)所示。

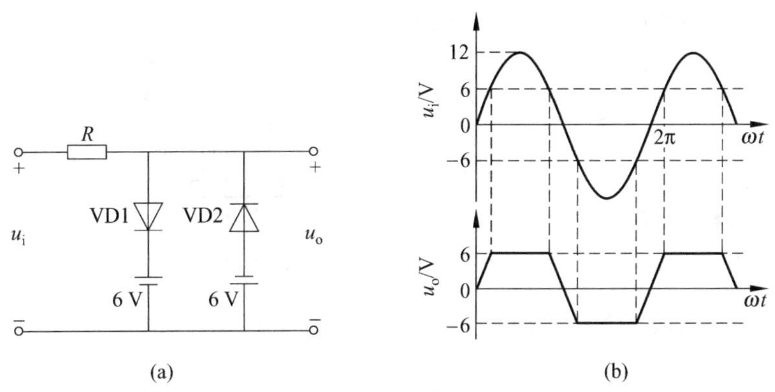

图 2-13　二极管双向限幅电路

(a) 电路图；(b) 波形图

在 u_i 的正半周，当 u_i<6 V 时，VD1、VD2 均截止，输出 $u_o=u_i$；当 u_i>6 V 时，VD1 正偏导通，VD2 反偏截止，输出 $u_o\approx 6$ V。

在 u_i 的负半周，当 u_i>−6 V 时，VD1、VD2 均截止，输出 $u_o=u_i$；当 u_i<−6 V 时，VD2 导通，VD1 截止，输出 $u_o\approx -6$ V。

6. 特殊二极管在汽车上的应用

除了普通二极管外，还有一些特殊用途的二极管，如稳压二极管、发光二极管和光电二极管等。

1) 稳压二极管

稳压二极管简称稳压管，又称齐纳二极管，是一种用特殊工艺制造的面接触型硅半导体二极管。它在电路中与适当阻值的电阻配合能起稳定电压的作用。

稳压管的伏安特性曲线形状与普通二极管的类似,只是稳压管的反向特性曲线比普通二极管的更陡一些。反向击穿后,电流在很大范围内变化,稳压管两端的电压变化很小,因此可以稳压。与普通二极管不同的是,稳压管工作在反向击穿区,即它的反向击穿是可逆的,当去掉反向电压后,击穿可以恢复。

在汽车电路中由于各个电器总成或元件工作电流比较大,使汽车电源系统的电压会出现波动。在汽车的仪表电路和一部分电子控制电路中,一些需要精确电压值的地方经常利用稳压管来获取所需电压。图2-14所示为利用稳压管为汽车仪表提供稳定电源的电路,图中的稳压管与电阻串联而与仪表并联。如果仪表电压必须限定在7 V,便可使用额定电压为7 V的稳压管。汽车电源电压一部分降落在电阻上,7 V电压降落在稳压管上。即使电源电压发生变化,也只是引起不同大小的电流流过电阻和稳压管,从而改变降落在电阻上的电压,而稳压管始终维持7 V电压不变。

稳压管虽然能够稳压,但是它毕竟是二极管,所能通过的电流有限,它一般只应用在低电压、小电流的工作场合,对一些高电压或大电流的工作场合不能选用稳压管稳压。

2) 发光二极管

发光二极管(简称LED)是采用砷(As)、镓(Ga)、磷(P)合成的二极管,内部基本单元仍是一个PN结。当外加正向电压时,发光二极管向外发光,其亮度随流过的电流增大而提高,发光的颜色与构成PN结的材料有关,通常有红、黄、绿、蓝和紫等颜色,还可发出不可见的红外光。发光二极管的外形及符号如图2-15所示。

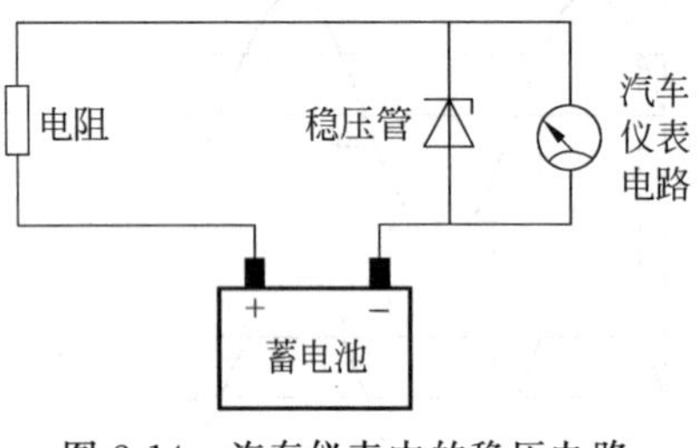

图2-14　汽车仪表中的稳压电路

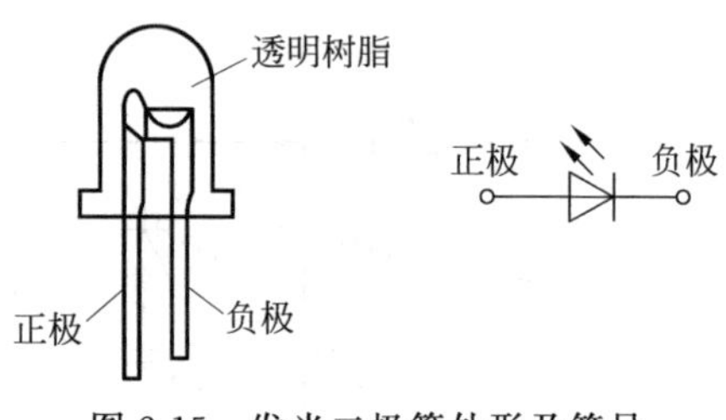

图2-15　发光二极管外形及符号

使用发光二极管时,一定要串联一个限流电阻。发光二极管理想正向工作电流一般为10 mA,正向导通压降一般为2 V。在汽车上如果直接将发光二极管接在电源上,应该串联的限流电阻的阻值为

$$R=\frac{(12-2)\ \text{V}}{10\ \text{mA}}=1000\ \Omega=1\ \text{k}\Omega$$

在汽车电路中发光二极管随处可见,主要应用在仪表板上作为指示信号灯或报警信号灯。比如液体液面过低,制动蹄片过薄,制动灯、尾灯、前照灯等烧坏,这时相应的发光二极管就会被接通发光,发出报警指示。

图2-16所示为浮子舌簧管开关式液位传感器的结构原理及其应用电路。

当液位低于规定值时,舌簧与浮子的位置关系如图2-16(b)中虚线浮子位置所示。当永久磁铁接近舌簧管时,磁力线从舌簧管中通过,舌簧管的触点闭合,报警二极管电路被接通,报警二极管发光,提示驾驶员液位已经低于规定值。当液位达到规定值时,浮子上升到

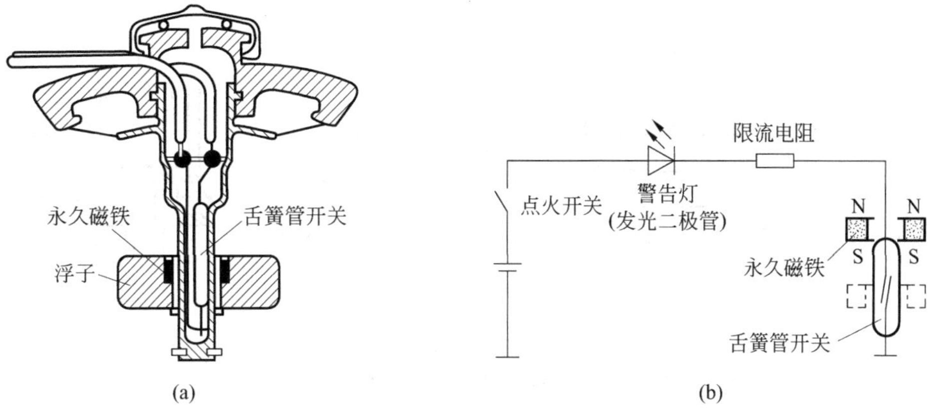

图 2-16　舌簧管开关式液位传感器
(a) 结构原理图；(b) 应用电路图

规定位置，如图 2-16(b)中实线所示，没有磁力线通过舌簧管，在舌簧管本身的弹力作用下，舌簧管触点打开，报警二极管熄灭，表示液位合乎要求。

发光二极管有自身的缺陷，在环境较暗的情况下，显示效果较好，在阳光直射下很难辨别发光与否；如果要增大亮度，势必需要大电流，增加功耗，所以发光二极管及其构成的数码管在汽车上的使用是受到限制的。

在汽车上用于显示的电子器件除了发光二极管和数码管以外，还有液晶显示器(LCD)、真空荧光显示器(VFD)、阴极射线管显示器(CRT)和石英指针式显示器。这些均可在现代轿车电子仪表板上见到。

讨论：观察电子仪表板实物，在教师指导下分辨各种类型的显示器。

3) 光电二极管

光电二极管又称光敏二极管，是将光信号转变成电信号的一种半导体器件。使用光电二极管时，应反向接入电路，即应将阳极接低电位，阴极接高电位。光电二极管的管壳上有透明聚光窗，由于 PN 结的光敏特性，当有光线照射时，光电二极管在一定的反向偏置电压范围内，其反向电流将随光射强度的增加而线性地增加。无光照时，光电二极管的伏安特性与普通二极管一样。光电二极管的符号和伏安特性曲线如图 2-17(a)、(b)所示。图 2-17(c)为光电二极管的一种常见封装的实物图例。

利用光电二极管制成光电传感器，可以把非电信号转变为电信号，以便控制其他电子器件。汽车上的许多传感器就是利用光电二极管制成的，例如，用于汽车自动空调系统的日照强度传感器就是一个光电二极管，如图 2-18 所示。

日照强度传感器可以把太阳的照射情况转换成电流的变化，车内自动空调计算机对这种变化进行检测，来调节排风量和排风口温度。

光电二极管作为光传感器还被应用到汽车灯光自动控制器中，用来检测车辆周围亮、暗程度。

光电二极管大部分应用场合与稳压管类似，是反向工作(阴极接高电位，阳极接低电位)，但有些场合也会采用正向工作。

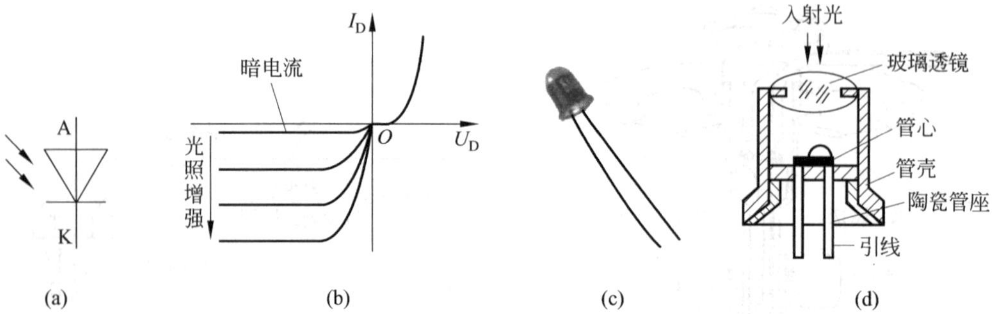

图 2-17　光电二极管

(a) 符号；(b) 伏安特性曲线；(c) 实物图例；(d) 结构

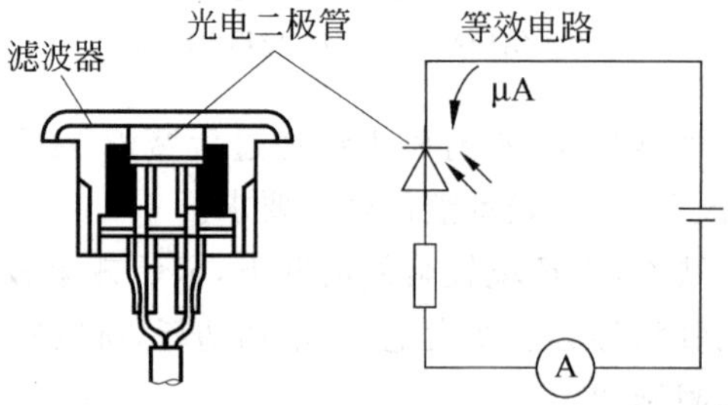

图 2-18　日照强度传感器及其应用等效电路

2.1.3　半导体三极管

半导体三极管又称为晶体三极管或双极型晶体管,简称三极管或晶体管。

1. 半导体三极管的结构

半导体三极管是由两个 PN 结组成的,是在一块半导体晶片上制造三个掺杂区,形成两个 PN 结,再引出三个电极,用管壳封装。

三极管是由 P 型和 N 型材料组成的三层两 PN 结的半导体器件。按照两个 PN 结的组合方式不同,三极管可分为 NPN 型和 PNP 型两种(见图 2-19)。实际上,一个三极管是拥有共同中间层的两个二极管。

三极管的三个极分别为发射极 e、集电极 c、基极 b。三极管的基本功能就是利用基极电流控制集电极和发射极之间的电流。三极管可以被看作一个电流的控制阀,集电极和发射极是电流的通路,而基极就是控制这个电流的阀门,只不过这个阀门不是靠旋转来改变通路的大小,而是靠本身流过的电流——基极电流来控制集电极和发射极之间流过电流的大小。三极管符号中的箭头就表示了两种不同类型的三极管集电极和发射极之间电流的方向。NPN 型三极管电流从集电极 c 流向发射极 e;PNP 型三极管电流从发射极 e 流向集电极 c。

2. 半导体三极管的工作状态

根据三极管连接的外部电路条件,三极管有三种工作状态:截止、放大和饱和。

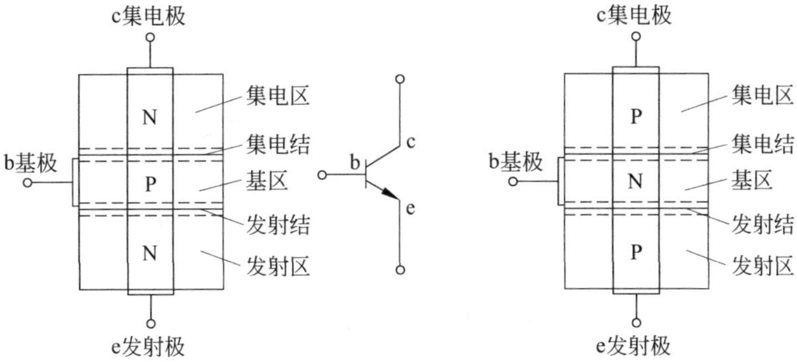

图 2-19　半导体三极管的结构示意图与符号

(a) NPN；(b) PNP

1) 截止状态

当 NPN 型硅三极管连接成如图 2-20(a)所示电路时，基极 b 与发射极 e 电位差小于 0.7 V(硅管的 PN 结导通压降为 0.7 V)，这种情况称为基极加了反向偏压。在这种状态下，三极管不导通，没有电流流动，称为三极管的截止状态。如果把 ce 间看作一个开关的两端，截止状态相当于开关断开。

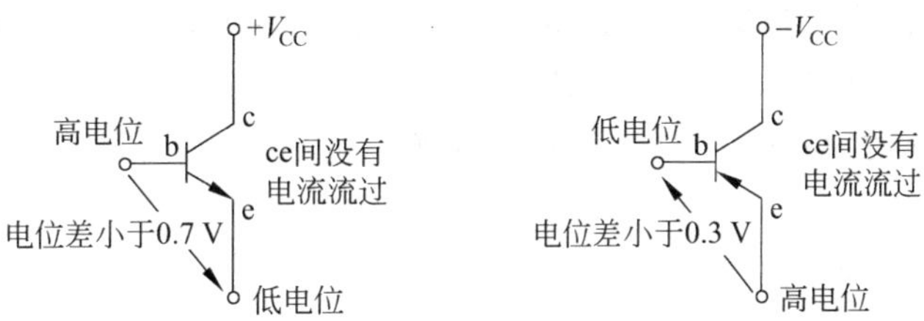

图 2-20　三极管的截止状态

(a) NPN；(b) PNP

对于 PNP 型锗三极管，发射极 e 与基极 b 电位差小于 0.3 V(锗管 PN 结的导通压降为 0.3 V)，如图 2-20(b)所示，基极加了反向偏压，PNP 三极管截止。

2) 放大状态

如图 2-21(a)所示，当 NPN 硅管的基极 b 与发射极 e 电位差大于 0.7 V，这种情况称为基极加了正向偏压。在这种状态下，三极管导通，集电极 c 向发射极 e 有电流，而且流过的电流的大小与基极 b 流入的电流成正比，称为三极管的放大状态。

对于 PNP 锗管，放大状态的条件是基极 b 的电位比发射极 e 的电位低 0.3 V 以上，如图 2-21(b)所示。

3) 饱和状态

在放大状态，三极管 ce 之间的电流是随着基极 b 的电流增大而增大的。但是，当三极管的基极电流增加到一定值时，再增大正向偏压，加大基极电流，ce 之间的电流维持在一个最大值而不再增大了，这种状态称为三极管的饱和状态。在饱和状态，三极管 ce 之间电位

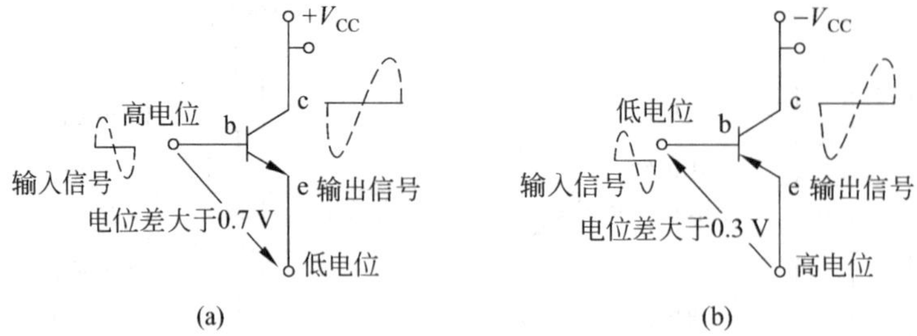

图 2-21 三极管的放大状态
(a) NPN；(b) PNP

差很小,几乎为零,相当于一个开关的两端闭合。在分析汽车电路中,如果遇到三极管饱和的状态,可认为 ce 电位相等。

3. 半导体三极管的管型与管脚极性的判别

1) 管型的判别

一般情况下,三极管的管型是 NPN 还是 PNP 应该从管壳上标注的型号来判别。依照颁布标准,三极管型号的第二位(字母),A、C 表示 PNP 管;B、D 表示 NPN 管。例如:

3AX、3CG、3AD、3CA 等均表示 PNP 型三极管;

3BX、3DG、3DD、3DA 等均表示 NPN 型三极管。

三极管型号中的第一位数字 3,表示三极管;第三位字母表示三极管的功率及频率特性;第四位数字表示序列号。详细内容请参考三极管手册。

此外国际流行的 9011～9018 系列三极管,除 9012 为 PNP 管外,其余标号均为 NPN 管。

2) 管脚极性的判别

(1) 基极的判别

判别管脚时应首先确认基极。一般情况下,基极排列在三个电极的中间(大功率金属壳扁平形封装除外)。将指针式万用表调至欧姆挡 R×1 K 挡位。

- 用万用表的黑表笔接假定的基极,用红表笔分别接触另外两个极。若测得电阻值都较小,约为几百欧至几千欧;再将红黑表笔对调,测得电阻值都较大,约为几百千欧以上。这个管子就是 NPN 管,最初黑表笔接的就是基极。
- 用万用表的黑表笔接假定的基极,用红表笔分别接触另外两个极。若测得电阻都较大,约为几百千欧以上;再将红黑表笔对调,测得电阻值都较小,约为几百欧至几千欧。则此管子就是 PNP 管,最初黑表笔接的就是基极。

(2) 集电极和发射极的判别

对于 NPN 管,确定基极后,用指针式万用表的两个表笔分别接触另两个管脚,同时用指尖轻触基极,观察万用表指针摆动情况;将两个表笔对调,重复上述过程。取指针摆动较大一次的表笔接触位置,黑表笔接触的是集电极 c,红表笔接触的是发射极 e。

对于 PNP 管,确定基极后,用指针式万用表的两个表笔分别接触另两个管脚,同时用指尖轻触基极,观察万用表指针摆动情况;将两个表笔对调,重复上述过程。取指针摆动较大一次的表笔接触位置,黑表笔接触的是发射极 e,红表笔接触的是集电极 c。

有些万用表(部分指针式和所有数字式)上,具有 hFE 挡,可将三极管的三个管脚插入测试插孔内。当能测试出放大倍数时,插孔边标注的 e、b、c 即是插孔内三极管管脚的名称。

4. 三极管在汽车电子电路中的应用

1) 三极管放大电路

按照三极管处于放大状态的条件构成三极管基本放大电路,如图 2-22 所示。

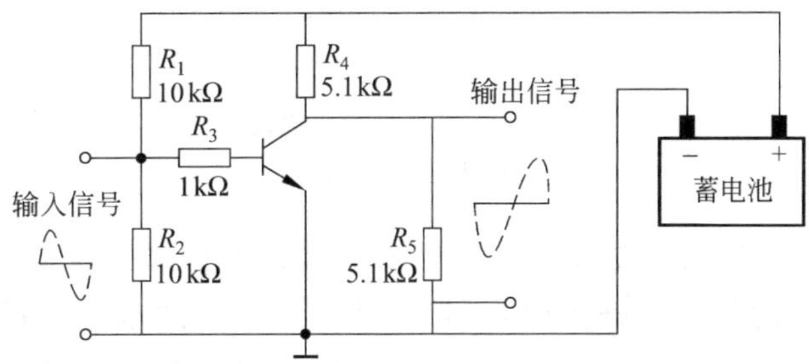

图 2-22　三极管基本放大电路

图 2-22 为 NPN 管放大电路。放大电路在工作时,NPN 管的集电极必须接高电位。需要被放大的信号从基极输入,经过三极管放大后,放大了的信号从集电极输出。三极管的放大电路能够将从传感器输出的微弱信号进行放大,然后传输到汽车电控单元(ECU)。另外,对于控制电路,三极管放大电路可以将功率较小的控制信号放大成功率较大的信号用以驱动附件。

信号经过三极管放大,在放大电路中发生了三个变化:

(1) 输入电压信号被放大;

(2) 输入电流被放大;

(3) 输入波形反相 180°。

用三极管进行信号放大时,信号一定是从基极输入的,放大的信号可以从集电极输出也可以从发射极输出。

汽车电子电路中,由一个三极管组成的单管放大电路已经很少用到了。经常是应用由多个三极管和外围元件组成的集成运算放大器来承担信号的放大任务。

2) 三极管开关电路

(1) NPN 三极管开关电路

当三极管在基极电流控制下,在截止与饱和两种状态交替变换,就如同一个开关的断开与闭合状态交替变换一样。如图 2-23 所示为 NPN 管的开关状态。

图 2-23 中,当基极 b 输入一个高电位控制信号时,三极管 VT 进入饱和导通状态,集电极 c 与发射极 e 之间的电位差几乎为零,相当于 ce 之间闭合。当基极 b 高电位控制信号撤离后,三极管 VT 进入截止状态,集电极 c 与发射极 e 之间几乎没有电流流过,相当于 ce 之间断开。利用三极管的这种特性,就构成了三极管的开关电路。如图 2-23 所示,R_b 是基极限流电阻,防止基极电流过大。R_c 是集电极电阻,在本电路中是防止三极管导通时,电源短路。在实际开关电路中,R_c 的位置由被控电子元件取代。

图 2-24 为 NPN 三极管开关电路。开关电路在工作时,受控制的电子元件一般接

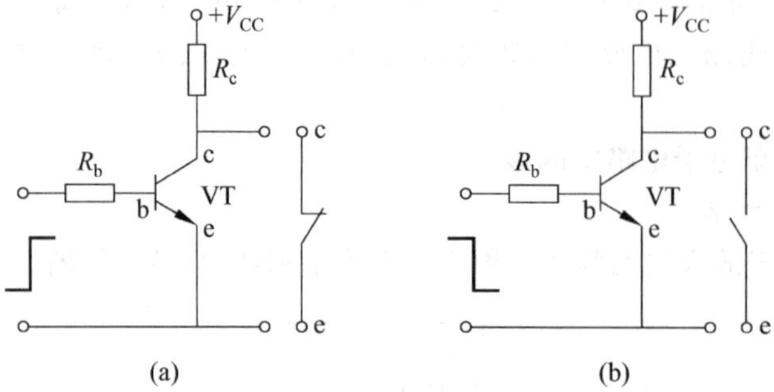

图 2-23 三极管的开关状态

(a) 导通;(b) 截止

在集电极 c 上,控制信号加在基极 b 上。当基极 b 有控制信号到来时,三极管 VT 处于饱和导通状态,ce 之间相当于开关闭合,接在集电极 c 上的电子元件得电工作;当控制信号与基极 b 断开时,三极管 VT 处于截止状态,ce 之间相当于开关断开,电子元件的电路被切断失电,恢复初始状态。在汽车电子电路中,功率较小的控制信号经过三极管开关电路,可以控制喷油器、继电器、指示灯等大功率器件的工作。电阻 R 起到限制基极电流的作用,防止因控制信号过大损坏三极管。二极管 VD 起续流作用,保护三极管免受反向电动势的冲击。

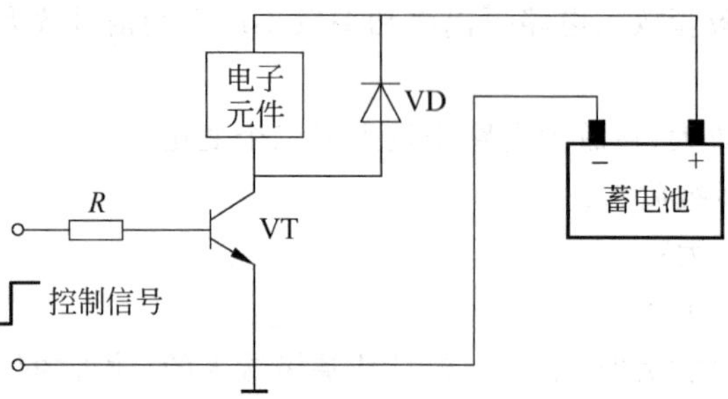

图 2-24 NPN 三极管开关电路

图 2-25 为 JFT103 型 24 V 发电机电子调节电路,是利用 NPN 三极管的开关作用来控制发电机励磁线圈电路通断以达到调节电压的目的。

电阻 R_1、R_2、R_3、R_4、R_5 组成分压电路。A 点作为电压监控点。在发电机输出电压小于预定调节电压值时,A 点电位小于稳压管 VZ 的反向击穿电压,稳压管 VZ 截止,三极管 VT1 基极电流等于零,VT1 截止。而 VT2 的基极由于电阻 R_7 和 R_8 的作用,得到电流使 VT2 饱和导通,接通励磁线圈,发电机正常发电。

当发电机输出电压升高,达到预定调节值时,A 点的电位大于稳压管 VZ 的反向击穿电压,稳压管 VZ 导通,三极管 VT1 基极流过电流,VT1 饱和导通,同时 VT1 使 VT2 基极的电位几乎等于零,使 VT2 截止,断开励磁线圈,发电机输出电压下降。

当发电机输出电压稍低于调节值时,稳压管 VZ 又恢复到截止状态,VT1 由导通变为截止,使 VT2 导通。如此反复,使发电机的输出电压维持在规定的调整值附近。电容 C_1 是滤波电容。电容 C_2 降低开关管开关频率。VD2 是续流二极管。

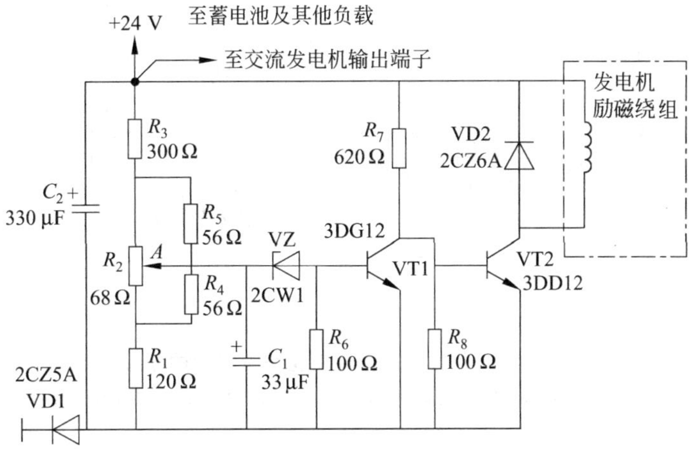

图 2-25 JFT103 型 24 V 发电机电子调节电路

图 2-26 所示为晶体管点火电路。

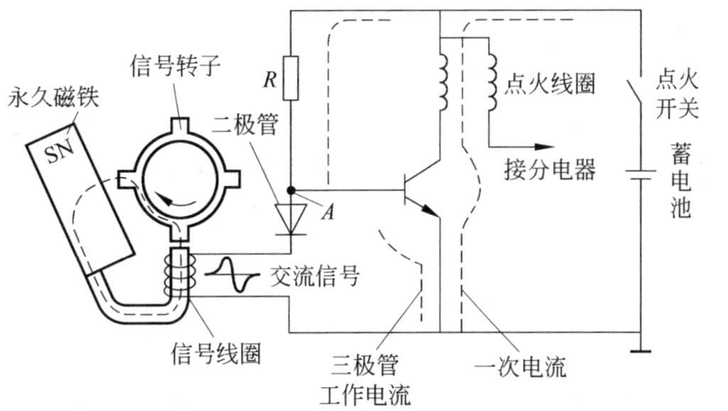

图 2-26 晶体管点火电路原理图

当发动机不转时，通过信号线圈的磁通不变，不产生信号。闭合点火开关，蓄电池电压经过电阻 R 加到三极管基极，形成基极电流，三极管饱和导通，点火线圈的一次线圈通过电流。虽然信号线圈中也有电流流过，但是二极管的结电压保证 A 点电位足以使三极管饱和导通。

当发动机转动时，信号线圈产生电压。当产生正电压时，如图 2-27(a)所示，线圈电压上正下负，使 A 点电位更高，保证三极管饱和导通，点火线圈的一次线圈通过电流。当信号发生器产生负电压信号时，如图 2-27(b)所示，线圈电压上负下正，使 A 点电位变为零或负值，三极管基极没有电流流过，三极管截止，点火线圈的一次线圈断开，二次线圈产生高压，送入分电器点火。

在汽车实际电路中还要在三极管前增加一些保护和控制措施，但是，起主要作用的还是开关三极管。

图 2-28 所示为蓄电池电解液液位报警电路。

报警电路的传感器为装在蓄电池盖子上的铅棒。当蓄电池电解液液位符合规定要

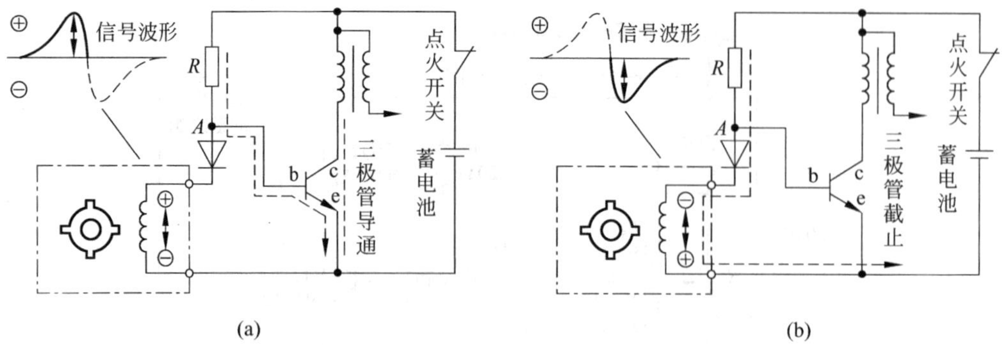

图 2-27 信号电压极性变化与三极管的导通

(a) 三极管导通,一次线圈流过电流;(b) 三极管截止,二次线圈产生高压

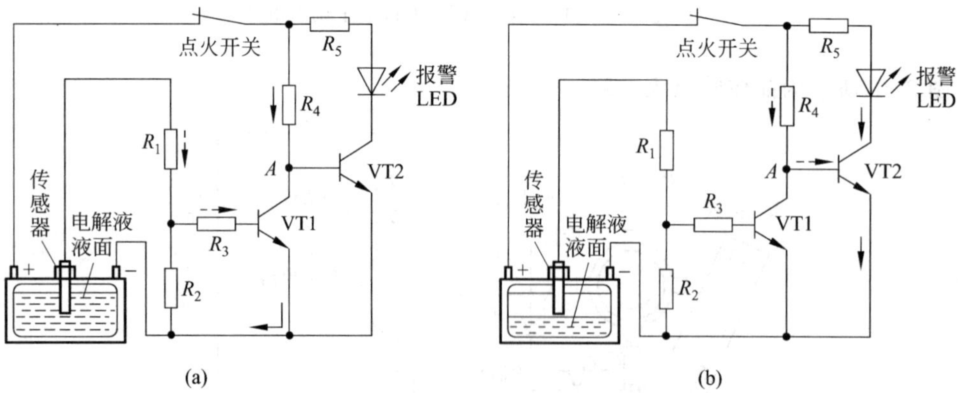

图 2-28 蓄电池电解液液位报警电路

求时,如图 2-28(a)所示,铅棒浸在蓄电池电解液中,铅棒(相当于正极)与蓄电池的负极之间产生电压,三极管 VT1 的基极流过电流,VT1 处于饱和导通状态,VT1 的 ce 之间电位几乎相等,A 点电位几乎为零,三极管 VT2 截止,报警灯(发光二极管)不亮。当蓄电池电解液液位低于规定要求时,如图 2-28(b)所示,铅棒未能浸入蓄电池电解液中,铅棒与蓄电池的负极之间不能产生电压,三极管 VT1 的基极没有电流,VT1 处于截止状态,A 点电位上升,三极管 VT2 的基极 b 有电流流入,三极管 VT2 饱和导通,报警灯亮,通知驾驶员蓄电池电解液液量不足。

(2) PNP 三极管开关电路

PNP 管的开关电路与 NPN 管开关电路组成和工作原理类似,只不过加在基极 b 上的控制信号要低于发射极电位。如图 2-29 所示为 PNP 三极管的开关状态。

图 2-29 中,当基极 b 输入一个低电位控制信号时,三极管 VT 进入饱和导通状态,发射极 e 与集电极 c 之间的电位差几乎为零,相当于 ec 之间闭合。当基极 b 低电位控制信号撤离后,三极管 VT 进入截止状态,发射极 e 与集电极 c 之间几乎没有电流,相当于 ec 之间断开。利用三极管的这种特性,可以构成 PNP 三极管的开关电路。

图 2-30 为 JFT201 型 12 V 发电机电子调节电路,是利用 PNP 三极管的开关作用调节电压的。

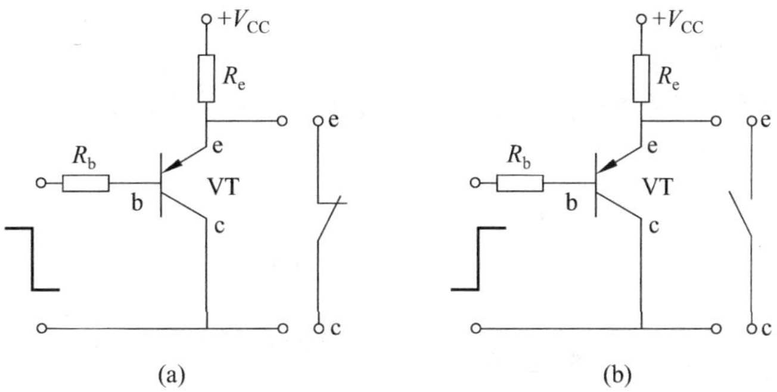

图 2-29 PNP 三极管开关状态

(a) 饱和；(b) 截止

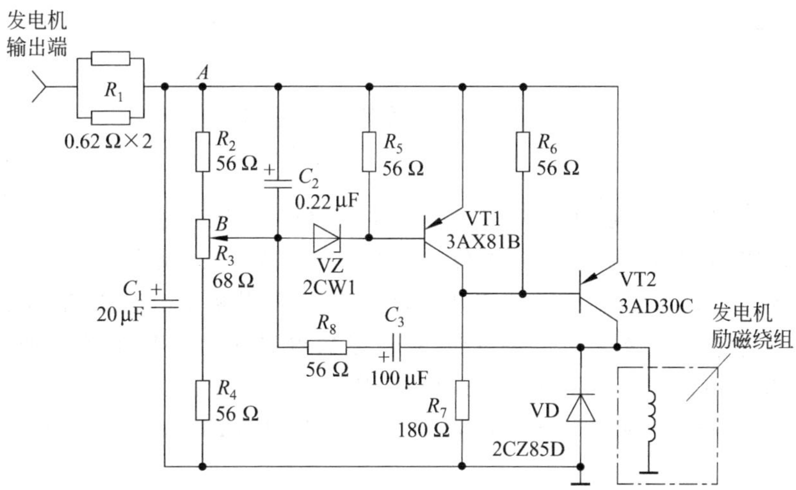

图 2-30 JFT201 型 12 V 发电机电子调节电路

电阻 R_2、R_3、R_4 组成分压电路，B 点电位随着发电机输出电压的变化而变化。在发电机输出电压小于预定调节电压时，AB 之间的电压小于稳压管 VZ 的反向击穿电压，稳压管 VZ 截止，三极管 VT1 基极电流等于零，VT1 截止，而 VT2 的发射极和基极处于较高的电压作用下饱和导通，接通励磁线圈，发电机正常发电。

当发电机输出电压升高，达到预定调节值时，AB 之间的电压大于稳压管 VZ 的反向击穿电压，稳压管 VZ 导通，三极管 VT1 基极流过电流，VT1 饱和导通，同时 VT1 将 VT2 的发射极和基极短路，使 VT2 截止，断开励磁线圈，发电机输出电压下降。

当发电机输出电压稍低于调节值时，稳压管 VZ 又恢复到截止状态，VT1 由导通变为截止，使 VT2 导通。如此反复，使发电机的输出电压维持在规定的调整值附近。

电阻 R_5 提供 VT1 基极工作电位，R_7 是 VT1 的负载电阻，R_6 提供 VT2 基极工作电位。电阻 R_8 和 C_3 可以加速三极管 VT2 的开关转换速度，减少损耗。电容 C_1 的作用是延缓分压电阻上的电压变换速度，降低开关管的开关频率，减少 VT2 管的发热程度。电容 C_2 是滤波电容，可以使稳压管 VZ 两端的电压平滑过渡，减小发电机输出电压的脉动影响，降低开关管的开关频率和损耗。二极管 VD 是续流二极管，保护开关管 VT2 免受励磁线圈反向电动势的冲击。

(3) 多级开关电路

有时在电路中为了控制的需要,要用到两级或三级开关电路,这些电路在汽车发电机电子调压器电路中经常使用到。

图 2-31(a)所示为两级开关电路。

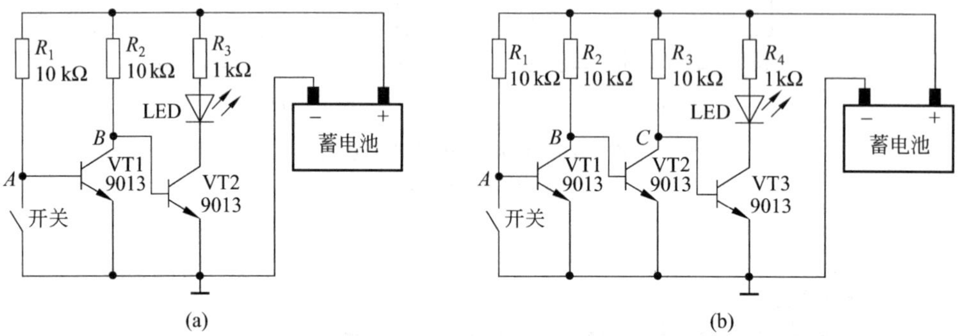

图 2-31　三极管多级开关电路

(a) 两级开关电路; (b) 三级开关电路

两级开关电路的工作原理如下:开关断开时,蓄电池电压经过 R_1 加到三极管 VT1 上,VT1 基极得到电流,VT1 导通,B 点电位几乎为零,三极管 VT2 基极没有电流,VT2 截止,发光二极管不发光。开关闭合时,A 点电位为零,VT1 的基极没有电流,VT1 截止,电源电压 12 V 经过 R_2 加到三极管 VT2 的基极,VT2 基极得到电流,VT2 饱和导通,发光二极管发光。这时 B 点电位等于 VT2 管 be 之间的电压,约为 0.7 V。

同理,图 2-31(b)中的三级开关电路,在开关断开时,LED 发光;开关闭合时,LED 不发光。

5. 特殊三极管在汽车电子电路中的应用

除常用的二极管、三极管外,汽车电子电路中还有一些其他形式的晶体管,如光电三极管、晶闸管、场效应管等。

1) 光电三极管

光电三极管在原理上类似于三极管,只是它的集电结为光电二极管结构。它的等效电路和符号如图 2-32 所示。

光电三极管的基极电流由光电二极管提供,所以一般没有基极外引线(有些产品为了调整方便,基极有外引线)。如果在光电三极管的集电极和发射极加上正向电压,则在没有光照时,ce 间几乎没有电流。有光照射时,基极产生光电流,同时在 ce 间形成集电极电流,大小在几毫安至几百毫安之间。光电三极管的输出特性与三极管基本类似,只是用入射光的照度代替基极电流。光电三极管制成达林顿管形式时,可以获得较大的输出电流而能直接驱动某些继电器。光电三极管的响应速度比光电二极管慢,灵敏度比较高。在要求响应快、对温度敏感小的场合选用光电二极管而不用光电三极管。光电三极管的基本应用电路如图 2-33 所示。A 点电位随着外界光线的照射而发生变化。

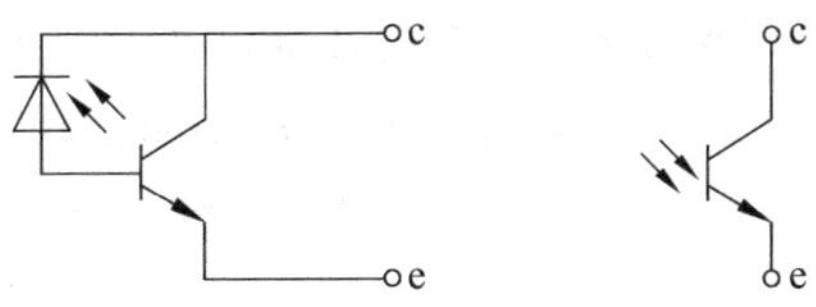

(a)　(b)

图 2-32　光电三极管的等效电路及符号

(a) 等效电路；(b) 符号

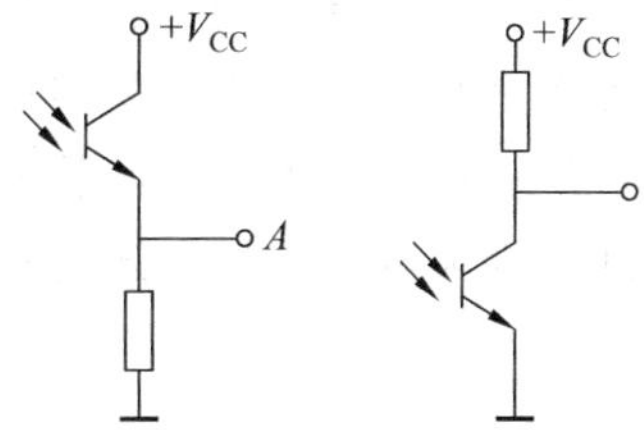

图 2-33　光电三极管的基本应用电路

光电三极管在汽车上主要应用于传感器中。把发光二极管和光电三极管组合在一起，可实现光信号为媒介的电信号的转换，采用这种组合方式的器件称为光电耦合器。当光电耦合器作为传感器来使用时，称为光传感器，如图 2-34 所示，它可以检测物体的有无和遮挡次数等信号。

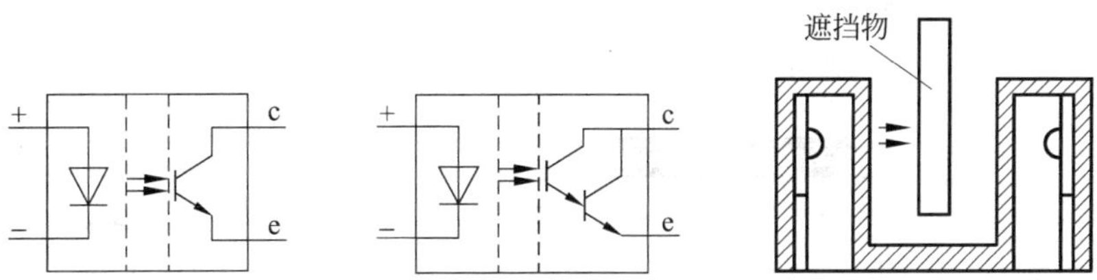

(a)　(b)　(c)

图 2-34　光传感器示意图

(a) 三极管型；(b) 达林顿型；(c) 槽型光电传感器

在汽车上，光电式传感器被应用到许多场合，主要有曲轴位置检测、车高位置检测、转向角度检测、车速检测等，均是在光传感器的中间设置遮挡物，利用遮挡物是否挡住光线，来判断遮挡物的位置(遮挡物均和被检测的对象连接在一起)，传递位置信号或转过的遮挡物的个数信号。

2) 晶闸管

晶闸管也叫可控硅，从外观上看与三极管没有什么区别，是一种仅有开关功能(导通或阻断)的硅半导体元件，其结构示意图和符号如图 2-35 所示。

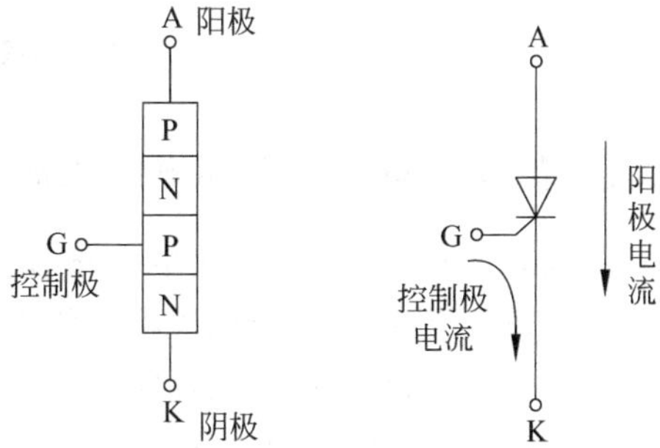

(a)　(b)

图 2-35　晶闸管结构示意图和符号

(a) 结构示意图；(b) 符号

晶闸管有三个电极，阳极 A、阴极 K 和控制极 G。它也属于电流控制器件，当 GK 之间有控制电流流过时，阳极 A 和阴极 K 之间呈导通状态。导通后，即使断开控制电流，晶闸管还是处于导通状态。这时要想使其恢复到截止状态，就要利用其他开关断开阳极电流，或者使阳极和阴极之间的电压变为零。图 2-35 中箭头所示为电流方向。利用晶闸管，可以用很小的控制电流，控制很大的阳极电流，所以它的工作情况与继电器很类似。晶闸管适用于高压电路，它比二极管更结实耐用,但其耐热能力差,使用时必须注意。

晶闸管在汽车上的应用不是很广,主要应用在电子调压器、电子点火器和电子闪光器中作为开关管带动负载。由于晶闸管的控制不是很方便,随着大功率三极管的不断涌现,除了在一些控制特别大电流的场合还能见到晶闸管的应用,其他场合的应用逐渐被大功率三极管代替了。

3) 场效应管

半导体三极管是通过改变基极电流来实现对集电极电流的控制,是一种电流控制器件。场效应管是通过改变输入电压的大小来实现对输出电流的控制,是一种电压控制器件。场效应管在控制时基本不需要电流,且受温度、外界辐射影响小,便于制作成大规模集成电路。

按结构不同,场效应管分结型场效应管和绝缘栅型场效应管两类。绝缘栅型场效应管由金属-氧化物-半导体制成,简称 MOS(metal-oxide-semiconductor)管。MOS 管分 N 沟道和 P 沟道两类。MOS 管的结构及符号如图 2-36 所示。

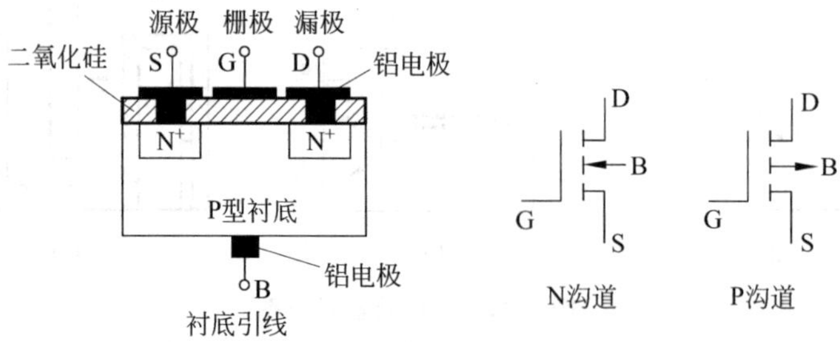

图 2-36 MOS 管结构及符号

(a) N 沟道 MOS 管结构示意图; (b) MOS 管符号

MOS 管主要用于大规模集成电路。由 MOS 管构成的集成电路被称为 CMOS 集成电路。MOS 管的栅极和沟道之间的隔离层极薄,人手上的静电便能烧穿它,所以不要随意触摸 ECU 接插件内的插针或 ECU 内的集成电路板。在汽车上,可使用大功率 MOS 管驱动冷却风扇电动机等。

2.2 集成运算放大器

2.2.1 集成运算放大器的电路组成与符号

集成运算放大器是一种集成电路形式的高性能放大电路器件,因其最初多用于模拟计算机中实现数值的运算,所以被称为集成运算放大器,简称集成运放或运放。随着集成电路技术的不断发展,集成运放的性能不断改善,种类也越来越多,现在集成运放的应用已经远远超出了信号运算的范围,在电子技术的很多领域都有广泛的应用。

1. 集成运算放大器的电路组成

集成运算放大器内部是一个具有高放大倍数的多级直接耦合放大电路,它有两个输入端和一个输出端,其内部电路由 4 部分组成,包括输入级、中间级、输出级和偏置电路。

图 2-37 是几种集成运放的实物图例。图 2-38 是集成运放内部电路组成框图。

图 2-37　几种集成运放的实物图例

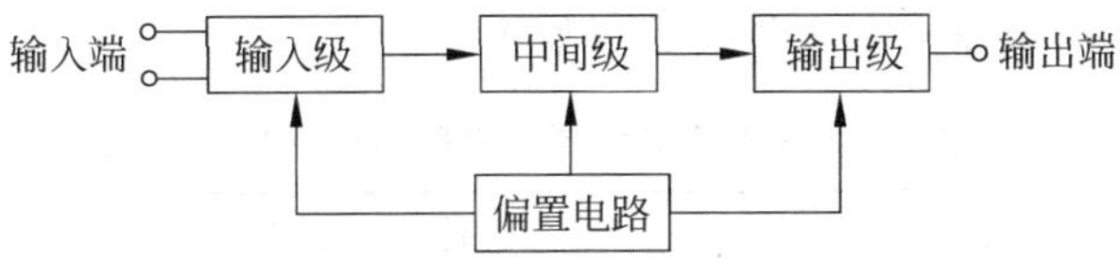

图 2-38　集成运放内部电路组成框图

输入级是运放内部电路的第一级，一般采用高性能差分放大电路，要求其具有很强的抑制共模信号的能力，差模放大倍数大，输入电阻高。

中间级主要进行电压放大，电压放大倍数应尽量大，一般由若干级共发射极（或共源极）放大电路组成。为了提高电压放大倍数，经常采用复合管作放大管，用恒流源作集电极负载。

输出级是运放内部电路的最后一级，要求其电压输出范围大，输出电阻小，负载驱动能力强。因而多采用互补对称电路或射极输出器。

偏置电路的作用是为上述的各级放大电路设置静态工作点，一般采用各种形式的电流源电路。

2. 集成运算放大器的符号

集成运算放大器的符号如图 2-39 所示。它有两个输入端和一个输出端，两个输入端中，一个是反相输入端，标有"－"符号，表示输出电压 u_o 与该输入电压 u_- 相位相反；另外一个是同相输入端，标有"＋"符号，表示输出电压 u_o 与该输入电压 u_+ 相位相同。

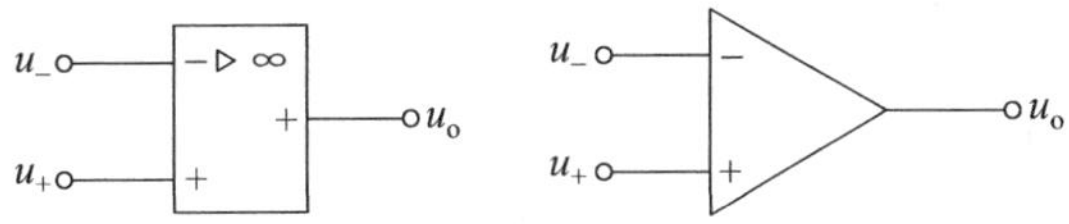

图 2-39　集成运算放大器的符号

实际上在构成集成运放的电路中都需要有连接正负电源的引脚，但在电路图中一般都略去不画，而在实际电路中是必须有的。

集成运放的外形是塑料封装的双列直插集成电路。不同型号的集成运放，插脚个数不同，从 8 个到 14 个不等。在汽车电子电路中集成运放一般都安装在 ECU 模块内部，在外部看不到独立的集成运放。

2.2.2　集成运算放大器的线性应用电路

通常集成运放必须外接负反馈电路，才能正常工作。根据输入方式不同，构成三种最基本的实用放大器电路，成为其他各种应用电路的基础。

1. 基本线性应用电路

三种最基本的实用放大器电路为：

(1) 反向输入方式包括反向比例运放、反向加法电路、反相器、反向积分电路和反向微分电路；

(2) 同向输入方式主要包括同向比例运放、有源低通滤波电路；

(3) 双端输入方式主要是差分输入电路(差分减法电路)。

集成运算放大器的电路与电压传输关系如表2-1所示。

表2-1 集成运算放大器的电路与电压传输关系

名 称	电 路	传输关系	说 明
反向比例运算电路	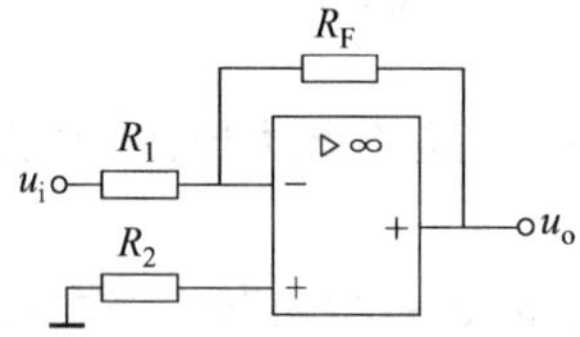	$\frac{u_o}{u_i}=-\frac{R_F}{R_1}$	反相端输入并联电压负反馈
同向比例运算电路	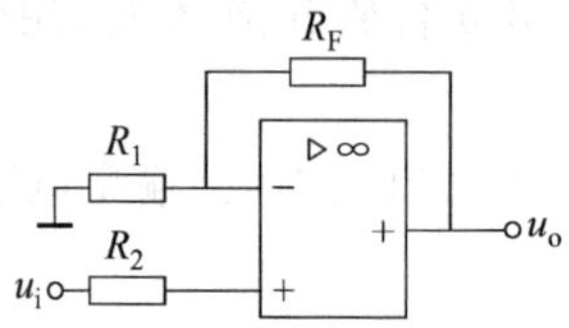	$\frac{u_o}{u_i}=1+\frac{R_F}{R_1}$	同相端输入串联电压负反馈
电压跟随器	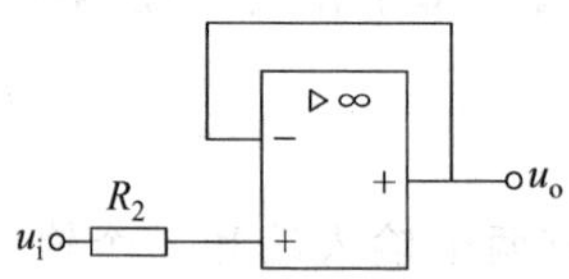	$\frac{u_o}{u_i}=1$	同相端输入串联电压负反馈
反向加法运算电路	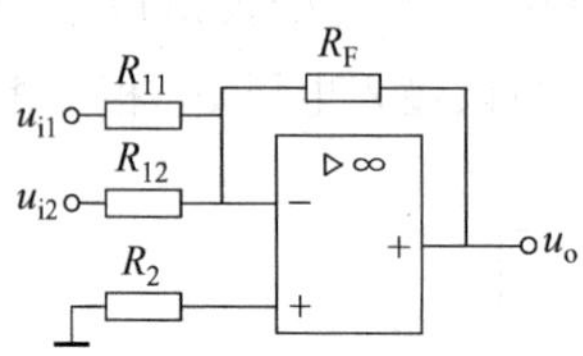	$u_o=-\frac{R_F}{R_1}(u_{i1}+u_{i2})$ $(R_1=R_{11}=R_{12})$	反相多端输入并联电压负反馈
差分减法运算电路	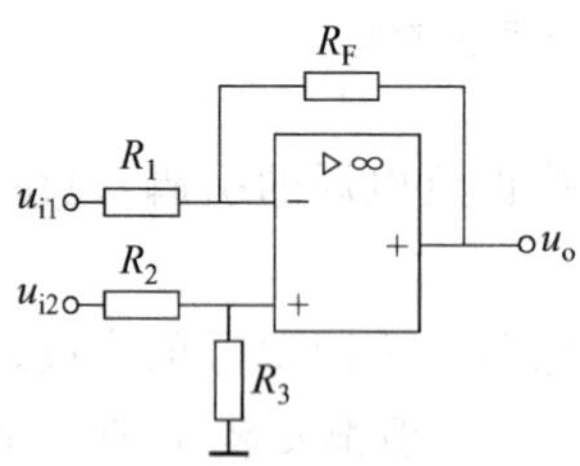	$u_o=\frac{R_F}{R_1}(u_{i2}-u_{i1})$ $(R_1=R_2, R_F=R_3)$	差分输入
积分运算电路	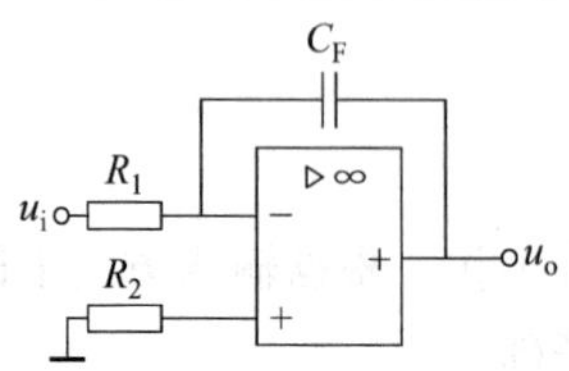	$u_o=-\frac{1}{R_1C_F}\int u_i\mathrm{d}t$	反相端输入并联电压负反馈

续表

名　称	电　　路	传 输 关 系	说　　明
微分运算电路	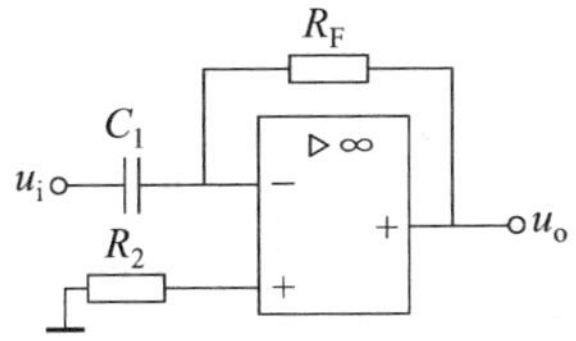	$u_o = -R_F C_1 \dfrac{du_i}{dt}$	反相端输入并联电压负反馈
有源低通滤波器	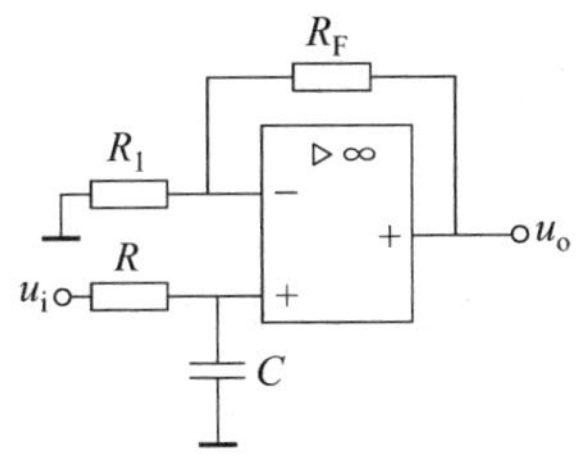	$\dfrac{u_o}{u_i} = \dfrac{1+\dfrac{R_F}{R_1}}{\sqrt{1+\left(\dfrac{w}{w_0}\right)^2}}$	同相端输入
过零电压比较器	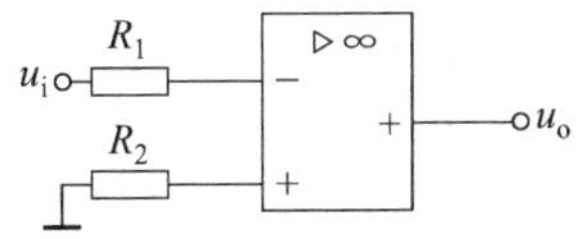	$u_i > 0, u_o = -U_{o(sat)}$ $u_i < 0, u_o = +U_{o(sat)}$	反相端输入

2. 在汽车上的应用

1）电桥信号放大电路

如果需要对温度、压力或形变等进行检测，可采用图 2-40 所示的电桥信号放大电路。图中电桥的一个臂是由传感器构成的。

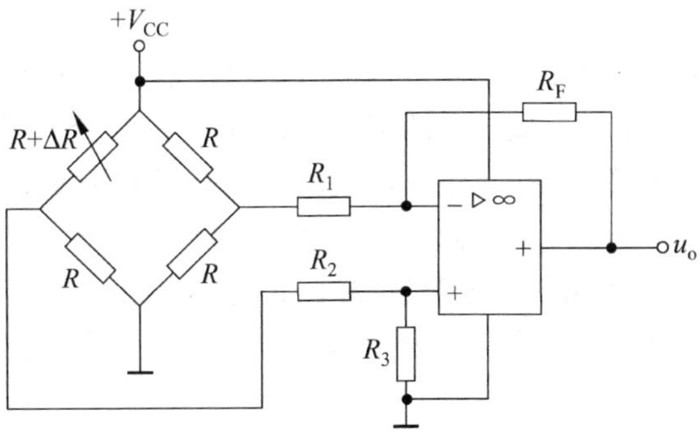

图 2-40　电桥信号放大电路

当传感器的阻值没有变化时，即 $\Delta R=0$ 时，电桥平衡，电路输出电压 $u_o=0$；当传感器因温度、压力或其他变化而使传感元件的电阻值发生变化时（用 ΔR 表示），电桥就失去平衡，变化量变成了电信号而产生输出电压 u_o，输出电压 u_o 一般很小，需要经过放大器进行放大。

汽车电喷发动机中，用来测量进气量的进气压力传感器就是由压敏电阻和集成运放制成的（见图 2-41）。该传感器有一个通气口与进气管相通，进气压力通过该口加到压力转换元件上，压力转换元件是由 4 个压敏电阻构成的硅膜片。硅膜片受压力变形后，电桥输出信号，压力越大，输出信号越强，该信号经集成运放放大后传送给 ECU。

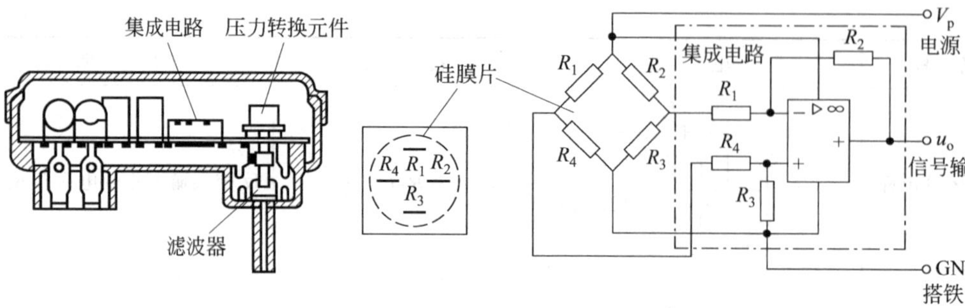

图 2-41　压敏电阻式进气压力传感器

2）光电测量电路

光电二极管、光电三极管或其他光电器件能够将光信号转变为电信号。图 2-42 所示为一种最简单的光电测量电路。

无光照时，光电二极管的反向电流很小。有光照时，二极管有光电流流过，光的照度越大，光电流越大，经过集成运放后，输出电压 $u_o = iR$。汽车自动空调控制系统中，用作检测日照量的传感器就是经过设置在 ECU 内部的上述电路进行信号放大的。

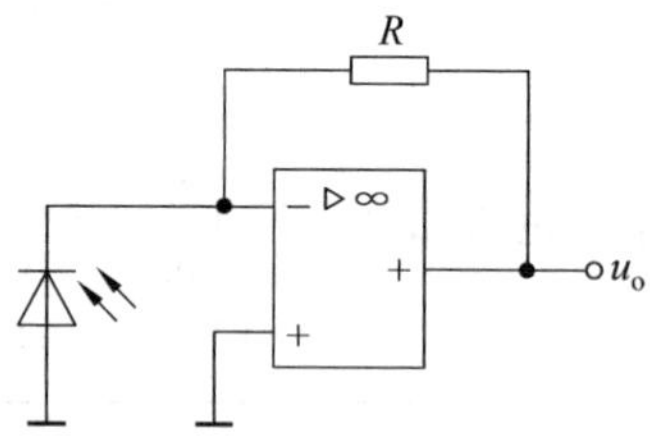

图 2-42　光电测量电路

2.2.3　集成运算放大器的非线性应用电路

集成运放工作在开环的工作状态下，电路的输出与输入之间呈非线性关系，其电路主要根据集成运放开环工作状态的电压传输特性来分析的。其主要应用电路有电压比较器和非正弦波发生器。

集成运算放大器的一个特殊应用就是构成电压比较器。电压比较器是能够对两个输入电压大小进行比较的一种集成运放。它的两个输入电压中，一个是基准电压，另一个是被比较的输入电压，当两个电压不相等时，集成运放输出的电压不是等于正电源电压就是等于零(如果采取正负电源供电，就等于负电源电压)。即在输出端只输出两种电压值，或者正电源电压，或者零。在汽车电路中用于信号测量、越限报警等电路。

简单比较器最常见的应用电路有三种形式：简单电压比较器、滞回电压比较器和窗口电压比较器。

1. 简单电压比较器

1）基本电路

简单电压比较器的电路如图 2-43(a)所示，输入信号加在反相端，是一个反相输入电压比较器。U_{TH}是基准电压，$u_i = u_-$，$U_{TH} = u_+$。当 $u_i > U_{TH}$时，即 $u_- > u_+$，比较器输出等于零，即 $u_o = 0$；当 $u_i < U_{TH}$时，即 $u_+ > u_-$，比较器输出 $u_o = +V_{CC}$。其传输特性如图 2-43(b)所示。

比较器的输出发生跳变的条件是：

$u_i = U_{TH}$，通常将 U_{TH} 称为阈值电压(或门限电压)。简单电压比较器的特点就是只有一个阈值电压，当输入电压在阈值电压附近变化时，输出信号就会发生跳变。

2）简单电压比较器在汽车电子电路中的应用

电喷发动机的主要目的就是控制发动机在理论空燃比附近工作，保证排放合乎法规要

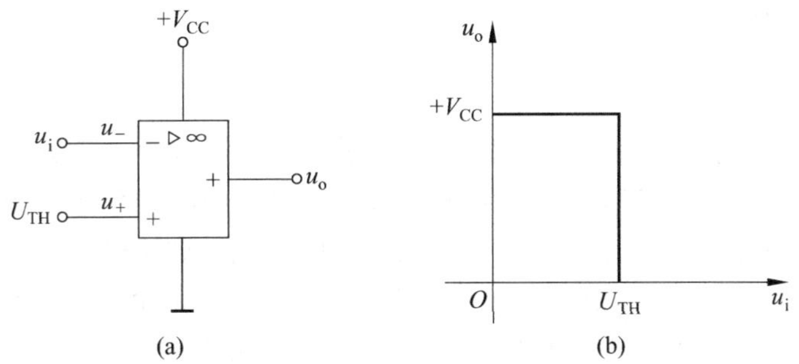

图 2-43　反相输入简单电压比较器

(a) 电路；(b) 传输特性

求。在电喷发动机闭环控制系统中，氧传感器承担着 ECU 传递发动机是否工作在理论空燃比附近的任务。在浓混合气燃烧时(小于理论空燃比)，排气中的氧消耗殆尽，氧传感器几乎不产生电压；在稀混合气燃烧时(大于理论空燃比)，排气中还含有一部分多余的氧气，氧传感器产生 1 V 左右的电压。控制系统根据氧传感器的输出信号对喷油量进行修正。控制系统规定，当氧传感器输出电压小于 0.5 V 时，认为混合气过浓；大于 0.5 V，认为混合气过稀。氧传感器与 ECU 之间就是通过电压比较器进行信号传递的。

ECU 设定 0.45 V 为基准电压，当氧传感器信号电压大于基准电压时，比较器输出 $u_o \approx 0$ V，ECU 判断混合气过稀，增加喷油量；当氧传感器信号电压小于基准电压时，比较器输出 $u_o \approx 5$ V，ECU 判断混合气过浓，减少喷油量。

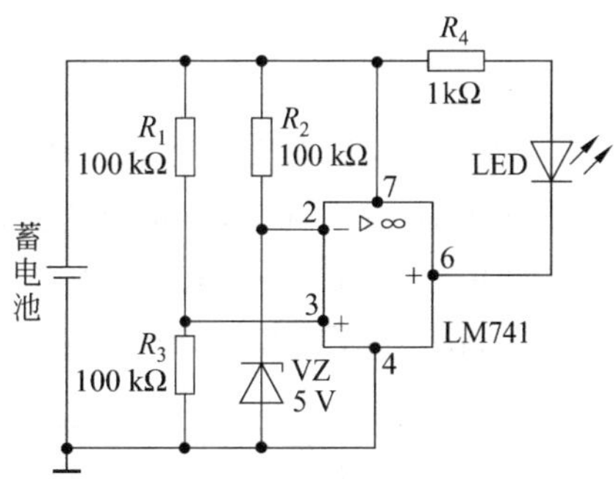

图 2-44　蓄电池电压过低报警电路

图 2-44 所示为蓄电池电压过低报警电路。该电路由集成运放 LM741、稳压管、发光二极管及一些电阻组成。

电阻 R_2 与稳压管 VZ 组成电压基准电路，向比较器提供 5 V 的基准电压。R_1、R_3 组成分压电路，中间点作为电压检测点。当蓄电池电压高于 10 V 时，比较器输出电压为 12 V，发光二极管不发光，指示电压正常；当蓄电池电压低于 10 V 时，比较器输出电压为零，发光二极管发光，指示电压过低。

2. 滞回电压比较器

1) 基本电路

在简单电压比较器的基础上加正反馈就构成了滞回电压比较器，电路结构如图 2-45(a)所示。其参考电压通过 R_2 与 R_F 从输出取得，而输出电压在 $\pm U_Z$ 间跳变(由于接了稳压管，其输出电压为 $\pm U_Z$)，所以电路有两个参考电压。

当 $u_o = +U_Z$ 时，

$$U_R = U'_+ = \frac{R_2}{R_2 + R_F} U_Z$$

当 $u_o=-U_Z$ 时,

$$U_R=U''_+=-\frac{R_2}{R_2+R_F}U_Z$$

当 $u_o=+U_Z$ 时,若 $u_i<u'_+$,u_o 保持 $+U_Z$;若 $u_i>u'_+$,$u_o=-U_Z$。一旦 u_o 跳变到 $-U_Z$,则参考电压 $U_R=U''_+$。其电压传输特性如图 2-45(b)中实线所示。当 $u_o=-U_Z$ 时,若 $u_i>u''_+$,u_o 保持 $-U_Z$;若 $u_i<u''_+$,$u_o=+U_Z$。一旦 u_o 跳变到 $+U_Z$,则参考电压 $U_R=U'_+$。其电压传输特性如图 2-45(b)中虚线所示。滞回电压比较器的电压传输特性是实线和虚线两部分的叠加,其回差电压等于上门限电压 u'_+ 与下门限电压 u''_+ 之差。

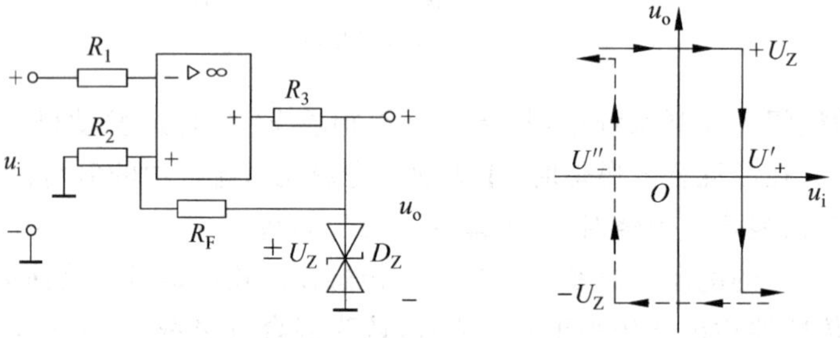

图 2-45　反向滞回电压比较器

(a) 电路;(b) 传输特性

2) 滞回比较器在汽车电子电路中的应用

在汽车 ABS 系统中,车轮的速度是靠轮速传感器来传递给 ECU 的。霍尔轮速传感器就是轮速传感器的一种。它的结构如图 2-46 所示,主要由与车轮或传动系统连接在一起的触发齿圈、霍尔元件、永久磁铁和电子电路等组成。

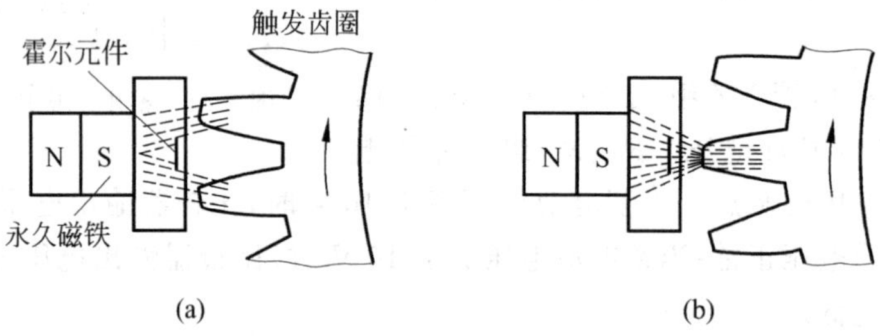

图 2-46　霍尔轮速传感器结构示意图

(a) 磁场弱;(b) 磁场强

当触发齿圈随着车轮旋转时,霍尔元件上的磁场会发生周期性变化,霍尔元件就会产生毫伏级的正弦波电压。将霍尔元件产生的微弱的正弦波信号放大整形为 11.5~12 V 的标准脉冲信号,就是通过由集成运放构成的电子电路来实现的。电路原理如图 2-47 所示。

电路分 4 个部分:由霍尔元件构成的信号产生部分;由 A_1、R_1、R_{f1} 组成的放大部分;由 A_2、R_2、R_3、R_{f2} 组成的滞回比较器和由三极管 VT 等构成的信号输出级。稳压电路保证霍尔元件和比较器基准电压的稳定不变。霍尔元件感受触发齿轮转动带来的磁场变化而产生微弱的正弦波信号(见图 2-48),该信号经 A_1 放大器放大后(见图 2-48),送到比较器 A_2,电

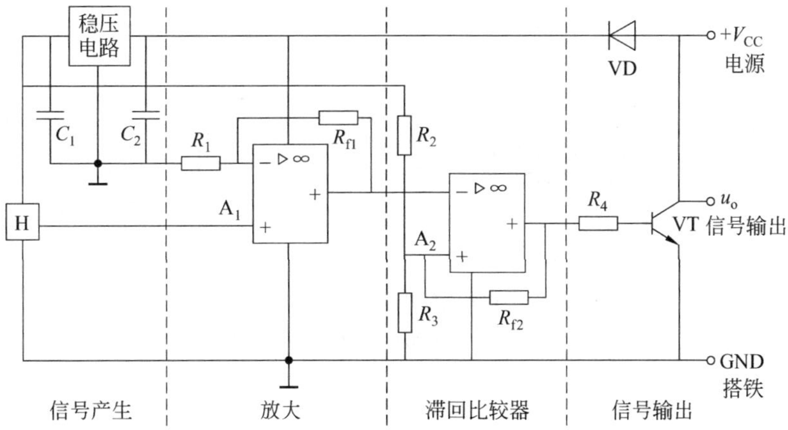

图 2-47　霍尔轮速传感器电路原理图

阻 R_2、R_3 向比较器 A_2 提供了基准电压，A_2 输出经过滞回整形的脉冲信号(见图 2-48)。U_{A2}控制输出开关三极管，向外传输幅值达 11.5～12 V 的脉冲信号。二极管 VD 的作用是电源反接时，起保护作用。电容 C_1、C_2 是稳压电路的滤波电容。

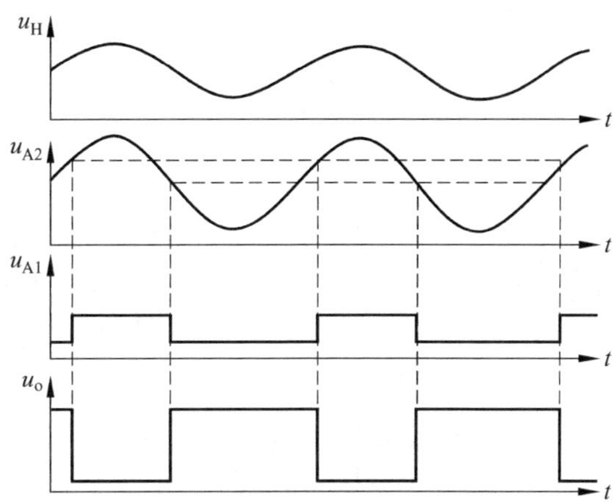

图 2-48　霍尔轮速传感器电路各级波形

3. 窗口电压比较器

1) 基本电路

当简单比较器和滞回比较器的输入电压 u_i 单方向变化时，输出电压 u_o 只跳变一次，因此只能检测出 u_i 与一个电压值的大小关系。如果要判断 u_i 是否在两个给定的电压之间，就要采用双限比较电路。图 2-49(a)是一种双限比较电路，图 2-49(b)是其电压传输特性，图中参考电压 $U_H > U_L$。

当输入电压 $u_i > U_H$ 时，$u_{o1} = +U_{o(sat)}$，$U_{o2} = -U_{o(sat)}$，因而二极管 VD1 导通，VD2 截止，所以电路的输出电压 $u_o = U_Z$。

当输入电压 $u_i < U_L$ 时，$u_{o1} = -U_{o(sat)}$，$U_{o2} = +U_{o(sat)}$，因而二极管 VD1 截止，VD2 导通，所以电路的输出电压 $u_o = U_Z$。

当输入电压 $U_L < u_i < U_H$ 时，$u_{o1} = U_{o(sat)}$，因而二极管 VD1 和 VD2 都截止，所以电路的

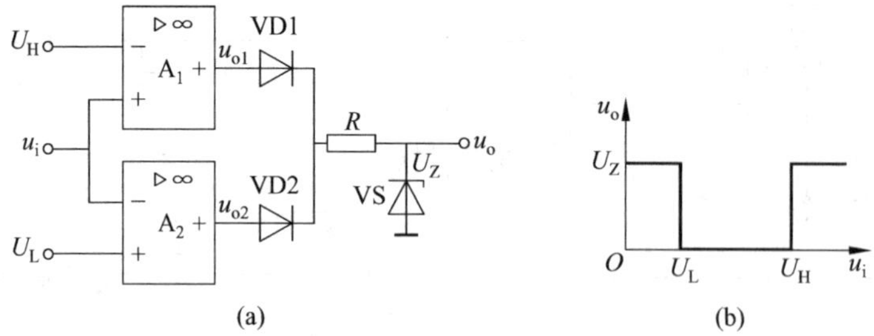

图 2-49 双限比较电路及其电压传输特性

(a) 双限比较电路；(b) 电压传输特性

输出电压 $u_o=0$。

因为双限比较器的电压传输特性曲线的形状像一个窗口，所以又称为窗口比较器。

2) 窗口比较器在汽车电子电路中的应用

在汽车充电系统电路中，当电压过低或过高时，报警器发出警报，这就是汽车充电系统电压监视电路，如图 2-50 所示。

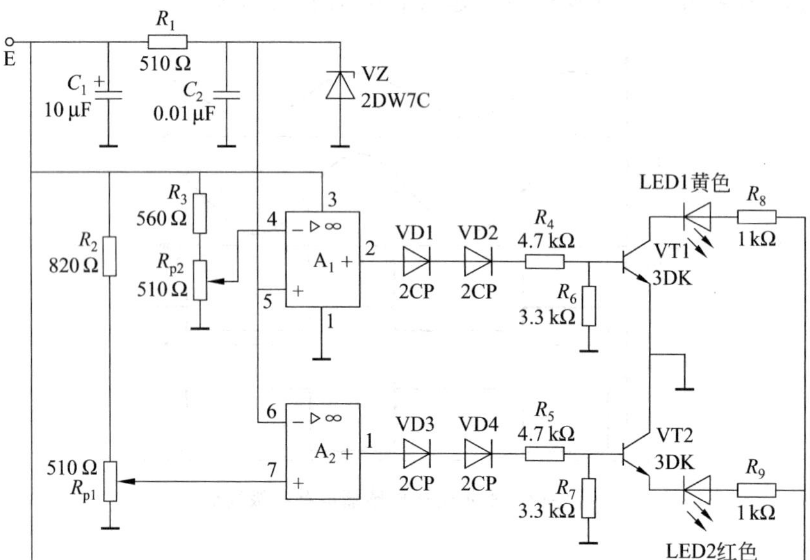

图 2-50 汽车充电系统电压监视电路

电路主要是由 LM339 构成的一个窗口比较器。基准电压由 R_1 和 VZ 组成的稳压电路组成，VZ 的稳压值是 6 V。基准电压分别接在 A_1 的正向端和 A_2 的反相端。E 接在汽车充电系统电源上。

当充电系统电压大于 14.5 V 时，A_1 反相端检测到的电压和 A_2 同相端检测到的电压都大于基准电压，比较器 A_1 输出电压为零，三极管 VT1 不能导通，LED1(黄色)不亮；比较器 A_2 输出电压为电源电压，驱动三极管 VT2 导通，发光二极管 LED2(红色)发光，指示电压过高。

当充电系统电压小于 12 V 时，A_1 反相端检测到的电压和 A_2 同相端检测到的电压都小于基准电压，比较器 A_2 输出电压为零，三极管 VT2 不能导通，LED2（红色）不亮；比较器 A_1 输出电压为电源电压，驱动三极管 VT1 导通，发光二极管 LED1（黄色）发光，指示电压过低。

当电压介于 12～14.5 V 之间时，A_1 反相端检测到的电压大于基准电压，比较器 A_1 输出电压为零，三极管 VT1 不能导通。A_2 同相端检测到的电压小于基准电压，比较器 A_2 输出电压为零，三极管 VT2 不能导通。LED1（黄色）和 LED2（红色）都不亮，指示电压正常。

电路调试时，先用 14.5 V 的电压作电源电压，调整电位器 R_{p2}，使比较器 A_2 正好翻转。然后改用 12 V 电源，调整电位器 R_{p1}，使比较器 A_1 正好翻转。

2.3　数字电路

数字电路是指用二进制数字信号对数字量进行算术运算和逻辑运算的电路。要认识数字电路，首先要熟悉二进制，然后要了解、掌握常用的逻辑门电路、触发电路。

2.3.1　二进制

1. 二进制数

二进制顾名思义就是"逢二进一"，位权的表示方法是 2^i ($i=0,1,2,\cdots$)。数字也是从右向左依次排列，如 11，右边的 1 表示一个 1，左边的 1 表示 1 个 2。依次类推，数值 2 用 10 表示；4 用 100 表示；5 用 101 表示等。

任何一个二进制数可展开为

$$a_n \times 2^n + a_{n-1} \times 2^{n-1} + \cdots + a_0 \times 2^0 + a_{-1} \times 2^{-1} + a_{-2} \times 2^{-2} + \cdots + a_{-m} \times 2^{-m}$$
$$= \sum a_i \times 2^i$$

例如二进制数 $(101.11)_2$ 可展开为

$$(101.11)_2 = 1\times 2^2 + 0\times 2^1 + 1\times 2^0 + 1\times 2^{-1} + 1\times 2^{-2} = (5.75)_{10}$$

二进制中只有"0"和"1"两个数码，电路上实现起来十分简单，正好可以用数字信号的低电平和高电平两种状态来表示，而且二进制数运算简单，因而在数字电路中通常采用二进制来进行计数和编码。

2. 二进制编码

在数字系统中不仅用二进制数码表示数值，而且也用它编码以表示不同的事物对象。

用不同的二进制数码表示不同的事物对象就是二进制编码。例如，在数字电路中表示十进制的 10 个数码（0～9）、文字符号、控制信息等对象时，就会用到二进制编码。为便于记忆和处理，在编制代码时要遵循一定的规则，这些规则就叫码制。

用于编码的二进制数码的位数由要表示的对象的数目决定。一位二进制数数码只有"0"和"1"两种可能组合，最多只能表示两个不同对象；两位二进制数码有"00""01""10""11"共 4 种组合状态，最多可以表示 4 个不同的对象。一般说来，n 位二进制数码最多有 2^n 种组合状态，因而最多可以表示 2^n 个不同的对象。如果已知要表示的对象数量为 M，则可以 $2^n > M$ 这一关系来确定编码所需要的最少的二进制数码的位数。

用 4 位二进制数码表示十进制的 0～9 这 10 个数码叫二-十进制编码，简称 BCD

(binary coded decimal)码，常用的 BCD 码有下面几种。

1) 8421 码

在这种编码中，其值为 1 那些位的权值之和对应的十进制数就是所表示的十进制数码。也就是说把一个 8421BCD 码看作一个二进制数，所对应的十进制数就是它所表示的十进制数码。在这种码制中由左至右每一位的权值分别为 8、4、2、1，所以把这种编码称为 8421 码。在 8421 码中每一位的权值都是固定的，所以它是一种恒权码。

2) 余 3 码

在这种编码中，如果把每一个余 3 码看作一个 4 位二进制数，则它的数值要比它所表示的十进制数码多 3，因而这种代码叫余 3 码。根据余 3 码的编码规则可知，余 3 码不是恒权码。

3) 2421 码

这种编码由左至右每一位的权值分别为 2、4、2、1，因而 2421 码是恒权码。

表 2-2 列出了上面介绍的几种 BCD 代码。

表 2-2 几种常用的 BCD 代码

十进制数	8421 码	余 3 码	2421 码
0	0000	0011	0000
1	0001	0100	0001
2	0010	0101	0010
3	0011	0110	0011
4	0100	0111	0100
5	0101	1000	1011
6	0110	1001	1100
7	0111	1010	1101
8	1000	1011	1110
9	1001	1100	1111
权	8421		2421

2.3.2 常用逻辑门电路

在二进制逻辑电路中，输入和输出信号(称为变量)只能有两个状态 1 或 0，这里它们不再表示数值的大小而只表示两种对立的状态。输入输出之间的关系称为逻辑关系，实现逻辑关系的电路称为逻辑电路。常用真值表来描述逻辑电路的逻辑关系。

逻辑电路中实现最基本逻辑关系的电路称为逻辑门电路，简称为门电路。最基本的门电路有与门、或门、非门、与非门和或非门。

1. 与门

只有决定事物结果的全部条件同时具备时，结果才发生。这种因果关系叫逻辑与，或者叫逻辑相乘。表示的逻辑关系是 $Y=AB$，如图 2-51(a)所示。

当开关 A 与 B 均闭合时，灯 Y 才亮。用真值表表示为图 2-51(b)。体现的逻辑关系是“全 1 为 1，有 0 为 0”。实现逻辑与关系的门电路称为与门，与门的符号如图 2-51(c)所示。

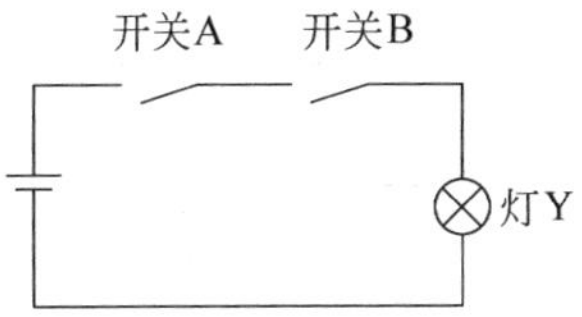

(a)

开关A、B: 断开—0，闭合—1
灯Y: 亮—1，灭—0

A	B	Y
0	0	0
0	1	0
1	0	0
1	1	1

(b)

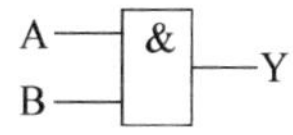

(c)

图 2-51　逻辑与

(a) 与逻辑关系；(b) 与逻辑真值表；(c) 符号

图 2-52 是用 74LS08 与门集成电路控制 LED 的亮灭电路图。只有开关 A、B 均闭合，LED 才点亮。

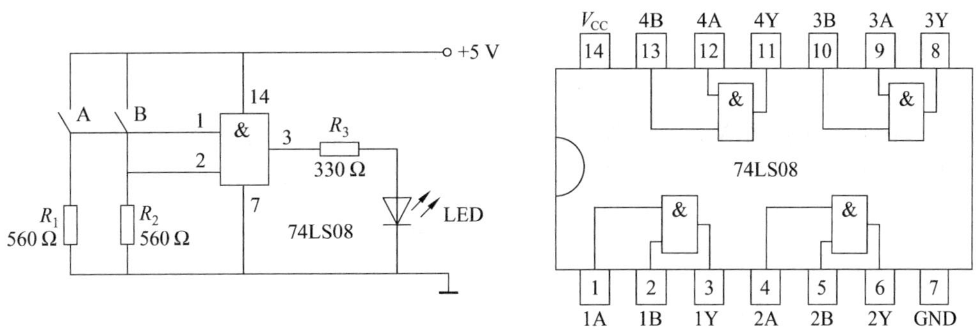

图 2-52　与门集成电路的实验

(a) 电路图；(b) 74LS08 与门集成电路

2. 或门

在决定事物结果的诸条件中只要有任何一个满足，结果就会发生。这种因果关系叫逻辑或，或者叫逻辑加。表示的逻辑关系是 $Y=A+B$，如图 2-53(a)所示。

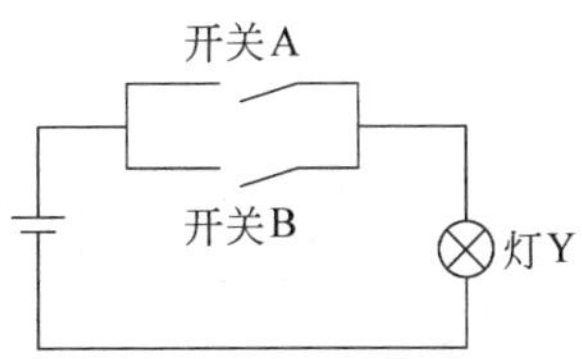

(a)

开关A、B: 断开—0，闭合—1
灯Y: 亮—1，灭—0

A	B	Y
0	0	0
0	1	1
1	0	1
1	1	1

(b)

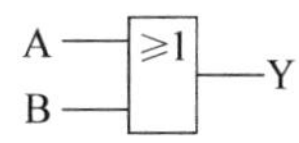

(c)

图 2-53　逻辑或

(a) 或逻辑关系；(b) 或逻辑真值表；(c) 符号

当开关 A、B 只要有一个闭合时，灯 Y 就亮。用真值表表示为图 2-53(b)，体现的逻辑关系是“有 1 为 1，全 0 为 0”。实现逻辑或关系的门电路称为或门。

常见的或门电路有四 2 输入或门 74LS32 和 CD4071。

图 2-54 是用 74LS32 或门集成电路控制 LED 的亮灭电路。当开关 A、B 中的任何一开关闭合时，LED 灯均点亮。

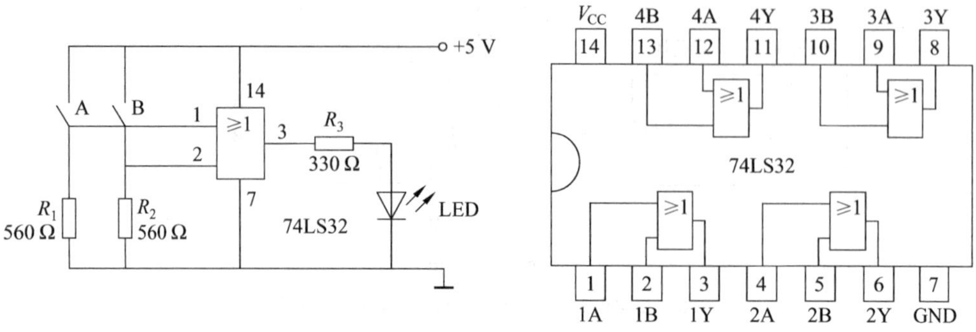

(a)　　(b)

图 2-54　或门集成电路的实验

(a) 电路图；(b) 74LS32 或门集成电路

3. 非门

1) 非门逻辑关系

只要条件具备了，结果便不会发生；而条件不具备时，结果一定发生。这种逻辑关系叫做逻辑非，也叫做逻辑求反。表示的逻辑关系是 $Y=\overline{A}$，如图 2-55(a)所示。

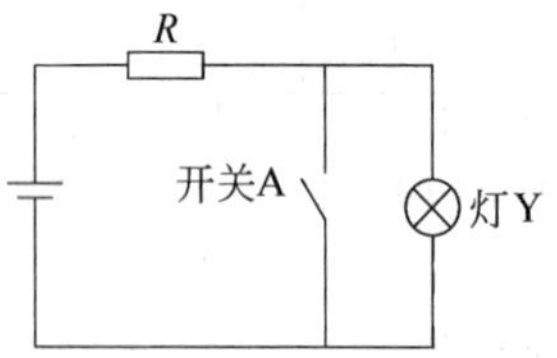

开关A: 断开—0，闭合—1
灯Y: 亮—1，灭—0

A	Y
0	1
1	0

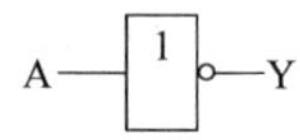

(a)　　(b)　　(c)

图 2-55　逻辑非

(a) 非逻辑关系；(b) 非逻辑真值表；(c) 符号

常用的非门电路有六反相器 74LS04 和 CD4069。

图 2-56 是用 74LS04 非门集成电路控制 LED 亮灭实验电路。当开关 A 闭合时，LED 灯熄灭。反之，则点亮。

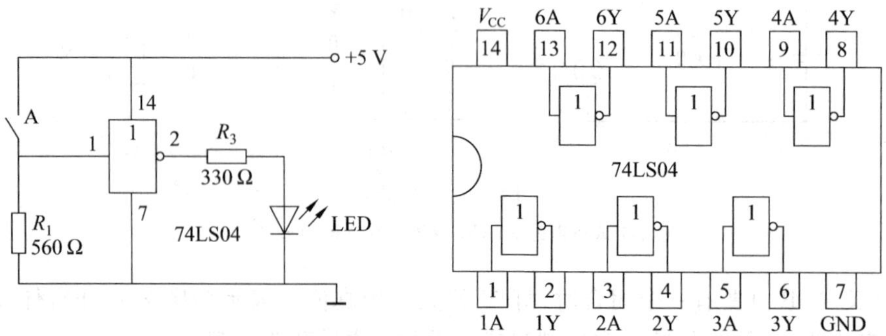

(a)　　(b)

图 2-56　非门集成电路实验

(a) 电路图；(b) 74LS04 非门集成电路

2）非门在汽车电子电路上的应用

（1）非门构成的多谐振荡器

由非门(反相器)构成的多谐振荡器电路在电子电路中应用很广，在汽车电路中经常被用来产生振荡信号。

图 2-57(a)所示为 TTL 非门电路组成的对称多谐振荡器，电路由门电路和阻容元件构成。图中 G_1、G_2 两个反相器之间经电容 C_1 和 C_2 耦合形成正反馈回路。合理选择反馈电阻 R_1 和 R_2，可使 G_1 和 G_2 工作在电压传输特性的转折区，这时，两个反相器都工作在放大区，状态相反。

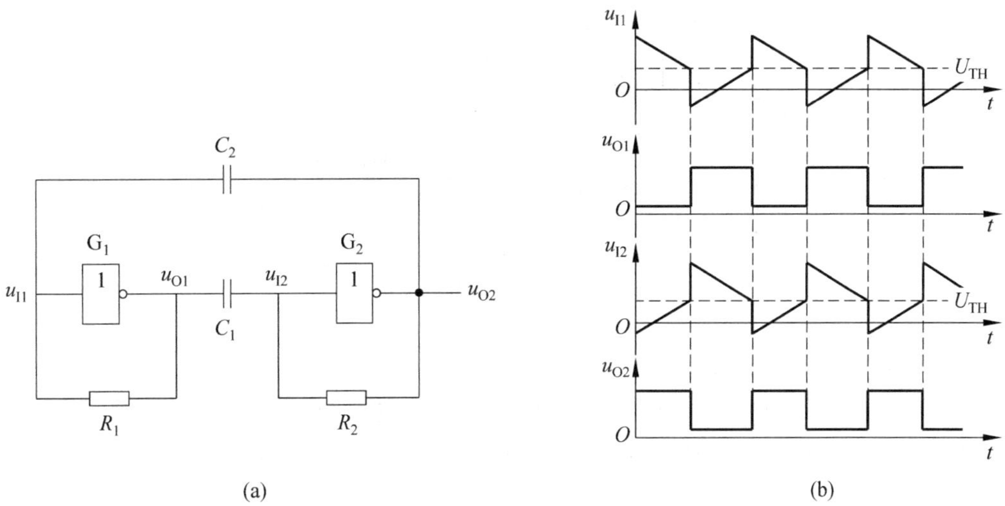

图 2-57　TTL 非门电路组成的对称多谐振荡器

(a) 多谐振荡器电路原理；(b) 多谐振荡器波形

多谐振荡器没有稳定状态，只有两个暂稳态。设 u_{O1} 为低电平 0、u_{O2} 为高电平 1 时，称为第一暂稳态；u_{O1} 为高电平 1、u_{O2} 为低电平 0 时，称为第二暂稳态。当由于某种原因使 u_{i1} 产生了很小的正跃变，经 G_1 放大后，输出 u_{O1} 产生负跃变，经 C_1 耦合使 u_{i2} 随之下降，G_2 输出 u_{O2} 产生较大的正跃变，再通过 C_2 耦合，使 u_{i1} 进一步增大，于是电路产生正反馈过程。正反馈使电路迅速翻到 G_1 开通、G_2 关闭的状态。输出 u_{O1} 负跃到低电平，u_{O2} 正跃到高电平，电路进入第一暂稳态。

G_2 输出 u_{O2} 的高电平经 C_2、R_1、G_1 的输出电阻对电容 C_2 进行反向充电，使 u_{i1} 下降。同时，u_{O2} 的高电平又经 R_2、C_1、G_1 的输出电阻对 C_1 充电，u_{i2} 随之上升，当 u_{i2} 上升到 G_2 的阈值电平 U_{TH} 时，电路又产生另一个正反馈过程。

正反馈的结果使 G_2 开通，输出 u_{O2} 由高电平跃到低电平，通过电容 C_2 的耦合，使 u_{i1} 迅速下降到小于 G_1 的阈值电压 U_{TH}，使 G_1 关闭，它的输出由低电平跃到了高电平，电路进入第二暂稳态。

接着，G_1 输出的高电平 u_{O1} 经 C_1、R_2 和 G_2 的输出电阻对 C_1 进行反向充电，u_{i2} 随之下降。同时，G_1 输出 u_{O1} 的高电平经 R_1、C_2 和 G_2 的输出电阻对 C_2 进行充电，u_{i1} 随之升高。当 u_{i1} 上升到 G_1 的 U_{TH} 时，G_1 开通、G_2 关闭，电路又返回到第一暂稳态。通过电容 C_1 和 C_2 交替进行充电和放电，电路的两个暂稳态自动相互交替，从而使电路产生振荡，输出周期性的矩形脉冲。

由以上分析可知,多谐振荡器由于电容 C_1 和 C_2 交替进行充电和放电,电路的两个暂稳态自动相互交替,从而使电路产生振荡,输出周期性的矩形脉冲。由于 G_1 和 G_2 的外部电路对称,因此,又称为对称多谐振荡器。

(2) 蜂鸣器电路

图 2-58 所示电路为电平控制蜂鸣器电路。电路主要由两个 CMOS 反相器(CD4069 中的两个非门)组成的。当开关 S 闭合时,由于 A 点被固定在低电平,所以 B 点也为低电平,蜂鸣器 HTD 不鸣叫。当开关 S 断开时,A 点悬空,振荡器开始工作,蜂鸣器发出鸣叫音。

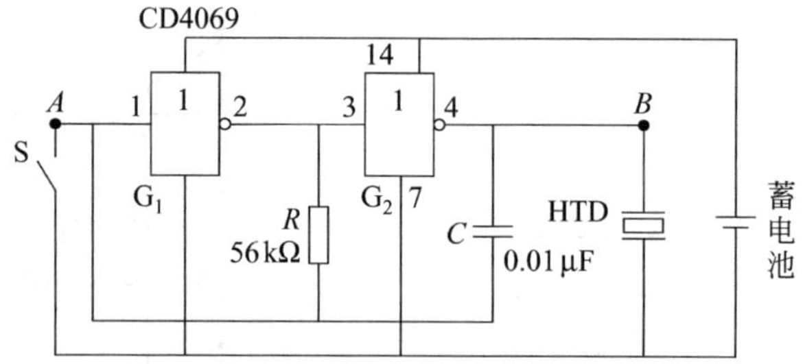

图 2-58　电平控制蜂鸣器电路

(3) 汽车水箱水位过低报警器

汽车水箱中水量的减少,不仅直接影响发动机的冷却,也影响汽车正常行驶。本报警器能在水箱水位低于最低水位时发出声光报警,提醒驾驶员加水。电路如图 2-59 所示。

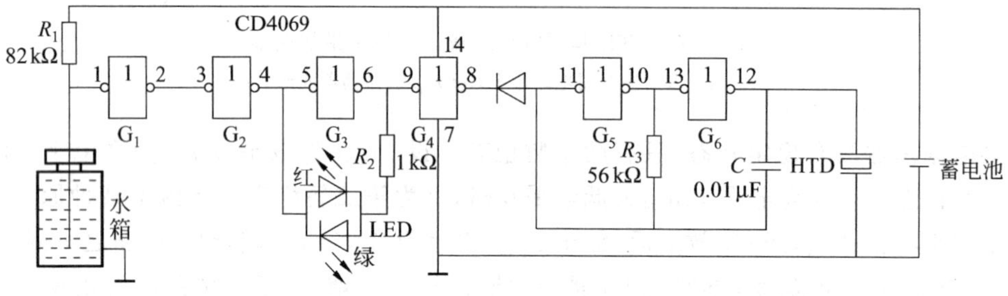

图 2-59　水箱水位过低报警器

电路中 CD4069 为六反相器,HTD 为压电陶瓷蜂鸣器,型号 HTD-27A-1。水箱中放置一根铜线作为传感器,一般选用 $\phi 2$ mm 的漆包线。铜线的下端应置于最低水位处,但不能与水箱体接触,水箱体搭铁。

当水箱水位符合要求时,铜线浸在水中。由于水箱体搭铁和水的导电作用,使得 CD4069 的 1 脚为低电平,2 脚为高电平,4、5 脚为低电平,6、9 脚为高电平,使得绿色 LED 发光,指示水位正常。8 脚为低电平,由于二极管的钳位作用,11 脚被固定在低电平,所以由 G_5、G_6 构成的多谐振荡器不工作,蜂鸣器不鸣叫。

当水箱水位低于最低水位时,铜线离开冷却水悬空,使得 CD4069 的 1 脚为高电平,2 脚为低电平,4、5 脚为高电平,6、9 脚为低电平,使得红色 LED 发光,指示水位低于最低限制水位。8 脚为高电平,由于二极管的单向导电性,11 脚被悬空,所以谐振荡器开始振荡,蜂鸣器发出鸣叫音,提醒驾驶员加水。

4. 与非门

与非门表示的逻辑关系是 $Y=\overline{AB}$，相当于在与门的基础上加了一个非门，与非门的符号如图 2-60 所示，真值表见表 2-3。常用的与非门集成电路有四 2 输入与非门 74LS00 和 CD4011。

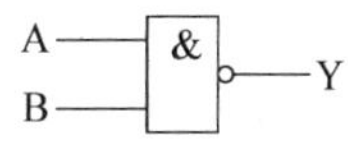

图 2-60　与非门符号

表 2-3　与非门和或非门真值表

输　入		与非门	或非门
A	B	$Y=\overline{AB}$	$Y=\overline{A+B}$
0	0	1	1
0	1	1	0
1	0	1	0
1	1	0	0
体现的逻辑关系		有 0 为 1 全 1 为 0	有 1 为 0 全 0 为 1

5. 或非门

1）或非门逻辑关系

或非门表示逻辑关系是 $Y=\overline{A+B}$，相当于在或门的基础上加了一个非门，或非门的符号如图 2-61 所示，其真值表见表 2-3。常用的或非门集成电路有四 2 输入或非门 74LS02 和 CD4001。

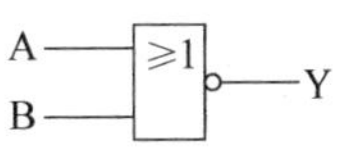

图 2-61　或非门符号

门电路的输入可以两个以上，逻辑关系与两输入同理分析。常用的数字集成电路主要有两大类型 TTL 型 74 系列和 CMOS 型 4000 系列。两个系列的电源电压不同，TTL 为 +5 V，CMOS 为 3～30 V。而且 CMOS 电路因电源电压不同，输出的高低电平的值是不同的。

2）或非门在汽车电子电路中的应用

利用集成门电路构成的数字电路具有很强的逻辑性，多用来构成汽车防盗报警电路。如图 2-62 所示为一种汽车防盗报警器电路原理图。

该报警器使用了两片集成四 2 输入或非门 CD4001（IC_1、IC_2）。报警器设计延时启动时间为 15～20 s，当驾驶员启动报警器后，利用延时时间出入汽车而不引起报警。当报警器被触发报警后，报警声响可持续 5 min，然后便自动关闭。报警器一旦触发，电路便自动地按一定顺序进行正常工作，不受开关车门的影响。该报警器的工作原理如下。

报警器的输入信号有三路。第一路是藏在隐蔽处的一个双刀双掷开关，由驾驶员操纵控制报警器的启动和关闭。当开关扳至上边触点时（图 2-62 中所示位置），报警器被接通；开关扳至下边触点时，报警器被关闭。第二路是非接地式门开关，当车门关闭时，开关断开；车门被打开时，开关闭合。第三路是接地式门开关，当车门关闭时，开关断开；车门被打开时，开关闭合。设计两种开关输入方式，可以使报警器方便地安装在不同的车上。报警器的输出有三个继电器接点，分别连接到喇叭或警报器电路，控制发出警报声响。图中的点画线框部分被制作在一块电路板上，板上对外引出 7 个引线。

当驾驶员扳动双刀双掷开关启动报警器后，报警器得电。如果一切正常，门开关没有闭

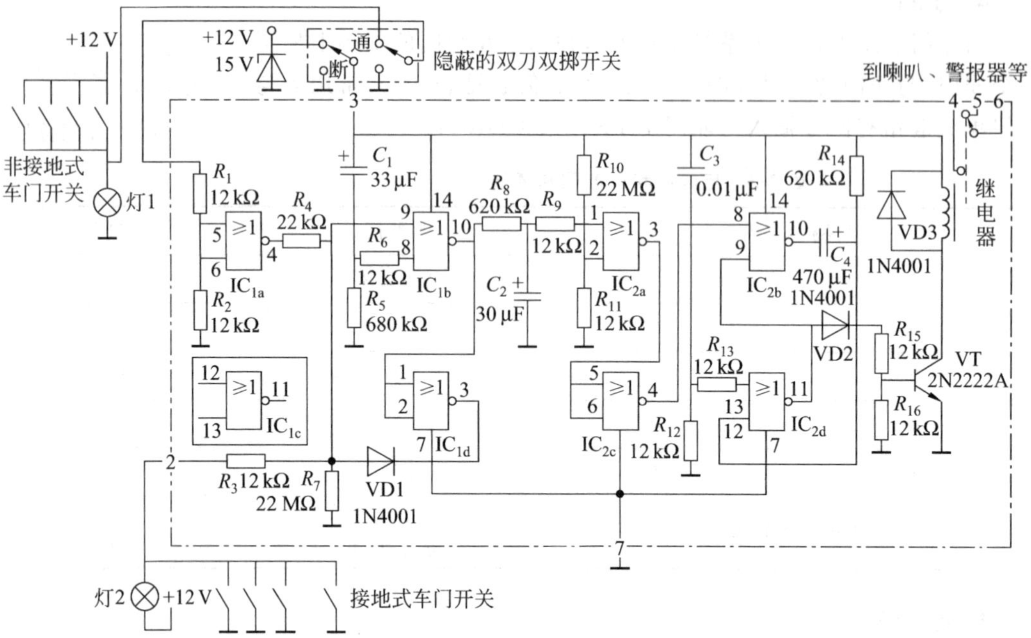

图 2-62 一种汽车防盗报警器电路原理图

合,被接成反相器的或非门 IC_{1a} 输入低电平,输出高电平。电路板 2 脚也为低电平。这样 IC_{1b} 的 9 脚为高电平,10 脚输出低电平,使得 IC_{1d} 的输出为高电平,由于二极管 VD1 的作用,不影响 IC_{1b} 的 9 脚电平。上电后,IC_{2a} 的 2 脚输入低电平,1 脚受 IC_{1b} 的 10 脚控制也是低电平,所以 3 脚输出高电平,IC_{2c} 的 4 脚输出低电平。上电后,IC_{2d} 的 13 脚为低电平,12 脚为高电平,11 脚输出低电平,三极管 VT 的基极保持低电位,不导通,继电器不吸合,不发出报警声响。这样在 IC_{2b} 的 8 脚和 9 脚均得到低电平,10 脚输出高电平,电容 C_4 两端电压相等。整个电路处于稳定的等待状态。

在刚接通电源的时候,电容 C_1 两端电压不能突变,IC_{1b} 的 8 脚为高电平,这个高电平保证 10 脚输出低电平。经过电源对 C_1 的不断充电,8 脚电平逐渐降低,直至为低电平。在 8 脚变为低电平以前,不论车门是开还是关,均不能影响 IC_{1b} 的输出状态,使报警器处于等待状态。这段时间就是电容 C_1 的充电时间,是为驾驶员设计的出入车门时间。

当报警电路处于等待状态时,如果任何一个车门被打开,均会造成 IC_{1b} 的 9 脚变为低电平,经过延时时间后,8 脚也变为低电平,这时 10 脚就会输出一个高电平,使得 IC_{2a} 的 3 脚输出低电平,IC_{2c} 的 4 脚输出高电平,IC_{2b} 的 10 脚输出低电平,由于电容 C_4 两端电压不能突变,使得 IC_{2d} 的 12 脚变为低电平,造成 11 脚输出为高电平,三极管 VT 导通,继电器吸合,喇叭发出报警声响。当 IC_{2b} 的 10 脚输出低电平时,电容 C_4 开始充电,IC_{2d} 的 12 脚的电平不断升高,经过一段时间后,达到高电平,使得 11 脚输出变为低电平,三极管 VT 截止,警报器关闭。这段时间的长短取决于电阻 R_{14} 和电容 C_4 的值,如图 2-62 所示值时,大约为 5 min,这就是警报器发出报警声响的时间。

当报警器被触发后,IC_{1b} 的 10 脚为高电平,使得 IC_{1d} 的 3 脚输出低电平,通过二极管 VD1 的钳位作用,使 IC_{1b} 的 9 脚被固定为低电平,保证 10 脚高电平的输出。这样即使再关闭打开的车门，由于 10 脚保持高电平不变，报警器一直工作直至关闭。这期间，车门的开关不能影响报警器的工作。

IC_{1c}没有用到。电容 C_2 的作用是防止车门开关微小的误动作引起报警器工作。

6. 门电路在汽车电子电路中的综合应用

现代轿车都装有门锁装置，为了防止驾驶员将钥匙忘在点火开关内而下车关门，专门设计了门锁控制电路。图 2-63 所示为门锁控制电路。

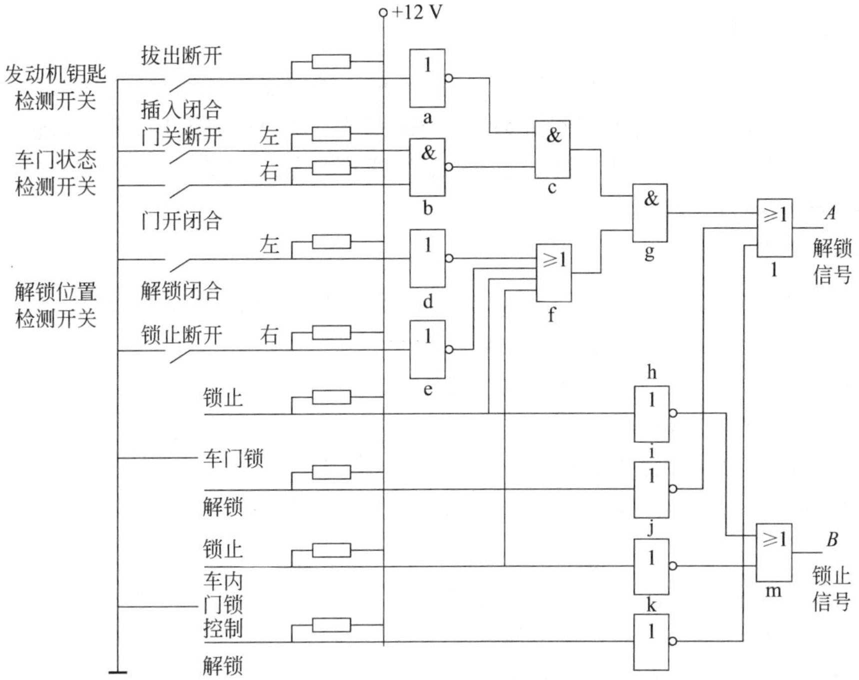

图 2-63　门锁控制电路

电路由非门、与门、与非门和或门电路组成。输入信号包括：发动机钥匙检测开关（钥匙插入点火开关内为闭合，拔出为断开）；车门状态检测开关（车门打开为闭合，车门关闭为断开）；解锁位置检测开关（处于解锁位置为闭合，处于锁止位置为断开）；车门钥匙的锁止位置和开锁位置；车内门锁控制开关的锁止位置和开锁位置。

在正常情况下，当驾驶员拔出发动机钥匙，准备锁车时，发动机钥匙检测开关断开，非门 a 输入高电平，输出低电平，与门 c、g 均输出低电平，控制解锁信号 A 的或门 1 的状态完全由车门锁或车内门锁控制开关实现控制。当车门锁插入钥匙旋向锁止位置时，非门 h 输入低电平，输出高电平；控制锁止信号的或门 m 输出高电平，发出锁止信号 B。相反，当车门钥匙旋向解锁位置时，非门 i 输入低电平，输出高电平；控制解锁信号的或门 1 输出高电平，发出解锁信号 A。与此相似，当车内门锁控制开关被扳向锁止或解锁位置时，或门 m 或 1 也会发出相应的锁止信号 B 和解锁信号 A。

当车门未关好，准备锁车时，由于车门状态检测开关中的一个必为闭合状态，与非门 b 有一个输入为低电平，所以输出为高电平，相应地使与门 c、g 均输出高电平，控制或门 1 输出高电平，发出解锁信号 A，使得车门无法锁止，提醒驾驶员车门未关好。

当解锁时,如果解锁装置没有到位,开关断开,解锁位置检测开关输入为高电平,非门 d、e 中有一个输出为低电平,或门 f 输出为高电平,与门 g 输出为高电平,或门 1 输出为高电平,发出解锁信号 A,使解锁过程到位。

当驾驶员将发动机钥匙遗忘在点火开关内,准备锁车时,发动机钥匙检测开关闭合,非门 a 输入低电平,输出高电平,使得与门 c、g 均输出高电平(其他开关均正常),或门 1 输出高电平,发出解锁信号 A,不能锁止车门,提醒驾驶员钥匙遗忘在车内。

2.3.3 触发电路

数字电路中除了门电路之外,还有触发器电路。触发器起到信息的接收、存储、传输的作用。触发器按其稳定工作状态可分为双稳态触发器、单稳态触发器、无稳态触发器(多谐振荡器)等;按其功能可分为 RS 触发器、JK 触发器和 D 触发器等。在汽车电路中应用较多的主要有 RS 触发器、D 触发器等。

1. RS 触发器

基本 RS 触发器由两个与非门 G_1、G_2 交叉连接组成,如图 2-64(a)所示。Q 和 $\overline{Q}$ 是它的两个逻辑互补的输出端。这种触发器有两个稳定状态:一个是 $Q=0$、$\overline{Q}=1$,称为 0 态(复位状态);另一个是 $Q=1$、$\overline{Q}=0$,称为 1 态(置位状态)。相应的输入端分别称为复位端(置 0 端)$\overline{R}$ 和置位端(置 1 端)$\overline{S}$。图 2-64(b)为基本 RS 触发器的符号。

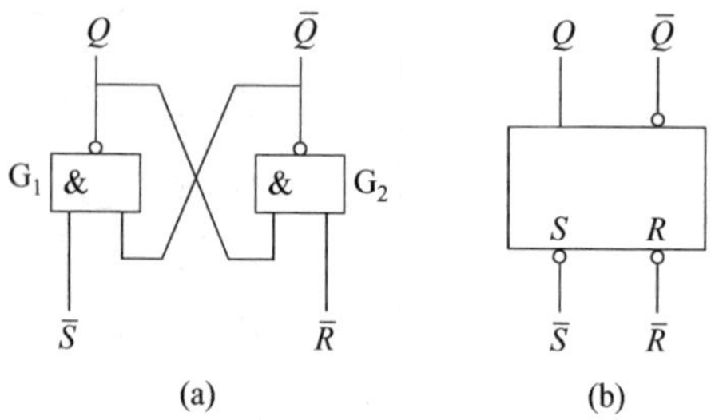

图 2-64 基本 RS 触发器

(a) 电路结构;(b) 符号

反映触发器输出与输入之间关系的表叫特性表,是一种特殊的真值表。在表中体现了触发器的输出状态(Q^{n+1})与触发器原状态(Q^n)以及两个输入 $\overline{R}$、$\overline{S}$ 之间的关系。表 2-4 是基本 RS 触发器的逻辑状态表。

表 2-4 基本 RS 触发器的逻辑状态表

$\overline{S}$ $\overline{R}$	Q^n	Q^{n+1}	功能	$\overline{S}$ $\overline{R}$	Q^n	Q^{n+1}	功能
1 1	0 1	0 1 } Q^n	保持	0 1	0 1	1 1 } 1	置 1
1 0	0 1	0 0 } 0	置 0	0 0	0 1	× × } ×	禁用

基本 RS 触发器的主要优点是:结构简单,具有置 0、置 1 和保持功能。存在的问题主要是:$\overline{R}\overline{S}$ 直接控制触发器的输出,即只要 $\overline{R}\overline{S}$ 信号存在,触发器输出状态就会随之变化,导致电路抗干扰能力下降;$\overline{R}$、$\overline{S}$ 不能同时为 0。

RS 触发器的状态方程:

$$Q^{n+1}=S+\overline{R}Q^n$$

2. JK 触发器

在时钟脉冲作用下,两个输入信号 J、K 取值不同时,具有保持、置 0、置 1、翻转功能的电路,都叫做 JK 型时钟触发器。图 2-65 所示为 JK 触发器的符号。

JK 触发器的状态方程为

$$Q^{n+1}=J\overline{Q^n}+\overline{K}Q^n$$

表 2-5 为 JK 触发器的逻辑状态表。

表 2-5　主从 JK 触发器的逻辑状态表

J　K	Q^n	Q^{n+1}	功能	J　K	Q^n	Q^{n+1}	功能
0　0	0 1	0 1 } Q^n	保持	1　0	0 1	1 1 } 1	置 1
0　1	0 1	0 0 } 0	置 0	1　1	0 1	1 0 } $\overline{Q^n}$	计数

3. D 触发器

在时钟脉冲作用下，单一输入信号 D 在不同取值时，具有置 0、置 1 功能的电路，都叫做 D 型时钟触发器。图 2-66 所示为 D 触发器的符号。

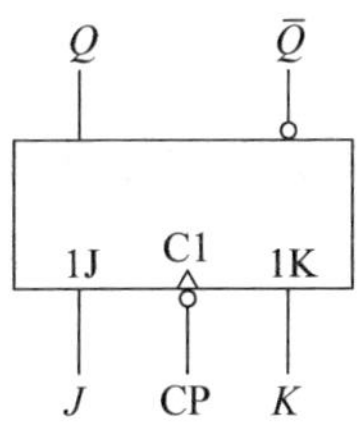

图 2-65　JK 触发器

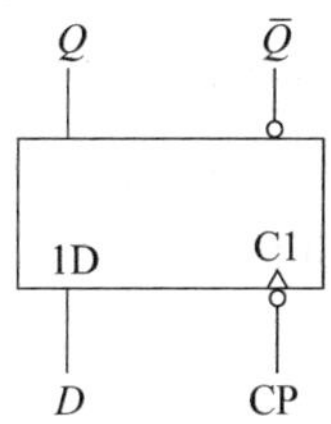

图 2-66　D 触发器

D 触发器的状态方程为

$$Q^{n+1}=D$$

D 触发器的逻辑状态表见表 2-6。

表 2-6　D 触发器的逻辑状态表

D	Q^n	Q^{n+1}	功能	D	Q^n	Q^{n+1}	功能
0	0 1	0 0 } 0	置 0	1	0 1	1 1 } 1	置 1

4. T 触发器

T 触发器具有计数和保持两种功能，它的逻辑符号如图 2-67 所示，有一个数据控制输入端 T、一个时钟输入端 C、两个输出端 Q 和 $\overline{Q}$、直接置位端 S_D 和直接复位端 R_D。T 触发器的逻辑功能见真值表 2-7。

表 2-7　真值表

T_n	Q_{n+1}
0	Q_n
1	$\overline{Q^n}$

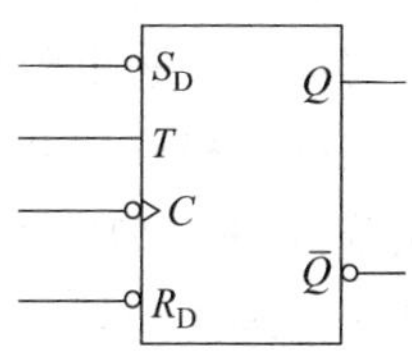

图 2-67　T 触发器逻辑符号

由真值表可知,T 触发器具有计数、保持两种功能,T 触发器的特征方程为

$$Q_{n+1}=\overline{T_n}Q_n+T_n\overline{Q_n}$$

T 触发器的状态转换图如图 2-68 所示。

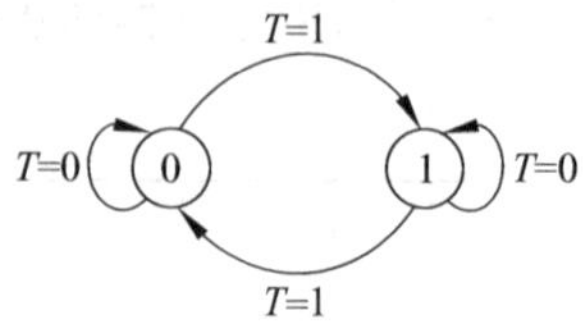

图 2-68　T 触发器的状态转换图

5. 触发器逻辑功能的转换

根据实际需要,可将某种触发器经过改接或附加一些门电路后转换为另一种触发器。

1) JK 触发器转换为 D 触发器

将 JK 触发器两输入端间接一个非门就构成 D 触发器,即 JK 触发器两输入端只可能输入 $J=1$、$K=0$(置 1 功能)和 $J=0$、$K=1$(置 0 功能)两种信号,使得 JK 触发器作为 D 触发器使用。

2) JK 触发器转换为 T 触发器

将 JK 触发器的两输入端接在一起就构成 T 触发器。当 $T=0$ 时,时钟脉冲作用后触发器状态不变;当 $T=1$ 时,触发器具有计数逻辑功能,即$Q\xlongequal{n+1}\overline{Q}^n$。

3) D 触发器转换为 T′触发器

将 D 触发器的 D 端和 $\overline{Q}$ 端相连,就转换为 T′触发器。其逻辑功能是每来一个时钟脉冲,翻转一次,即 $Q^{n+1}=\overline{Q}^n$,具有计数功能。

思考与练习

1. 本征半导体有哪三大特性?
2. 为什么说扩散运动是多数载流子的运动,漂移运动是少数载流子的运动?
3. 空间电荷区既然是由带正电的正、负离子构成的,为什么它的电阻率很高?
4. 如何使用万用表的电阻挡判断二极管的极性是否损坏?
5. 把一节 1.5 V 的电池直接正向接到二极管的两端,会发生什么问题?
6. 为什么二极管的反向饱和电流与外加反向电压基本无关,而当温度升高时会明显增大?
7. 为什么稳压管的动态电阻越小,则稳压效果越好?
8. 试分析汽车交流发电机中整流电路的工作原理。
9. 试分析汽车交流发电机中续流电路的工作原理。
10. 试分析汽车上采用发光二极管作为报警灯的工作原理。
11. 光电二极管有何特性?
12. 三极管具有电流放大作用的内部条件和外部条件是什么?
13. 如何用万用表电阻挡确定一只三极管的类型,并区分三个电极?
14. 试根据三极管的开关特性,设计发动机喷油器的驱动电路。
15. 试分析 JFT 型电子调压器的工作原理。
16. 什么是理想运算放大器?
17. 理想运放工作在线性区时有何特点?怎样理解“虚短”“虚断”和“接地”?
18. 理想运放工作在非线性区时有何特点?怎样确定输出电压?

19. 怎样判断理想运放工作在线性区还是非线性区？为什么？
20. 列举集成运算放大器在汽车电子电路中的应用。
21. 简述电压比较器在氧传感器信号处理中的工作原理。
22. 简述滞回电压比较器在霍尔轮速传感器信号处理中的工作原理。
23. 简述窗口电压比较器在汽车充电系统电压检测电器的工作原理。
24. 什么是数制？数字电路中最常用的是哪种数制？
25. 什么是码制？二进制代码和二进制数有何区别和联系？
26. 逻辑代数和普通代数有何相同和不同之处？
27. 1＋1＝2、1＋1＝10、1＋1＝1 的含义有什么不同？
28. 逻辑函数有几种表示方法？各有什么优点？
29. 逻辑函数的真值表是否唯一？为什么？
30. 为什么要对逻辑函数进行化简和变换？
31. 查找汽车防盗报警电路，分析图中的门电路。
32. 查找汽车门锁控制电路，分析图中的门电路。

第 3 章　汽车传感器

作为汽车“感觉器官”的传感器将各种输入参量转换为电信号,这些电信号是调节和控制发动机管理系统、底盘控制系统、车身各电子控制系统、信息通信系统等所必需的。

3.1　汽车传感器的类型与要求

3.1.1　传感器的基本功能

传感器是能感受规定的被测量(物理或化学等量,一般为非电量),并按照一定规律转换成可用输出信号(电量)的器件或装置。或者可以说:传感器就是将光、时间、电、温度、压力和气体等的物理化学量转换成电信号的变送器。在考虑到干扰输入 D_i 后,传感器将物理或化学参量 X(大多为非电量)转换为电量 Y。这一转换过程如图 3-1 所示。

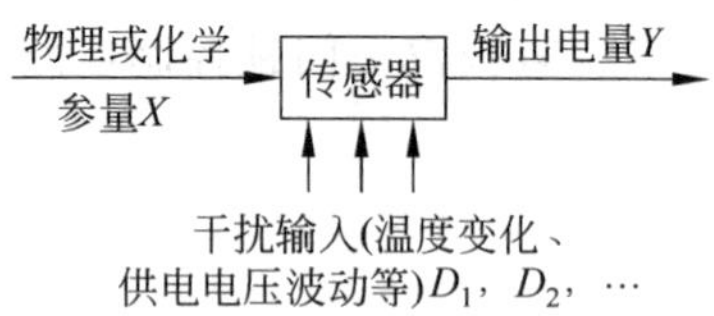

图 3-1　传感器基本功能图

传感器的特性可以用下列方程式表示:

$$X = f(Y, D_1, D_2, \cdots)$$

如果已知函数 f,则该方程式即为传感器的数学模型。利用该方程式,就可以从输出信号 Y 和干扰输入 D_i 准确地计算出所求的测量参量。

3.1.2　汽车传感器的分类

1. 按能量关系分类

传感器按能量关系分类,可分为主动型和被动型传感器。汽车上使用的传感器大多数属于被动型传感器,这种被动型传感器需要外加输入电源(一般为+5 V),才能输出电子信号。例如温度传感器,它以改变电阻值的方式向外输出电信号,但信号的输出需要测试回路提供电源。电源的输出能量要受测试对象输出信号所控制。采用电阻、电感、电容及应变效应、磁阻效应、热阻效应制成的传感器都属于被动型传感器。

主动型传感器是指传感器本身在吸收了能量(光能和热能)经变换后再输出电能。例如,太阳能电池和热电偶输出的电能分别来源于传感器吸收的光能和热能。因此主动型传感器不需要外加电源,它本身是一个能量变换器。例如,用压电效应、磁致伸缩效应、热电效应、光电效应等制成的传感器都属于主动型传感器。

2. 按信号转换分类

按信号转换关系分类,可分为:由一种非电量转换成另一种非电量的传感器,如弹性敏感传感器;由非电量转换成电量的传感器,如热电偶温度传感器、压电式加速度传感器等。

3. 按输入量分类

按输入量分类即按被测量分类,可分为位移、速度、加速度、角位移、角速度、力、力矩、压力、真空度、温度、电流、气体成分、浓度传感器等。

4. 按传感器的工作原理分类

按传感器的工作原理分类，有电阻式、电容式、应变式、电感式、光电式、光敏式、压电式、热电式传感器等。

5. 按输出信号分类

按传感器输出信号分类，有模拟式和数字式传感器两种。一般来说，电压、电流、阻抗等都是模拟信号。例如，用直流电压信号来传递一个"量"时，只要把"量"的值变化成直流电压就可以了。电压低时传递的"量"比较小，电压高时传递的"量"比较大，即用电信号的变化来传递"量"的变化情况。所谓"数字信号"，就是表示量的符号，汽车电子控制系统中一般用二进制数表示数字信号。与连续的模拟量不同，数字式传感器的输出是离散的数值或符号，与此对应的有通、断(ON/OFF)型传感器。图 3-2 所示为电压型、频率型和脉冲宽度型信号输出形式的示意图。

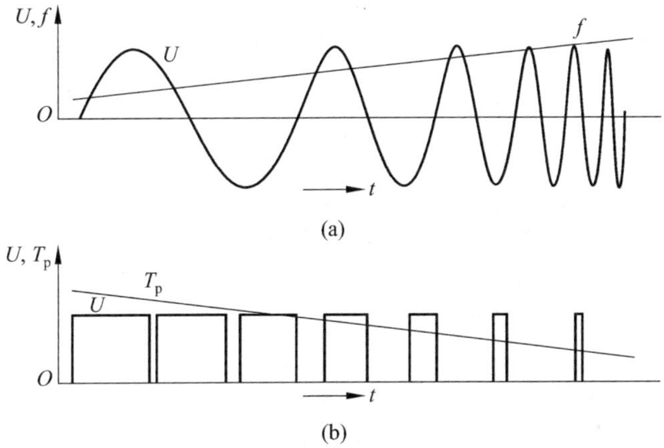

图 3-2　传感器输出形式示例

(a) 电压 U、频率 f；(b) 电压 U、脉宽 T_p

6. 按使用功能分类

汽车各种传感器按其使用功能又可分为两类，一类是使驾驶员了解汽车各部分状态的传感器，另一类是用于控制汽车运行的传感器，汽车传感器的种类如表 3-1 和图 3-3 所示。

表 3-1　汽车传感器的种类

种　类	检测量或检测对象
温度传感器	冷却液温度、排出气体(催化剂)温度、进气温度、机油温度、自动变速器油温、车内外空气温度、燃油温度、蓄电池温度、蒸发器出口温度
压力传感器	进气歧管压力、大气压力、燃烧压力、发动机机油压力、自动变速器油压、制动油压、轮胎气压、制冷剂压力
转速传感器	曲轴转速、车轮轮速、凸轮轴转速、变速器输入轴转速、变速器输出轴转速、压缩机转速
加速度传感器	横向加速度、纵向加速度、爆燃、碰撞
流量传感器	吸入空气量、燃料流量、废气再循环量、二次空气量、制冷剂流量、雨量

续表

种　类	检测量或检测对象
液量传感器	燃油、冷却液、电解液、洗窗液、机油、制动液
位移与方位传感器	节气门开度、废气再循环阀开度、车身高度(悬架、位移)、转向盘转角、加速踏板开度、行驶距离、行驶方位
气体浓度传感器	氧气、二氧化碳、NO_x、HC、柴油温度
其他传感器	转矩、燃料成分、温度、玻璃结露、鉴别饮酒、睡眠状态、电池电压、蓄电池容量、灯泡断线、荷重、风量、日照、光照、视觉等

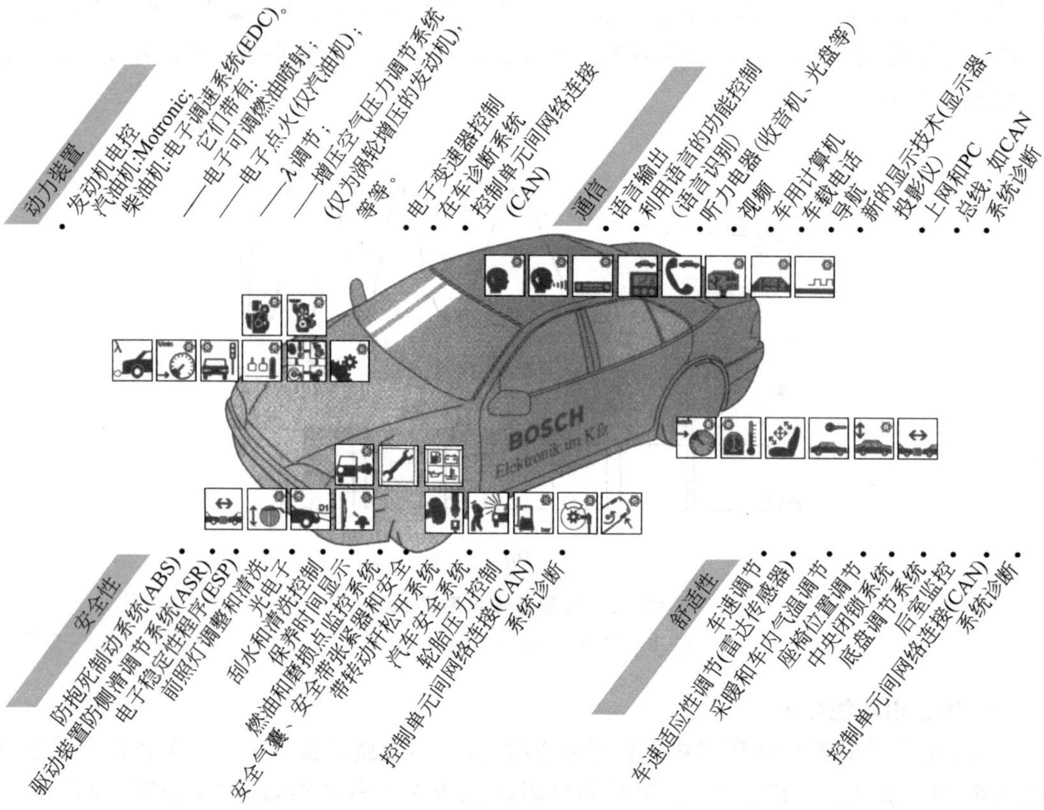

图3-3　汽车上的各种传感器

3.1.3 汽车传感器的性能要求

汽车传感器的性能指标包括精度指标、响应性、可靠性、耐久性、结构紧凑性、适应性、输出电平和制造成本等。汽车传感器性能要求如下：

(1) 有较好的环境适应性。汽车工作环境温度为−40～80℃，在各种道路条件下运行，特别是发动机承受着巨大的热负荷、热冲击、振动等，因此要求传感器能适应温度、湿度、冲击、振动、腐蚀及油液污染等恶劣工作环境。

(2) 有较高的工作稳定性及可靠性。

(3) 再现性好。即使传感器线性特性不良，通过ECU也应可以进行修正。

(4) 具有批量生产和通用性。由于汽车工业的发展，要求传感器应具有批量生产的可能性。一种传感器可用于多种控制，如把速度信号微分，可得到加速度信号等，所以传感器应具有通用性。

(5) 要求小型化，便于安装使用，检测识别方便。

(6) 应符合有关标准要求。

(7) 传感器数量不受限制。

在现代汽车电子控制系统中，传感器可把被测参数转变成电信号，无论参数数量怎样多，只要把传感器信号输入 ECU，就可以进行处理，实现高精度控制。表 3-2 中给出了一些汽车传感器的检测项目和精度要求。

表 3-2　部分汽车传感器的检测项目和精度要求

传感器类型	检测范围	精度要求	分辨能力	响应时间
进气歧管压力	10～100 kPa	±2%	0.1%	2.5 ms
空气流量	6～600 kg/h	±1%	0.1%	2.5 ms
冷却液温度	−50～150℃	±0.2%	1℃	10 s
曲轴转角	10°～360°	±0.5°	1°	20 μs
节气门开度	0°～90°	±1%	0.2°	10 ms
排气中氧浓度	0.4～1.4	±1%	1%	10 ms

3.1.4　汽车传感器的选用原则

1. 量程的选择

量程是传感器测量上限和下限的代数差。例如检测车高用的位移传感器，要求测量上限为 40 mm，测量下限为−40 mm，则选择车身位移传感器的量程应为 80 mm。

2. 灵敏度的选择

传感器输出变化值与被测量的变化值之比称为灵敏度。例如，测量发动机冷却液温度的传感器，它的测量变化值为 170℃(−50～120℃)，而它的输出电压值要求为 0～5 V，所以选择其灵敏度为 5 V/170℃。

3. 分辨率的选择

分辨率表示传感器可能检测出的被测信号的最小增量。例如，发动机曲轴的位置传感器，要求分辨率为 1°，也就是表示设计或选择数字传感器时，它的脉冲当量选择为 1°。

4. 误差的选择

误差是指测量值与真实值之间的差。有的用绝对值表示，例如冷却液温度传感器的绝对误差为±0.2℃，有的用相对于满量程之比来表示。例如，空气流量传感器的相对误差为±1%。传感器误差是系统总体误差所要求的，应当得到满足。

5. 重复性的选择

重复性是指传感器在工作条件下，被测量的同一数值，在一个方向上进行重复测量时，测量结果的一致性。例如，检测发动机在转速上升时期对某一个速度重复测量时，数值的一致性或误差值，应满足规定要求。

6. 线性度的选择

汽车传感器的线性度是指它的输入输出关系曲线与其理论拟合直线之间的偏差。这种偏差要选择大小一定、重复性好，而且有一定的规律，这样在ECU处理数据时可以用硬件或软件进行补偿。

7. 过载的选择

过载表示传感器允许承受的最大输入量(被测量)。在这个输入量作用下传感器的各项指标应保证不超过其规定的公差范围。一般用允许超过测量上限(或下限)的被测量值与量程的百分比表示。选择时只要实际工况超载量不大于传感器说明书上的规定值即可。

8. 可靠度的选择

可靠度是在规定条件(规定的时期，产品所处的环境条件、维护条件和使用条件等)下，传感器正常工作的可能性。例如进气歧管压力传感器的可靠度为0.997(2000 h)，它是指进气歧管压力传感器符合上述条件时，工作在2000 h内，它的可靠性(概率)为0.997(99.7%)。在选择时，要求传感器的工作时间长短及概率两指标都要符合要求，才能保证整个系统的可靠性指标。

9. 响应时间的选择

传感器的响应时间(或称建立时间)是指阶跃信号激励后，传感器输出值达到稳定值的最小规定百分数(如5%)时所需的时间。例如压力传感器响应时间要求是10 ms，也就是要求该传感器在工作条件下，从输入信号加入后，要经10 ms后，它的输出值才达到所要求的数值。该参数大小直接影响汽车工况变换的时间，例如汽车起动时间的长短。

3.1.5 传感器的配置方式

传感器与控制单元的配置方案有多种，主要配置方案如表3-3所示。

方案1中的传感器只有转换器，信号调理和A/D转换器都在控制单元里执行，输出模拟信号。这种配置的缺点是只能传输短距离信号，不能无干扰地长距离传输，如冷却液温度传感器、节气门位置传感器、磁感应式转速传感器等。

方案2所示是信号调理集成在传感器内部，信号调理直接在传感器内部完成，输出标准的模拟信号，例如燃油压力传感器、进气歧管压力传感器等。

方案3所示是信号调理、A/D转换器均与传感器集成在一起。这种配置方案的优点在于，可能受外部干扰的模拟信号在传感器内部高度集成了，外界的干扰不受影响，直接输出数字信号至控制单元，如AMR转角传感器、GMR转角传感器等。

方案4所示配置方案集成度更高，信号调理、A/D转换器、微控制器、转换器四者集于一体，传感器通过总线系统(例如CAN总线、Flexray总线)与其他控制单元连接，输出数字信号，在局域网内以多路传输方式传输传感器信息，例如，转向盘转角传感器、毫米波雷达、激光雷达等。

表 3-3　传感器与控制单元的配置方案

方案类型	具 体 配 置
方案 1	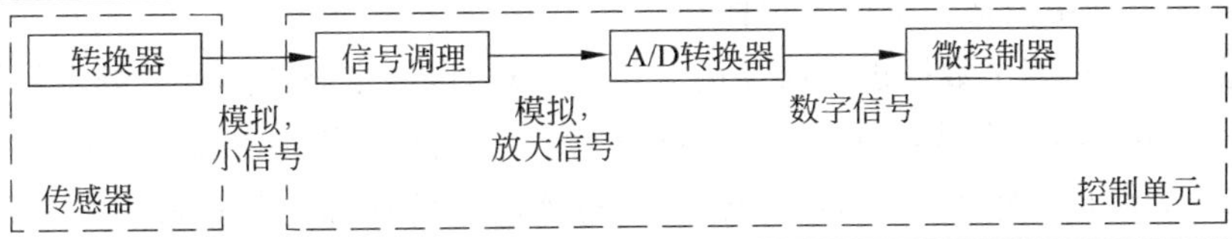
方案 2	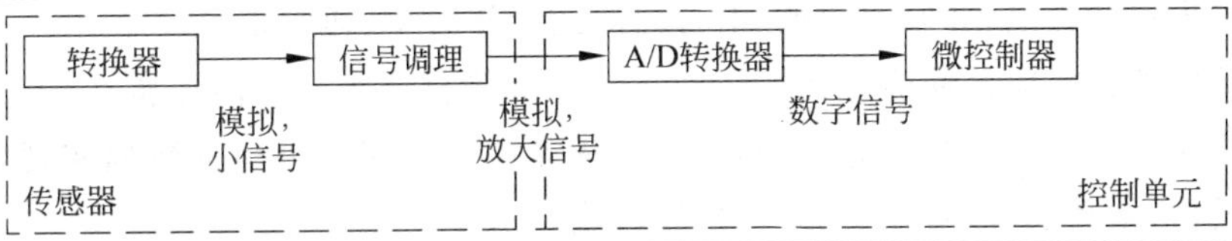
方案 3	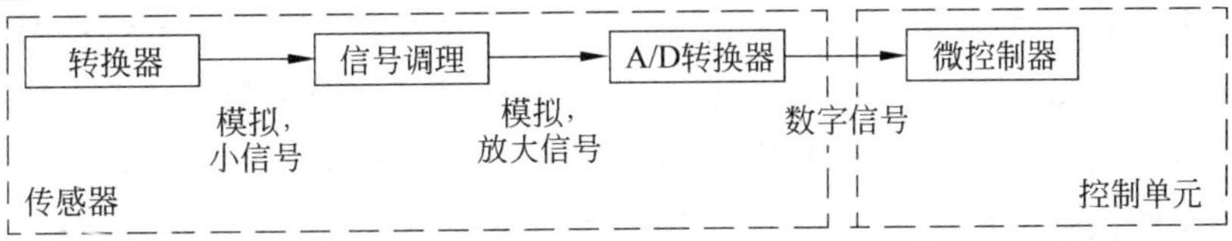
方案 4	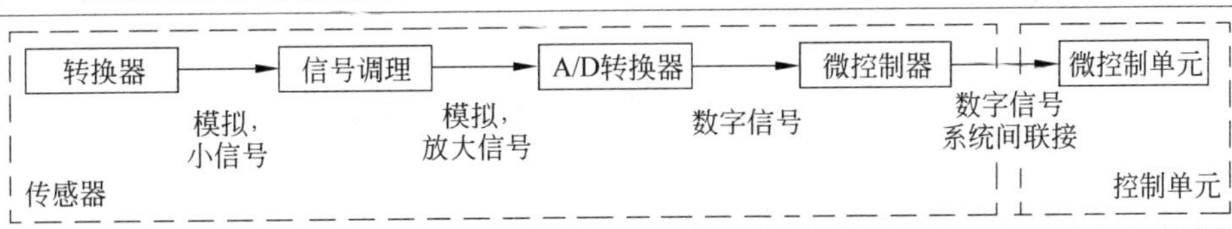

3.1.6　传感器标定

1. 传感器的参数标定

传感器标定是确定传感器输入量与输出量之间的关系，包括内参标定与外参标定。

(1) 传感器内参标定，一般指将传感器读数校正至实际数值处，通过修正变换进行，更关注准确度。不同的传感器有不同的标定内容，例如，视觉传感器内参标定主要关注像素、色温、畸变等，距离传感器内参标定主要关注距离检测值与实际值是否在误差范围内。通常内参标定在工厂进行。

(2) 传感器外参标定，一般指传感器与外界工作环境进行参数融合的标定。例如定位传感器通常自身有一个坐标系，在不同传感器数据融合的过程中，数据在不同坐标系下的转换需要使用 2 个坐标系的外参，通常为旋转矩阵和平移矩阵。例如，把激光雷达安装到车体以后，需要把激光雷达的坐标系转化到统一的车体坐标系。

2. 传感器的特性标定

(1) 传感器静态特性标定。传感器的静态特性是指在静态信号作用下，传感器输出量与输入量之间的一种函数关系。传感器静态特性标定过程主要方法如下：

步骤 1：将传感器全量程标准输入量分成若干个间断点，取各点的值作为标准输入值。

步骤 2：由小到大一点一点地输入标准值，待输出稳定后记录与各输入值相对应的输出值。

步骤 3：由大到小一点一点地输入标准值，待输出稳定后记录与各输入值相对应的输出值。

步骤4：按步骤2和3所述过程，对传感器进行正、反行程往复循环多次测试，将所得输入和输出数据用表格列出或画出曲线。

步骤5：对测试数据进行必要的分析和处理，以确定该传感器的静态特性指标。

(2) 传感器动态特性标定。传感器的动态特性是指传感器在测量快速变化的输入信号情况下，输出量对输入量的响应特性。传感器动态特性标定是指确定传感器的动态特性参数对输出量的影响，如时间常数、上升时间或工作频率、通频带等。

传感器标定应该使静态特性和动态特性都符合要求。以激光雷达标定为例，首先进行激光雷达外部安装参数的标定，然后通过激光雷达返回的极坐标数据实现单个激光雷达的数据转换，最后实现多个激光雷达数据转换。

标定传感器时必须要遵守的一个原则是：用精度高的测量规范对精度低的测量规范进行校正。例如量块可以标定千分尺，量块测得值被认为是实际值，而千分尺测得值称为读数。测量时还需要考虑测不准原理，随机误差的存在使得每次测量都无法得到精确的值，但多次测量的读数一般呈正态分布，可用多次测量取平均值的方法消除随机误差的影响。

3.2 汽车温度传感器

3.2.1 温度传感器在汽车上的应用

汽车上的热源较多，对这些热源介质的测量，将有效地监测各部件的运转状况，对汽车控制参数进行控制。汽车上各测温介质及其温度变化范围见表3-4。

表3-4 汽车上各测温介质及其温度变化范围

测温介质	温度范围/℃	测温介质	温度范围/℃
进气或增压空气	−40～170	发动机机油	−40～170
外部空气	−40～60	蓄电池电解液	−40～100
车内空气	−20～80	燃油	−40～120
暖气通风空气	−20～60	轮胎内空气	−40～120
空调蒸发器介质	−10～50	废气	100～1000
冷却液	−40～130	制动钳(刹车钳)	−40～2000

对不同测温介质需要安装相应的温度传感器，汽车上主要温度传感器的类型及功能见表3-5。

表3-5 汽车上主要温度传感器的类型及功能

<table>
<tr><th>名称</th><th>外形或安装位置</th><th>测温原理</th><th>功能</th></tr>
<tr><td>冷却液温度传感器</td><td>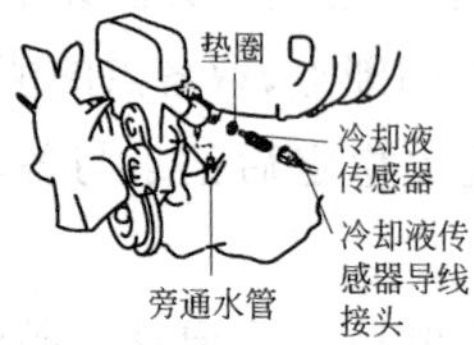
</td><td>热敏电阻</td><td>俗称水温传感器，一般安装在缸体水道上、缸盖水道上、上出水管等处，与冷却液接触，用来检测发动机的冷却液温度</td></tr>
</table>

续表

名 称	外形或安装位置	测温原理	功　　能
进气温度传感器	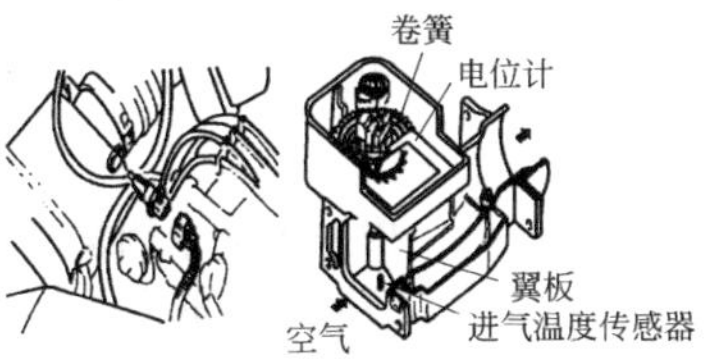	热敏电阻	检测进入进气管道中的空气温度，向 ECU 输入进气温度信号，作为燃油喷射和点火正时的修正信号。一般安装在空气滤清器之后的进气软管上，或安装在空气流量传感器上，或安装在进气压力传感器内
自动变速器油温传感器	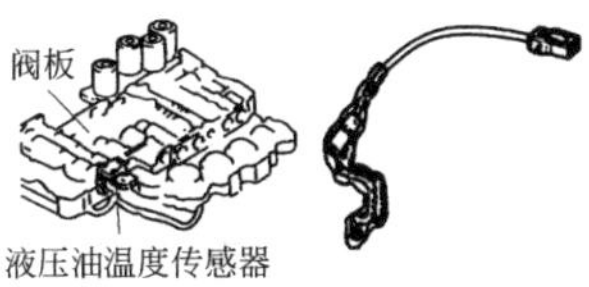	热敏电阻	安装在自动变速器油底壳内的阀板上，用于检测自动变速器液压油的温度，以作为电控单元进行换挡控制、油压控制和锁止离合器控制的依据
发动机油温传感器		热敏电阻	检测发动机机油温度，用于机油温度过高报警
燃油温度传感器	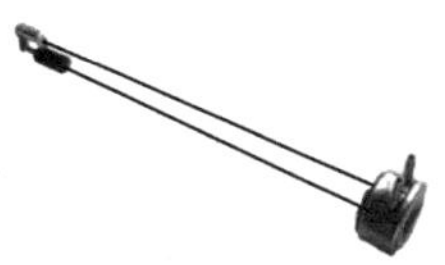	热敏电阻	产生的信号用来监测燃油温度。发动机控制单元需要这个信号来计算喷油始点和喷油量。温度不同，燃油密度也不相同。另外，此信号也用来控制燃油冷却泵开关接合。不同的燃油控制系统，其燃油温度传感器的安装位置是不同的，但均安装在进油油路上
排气温度传感器	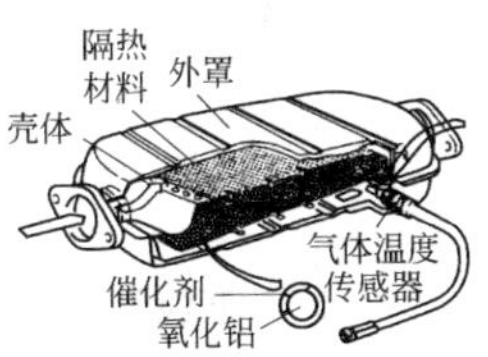	热敏电阻热电偶	又称催化剂温度传感器，其作用是：在催化转化器异常发热时，能够快速地发出报警信号，以便保护催化转化器并防止高温引发故障。排气温度传感器安装在催化剂变换器的后面，它不仅总是处于高温、具有腐蚀性的排放气体中，而且还要反复承受从低温区急速起动至满负荷高温条件下的温度急剧变化，承受发动机与车身的振动；还要具有防水性；防路面的飞石等

续表

名 称	外形或安装位置	测温原理	功 能
车内温度传感器	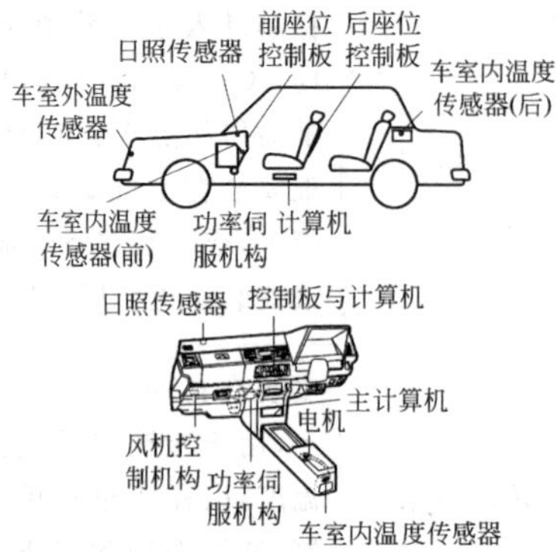	热敏电阻	用于测量车内温度，把信号传送给自动空调的电子控制单元。车内温度传感器安装于汽车车厢内的风道中，一般有 1～2 个
车外温度传感器		热敏电阻	用于检测车辆外部的空气温度，向自动空调 ECU 输入车外温度信号。一般安装在前保险杠的后面
蒸发出口温度传感器		热敏电阻	用于检测蒸发器表面的温度变化情况，以控制压缩机的工作状况。一般安装在空调出风口处蒸发器的壳体或蒸发器片上
水温表传感器		热敏电阻	用于检测发动机冷却液温度，以驱动水温表的指针摆动
散热器水温开关		双金属片热敏铁氧体	用于检测发动机冷却水温、通断电信号，由此控制散热器冷却风扇工作状态
EGR 温度传感器	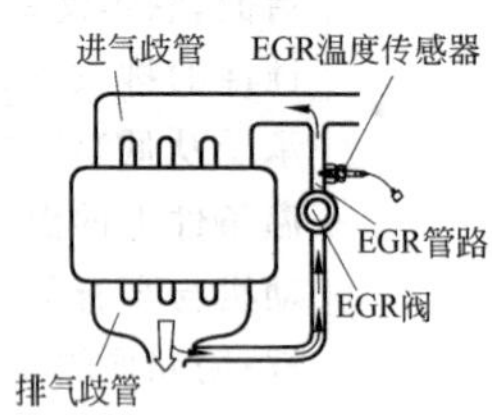	热敏电阻	用于检测 EGR 阀内再循环气体的温度变化情况和 EGR 阀的工作是否正常以提醒驾驶员。一般安装于 EGR 阀的进气道上

续表

名 称	外形或安装位置	测温原理	功　能
燃烧温度传感器	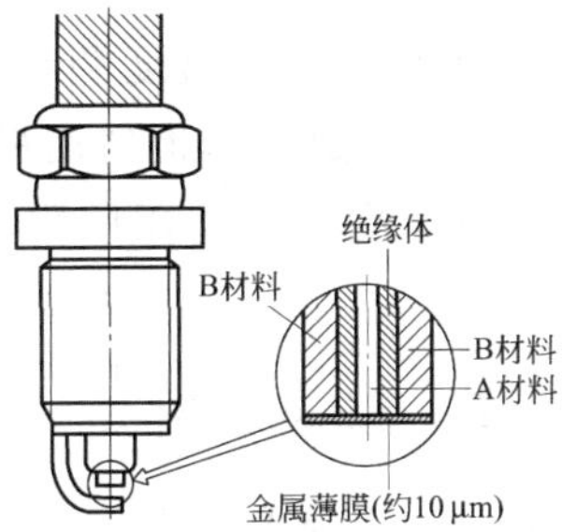	热电偶	用于检测燃烧室燃烧时的温度，以检测发动机燃烧状态

3.2.2　热敏电阻式温度传感器

1. 热敏电阻的特点

1) 优点

(1) 灵敏度较高，其电阻温度系数要比金属大 10～100 倍以上，能检测出 10^{-6}℃的温度变化；

(2) 工作温度范围宽，常温器件适用于－55～315℃，高温器件适用温度高于 315℃（目前最高可达到 2000℃），低温器件适用于－273～－55℃；

(3) 体积小，能够测量其他温度计无法测量的空隙、腔体及生物体内血管的温度；

(4) 使用方便，电阻值可在 0.1～100 kΩ 间任意选择；

(5) 易加工成复杂的形状，可大批量生产；

(6) 稳定性好、过载能力强。

2) 缺点

(1) 因电阻与温度间的非线性程度较严重，需要作线性处理；

(2) 热敏电阻一致性差，互换性差；

(3) 振动严重的场合可能会造成破损。

2. 热敏电阻的结构形式

热敏电阻是用一种半导体材料制成的敏感元件，是由一金属氧化物，如钴、锰、镍等的氧化物，采用不同比例的配方，经高温烧结而成。然后采用不同的封装形式制成珠状、片状、杆状、垫圈状等各种形状，其结构形式如图 3-4 所示。它主要由热敏元件、引线和壳体组成。

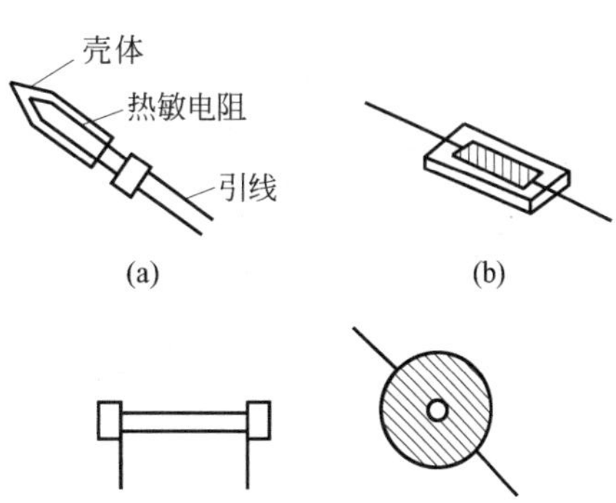

图 3-4　热敏电阻的结构形式

(a) 珠状；(b) 片状；(c) 杆状；(d) 垫圈状

3. 热敏电阻的特性

热敏电阻按半导体电阻随温度变化的典型特性分为三种类型：负电阻温度系数热敏电阻(NTC)、正电阻温度系数热敏电阻(PTC)和在某一特定温度下电阻值会发生突变的临界温度电阻

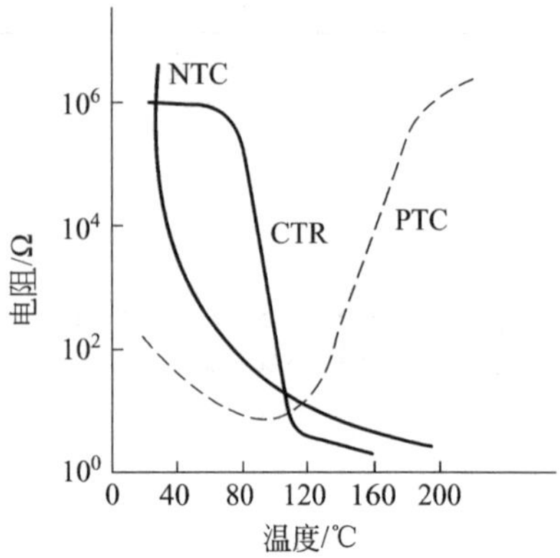

图 3-5　三种热敏电阻的特性

器(CTR)。三种热敏电阻的特性曲线如图3-5所示。

由图3-5可见,使用CTR型热敏电阻组成控制开关是十分理想的。在温度测量中,则主要采用NTC或PTC型热敏电阻,但使用最多的是NTC型热敏电阻。NTC型热敏电阻的阻值与温度的关系可表示为

$$R_T = R_0 \exp B\left(\frac{1}{T} - \frac{1}{T_0}\right)$$

式中,R_T,R_0——T(K)和T_0(K)时的阻值;

B——热敏电阻的材料常数,一般情况下,$B=2000\sim6000$ K,在高温下使用时,B值将增大。

若定义$\frac{1}{R_T}\frac{\mathrm{d}R_T}{\mathrm{d}T}$为热敏电阻的温度系数$\alpha_T$,则可得

$$\alpha_T = \frac{1}{R_T}\frac{\mathrm{d}R_T}{\mathrm{d}T} = \frac{1}{R_T}R_0 \exp B\left(\frac{1}{T} - \frac{1}{T_0}\right)B\left(-\frac{1}{T^2}\right) = -\frac{B}{T^2}$$

可见,α_T随温度降低而迅速增大。α_T决定热敏电阻在全部工作范围内的温度灵敏度。热敏电阻的测温灵敏度比金属丝的高很多。例如B值为4000 K,当$T=293.15$ K(20℃)时,热敏电阻的$\alpha_T=4.7\%/℃$,约为铂电阻的12倍。由于温度变化引起的阻值变化大,因此测量时引线电阻影响小,并且体积小,非常适合测量微弱温度变化;但是,热敏电阻非线性严重。所以,实际使用时要对其进行线性化处理。

4. 热敏电阻的线性化处理

热敏电阻值随温度变化呈指数规律,也就是说,其非线性十分严重,当需要线性变换时,就应考虑其线性化处理。

对热敏电阻进行线性化处理的最简单方法是用温度系数很小的精密电阻与热敏电阻串联或并联构成电阻网络(常称为线性化网络)代替单个热敏电阻,其等效电阻与温度呈一定的线性关系。图3-6表示两种最简单的线性化方法。

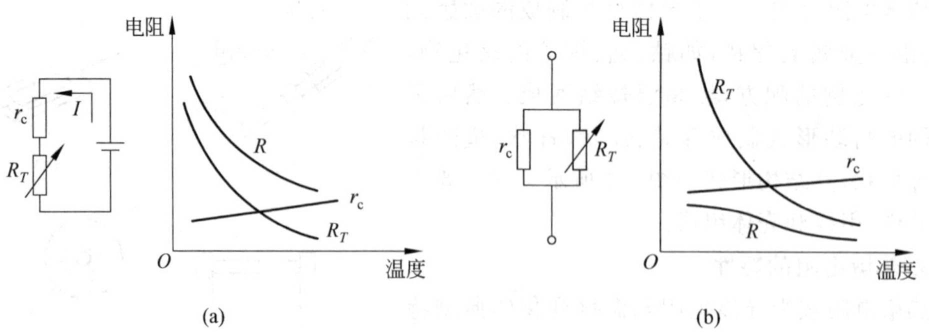

图 3-6　常用补偿电路

(a) 串联;(b) 并联

图 3-6(a)中热敏电阻 R_T 与补偿电阻 r_c 串联，串联后的等效电阻 $R=R_T+r_c$，只要 r_c 的阻值选择适当，可使温度在某一范围内，与电阻的倒数呈线性关系，所以电流 I 与温度 T 呈线性关系。

图 3-6(b)中热敏电阻 R_T 与补偿电阻 r_c 并联，其等效电阻 $R=\dfrac{r_c R_T}{r_c+R_T}$。$R$ 与温度的关系曲线便显得比较平坦，因此可以在某一温度范围内得到线性的输出特性。并联补偿的线性电路常用于电桥测温电路，如图 3-7 所示。

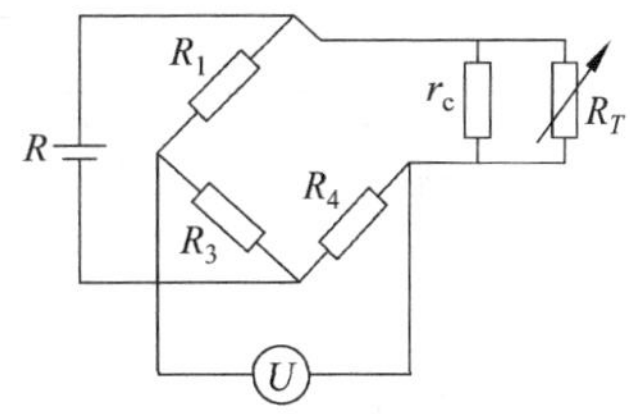

图 3-7　并联补偿测量的桥式电路

当电桥平衡时，$R_1R_4=R_3(r_c /\!/ R_T)$，电压 $U=0$，这时对应某一个温度 T_0。当温度变化时，R_T 将变化，使得电桥失去平衡，电压 $U\neq 0$，输出的电压值就对应了变化的温度值。

5. 热敏电阻温度传感器在汽车上的应用举例

由于热敏式温度传感器的电阻随温度变化而显著变化，能直接将温度的变化转换成电压变化，所以在汽车上得到广泛应用。

1) 冷却液温度传感器

电子控制燃油喷射装置的发动机冷却液温度传感器以热敏电阻为检测元件，如图 3-8 所示。该传感器采用的热敏电阻具有负温度系数，如图 3-9 所示。当水温低时，电阻值大；水温升高，电阻值减小。

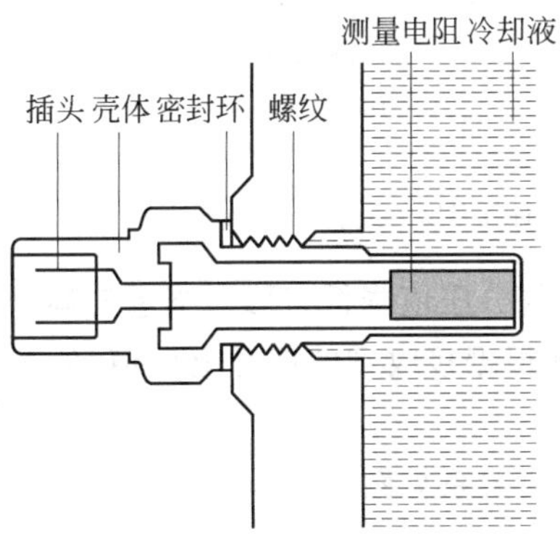

图 3-8　发动机冷却液温度传感器的结构

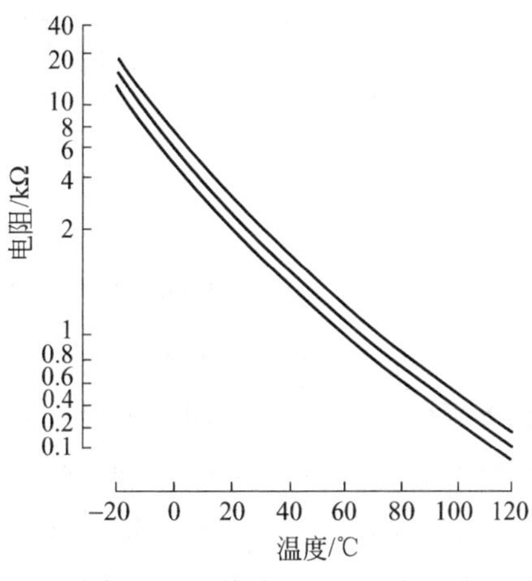

图 3-9　冷却液温度传感器的电阻与温度的关系

发动机冷却液温度传感器将发动机冷却液温度的变化转换为电信号输送到 ECU，ECU 根据输入的信号(发动机冷却液温度的高低)对发动机喷油量进行修正，以调整空燃比，使进入发动机的可燃混合气燃烧稳定，冷机时供给较浓的可燃混合气；热机时供给较稀的混合气。如果传感器损坏，当发动机处于冷机状态时，致使混合气过稀，发动机就不易起动且运转不平稳；暖机时，又致使混合气过浓，发动机也不能正常工作。

图 3-10 所示为常见的电喷发动机冷却液温度传感器与 ECU 的连接电路。

2) 进气温度传感器

进气温度传感器一般采用热敏电阻式，热敏电阻安装在进气温度传感器内。进气温度

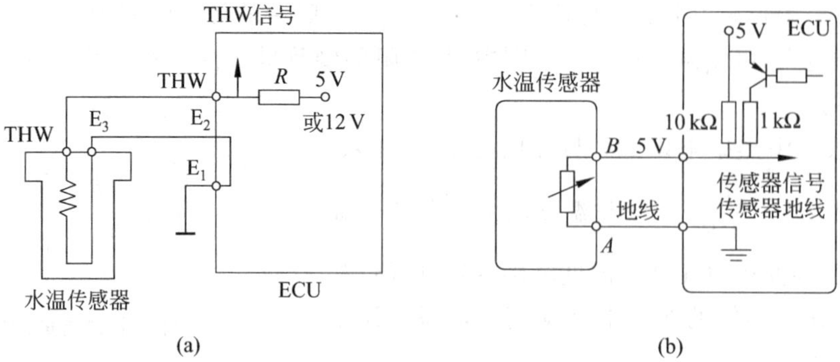

图 3-10　冷却液温度传感器与 ECU 的连接电路

(a) 一个计算电阻；(b) 两个计算电阻(10 kΩ、1 kΩ)

传感器的构造如图 3-11(a)所示，其电阻与进气温度的关系如图 3-11(b)所示。

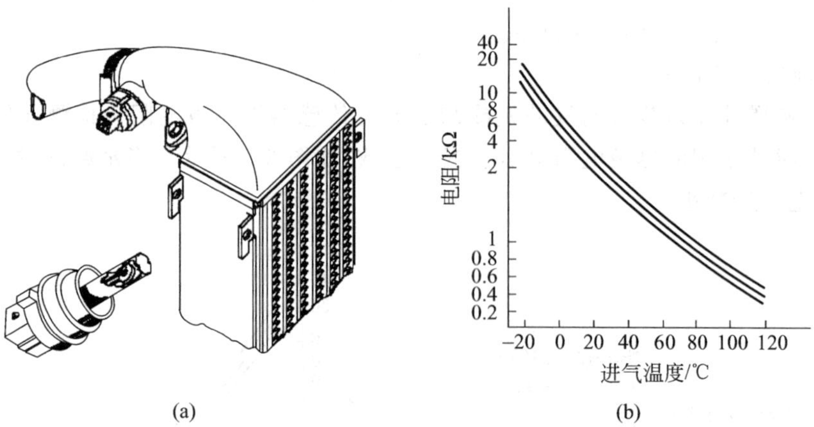

图 3-11　进气温度传感器

(a) 进气温度传感器的构造；(b) 电阻与进气温度的关系

当进气温度升高时，传感器阻值减小，热敏电阻上的分压值降低；反之，当进气温度降低时，传感器阻值增大，热敏电阻上的分压值升高。ECU 根据接收到的信号电压值，便可计算求得对应的进气温度，从而实现实时控制。

进气温度传感器的输出电压信号与进气温度之间的关系见图 3-12。

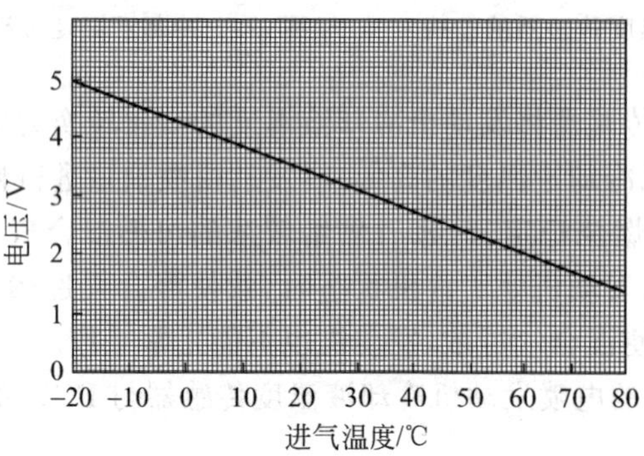

图 3-12　进气温度传感器不同温度对应的电压信号

3）燃油温度传感器

燃油温度传感器是负温度系数热敏电阻（NTC），燃油温度升高时，传感器电阻值下降。燃油温度传感器的特性曲线如图3-13所示，燃油温度传感器的电路图如图3-14所示。

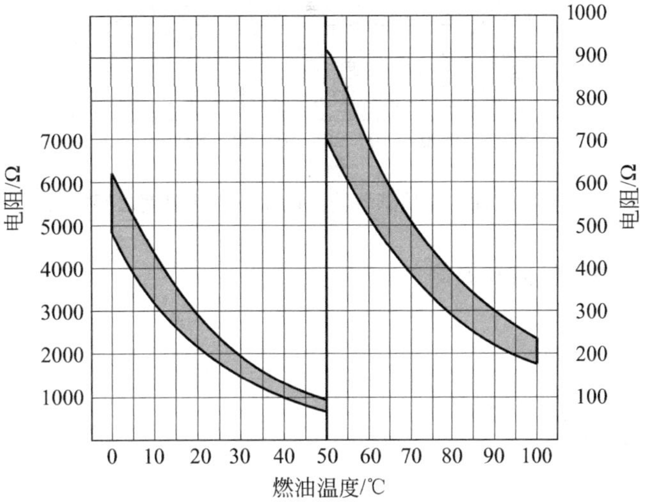

图3-13 燃油温度传感器的特性曲线

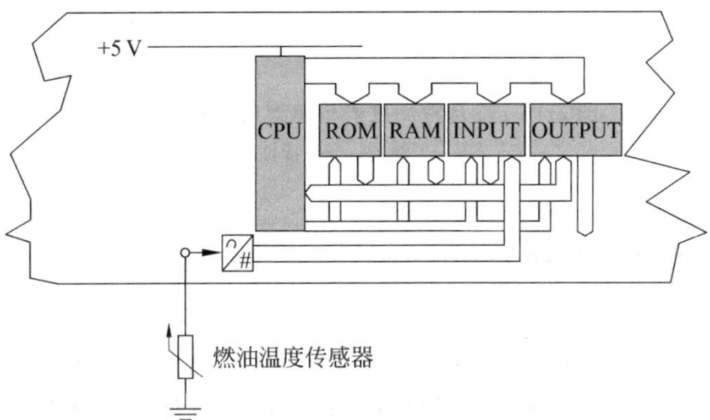

图3-14 燃油温度传感器的电路图

燃油温度传感器的输出电压是随温度升高而逐渐降低的，两者呈线性关系，如图3-15所示。

4）冷却液温度表（水温表）温度传感器

汽车运行时，有时需要检测冷却液温度或润滑油温度，通过仪表显示，从而起到警示驾驶员的作用。水（油）温表采用的是负温度系数热敏电阻，其结构与特性如图3-16所示。

图3-16(a)是热敏电阻式传感器冷却液温度表的结构图，其中，热敏电阻作为信号的发送部件，它与接收部件的电热丝串联。当冷却液温度较低时，由于热敏电阻的电阻值较高，电路中的电流小，电热丝的发热量小，双金属片弯曲并带动指针指向低温一侧；相反，当冷却液温度升高时，热敏电阻的电阻值减小，回路电流增大，电热丝发热量大，使双金属片受热弯

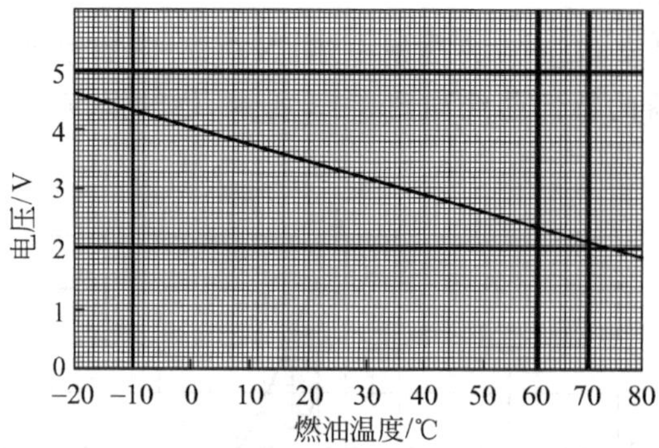

图 3-15　燃油温度传感器输出电压与燃油温度之间的关系

曲量增加,从而带动指针指向高温侧。

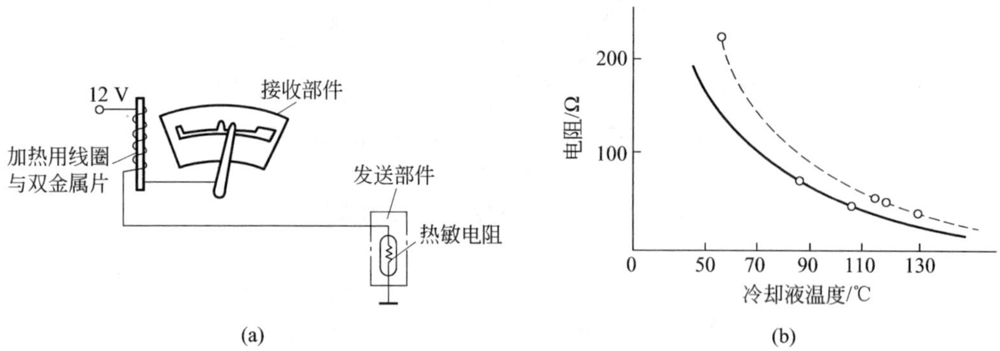

图 3-16　冷却液温度表传感器的结构与特性

(a) 结构；(b) 特性

3.2.3　热电偶式温度传感器

1. 热电偶的特点

(1) 温度测量范围宽。热电偶可以测量−271～2800℃乃至更高的温度。

(2) 性能稳定,准确可靠。在正确使用的情况下,热电偶的性能是十分稳定的,其精度高,测量准确可靠。

(3) 信号可以远距离传输和记录。由于热电偶能将温度信号转换成电压信号,因此可以远距离传递,也可以集中检测和控制。

此外,热电偶的结构简单,使用方便,其测量端可以做得很小。因此,可以用它来测量"点"的温度。又由于它的热容量小,因此反应速度很快。

2. 热电偶测量原理

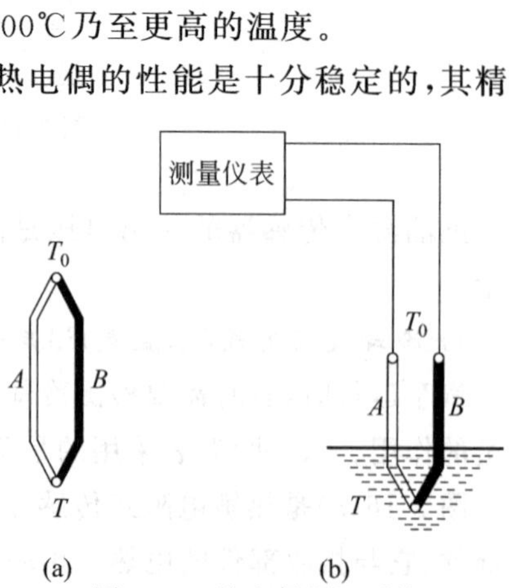

图 3-17　热电偶测温系统

(a) 结构示意；(b) 测试系统

在两种相同的金属所组成的闭合电路中(见图 3-17(a)),当两接触点的温度不同时,电路中就会产生热电势。这个物理现象称为热电效应。常用的热电偶由两根不同的导线组成，它们的一端焊接在一起，叫做热端（通常称为测量端），放入被测介质中；不连接的两个自由端叫做冷端（通常称为参考端），与测量仪表引出的导线相连接，如图 3-17(b)所示。

当热端与冷端有温差时，测量仪表便能测出介质的温度。热电偶由温差产生的热电势是随介质温度变化而变化的，其关系可由下式表示，即

$$E_t = e_{AB}(T) - e_{AB}(T_0)$$

式中，E_t——热电偶的热电势；

$e_{AB}(T)$——温度为 T 时的热电势；

$e_{AB}(T_0)$——温度为 T_0 时的热电势。

当热电偶的材料均匀时，热电偶的热电势大小与电极的几何尺寸无关，仅与热电偶材料的成分和热、冷两端的温差有关。

在通常的测量中要求冷端的温度恒定，此时热电偶的热电势就是被测介质温度的单值函数，即

$$E_t = f(T)$$

这就是热电偶测温的基本原理。

3. 热电偶的结构

由于热电偶广泛地应用于各种条件下的温度测量，因而它的结构形式很多，按热电偶本身结构划分，有普通热电偶、铠装热电偶及薄膜热电偶等。

普通热电偶一般均由热电极、绝缘管、保护管和接线盒等组成，其结构如图 3-18 所示。

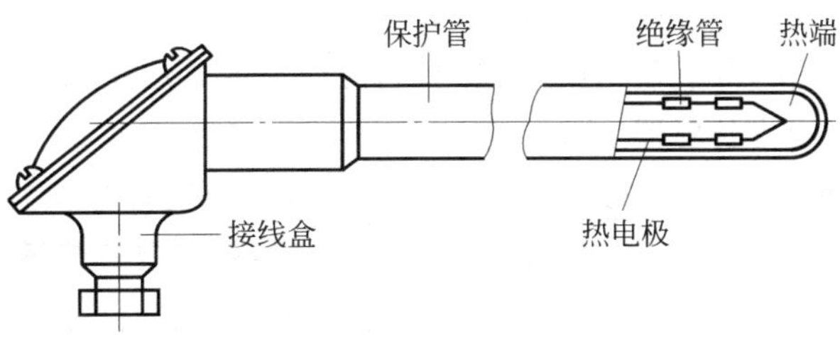

图 3-18　普通热电偶

普通热电偶主要用于气体、蒸汽、液体等介质的温度测量。为了防止有害介质对热电极的侵蚀，热电偶一般都有保护套。热电偶的外形有棒形、三角形、锥形等，其外部和设备的固定方式有螺纹固定、法兰盘固定等。

铠装热电偶式温度传感器的特点是挠性好，特别适用于复杂表面和狭小空间的温度测量。薄膜热电偶式温度传感器主要用于表面温度的动态测量，其特点是热惯性小、响应速度快。

4. 热电偶冷端的温度补偿

从热电效应的原理可知，热电偶产生的热电动势与两端温度有关。只有将冷端的温度恒定，热电势才是热端温度的单值函数。由于热电偶分度是以冷端温度为 0℃时测得的，因此在使用时要正确反映热端温度（被测温度），必须满足冷端温度恒定为 0℃。但在实际应用中，热电偶的冷端通常靠近被测对象，且受到周围环境温度的影响而变化，这时热电偶的输出并不代表被测环境温度。为此，必须采取一些相应的修正或补偿措施。

1) 热电势修正法

在工作中由于冷端不是0℃而是某一恒定温度 T_n，当热电偶工作在温差(T, T_n)时，其输出电势为 $E(T, T_n)$，如果不加修正，根据这个电势查标准分度表，显然对应较低的温度。根据中间温度定律，将电势换算到冷端为0℃时应为

$$E(T, 0) = E(T, T_n) + E(T_n, 0)$$

也就是说，在冷端温度为不变的 T_n 时，要修正到冷端为0℃的电势，应再加上一个修正电势，即这个热电偶工作在0℃和 T_n 之间的电势值 $E(T_n, 0)$。

【例】 用镍铬-镍硅热电偶测排气管排气温度，当冷端温度为30℃，且为恒定时测出热端温度 t 时的热电动势为39.17 mV。求排气管排气温度。

解：由镍铬-镍硅热电偶分度表查出 $E(30, 0) = 1.20$ mV，可得

$$E(T, 0) = (39.17 + 1.20)\text{mV} = 40.37 \text{ mV}$$

再通过分度表查出其对应的实际温度为

$$T = 977℃$$

则排气管排气温度为977℃。

2) 温度修正法

令 T' 为仪表的指示温度，T_0 为冷端温度，则被测的真实温度 T 为

$$T = T' + kT_0$$

式中，k——热电偶的修正系数，取决于热电偶类型和被测温度范围。

上例中测得排气温度为946℃(37.17 mV)，冷端温度为30℃，查表 $k = 1.00$，则

$$T = (946 + 1 \times 30)℃ = 976℃$$

与用热电势修正法所得结果相比，只差1℃，因而这种方法在汽车上应用较广泛。

5. 热电偶式排气温度传感器

在缸内直喷(GDI)汽油发动机排气系统(见图3-19)安装有排气温度传感器，一般安装在前部三元催化净化器的后方，其属于高温型温度传感器，主要有热敏电阻和热电偶两种。

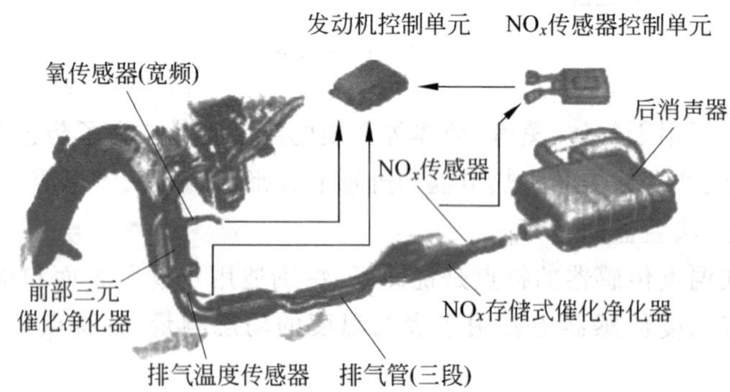

图3-19 GDI发动机排气系统的组成

热电偶式排气温度传感器如图3-20所示。热电偶型传感器同样经历了多次的更新换代，最早的是开放式，为了保证其耐热性能及响应性，采用了 $\phi 1.6$ mm 的镍铝-铬铝线，其焊接部位直接外露，如图3-20(a)所示。因与引线相连部位的温度很高，普通补偿导线的耐热性能无法满足要求，所以，用42根 $\phi 0.1$ mm 的镍铬-镍铝线制成引线的芯线，以提高其抗弯

性能。

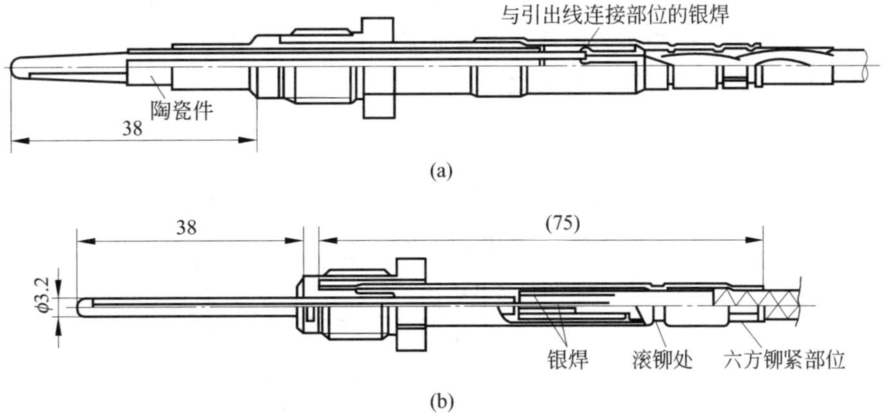

图 3-20　热电偶式排气温度传感器的结构
(a) 开放式；(b) 护套式

开放式热电偶式温度传感器的检测部分直接处于排放废气的环境中，为了提高其可靠性，将检测部位用不锈钢套保护起来，套内再充填绝缘粉末，称其为护套式排气温度传感器。从满足耐热性与响应性两种要求权衡，护套的外径选定为 ϕ3.2 mm，如图 3-20(b)所示。

热电偶排气温度传感器的输出电压一般为 34.5～35.8 mV。

6. 热电偶燃烧温度传感器

装于火花塞内的燃烧温度传感器并不能直接测量燃烧气体的温度，它所采用的方法是测量燃烧时所引起的温度变化。火花塞安装在燃烧室上，它是唯一装拆方便的部件，所以，常利用它来检测燃烧状态。

为测定燃烧室壁面瞬间温度，可以采用薄膜型热电偶，虽然壁面的温度变化是因燃烧气体温度的变化引起的，但在 1～2 mm 的深处几乎不变；因为此处的温度是不变的，所要测定的是表面的真正温度，要实现这一目的薄膜型热电偶很合适，这种热电偶的模型如图 3-21 所示。薄膜导体为铜、银类传热系数高的材料，厚度为 7～10 μm，热电偶材料 2 处及绝缘层要做得很薄。图 3-22 是中心电极顶端设有薄膜型热电偶的火花塞，A 材料为中心电极，

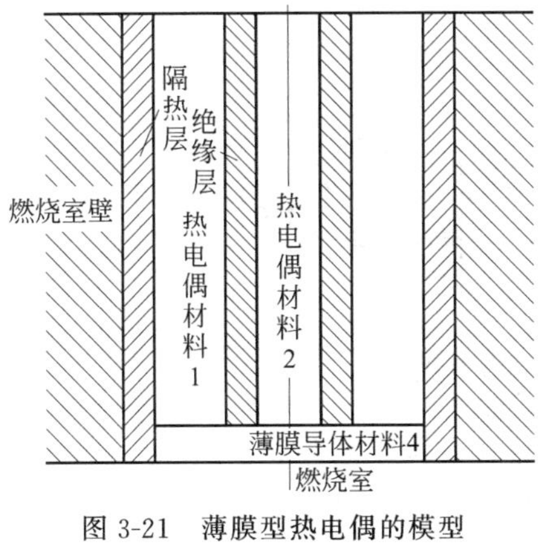

图 3-21　薄膜型热电偶的模型

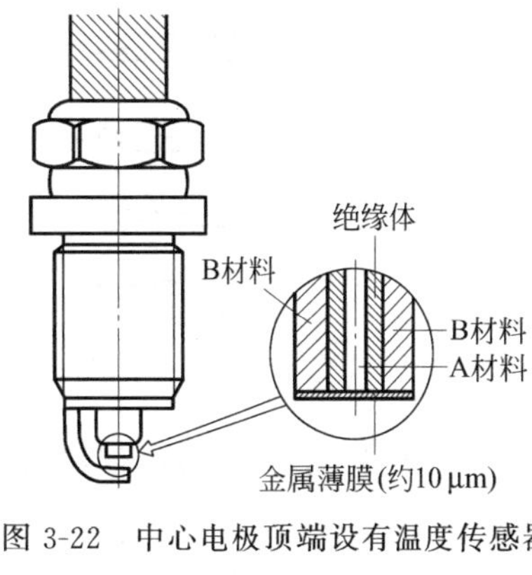

图 3-22　中心电极顶端设有温度传感器

B材料为 ϕ0.1 mm 的康铜丝,金属薄膜用镀铜法形成,膜厚 10 μm。

图 3-23 所示的是在发动机上测得的结果,同时还测得了缸内压力信号,从图中可以看出中心电极表面温度与燃烧压力的峰值位置非常一致。在压缩行程温度并不上升,推测这是中心电极的温度高于混合气温度所致。

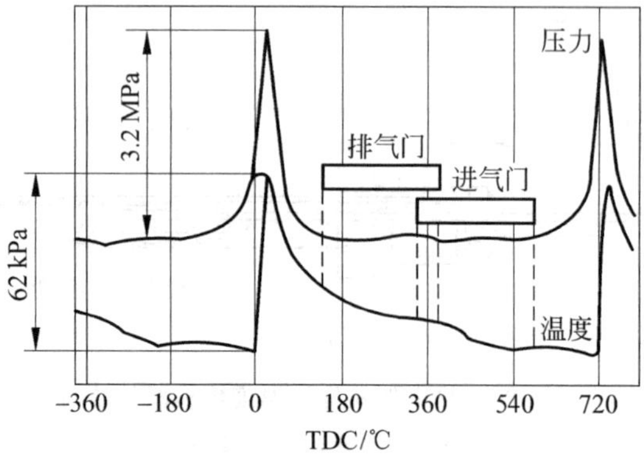

图 3-23　燃烧压力与中心电极表面温度的变化情况

3.2.4 热电开关

热电开关是采用两种不同特性的材料(如金属片热膨胀或陶铁磁体热磁性)构成的热敏传感器,该传感器具有温控开关特性,因此,又称为温控开关。热电开关常有双金属片式和热敏铁氧体两种,它们广泛应用于电饭锅、电熨斗、电炉、电热水器的恒温控制器等。

1. 双金属片式热电开关

1)双金属片的构成及其弯曲特性

双金属片式热电开关的双金属片是由两种膨胀系数不同的金属片轧制或锻压在一起而成。双金属片在常温时是平直的,但受热后,膨胀系数大的金属片伸长较多,而膨胀系数小的金属片伸长较少,因此,双金属片向膨胀系数小的一面弯曲变形,如图 3-24 所示。温度越高,弯曲越大,当温度下降时,双金属片又逐渐回弹,直至常温时又恢复原平直状态。根据双金属片的这一温度特性,可将其制成各种电器常用的温度控制装置。

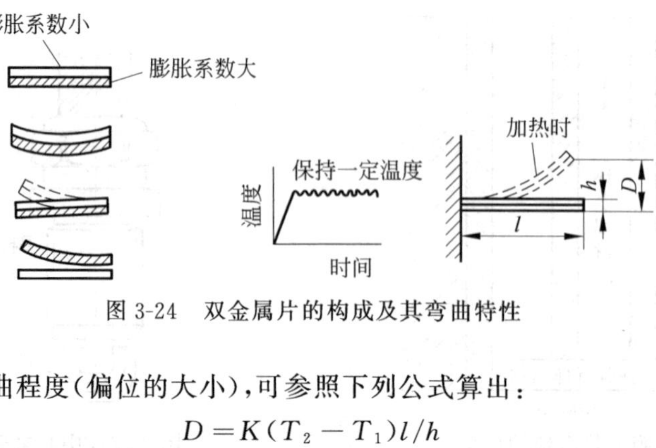

图 3-24　双金属片的构成及其弯曲特性

双金属片的弯曲程度(偏位的大小),可参照下列公式算出:

$$D = K(T_2 - T_1)l/h$$

式中,D——偏位的大小;

K——双金属片特性常数；

(T_2-T_1)——温度变化；

l——双金属片长度；

h——双金属片厚度。

由此可知，提高灵敏度的方法是减薄双金属片厚度 h 和增加长度 l，通常灵敏度为 0.01～0.03 mm/℃。

2）双金属片热电开关的类型

双金属片热电开关的类型有常开式(指两个触头的接点在没有达到规定的温度点时是断开的)、常闭式(指两个触头的接点在没有到达规定的温度点时是闭合的)、简易式、蝶式等。其结构类型虽有多种形式，但其工作原理不外乎是常开式和常闭式两种。

3）双金属片热电开关在汽车上的应用

汽车上采用双金属片热电开关主要有散热器的热敏开关，燃气式、热电式、燃油式、热电式水温表等。

采用热敏开关控制散热器风扇的工作原理如图 3-25 所示。

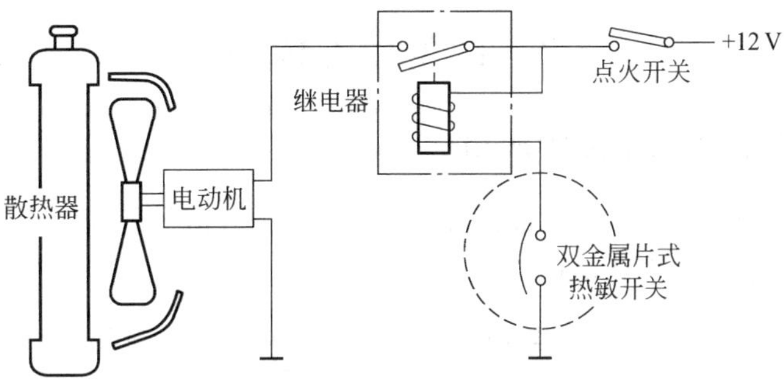

图 3-25　采用热敏开关的散热器冷却系统

当发动机水温低于设定值时，双金属片触点处于常开状态，继电器断电，冷却风扇不能工作。当发动机水温达到设定值时，双金属片逐渐弯曲，两触点逐渐接近，直至接触。此时，继电器工作，吸合继电器开关，给冷却风扇电机通电，冷却风扇转动，给散热器散热。当水温低于设定值时，双金属片又处于打开状态，风扇又停止工作。

2. 热敏铁氧体式热电开关

强磁性金属氧化物铁氧体($Mo \cdot Fe_2O_3$)具有如下性质：当超过某一温度时，其磁性急速转变，由强变弱，这种急变温度被称为居里温度。假如居里温度为 65℃、100℃，则在对应的温度下形成不同的磁场，使传感器簧片开关在 65℃以下、100℃以上时处于接通，而中间位置则断开。居里温度可以根据烧结体的成分和热处理的温度自由选择。

热敏铁氧体在低于规定温度时，变为强磁性体，磁力线直接通过舌簧开关的触点，产生吸引力，触点闭合，舌簧开关接通，如图 3-26(a)所示；当高于规定温度时，热敏铁氧体不被磁化，磁力线平行通过舌簧开关的触点，产生排斥力，触点张开，如图 3-26(b)所示。热敏铁氧体的规定温度在 0～130℃之间。

热敏铁氧体式热电开关也可用于控制散热器冷却风扇。当检测出冷却水温度较低时，

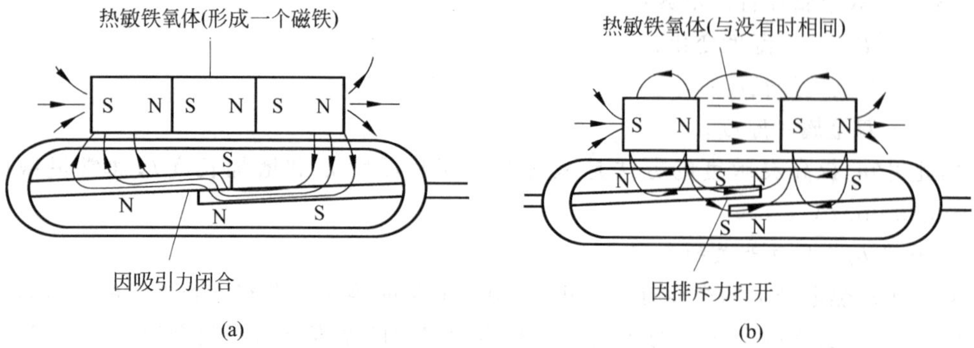

图 3-26　常闭型热敏铁氧体的工作原理

(a) 低于规定温度时；(b) 高于规定温度时

则使舌簧开关闭合，冷却风扇继电器断开，冷却风扇不旋转。此外，也可用来控制发动机机油压指示灯。

3.3　汽车压力传感器

3.3.1　压力传感器在汽车上的应用

压力传感器用来检测气体压力和液体压力，并将压力信号转变为电压信号。压力传感器在汽车上的主要应用如表 3-6 所示。

表 3-6　汽车上的主要压力传感器及其压力范围

系　统	参　数	压 力 范 围	测 量 类 型
发动机控制	进气歧管绝对压力	100 kPa	绝对式
	涡轮增压压力	200 kPa	绝对式
	大气压(海拔高度)	100 kPa	绝对式
	废气再循环压力	100 kPa	压力计
	燃油压力	7.5 psi(约 52.71 kPa)	压力计
	燃油蒸汽压力	15 in 水柱(约 3.74 kPa)	压力计
	空气质量流量	—	压差式
	燃烧室压力	1 MPa(峰值 16.9 MPa)	压差式
	废气压力	100 kPa	压力计
	二次空气压力	100 kPa	压力计
电控变速器(无级变速器)	变速器油压	80 psi(约 547.98 kPa)	压力计
	真空调节	100 kPa	绝对式
怠速控制	空调离合器传感器或开关	300～500 psi(2.07～3.45 MPa)	绝对式
	动力转向压力	500 psi(约 3.45 MPa)	绝对式

续表

系　统	参　数	压 力 范 围	测 量 类 型
电控动力转向(包括电动助力)	液体压力	500 psi(约 3.45 MPa)	绝对式
防抱死制动/牵引力控制	制动压力	500 psi(约 3.45 MPa)	绝对式
	制动液液位	12 in 水柱(约 3 kPa)	压力计
空气气囊	气囊压力	7.5 psi(约 51.7 kPa)	压力计
悬架	空气弹簧压力	1 MPa	绝对式
安全性/无钥匙进入	车舱压力	100 kPa	绝对式
HVAC(空调)	空气压缩机压力	300～500 psi(2.07～3.45 MPa)	绝对式
驾驶信息	机油油压	80 psi(约 551.58 kPa)	压力计
	燃油油位	15 in 水柱(约 3.74 kPa)	压力计
	机油油位	15 in 水柱(约 3.74 kPa)	压力计
	冷却液压力	200 kPa	压力计
	冷却液液位	24 in 水柱(约 6 kPa)	压力计
	挡风玻璃喷洗液液位	12 in 水柱(约 3 kPa)	压力计
	变速器油位	12 in 水柱(约 3 kPa)	压力计
	轮胎压力	50 psi(约 344.74 kPa)	压力计/绝对式
	蓄电池液位	1～2 in 以下	光学
记忆座椅	腰部压力	7.5 psi(约 51.71 kPa)	压力计

压力测量原理主要有电阻应变式、压电式、可变电感式、电容式、电位计式等多种。本节主要介绍电阻应变式和压电式。

3.3.2　电阻应变式压力传感器

1. 电阻应变式压力传感器的测压原理

通过应变片将被测压力转换成电阻变化的器件称为电阻应变式压力传感器。由于电阻应变式传感器具有结构简单、体积小、使用方便、动态响应快、测量精确度高等优点，因而被广泛应用。

1) 电阻应变效应(或压阻效应)

电阻丝在外力作用下发生机械变形时，其电阻值发生的变化，叫做电阻应变效应。设有一根电阻丝，其电阻率为 ρ，长度为 l，截面积为 A，在未受力时的电阻值为

$$R=\rho\frac{l}{A}$$

如图 3-27 所示，电阻丝在拉力 F 作用下，长度 l 增加，截面积 A 减小，电阻率 ρ 也相应变化，将引起电阻变化，其值为

$$\frac{\Delta R}{R}=K\varepsilon$$

式中，K——电阻丝灵敏度系数。实验证明，在电阻丝拉伸比例极限内，电阻的相对变化与应变成正比，即 K 为常数，通常金属丝的 $K=1.7\sim3.5$；

ε——电阻丝的轴向应变，$\varepsilon=\frac{\Delta l}{l}$。

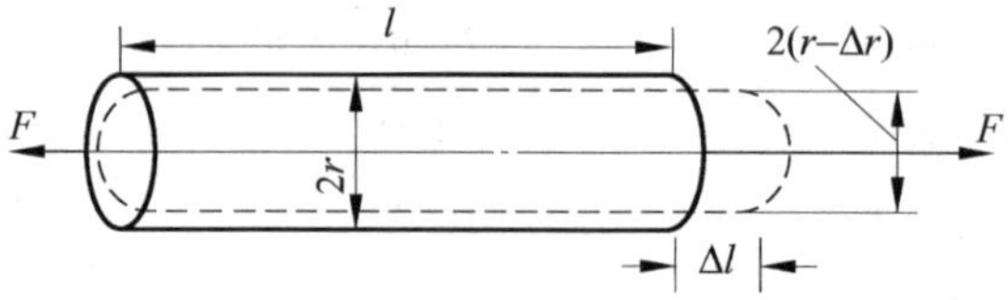

图 3-27　金属丝伸长后几何尺寸变化

2）电阻应变片的类型

电阻应变片主要有金属电阻应变片和半导体应变片两类。

（1）金属电阻应变片

金属电阻应变片有丝式和箔式两种。

金属丝式电阻应变片（又称电阻丝式应变片）出现较早，现仍在广泛使用，其典型结构如图 3-28(a)所示。它主要由具有高电阻率的金属丝（康铜或镍铬合金等，直径 0.025 mm 左右）绕成的敏感栅、基底、覆盖层和引出线组成。

金属箔式电阻应变片则是用栅状金属箔片代替栅状金属丝。金属箔栅采用光刻技术制造，适于大批量生产。其线条均匀，尺寸准确，阻值一致性好。箔片厚 1～10 μm，散热性好，黏结情况好，传递试件应变性能好。因此目前使用的多是金属箔式应变片，其结构形式如图 3-28(b)所示。

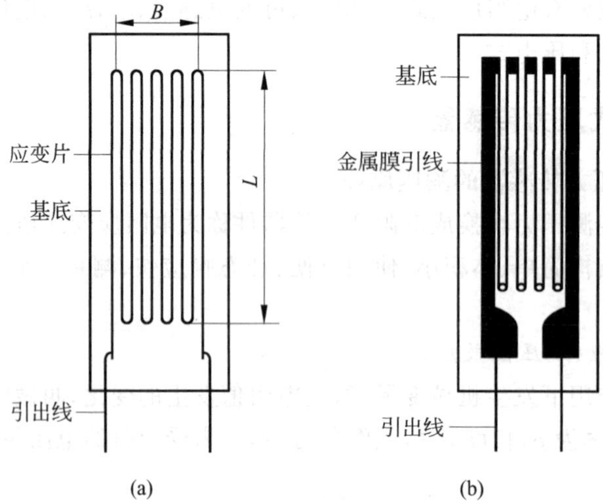

图 3-28　电阻应变片

(a) 丝式；(b) 箔式

把应变片用特制胶水黏固在弹性元件或需要变形的物体表面上，在外力作用下，应变片敏感栅随构件一起变形，其电阻值发生相应的变化，由此可将被测量转换成电阻的变化。当敏感栅发生变形时，其 l,ρ,A 均将变化，从而引起 R 的变化。当每一可变参数分别有一增量 $\mathrm{d}l,\mathrm{d}\rho,\mathrm{d}A$ 时，所引起的电阻增量为

$$\mathrm{d}R=\frac{\partial R}{\partial l}\mathrm{d}l+\frac{\partial R}{\partial A}\mathrm{d}A+\frac{\partial R}{\partial \rho}\mathrm{d}\rho$$

式中，$A=\pi r^2$，r 是电阻丝半径。

则上式为

$$\mathrm{d}R=R\left(\frac{\mathrm{d}l}{l}-\frac{2\mathrm{d}r}{r}+\frac{\mathrm{d}\rho}{\rho}\right)$$

电阻的相对变化为

$$\frac{\mathrm{d}R}{R}=\frac{\mathrm{d}l}{l}-\frac{2\mathrm{d}r}{r}+\frac{\mathrm{d}\rho}{\rho}$$

式中，$\mathrm{d}l/l$——电阻丝轴向相对变形，或称纵向应变；

$\mathrm{d}r/r$——电阻丝径向相对变形，或称横向应变，当电阻丝轴向伸长时，必然沿径向缩小，两者之间的关系为

$$\frac{\mathrm{d}r}{r}=-\mu\frac{\mathrm{d}l}{l}=-\mu\varepsilon$$

式中，μ——电阻丝材料的泊松比；

$\mathrm{d}\rho/\rho$——电阻丝电阻率的相对变化，与电阻丝轴向应变 ε 有关，其关系为

$$\frac{\mathrm{d}\rho}{\rho}=\lambda\rho=\lambda E\varepsilon$$

式中，E——电阻丝材料的弹性模量；

λ——压阻系数，与材质有关。

可得

$$\frac{\mathrm{d}R}{R}=(1+2\mu+\lambda E)\varepsilon$$

$(1+2\mu)\varepsilon$ 由电阻丝的几何尺寸改变所引起。对于同一电阻材料，$(1+2\mu)$ 是常数。$\lambda E\varepsilon$ 项由电阻丝的电阻率随应变的改变所引起。对于金属电阻丝来说，$\lambda E\varepsilon$ 很小，可以忽略不计，所以上式可以简化为

$$\frac{\mathrm{d}R}{R}\approx(1+2\mu)\varepsilon$$

上式表明了电阻相对变化率与应变成正比。这里再定义一个量，即电阻应变片的应变系数灵敏度 S：

$$S=\frac{\mathrm{d}R/R}{\mathrm{d}l/l}=1+2\mu=\text{常数}$$

由于测试中 R 的变化量很小，可以认为 $\mathrm{d}R\approx\Delta R$，则上式表示为

$$\frac{\Delta R}{R}=S\varepsilon$$

常用的灵敏度 S 在 1.7～3.6 之间。

(2) 半导体应变片

半导体应变片的工作原理和导体应变片相似。对半导体施加应力时,其电阻率发生变化,这种半导体电阻率随应力变化的关系称为半导体压阻效应。与金属导体一样,半导体应变电阻也由两部分组成,即由受应力后几何尺寸变化引起的电阻变化和由电阻率变化引起的电阻变化两部分,在这里电阻率变化引起的电阻变化是主要的,所以一般可表示为

$$\frac{\Delta R}{R} \approx \frac{\Delta \rho}{\rho} = \pi \sigma$$

式中,$\Delta R/R$——电阻的相对变化;

$\Delta \rho/\rho$——电阻率的相对变化;

π——半导体压阻系数;

σ——应力。

由于弹性模量 $E=\sigma/\varepsilon$,所以上式又可以写成

$$\frac{\Delta \rho}{\rho} = \pi \sigma = \pi E \varepsilon = K \varepsilon$$

式中,K——灵敏系数。

对于不同的半导体,压阻系数以及弹性模量都不一样,所以灵敏系数也不一样,就是对于同一半导体,随径向不同压阻系数也不同。

2. 电阻应变式压力传感器在汽车上的应用

电阻应变式压力传感器在汽车上的应用较多,如进气歧管压力传感器、大气压力传感器、GDI 燃油压力传感器等。

1) 进气歧管压力传感器

进气歧管压力传感器测量发动机进气管中气体的绝对压力,典型的进气绝对压力值为 250 kPa。该绝对压力是相对于基准真空压力而不是相对于环境的大气压力。由测量得到的进气歧管气体的绝对压力就可以算出空气的质量流量,并根据发动机需要调节增压压力。

进气歧管压力传感器广泛采用半导体应变片。进气歧管压力传感器如图 3-29 所示,主要包括硅片、底座、硅杯和盖子等。硅片上形成有膜片,膜片上埋入了检测压力的测量电阻,底座上设置了导压管和作为输入/输出的引线端子。硅片的压阻效应如图 3-30(a)所示。硅片的中央部分为用腐蚀法形成的膜片,在压力的作用下,膜片会产生机械应变。在硅膜片表面的四周上,采用 IC 的微加工技术等使膜片的外圆周上形成应变电阻,并将 4 个测量电阻按惠斯顿电桥法在硅片内部连接起来,如图 3-30(b)所示。将 4 个应变电阻 R_1、R_2、R_3 和 R_4 的电阻值设计成同样值 R。当膜片上作用有压力时,膜片会产生应力,同时引起测量电阻的阻值发生变化,从而也引起惠斯顿电桥的平衡被破坏。当将一定的电压输入到惠斯顿电桥的输入端时,就可以在电桥的输出端得到电压的变化值。假设应变电阻 R_1 和 R_3 的电阻变化量为 ΔR,则应变电阻 R_2、R_4 的变化量为 $-\Delta R$。因此,设输入电压为 U_E,则电桥的输出电压 U_o 可用下式表示:

$$U_o = (\Delta R/R) \cdot U_E = C \cdot \left(\frac{r}{h}\right)^2 \cdot p \cdot U_E$$

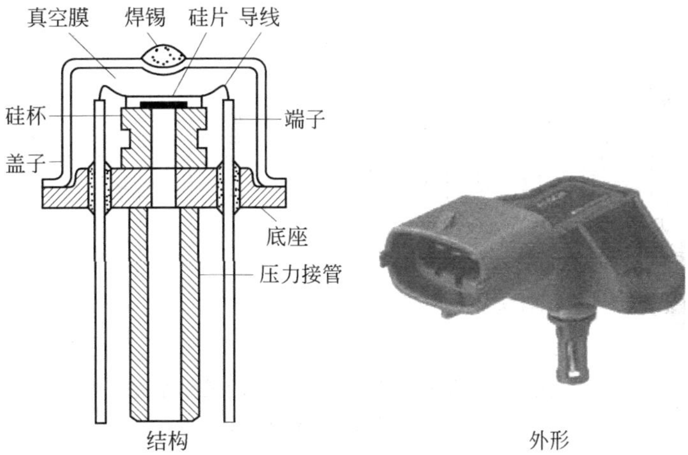

图 3-29 进气歧管压力传感器

式中，C——与膜片材料有关的常数；

R——膜片半径；

h——膜片厚度。

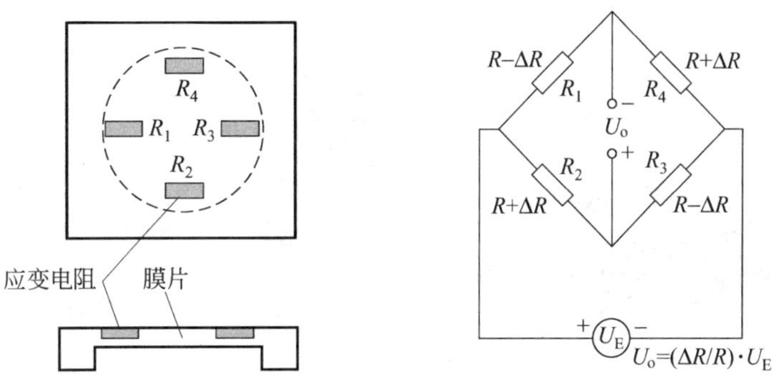

图 3-30 硅片的压阻效应

(a) 原理；(b) 检测电路

输出电压 U_o 与压力 p、r/h 成正比。若膜片半径和厚度保持不变，则输出电压 U_o 与压力 p 成正比。

在图 3-29 中，硅片的外圆周边粘接固定到底座上，并用外壳盖住后，内部便处于真空状态。压力接管接入所测量的压力后，薄膜在该压力的作用下产生应力，电桥回路就输出与测量压力成比例的电压。因为将真空压力作为基准压力，所以就能测量绝对压力。为了补偿应变电阻值和薄膜厚度的不均以及应变电阻的温度系数等影响，需要进行各电压和温度等补偿，而且与传感器制成一体。

当进气歧管上的压力作用到硅片上时，按此压力与真空室压力之差硅片的电阻发生变化，再经真空室内的混合集成电路变换为电压信号，并加以放大以作为吸气管的压力信号输入到发动机电子控制单元中，如图 3-31 所示。

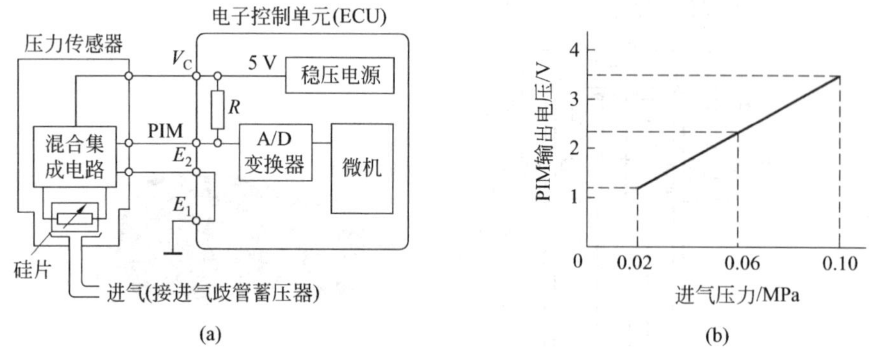

图 3-31 进气歧管压力传感器的工作原理

(a) 电路图；(b) 输出特性

2) 大气压力传感器

大气压力传感器向发动机控制单元传送一个瞬时环境空气压力信号。此值取决于海拔高度。有了该信号，发动机控制单元可以计算出一个控制增压压力和废气再循环的大气压力修正值。

大气压力传感器通常安装在发动机 ECU 内部，或空气流量计内部，或单独安装在前保险杠附近，如图 3-32 所示。

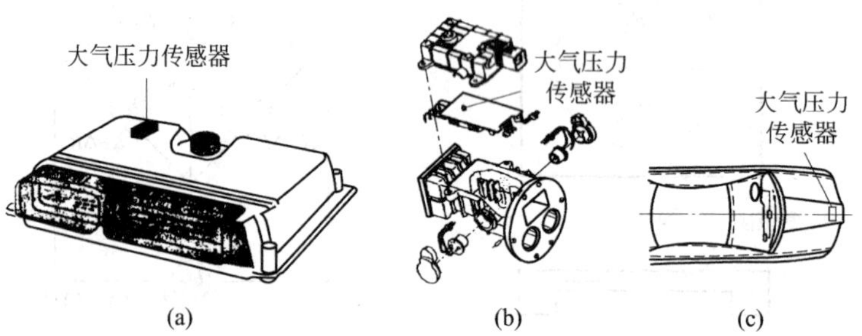

图 3-32 大气压力传感器的安装过程

(a) ECU 内部；(b) 在空气流量计内；(c) 在前保险杠附近

大气压力传感器采用集成电路 IC 技术与微加工技术，在一块半导体基片上形成压力传感器、温度补偿电路和放大电路。

在硅片的中间，从反面经异向腐蚀形成了正方形的膜片，利用膜片将压力变换成应力。在膜片的表面，通过扩散杂质形成了 4 个 P 型测量电阻，它们按桥式电路连接。利用压阻效应将加在膜片上的应力变换成电阻的变化，此电阻的变化通过桥式电路之后在桥式电路的两个输出端子之间以电位差的方式对外输出。

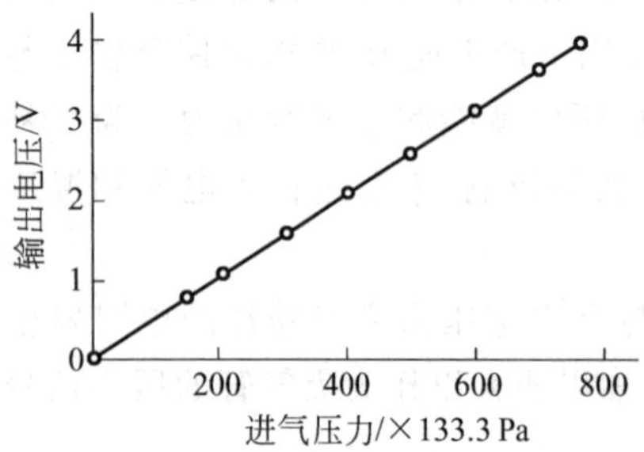

图 3-33 大气压力传感器的输出特性

膜片的里面与硅片之间设计成真空腔，用以缓和外部的应力。就以此真空腔的压力为基准检测大气压力。

常温时大气压力传感器的输出特性如图 3-33

所示。

3) GDI 燃油压力传感器

缸内直喷(GDI)汽油发动机的燃油压力传感器也采用电阻应变效应来检测油轨油压，用于控制燃油的压力调节阀(电磁阀)。油轨内油压保持恒定，对减少排放、降低噪声和提高功率均具有重要作用。GDI 燃油压力传感器的安装位置如图 3-34 所示。

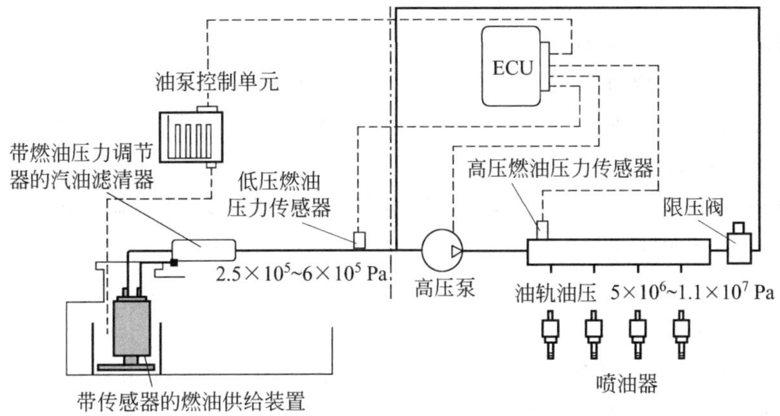

图 3-34　GDI 燃油压力传感器的安装位置

GDI 燃油压力传感器的结构如图 3-35 所示。该传感器的核心就是一个钢膜，在钢膜上镀有应变电阻。一旦要测的压力经压力接口到钢膜的一侧时，由于钢膜弯曲，就引起应变电阻的电阻值发生变化。GDI 燃油压力传感器的特性曲线如图 3-36 所示。

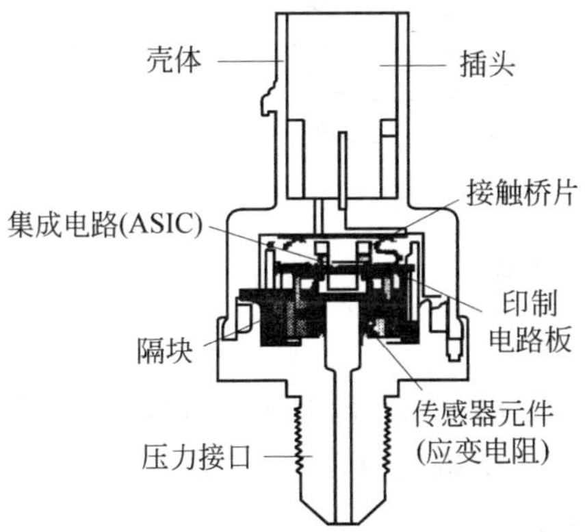

图 3-35　GDI 燃油压力传感器的结构

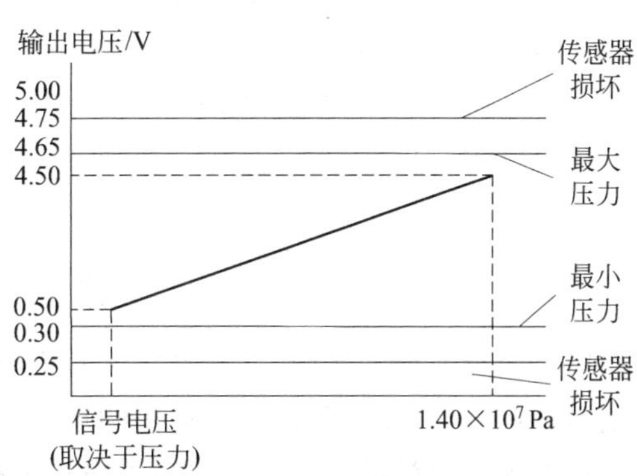

图 3-36　GDI 燃油压力传感器的特性曲线

3.3.3　压电式压力传感器

1. 压电式压力传感器测压原理

1) 压电效应

某些晶体(如石英等)在一定方向的外力作用下，不仅几何尺寸会发生变化，而且晶体内部会产生极化现象，晶体表面上有电荷出现，形成电场。当外力去除后，表面又恢复到不带电状态，这种现象被称为压电效应。具有这种性质的材料，称为压电材料。若将压电材料置于电场之中,其几何尺寸也会发生变化。这种由于外电场作用下,导致压电材料产生机械变形的现象,称为逆压电效应或电致伸缩效应。

2) 压电材料

常见的压电材料主要有石英晶体、水溶性压电晶体、铌酸锂晶体、压电陶瓷、压电半导体、高分子压电材料等,其中压电陶瓷在汽车上的应用较多。

对压电材料的基本要求是:

(1) 具有较大的压电常数。

(2) 压电元件的机械强度高、刚度大并具有较高的固有振动频率。

(3) 具有高的电阻率和较大的介电常数,以期减少电荷的泄漏以及外部分布电容的影响,获得良好的低频特性。

(4) 具有较高的居里点。所谓居里点是指在压电性能破坏时的温度转变点。居里点高可以得到较宽的工作温度范围。

(5) 压电材料的压电特性不随时间蜕变,有较好的时间稳定性。

3) 压电元件的连接方式

在压电式传感器中,常用两片或多片组合在一起使用。由于压电材料是有极性的,因此接法也有两种,如图3-37所示。图3-37(a)为并联连接法,其输出电容 C' 为单片的 n 倍,即 $C'=nC$,输出电压 $U'=U$,极板上的电荷量 Q' 为单片电荷量的 n 倍,即 $Q'=nQ$。图3-37(b)为串联连接法,这时有 $Q'=Q$,$U'=U$,$C'=C/n$。

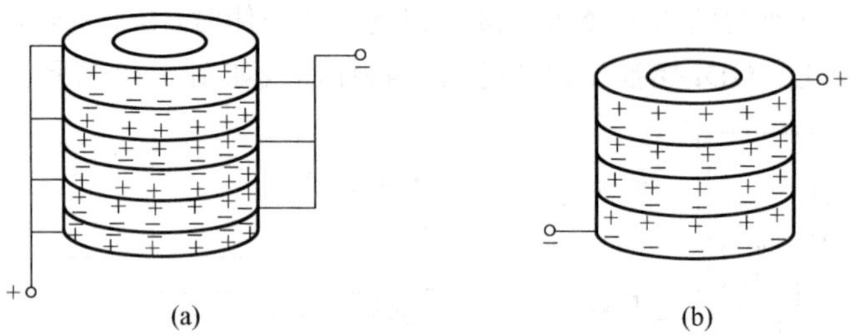

图3-37 压电元件的连接方式

(a) 并联;(b) 串联

在以上两种连接方式中,并联连接法输出电荷大,本身电容大,因此时间常数也大,适用于测量缓变信号,并以电荷量作为输出的场合。串联连接法输出电压高,本身电容小,适用于以电压作为输出量以及测量电路输入阻抗很高的场合。

压电元件在压电传感器中,必须有一定的预应力,这样可以保证在作用力变化时,压电片始终受到压力,同时也保证了压电片的输出与作用力的线性关系。

4) 压电传感器的等效电路

当压电晶体片受力时,在晶体片的两表面上聚集等量的正、负电荷,晶体片的两表面相当于一个电容的两个极板,两极板间的物质等效于一种介质。因此,压电片相当于一只平行板介质电容器,如图3-38所示。

可以把压电传感器等效为一个电压源 $U=\frac{q}{C_e}$ 和一个电容 C_e 串联的电路,如图3-39(a)所示。只有在外电路负载无穷大且内部无漏电时,受力产生的电压 U 才能长期保持不变;

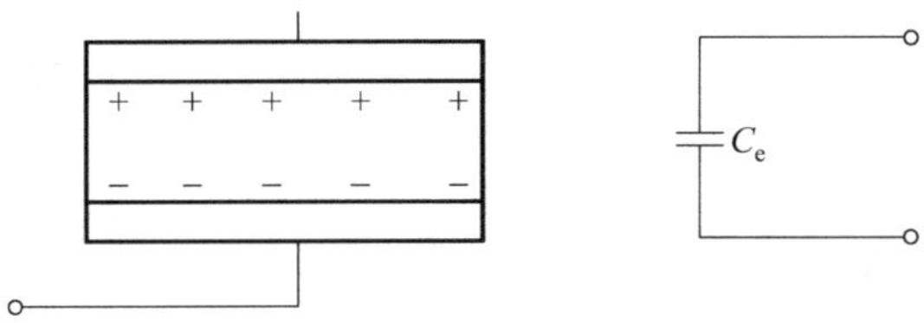

(a)　(b)

图 3-38　等效电路

(a) 晶体片受力后两端带电情况；(b) 压电晶体片等效电容电路

如果负载不是无穷大，则电路就要以时间常数 R_LC_e 按指数规律放电。压电式传感器也可以等效为一个电流源与一个电容并联电路，此时，该电路被视为一个电流发生器，如图 3-39(b)所示。

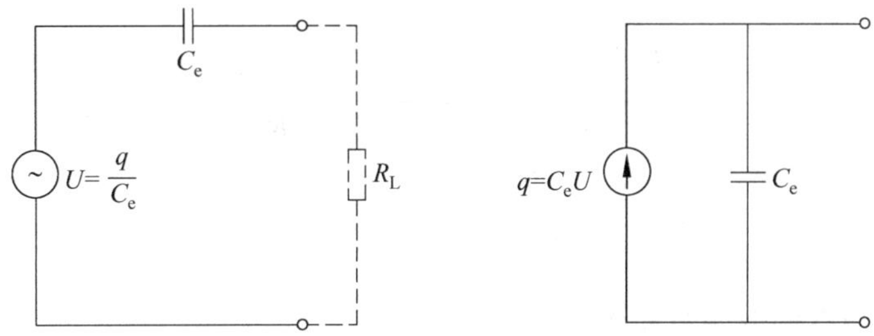

(a)　(b)

图 3-39　压电式传感器的等效电路

(a) 电压源；(b) 电流源

5) 压电传感器的测量电路

压电式传感器的内阻抗很高，而输出的信号微弱，因此一般不能直接显示和记录。压电式传感器要求测量电路的前级输入端要有足够高的阻抗，这样才能防止电荷迅速泄漏而使测量误差减小。

压电式传感器的前置放大器有两个作用：一是把传感器的高阻抗输出变换为低阻抗输出；二是把传感器的微弱信号进行放大。

压电传感器接电压放大器的等效电路如图 3-40(a)所示。图 3-40(b)为简化后的等效电路，其中，u_i 为放大器输入电压；$C=C_c+C_i$；$R=\frac{R_aR_i}{R_a+R_i}$；$u_a=\frac{Q}{C_a}$。

如果压电传感器受力为

$$F=F_m\sin\omega t$$

式中，F_m——压电传感器受力最大值，则在压电元件上产生的电压为

$$u_a=\frac{dF_m}{C_a}\sin\omega t$$

当 $\omega R(C_i+C_c+C_a)\gg 1$ 时，放大器的输入电压为

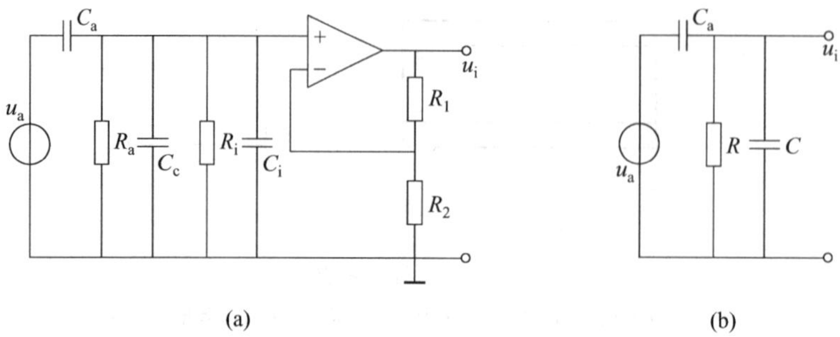

图 3-40 压电传感器接电压放大器的等效电路
(a) 等效电路；(b) 简化电路

$$u_i=\frac{\dfrac{R\dfrac{1}{j\omega C}}{R+\dfrac{1}{j\omega C}}}{\dfrac{1}{j\omega C_a}+\dfrac{R\dfrac{1}{j\omega C}}{R+\dfrac{1}{j\omega C}}}u_a=\frac{j\omega R}{1+j\omega R(C+C_a)}dF$$

而在放大器输入端形成的电压为

$$u_i\approx\frac{dF}{C_i+C_c+C_a}$$

从上式可以看出，放大器输入电压幅度与被测频率无关。当改变连接传感器与前置放大器的电缆长度时，C_c 将改变，从而引起放大器的输出电压也发生变化。在设计时，通常把电缆长度定为一常数，使用时如要改变电缆长度，则必须重新校正电压灵敏度值。

2. 压电式压力传感器在汽车上的应用

压电式压力传感器主要应用在测量压力较大的场合，如 ESP 制动压力传感器、共轨燃油压力传感器、汽缸燃烧压力传感器等。

1) ESP 制动压力传感器

制动压力传感器的核心部件是受到制动液作用的压电元件和信号处理电路(见图 3-41)。

如果制动液挤压压电元件，压电元件上的电荷分布就会起变化。未受到制动液的压力，电荷是均匀的，无电压产生(见图 3-42(a))。一旦受到压力，电荷位置移动，由此产生电压。压力越大，电荷分得越开，电压越大。电压被内置的电子元件放大后，以信号的形式送给电子控制单元(见图 3-42(b))。因此，电压大小可直接测量出制动压力大小。

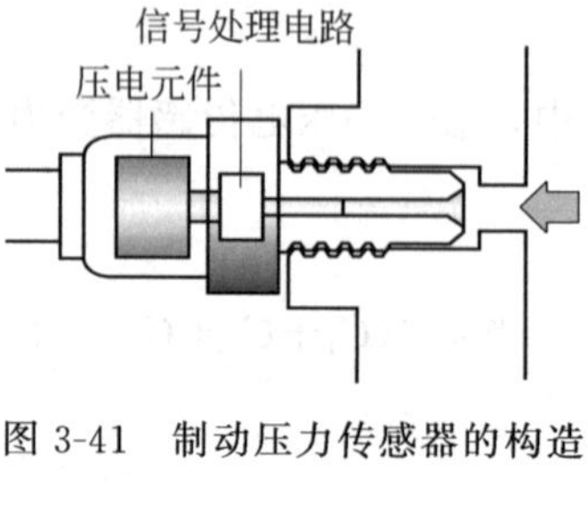

图 3-41 制动压力传感器的构造

2) 共轨燃油压力传感器

共轨压力传感器的作用是以足够的精度，在相对较短的时间内，测定轨道中柴油的实时压力，并向 ECU 提供电

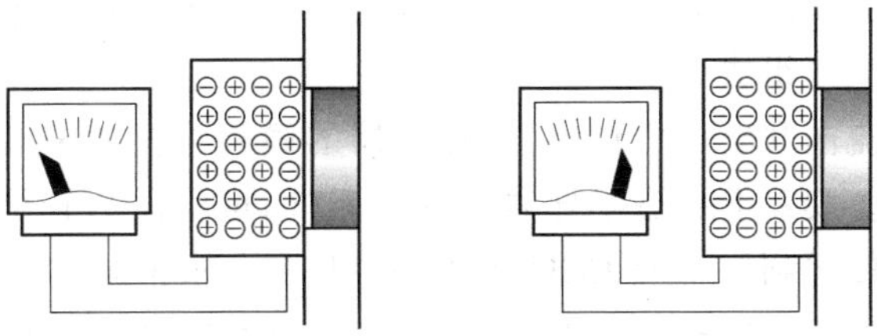

图 3-42　制动压力传感器的工作原理

(a) 未受压力时；(b) 受压力时

信号。共轨压力传感器通常安装在共轨柴油机的油轨上(见图 3-43)。

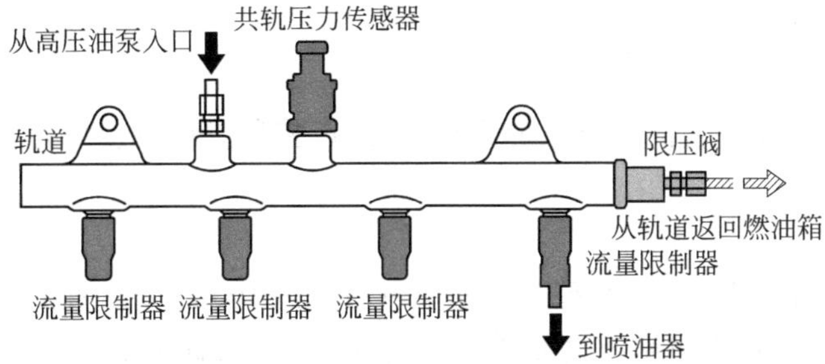

图 3-43　共轨压力传感器的安装位置

对共轨压力传感器的主要要求如下：

(1) 测量范围广。要求能测量 20～180 MPa 之间的燃油压力。

(2) 精度高。要求精度达到±(2%～3%)。

(3) 可靠性好。在发动机不同运行工况下能精密控制燃油压力，在 180 MPa 高压下仍有很高的可靠性。

图 3-44 是博世公司共轨压力传感器的结构图，图 3-45 是日本电装公司 ECD-U2 型电控共轨系统压力传感器的结构和特性曲线。

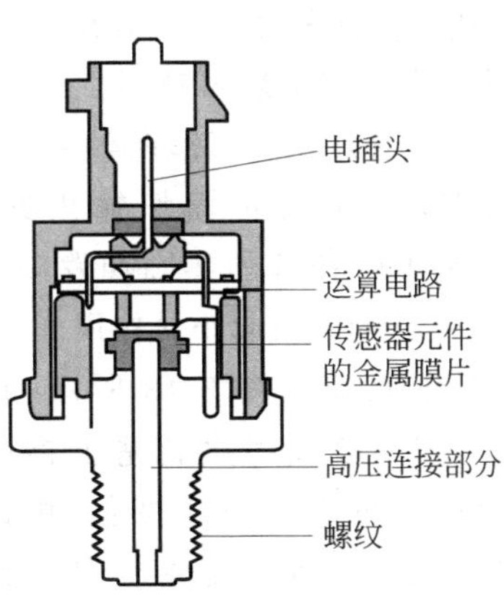

图 3-44　共轨压力传感器(博世公司)

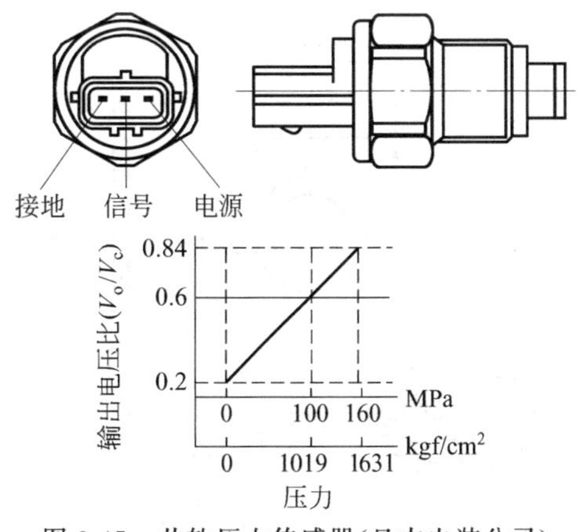

图 3-45　共轨压力传感器(日本电装公司)

共轨压力传感器主要由压力敏感元件(焊接在压力接头上)、带求值电路的电路板和带电气插头的传感器外壳等组成。

燃油经一个小孔流向共轨压力传感器,传感器的膜片将孔的末端封住。高压燃油经压力室的小孔流向膜片。膜片上装有半导体型敏感元件,可将压力转换为电信号。通过连接导线将产生的电信号传送到一个向 ECU 提供测量信号的求值电路。

共轨压力传感器的工作原理是:当膜片形状改变时,膜片上涂层的电阻发生变化。这样,由系统压力引起膜片形状变化(150 MPa 时变化量约 1 mm),促使电阻值改变,并在用 5 V 供电的电阻电桥中产生电压变化。电压在 0~70 mV 之间变化(具体数值由压力而定),经求值电路放大到 0.5~4.5 V。精确测量共轨中的压力是电控共轨系统正常工作的必要条件。为此,压力传感器在测量压力时允许变差很小。

3) 燃烧压力传感器

(1) 功用

燃烧压力传感器用于检测燃烧室的燃烧压力,以控制发动机燃烧,使发动机获得最高的热效率。

(2) 类型

燃烧压力传感器有两种,一种是以燃烧室内的一面为受压面的直接型压力传感器,简称 PDS;另一种则是紧固在火花塞上的垫圈型压力传感器,简称 PGS。因为用 PDS 可以实现燃烧压力的线性测试,所以正在探讨将 PDS 用于分解燃烧压力的 MBT 控制、EGR 控制、空燃比控制等以及未来发动机的控制。PGS 型在发动机上的装配性好,它适用于更高精度的爆燃控制、断火检测及现行发动机的控制。目前已批量生产这种传感器,用于各汽缸的爆燃控制以及高转速前的爆燃控制。

(3) PGS(垫圈型汽缸压力传感器)

PGS 是利用火花塞安装螺帽安装、紧固的,汽缸盖上只稍微加工一下便可以安装。因此,对因性能要求而想扩大气门面积的现行发动机来说,这是一种实用性很高的燃烧压力传感器。

图 3-46 是一种 PGS 的结构图,它是靠火花塞座固定的,为了实现结构牢固并尽量减薄厚度,所以选用了金属外壳,将压电元件、电极引出线、紧固件置于其中后再铆紧。此外,为了确保防水性能,对外壳内部作真空密封。在拧紧火花塞时,为了防止损坏输出线,如图 3-47 所示,利用带挂耳的垫圈和发动机汽缸盖上火花塞座处的缺口起止转作用。

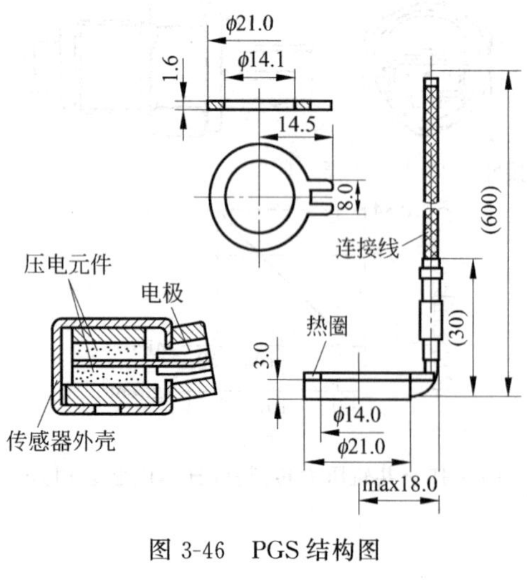

图 3-46　PGS 结构图

PGS 的工作原理如图 3-48 所示,在燃烧压力的作用下,形成将火花塞上推的一个力,PGS 上的紧固载荷发生变化,由此可以测定燃烧压力。因此,燃烧压力的检测与汽缸上的火花塞安装螺纹及火花塞的螺纹部分密切相关,利用装在燃烧室上的压力表可测得输出信号,也可测得与此类似的信号波形。如限定检测爆燃、检测燃烧压力的峰值位置、检测断火等时，这种传感器具有足够的实用功能。

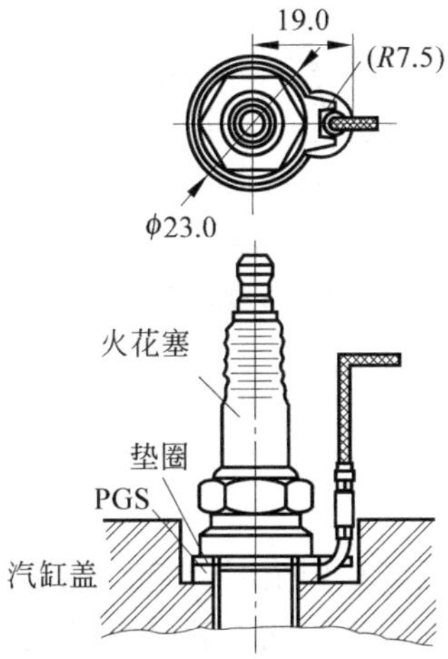

图 3-47　PGS 装配示意图

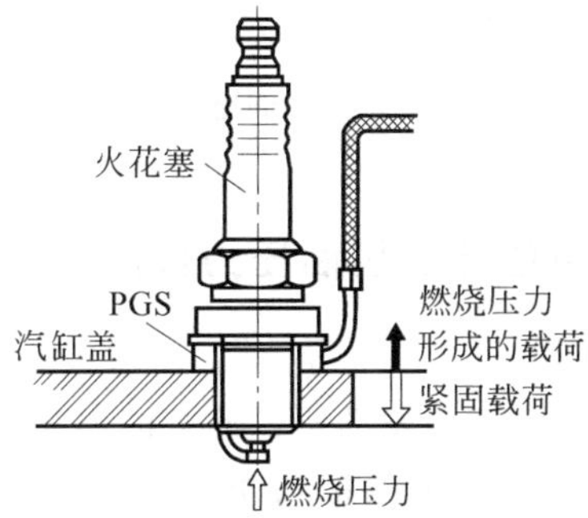

图 3-48　PGS 检测燃烧压力的工作原理

(4) PDS(直接型汽缸压力传感器)

燃烧压力传感器的结构如图 3-49 所示，它主要是由膜片、推杆、半球体、压电元件及放大器组成。膜片先承受着燃烧压力，膜片的推杆将膜片的运动传递给半球体。推杆起着隔热、传递力矩的作用。

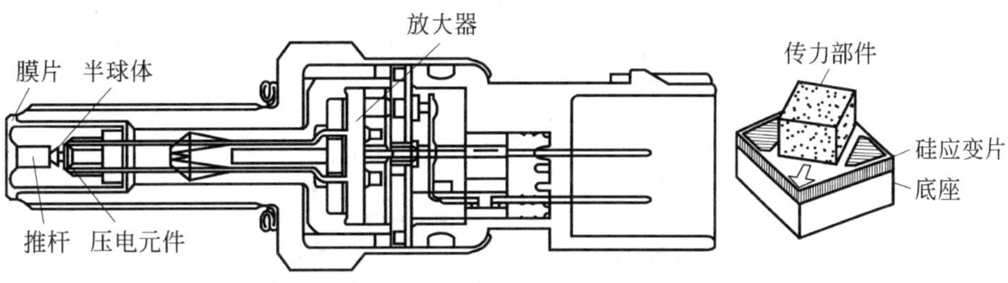

图 3-49　燃烧压力传感器的结构

半球体具有将推杆传递的力均匀传至压电元件的功能，硅材料的压电元件将压力变换成电压信号，因为电压值很低，还要经放大器放大。

传力部件所受到的力作用到与底座接合的应变片上，应变片上采用了硅单晶制作的压电电阻，由此在压电效应的作用下产生电压信号，如图 3-50 所示。

燃烧压力的波形如图 3-51 所示，按爆发行程规定的曲轴角度测量 4 次压力，然后计算转矩值，按各周期对此值加以对比并求出转矩变动量，目的是实施空燃比反馈控制，以保证转矩的变化量为固定值。上面介绍的系统中仅测定 1 缸的燃烧压力。如果能配合使用 PGS 对汽缸间的杂散量加以修正，就可以控制各汽缸的临界工作状态，从而可能提高稀薄界限。

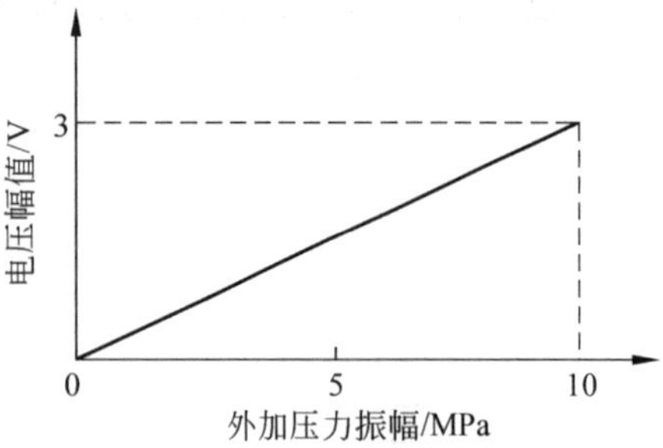

图 3-50 压电元件上的电压信号图

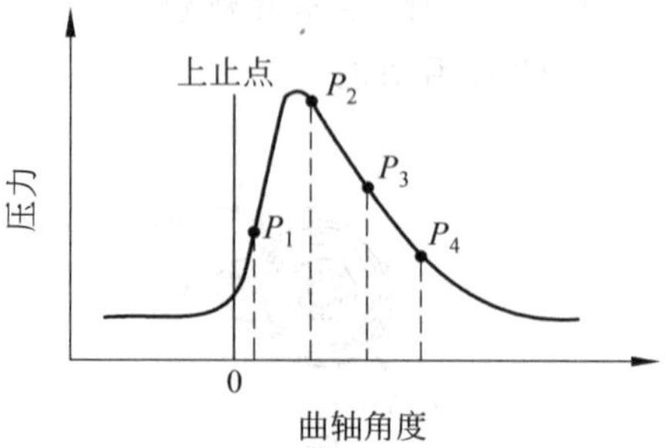

图 3-51 燃烧压力的波形与测定点

3.3.4 电位器式机油压力传感器

1. 作用

向 ECU 通报发动机机油主油道的压力,当机油压力低于期望值时,ECU 将启用降低发动机转速和功率的保护功能,来调节发动机的转速和功率。当检测到机油压力有问题时,ECU 将使仪表板上的红色报警灯闪亮,向驾驶员发出报警信号,有些发动机或汽车还可能伴有蜂鸣声。如果 ECU 设有停机保护功能,当机油压力低于限值 30 s 后会使发动机自动停机,有些系统可能还设有手动延时按钮,按下该按钮后,发动机的运转时间将延长 30 s,以便驾驶员能够将汽车安全地停靠到路边。

2. 结构原理

机油压力传感器通常通过螺纹拧入缸体的油道内,其内有一个滑动电阻,一端输出信号,另一端和搭铁的滑动臂连接。当油压增高时,压力通过润滑油道接口推动膜片弯曲,膜片推动滑动臂移动到低电阻位置,输出电流增大;油压降低时,情况正好相反,如图 3-52 所示。

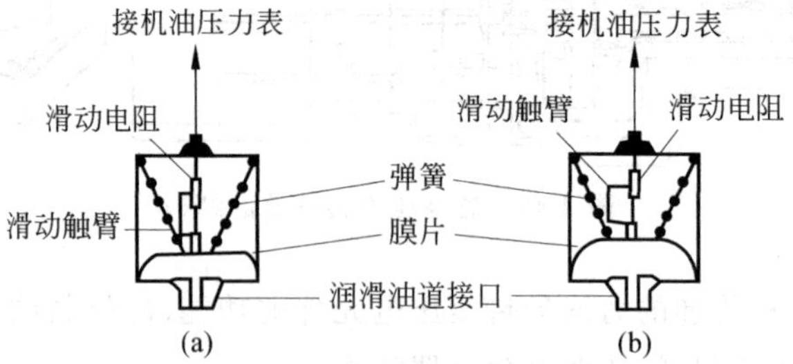

图 3-52 机油压力传感器
(a) 油压下降时;(b) 油压上升时

3.4 转速和速度传感器

转速传感器和速度传感器测量单位时间内物体转过的角度或移动的位移。在汽车上大多测量两部件间的相对角度或相对道路的相对位移,有时也测量对空间的绝对速度或绕车轴的绝对转速(也常称为转动率)。

汽车上测量转速(速度)的场合主要有:

(1) 曲轴转速或凸轮轴转速,用于发动机供油、点火等基本控制。

(2) 变速器输入轴转速,用于自动变速器控制。

(3) 变速器输出轴转速,用于自动变速器控制、车速的推算。

(4) 车轮轮速,用于 ABS、ASR、EPS 系统。

(5) 柴油机喷油泵转速,用于柴油机供油控制。

(6) 绝对车速,用于 ABS、ASR 系统。

如图 3-53 所示,在检测相对转速时,按转子旋转(扫描)时在转子圆周上刻度记号的数目和尺寸可将传感器分为:

(1) 窄分度增量式转速传感器,它允许测量一定的甚至很窄的角度和在该角度范围内的瞬时转速。

(2) 扇区式转速传感器,转子的圆周只有很少的扇区,如扇区数等于发动机汽缸数。

(3) 普通式转速传感器,在转子的圆周上只有一个记号,以检测旋转件的转速。

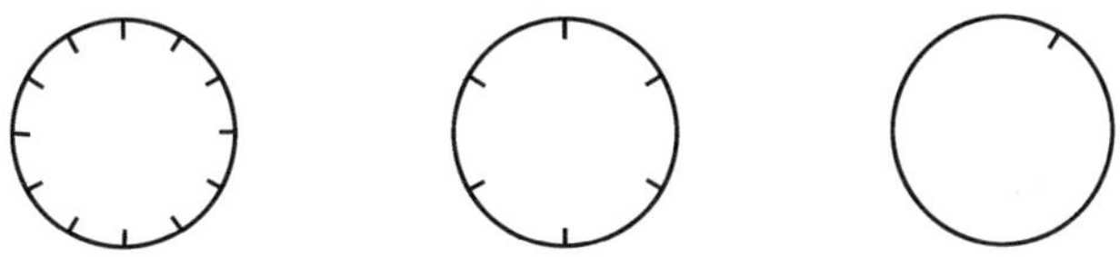

(a)　　(b)　　(c)

图 3-53　检测相对转速示意图

(a) 窄分度增量式转速传感器; (b) 扇区式转速传感器; (c) 普通式转速传感器

转速(速度)传感器的测量原理主要有磁感应式、霍尔式、光电式、磁阻式、多普勒雷达式等。

3.4.1　磁感应式转速传感器的测速原理

1. 磁感应式转速传感器的测速原理

1) 电磁感应

在图 3-54(a)所示的均匀磁场中放置一根导体 AB。导体两端连接一个检流计,当导体垂直切割磁感线时,可以明显地观察到检流计指针有偏转。这说明导体回路中有电流存在。另外,当使导体平行于磁感线方向运动时,检流计指针不偏转,说明导体回路中不产生电流。在图 3-54(b)所示实验中,空心线圈两端连接检流计。当用一块条形磁铁快速插入线圈时,我们会观察到检流计指针向一个方向偏转;如果条形磁铁在线圈内静止不动,检流计指针不偏转;再将条形磁铁由线圈中迅速拔出时,又会观察到检流计指针向另一方向偏转。

上述两实验现象说明:当导体相对于磁场运动且切割磁感线或者线圈中的磁通发生变化时,在导体或线圈中都会产生感应电动势。若导体或线圈构成闭合回路,则导体或线圈中将有电流流过。

法拉第通过大量实验总结出:线圈中感应电动势的大小与线圈中磁通的变化快慢(即

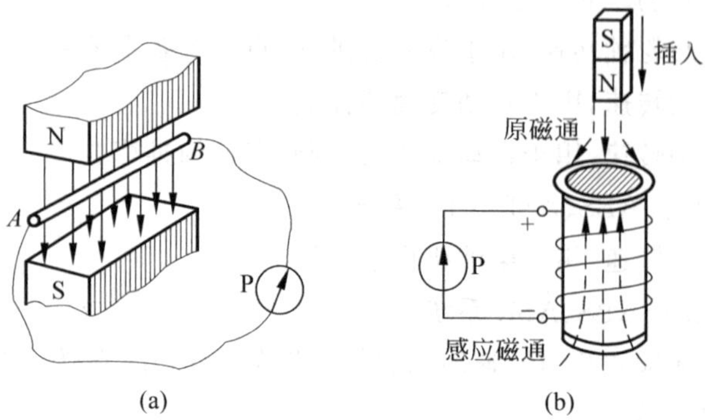

图 3-54 电磁感应实验

(a) 导体的电磁感应；(b) 线圈的电磁感应

变化率)和线圈的匝数的乘积成正比。

$$E = N\frac{\mathrm{d}\Phi}{\mathrm{d}t}$$

式中，E——感应电动势；

N——感应线圈的匝数；

Φ——磁通；

$\frac{\mathrm{d}\Phi}{\mathrm{d}t}$——磁通变化率。

2) 测速方法

磁感应式传感器的工作原理如图 3-55 所示，磁力线穿过的路径为：永久磁铁 N 极→定子与转子间的气隙→转子凸齿→转子凸齿与定子磁头间的气隙→磁头→轭铁→永久磁铁 S 极。当信号转子旋转时，磁路中的气隙就会周期性地发生变化，磁路的磁阻和穿过信号线圈磁头的磁通量随之发生周期性的变化。根据电磁感应原理，传感线圈中就会感应产生交变电动势。

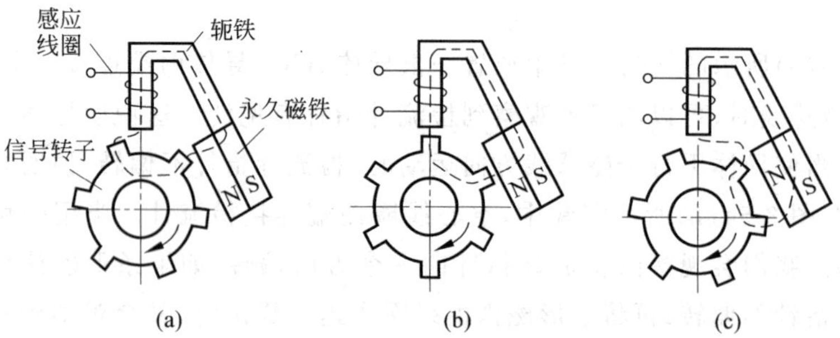

图 3-55 磁感应式传感器的工作原理

(a) 接近；(b) 对正；(c) 离开

当信号转子按顺时针方向旋转时，转子凸齿与磁头间的气隙减小，磁路磁阻减小，磁通量 Φ 增多，磁通量变化率增大，感应电动势 E 为正，如图 3-56 中曲线 abc 所示。当转子凸齿接近磁头边缘时，磁通量 Φ 急剧增多，磁通变化率最大，感应电动势最高，图 3-56 中曲线 b 点所示。转子转过 b 点后，虽然磁通量 Φ 仍在增多，但磁通变化率减小，因此感应电动势 E 降低。

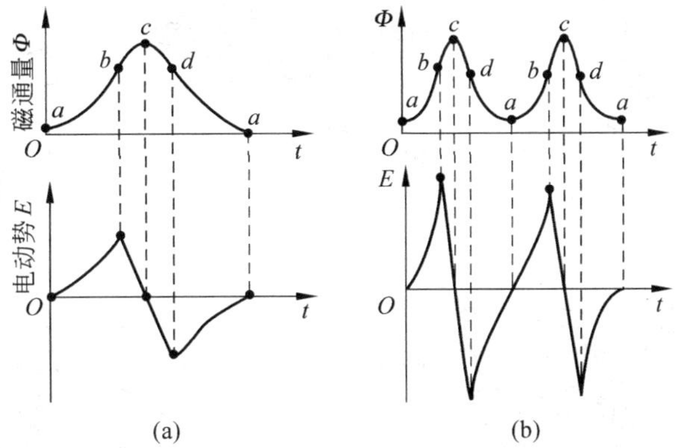

图 3-56　传感器线圈中的磁通量和电动势的波形

(a) 低速时；(b) 高速时

当转子转到凸齿的中心线与磁头的中心线对齐时（见图 3-55(b)），虽然转子凸齿与磁头间的气隙最小，磁路的磁阻最小，磁通量 Φ 最大，但是，由于磁通量不可能继续增加，磁通量变化率为零，因此感应电动势 E 为零，如图 3-56 中曲线 c 点所示。

当转子沿顺时针方向继续旋转，凸齿离开磁头时（见图 3-55(c)），凸齿与磁头间的气隙增大，磁路磁阻增大，磁通量 Φ 减少，所以感应电动势 E 为负值，如图 3-56 中曲线 cda 所示。当凸齿转到将要离开磁头边缘时，磁通量 Φ 急剧减少，磁通量变化率达到负向最大值，感应电动势 E 也达到负向最大值，如图 3-56 中曲线上 d 点所示。

由此可见，信号转子每转过一个凸齿。传感线圈中就会产生一个周期的交变电动势，即电动势出现一次最大值和最小值，传感线圈也就相应地输出一个交变电压信号。

转速 n、感应线圈中感应出近似于正弦波的电动势的频率与感应线圈匝数的关系为

$$n = \frac{60f}{Z}$$

式中，n——转子转速，r/min；

f——正弦波频率，Hz；

Z——转子齿数。

磁电式转速传感器一般用于动态转速测量，不适用于慢的转速测量，因为这时的输出电压信号接近于零。磁电式转速传感器的优点是成本低、具有良好的电磁兼容和防无线电干扰能力，而且为无源元器件，在测点处不需要信号处理的保护电路，而且工作温度范围宽；其缺点是输出信号与转速有关，对于静态无效，而且对空气间隙的波动敏感。

2. 磁电感应式转速传感器在汽车上的应用

磁电式转速传感器在汽车上的应用较多，主要应用在：发动机转速传感器、判缸传感器、变速器输入传感器、变速器输出传感器（车速传感器）、轮速传感器等（见图 3-57）。

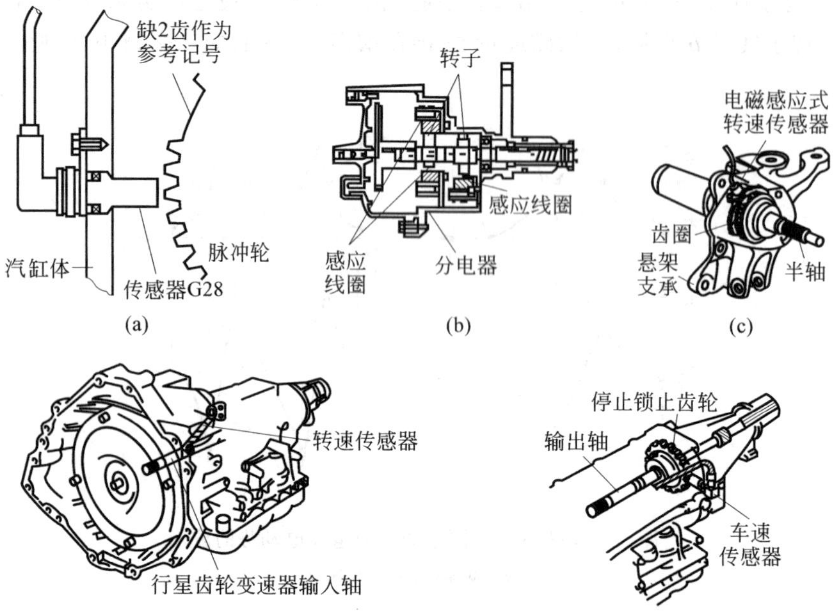

图 3-57 磁电式转速传感器在汽车上的应用场合

(a) 测曲轴转速;(b) 测分电器轴转速;(c) 测轮速;
(d) 测变速器输入轴转速;(e) 测变速器输出轴转速

3.4.2 霍尔式转速传感器

1. 霍尔效应

当在半导体薄片两端通以控制电流 I,并在薄片的垂直方向施加强度为 B 的磁场时,在垂直于电流和磁场的方向上将产生电动势 U_H(称为霍尔电动势或霍尔电压),这种现象称为霍尔效应(见图 3-58)。

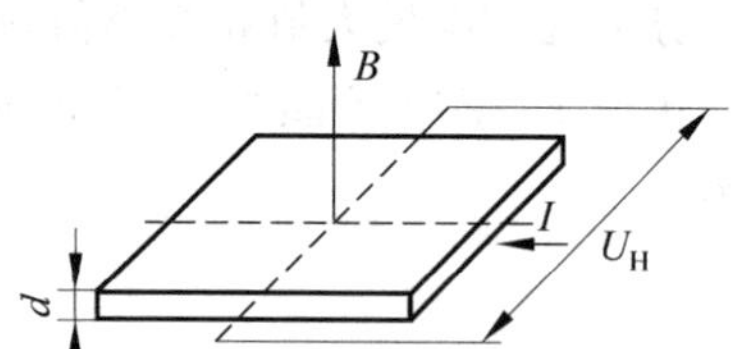

图 3-58 霍尔效应原理图

2. 霍尔电压

霍尔效应是由于运动电荷受磁场中洛伦兹力作用的结果。霍尔电动势 U_H 可用下式表示:

$$U_H=\frac{R_H IB}{d}(\text{V})$$

式中,R_H——霍尔常数,m^3/C;

I——控制电流,C/s;

B——磁感应强度,Wb/m^2;

d——霍尔元件的厚度,m。

令 $K_H=R_H/d$,则

$$U_H=K_H IB$$

由此可知,霍尔电势的大小正比于控制电流 I 和磁感应强度 B。K_H 称为霍尔元件的灵敏度,它只与材料的性质有关,而与几何尺寸无关。

3. 霍尔元件

霍尔元件的结构很简单，它由霍尔片、引线和壳体组成，如图 3-59(a)所示。霍尔片是一块矩形半导体单晶薄片，引出 4 个引线。1、1′两根引线加激励电压或电流，称为激励电极。2、2′引线为霍尔输出引线，称为霍尔电极。霍尔元件壳体由非导磁金属、陶瓷或环氧树脂封装而成，如图 3-59(b)所示。在电路中霍尔元件可用两种符号表示，如图 3-59(c)所示。

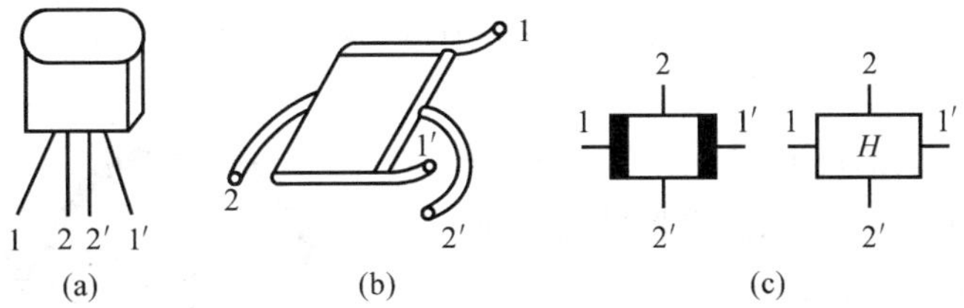

图 3-59　霍尔元件

(a) 外形；(b) 结构；(c) 图形符号

4. 霍尔式转速传感器的工作原理

根据霍尔电压的计算公式可知，若改变磁感应强度 B 的有无或强弱，则霍尔电压相应变化，即有无或强弱变化。利用轴上的转盘或齿轮就可改变磁感应强度的变化频率，根据频率的变化即可检测到转速的快慢。

图 3-60 是几种不同结构的霍尔式转速传感器。磁性转盘的输入轴与被测转轴相连，当被测转轴转动时，磁性转盘随之转动，固定在磁性转盘附近的霍尔传感器便可在每一个小磁铁通过时产生一个相应的脉冲，检测出单位时间的脉冲数，便可知被测转速。磁性转盘上小磁铁数目的多少决定了传感器测量转速的分辨率。

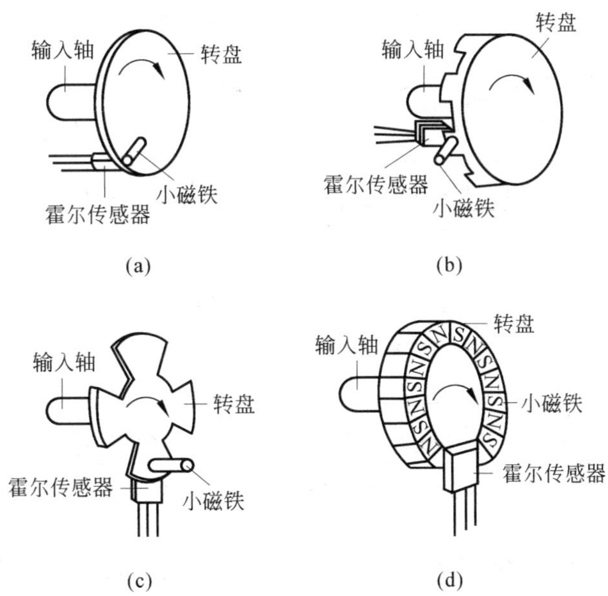

图 3-60　几种霍尔式转速传感器的结构

5. 霍尔式转速传感器在汽车上的应用

霍尔式转速传感器在汽车上的应用主要有发动机转速传感器、判缸传感器(或上止点传感器)、变速器输入轴传感器、变速器输出轴传感器(车速传感器)、轮速传感器等。

汽车上采用霍尔式转速传感器可分为两大类：一类采用触发叶片式；另一类采用触发轮齿式。

1) 采用触发叶片式

采用触发叶片式，是改变磁场感应强度的有无，从而使霍尔电压有无波动变化，其传感器构造如图 3-61 所示。

当信号发生器上的叶片进入永久磁铁与霍尔组件之间的气隙时，霍尔触发器的磁场被叶片旁路，此时不产生霍尔电压，传感器无输出信号；当信号发生器的触发叶片的缺口部分进入永久磁铁和霍尔组件之间的气隙时，霍尔电压升高，传感器输出电压信号 U_G。

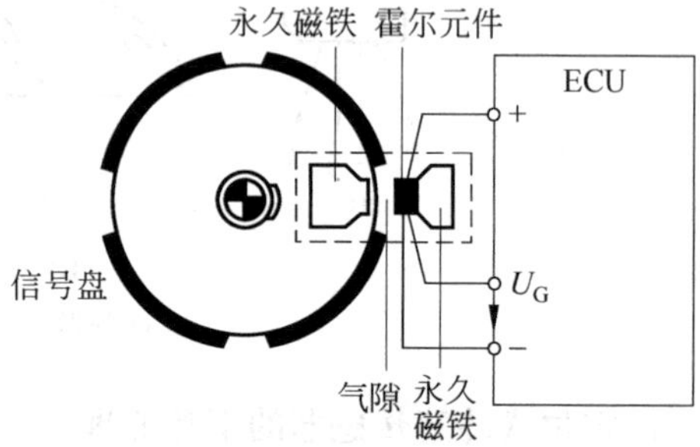

图 3-61 霍尔式转速传感器(触发叶片式)

2) 采用触发轮齿式

采用触发轮齿式是改变磁场感应强度的强弱，从而使霍尔电压强弱波动。触发轮齿式转速传感器工作原理是永磁铁的磁力线穿过霍尔器件通向齿轮，齿轮提供了磁路。当齿轮位于图 3-62(a)所示位置时，穿过霍尔器件的磁力线分散，磁场相对较弱。当齿轮位于图 3-62(b)所示位置时，穿过霍尔器件的磁力线集中，磁场相对较强。齿轮转动时，使得穿过霍尔器件的磁力线密度发生变化，因此引起霍尔电压的变化，霍尔器件将输出一个毫伏级的交变电压。该交流信号需经由电子电路转换成标准的脉冲电压。图 3-63 为霍尔轮速传感器电子线路框图。

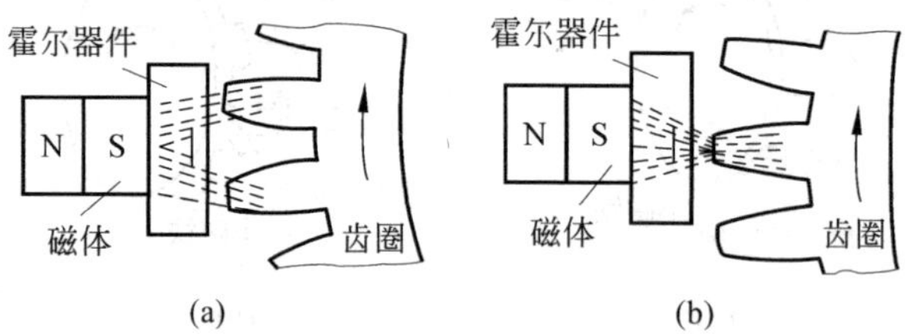

图 3-62 霍尔轮速传感器磁路

(a) 磁场较弱；(b) 磁场较强

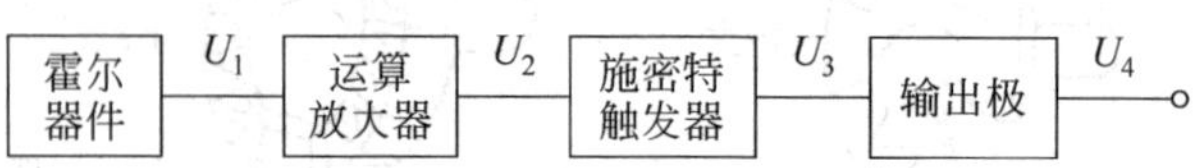

图 3-63 霍尔轮速传感器电子线路框图

由霍尔器件输出的毫伏级交变电压，经放大器放大成伏级电压信号，输入施密特触发器，由触发器将正弦波信号转换成标准的脉冲信号再送至放大器放大后输出。各级波形如图 3-64 所示。其工作电压为 8～15 V，负载电流为 100 mA，工作频率为 20 kHz，输出电压幅值 7～14 V。

霍尔式轮速传感器需输入 12 V 电源电压，其输出信号电压在 11.5～12 V，即使转速下降至 0 也不改变。

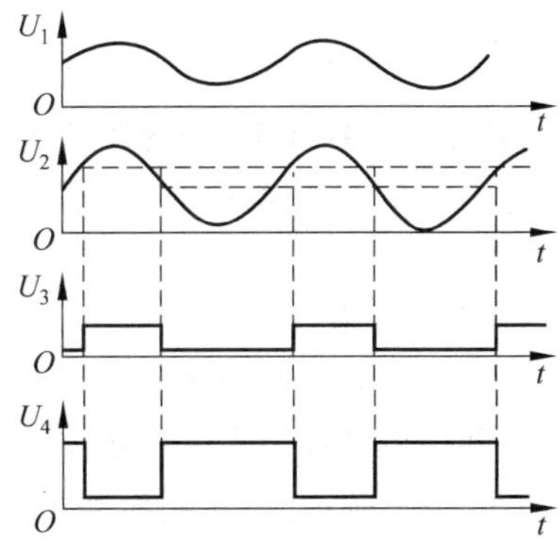

图 3-64　霍尔轮速传感器电子线路波形

3.4.3　光电式转速传感器

1. 光电效应

光电式传感器是将光信号转换为电信号的一种传感器，将物体的转速变化转变为光信号的变化，就可测量物体的转速。光电传感器的工作原理基于光电效应。光电效应是指物体吸收了光能后转换为该物体中某些电子的能量，从而产生的电效应。光电效应分为外光电效应和内光电效应两大类。

1）外光电效应

在外光线的作用下，物体内的电子逸出物体表面向外发射的现象称为外光电效应。外光电效应多发生于金属和金属氧化物，向外发射的电子称为光电子。基于外光电效应的光电器件有光电管、光电倍增管等。

光子是具有能量的粒子，每个光子的能量为

$$E=h\nu$$

式中，h——普朗克常数，$h=6.626\times10^{-34}$ J·s；

ν——光的频率，Hz。

根据爱因斯坦光电效应理论，一个电子只能接受一个光子的能量，所以要使一个电子从物体表面逸出，必须使光子的能量大于该物体的表面逸出功 A_0，超过部分的能量表现为逸出电子的动能。根据能量守恒定理，列出方程如下：

$$h\nu=\frac{1}{2}mv_0^2+A_0$$

式中，m——电子质量；

v_0——电子逸出速度；

A_0——物体表面电子逸出功。

该方程称为爱因斯坦光电效应方程。由上式可知，光电子能否产生，取决于光子的能量是否大于该物体的表面电子逸出功 A_0。不同的物质具有不同的逸出功，即每一种物质都有一个对应的光频阈值，称为红限频率，根据上式，红限频率为

$$v_0=A_0/h$$

对应波长为

$$\lambda_0=hc/A_0$$

式中，c——真空中光速，$c\approx3\times10^8$ m/s。

光线频率低于红限频率，光子能量不足以使物体内的电子逸出，即使光强再大也不会产生光电子发射；反之，入射光频高于红限频率，即使光线微弱，也会有光电子射出。当入射光的频谱成分不变时，产生的光电流与光强成正比，即光强越大，意味着入射光子数目越多，逸

出的电子数也就越多。

2) 内光电效应

当光照射在物体上,使物体的电阻率 ρ 发生变化,或产生光生电动势的现象称为内光电效应,它多发生于半导体内。根据工作原理的不同,内光电效应分为光电导效应和光生伏特效应两类。

(1) 光电导效应

在光线作用下,电子吸收光子能量从键合状态过渡到自由状态,从而引起材料电导率的变化,这种现象被称为光电导效应。基于这种效应的光电器件有光敏电阻。

如图 3-65 所示,当光照射到半导体材料上时,价带中的电子受到能量大于或等于禁带宽度的光子轰击,使其由价带越过禁带跃入导带,材料中导带内的电子和价带内的空穴浓度增加,从而使电导率变大。

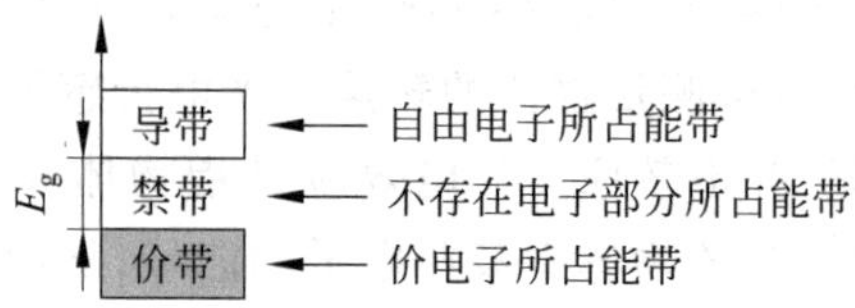

图 3-65　半导体材料电子能带分布

为了实现能级的跃迁,入射光的能量必须大于光电导材料的禁带宽度 E_g,即

$$h\nu=\frac{hc}{\lambda}=\frac{1.24}{\lambda}\geqslant E_g$$

式中,ν、λ 分别为入射光的频率和波长。

材料的光导性能取决于禁带宽度 E_g,对于一种光电导材料,同样存在一个照射光波长系数 λ_0,只有波长小于 λ_0 的光照射在光电导体上,才能产生电子能级间的跃迁,从而使光电导体的电导率增加。

(2) 光生伏特效应

在光线作用下能够使物体产生一定方向的电动势的现象叫做光生伏特效应。

光生伏特效应有两种:结光电效应(也称为势垒效应)和横向光电效应(也称为侧向光电效应)。基于光生伏特效应的光电器件有光电池、光敏二极管和光敏晶体管等。

① 结光电效应

众所周知,由半导体材料形成的 PN 结,在 P 区的一侧,价带中有较多的空穴,而在 N 区的一侧,导带中有较多的电子。由于扩散的结果,使 P 区带负电、N 区带正电,它们积累在结附近,形成 PN 结的自建场,自建场阻止电子和空穴的继续扩散,最终达到动态平衡,在结区形成阻止电子和空穴继续扩散的势垒,如图 3-66 所示。

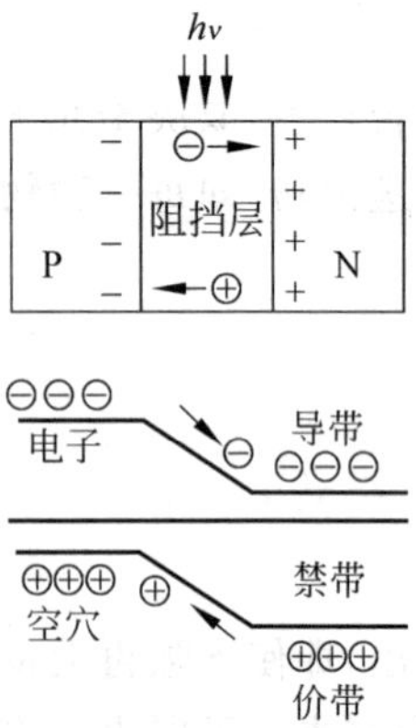

图 3-66　半导体 PN 结势垒和能带

在入射光照射下,当光子能量 $h\nu$ 大于光电导材料的禁带宽度 E_g 时,就会在材料中激发出光生电子-空穴对,破坏结的平衡状态。在结区的光生电子和空穴以及新扩散进结区的电子和空穴,在结电场的作用下,电子向 N 区移动,空穴向 P 区移动,从而形成光生电流。这些可移动的电子和空穴,称为材料中的少数载流子。在探测器处于开路的情况下,少数载流子积累在 PN 结附近,降低势垒高度,产生一个与平衡结内自建场相反的光生电场,也就

是光生电动势。

② 横向光电效应

当半导体光电器件受光照不均匀时，光照部分吸收入射光子的能量产生电子-空穴对，光照部分载流子浓度比未受光照部分的载流子浓度大，就出现了载流子浓度梯度，因而载流子就要扩散。如果电子迁移率比空穴大，那么空穴的扩散不明显，则电子向未被光照部分扩散，就造成光照射的部分带正电，未被光照射部分带负电，光照部分与未被光照部分产生光电动势。这种现象称为横向光电效应，也称为侧向光电效应。基于该效应的光电器件有半导体光电敏感器件(PSD)。

2. 光电元件

光电元件的种类很多，通常可分为真空光电元件和半导体光电元件两类，其中，光敏二极管和光敏三极管在汽车上应用较多。

1) 光敏二极管

光敏二极管的结构与普通半导体二极管一样，都有一个PN结，两根电极引线，而且都是非线性器件，具有单向导电性能。不同之处在于光敏二极管的PN结装在管壳的顶部，可以直接受到光的照射，其结构和电路如图3-67所示。光敏二极管在电路中通常处于反向偏置状态，当没有光照射时，其反向电阻很大，反向电流很小，这种反向电流称为暗电流。当有光照时，PN结及其附近产生电子-空穴对，它们在反向电压作用下参与导电，形成比光照时大得多的反向电流，该反向电流称为光电流，此时光敏二极管的反向电阻下降。光电流与光照强度成正比。如果外电路接上负载，便可获得随光照强弱变化的电信号。

2) 光敏三极管

光敏三极管与反向偏置的光敏二极管类似，不过它具有两个PN结，因而可以获得电流增益，具有比光敏二极管更高的灵敏度，其结构和电路如图3-68所示。

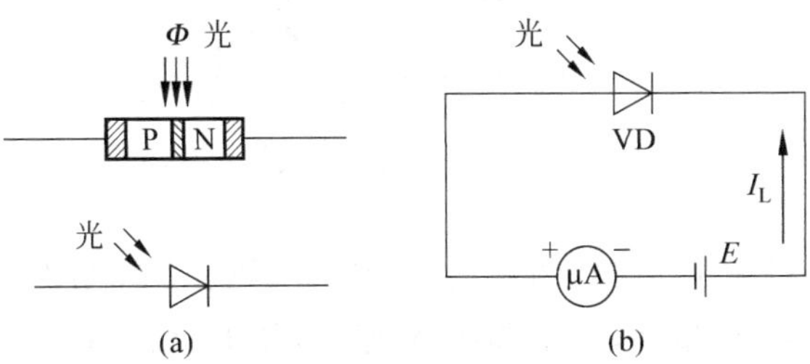

图3-67　光敏二极管

(a) 结构示意图及图形符号；(b) 应用电路

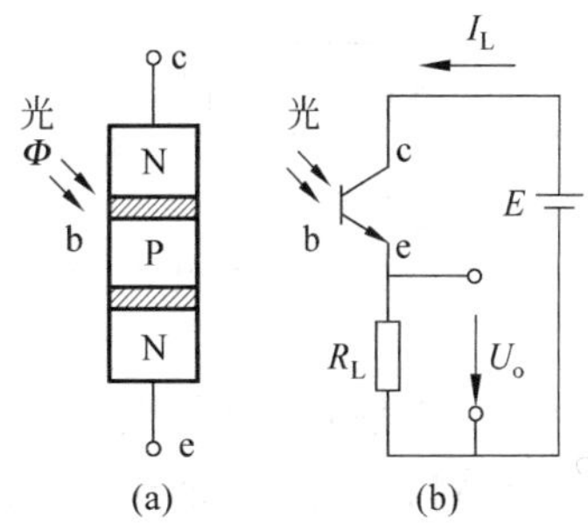

图3-68　光敏三极管

(a) 结构示意图；(b) 应用电路

光敏三极管按图3-68所示的电路连接时，它的集电结反向偏置，发射结正向偏置。当光线通过透明窗口照射发射结时，和光敏二极管相似，在PN结附近产生电子-空穴对，它们在内电场作用下作定向运动，形成光电流，并造成基区中空穴的积累，于是发射区中的电子大量注入基区。由于基区很薄，只有一小部分从发射区注入的电子与基区的空穴复合，而大部分电子将穿过基区流向与电源正极相接的集电极，形成集电极电流 I_c。由于光照所产生的光电流相当于普通三极管的基极电流,因此集电极电流是原始光电流的 β 倍。

3) 光敏电阻

光敏电阻是一种利用光敏感材料的内光电效应(光导效应)制成的光电元件。它具有精度高、体积小、性能稳定、价格低等特点。

光敏电阻由一块两边带有金属电极的光电半导体组成,电极和半导体之间呈欧姆接触,使用时在它的两电极上施加直流或交流工作电压,如图3-69所示。在无光照射时,光敏电阻 R_G 呈高阻态,回路中仅有微弱的暗电流通过。在有光照射时,光敏材料吸收光能,使电阻率变小,R_G 呈低阻态,从而在回路中有较强的亮电流通过。光照越强,阻值越小,亮电流越大。如果将该亮电流取出,经放大后即可作为其他电路的控制电流。当光照射停止时,光敏电阻又逐渐恢复原值呈高阻态,电路又只有微弱的暗电流通过。

用于制造光敏电阻的材料主要有金属的硫化物、硒化物和锑化物等半导体材料。目前生产的光敏电阻主要有硫化镉,为提高其光灵敏度,在硫化镉中再掺入铜、银等杂质。

4) 光电池

光电池是在光线照射下,直接将光能量转变为电动势的光电元件。实质上它就是电压源。这种光电器件基于阻挡层的光电效应。

光电池的种类很多,有硒光电池、氧化亚铜光电池、硫化铊光电池、硫化镉光电池、锗光电池、硅光电池、砷化镓光电池等。其中最受重视的是硅光电池和硒光电池,因为它有一系列优点,例如性能稳定、光谱范围宽、频率特性好、转换效率高、能耐高温辐射等。

硅光电池是在一块N型硅片上,用扩散的方法掺入一些P型杂质(例如硼)形成PN结,如图3-70所示。

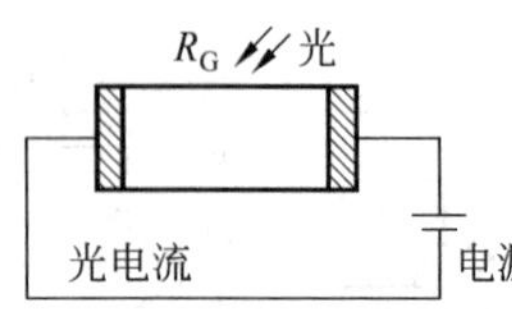

图3-69 光敏电阻工作原理

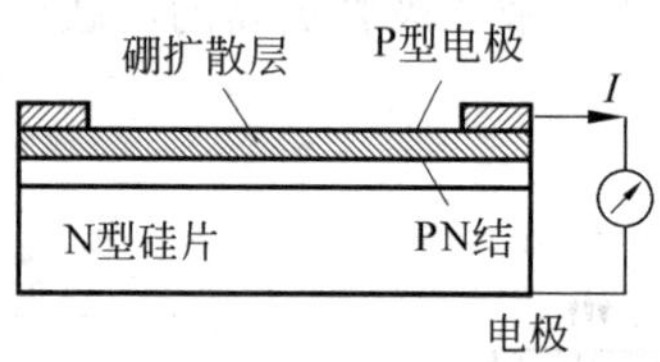

图3-70 硅光电池结构示意图

入射光照射在PN结上时,若光子能量大于半导体材料的禁带宽度,则在PN结内产生电子-空穴对,在内电场的作用下,空穴移向P型区,电子移向N型区,使P型区带正电,N型区带负电,因而PN结产生电势。

硒光电池是在铝片上涂硒,再用溅射的工艺在硒层上形成一层半透明的氧化镉。在正反两面喷上低熔合金作为电极,如图3-71所示。在光线照射下,镉材料带负电,硒材料上带正电,形成光电流或光电势。

3. 测速原理

图3-72是光电数字转速表的工作原理图。图3-72(a)是透光式,在待测转速轴上固定一带孔的调置盘,在调置盘一边由白炽灯产生恒定光,透过盘上小孔到达光敏二极管或光敏三极管组成的光电转换器上,转换成相应的电脉冲信号,经过放大整形电路输出整齐的脉冲

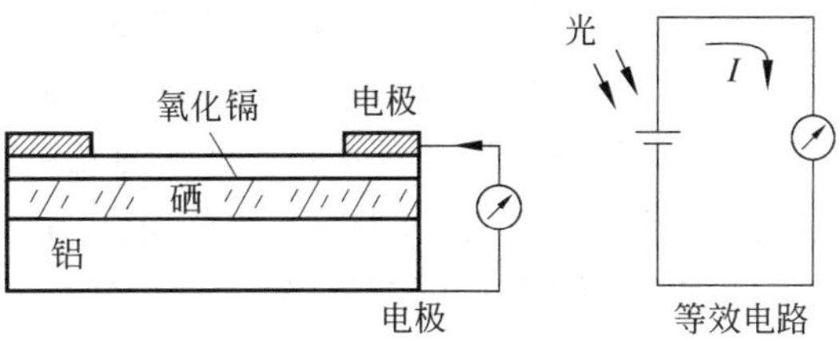

图 3-71　硒光电池结构示意图

信号，转换通过该脉冲频率测定。图 3-72(b)是反光式，在待测转速的盘上固定一个涂上黑白相间条纹的圆盘，它们具有不同的反射信号，转换成电脉冲信号。

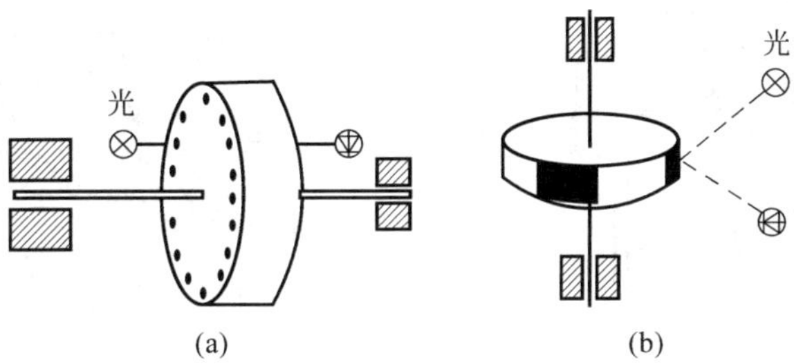

图 3-72　光电数字转速表原理图

(a) 透光式；(b) 反光式

转速 n(r/min)与脉冲频率 f(Hz)的关系式为

$$n=\frac{f}{N}\times 60$$

式中，N——孔数或黑白条纹数目。

频率可用一般的频率计测量。光电器件多采用光电池、光敏二极管和光敏三极管以提高寿命、减小体积、减小功耗和提高可靠性。

4. 光电式发动机转速传感器

光电式发动机转速传感器一般安装在分电器内或曲轴前端，由信号发生器和带光孔的信号盘组成，如图 3-73 所示。信号盘与分电器轴或曲轴一起转动，信号盘外圈有 360 条光刻缝隙，传感器装在分电器内时产生曲轴转角 1°的信号。稍靠内有间隔 60°均布的 6 个光孔，产生曲轴转角 120°的信号，其中一个光孔稍宽，用以产生相对于 1 缸上止点的信号。

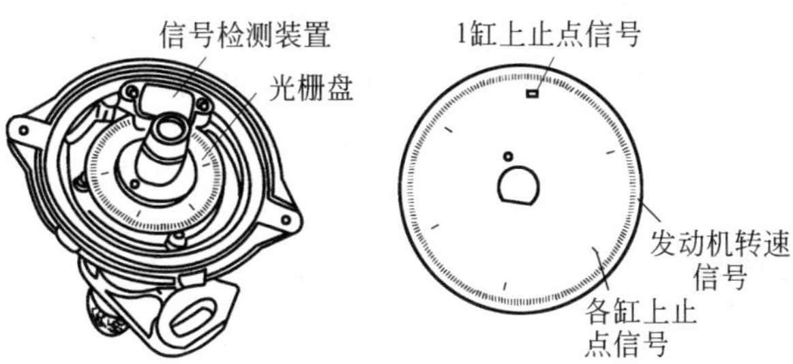

图 3-73　光电式转速传感器和曲轴位置传感器

信号发生器安装在分电器壳体上,如图3-74所示。由两只发光二极管、两只光敏二极管和电路组成。两只发光二极管正对着两只光敏二极管,信号盘上有光孔,起透光和遮光交替变化的作用,使信号发生器输出脉冲信号。当发光二极管的光束照到光敏二极管时,光敏二极管产生电压;当发光二极管光束被挡住时,光敏二极管电压为0。这些电压信号经电路部分整形放大后输送给ECU,ECU根据这些信号计算发动机转速和曲轴位置。

5. 光电式车速传感器

光电式车速传感器的结构如图3-75所示,它用于数字式速度表上,由发光二极管(LED)、光敏三极管以及装在速度表驱动轴上的遮光板构成。

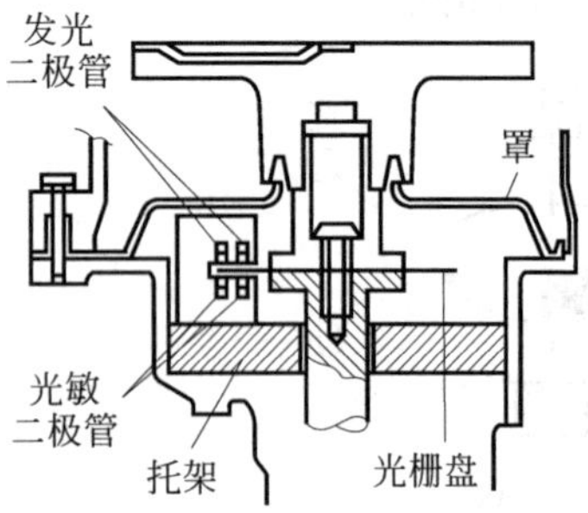

图3-74 光电式转速传感器和曲轴位置传感器的结构

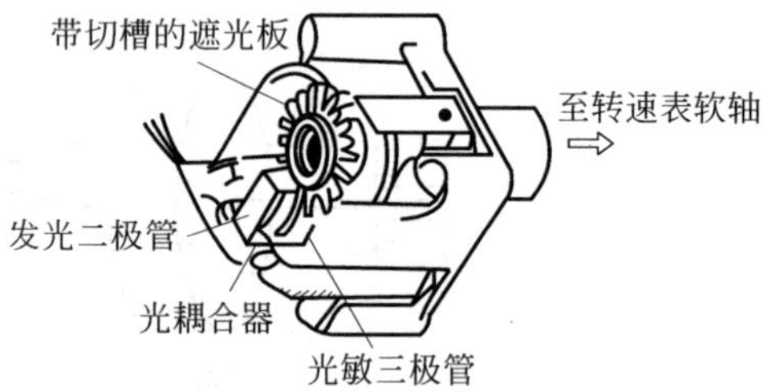

图3-75 光电式车速传感器的结构

图3-76所示为光电式车速传感器的工作原理,当遮光板不能遮断光束时,发光二极管的光射到光敏三极管上,光敏三极管的集电极中有电流通过,该管导通,这时三极管也导通,因此在S_i端子上就有5 V电压输出。脉冲频率取决于车速,在车速为60 km/h时,仪表挠性驱动轴的转速为637 r/min,仪表软轴每转一圈,传感器就有20个脉冲输出。

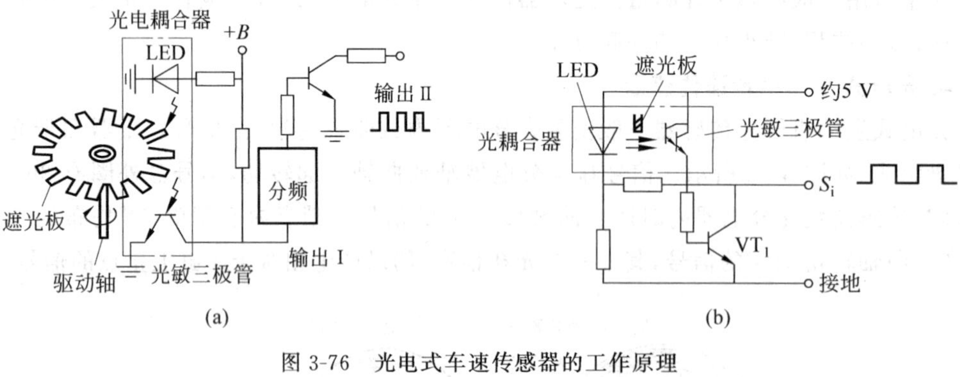

图3-76 光电式车速传感器的工作原理

(a) 工作原理;(b) 电路

3.4.4 磁阻式车速传感器

1. 磁阻效应

当一载流导体置于磁场中时,其电阻会随磁场而变化,这种现象被称为磁阻效应。当温度恒定时,在磁场内,磁阻与磁感应强度B的平方成正比。如果器件只有电子参与导电,理

论推导出来的磁阻效应方程为

$$\rho_B = \rho_0 (1 + 0.273\mu^2 B^2)$$

式中，ρ_B——磁感应强度为 B 的电阻率；

ρ_0——零磁场下的电阻率；

μ——电子迁移率；

B——磁感应强度。

当电阻率变化为 $\Delta\rho = \rho_B - \rho_0$ 时，则电阻率的相对变化为

$$\frac{\Delta\rho}{\rho_0} = 0.273\mu^2 B^2 = K\mu^2 B^2$$

由上式可知，磁场一定，迁移率越高的材料，如 InSb、InAs 和 NiSb 等半导体材料，其磁阻效应越明显。

2. 磁敏电阻元件

磁阻式转速传感器的敏感元件是磁敏电阻元件（MRE），具有电阻值随着磁场方向而变化的导向磁性效应，如图 3-77 所示。当磁场方向与元件的长度方向平行时阻值最大，与长度方向垂直时最小，且磁场垂直于元件平面时电阻没有变化。

3. 磁阻式车速传感器的工作原理

用磁敏电阻元件组成的电桥回路如图 3-78（a）所示，其与旋转的磁性转子的相对位置如图 3-78（b）所示。随着转子的旋转，当 MRE 元件处于 N 极和 S 极之间的位置时，元件 A 和 C 上作用有最大的平行磁场，而元件 B 和 D 上作用的是最大垂直磁场。因而 A 和 C 的电阻值最大，B 和 D 的电阻值最小。所以，④的电位高于②的电位。因而，如图 3-78（d）所示，MRE 的输出信号为正弦波形，将其整形后成为脉冲方波信号。

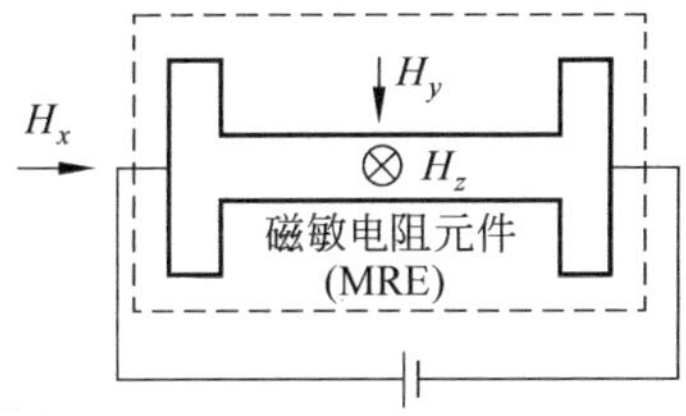

磁场方向	电阻值
H_x	最大
H_y	最小
H_z	没有变化

图 3-77　磁敏电阻元件（MRE）的电阻变化率

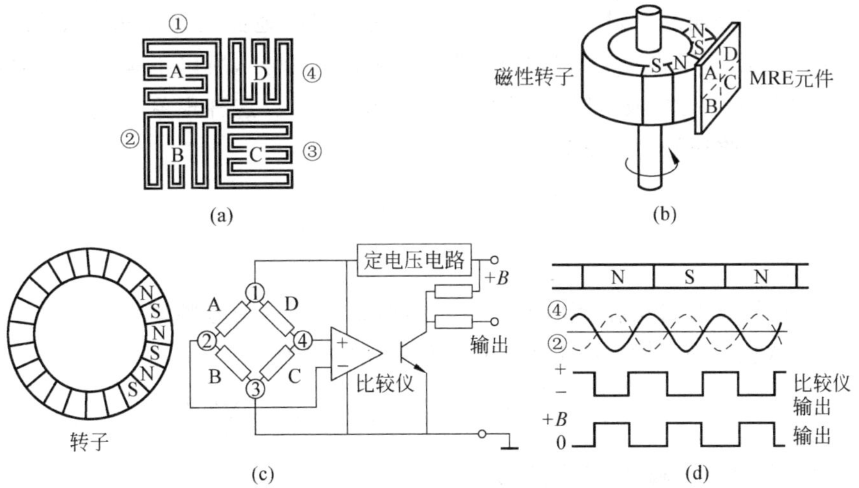

图 3-78　MRE 转速传感器

(a) MRE 元件图形；(b) 与磁性转子的关系；(c) 信号处理电路；(d) 输出特性

MRE 转速传感器的转子与变速器输出轴上的驱动齿轮相连,用于车速表的检测信号。

3.4.5 多普勒雷达式车速传感器

为测量汽车相对地面的行驶速度 v_F,在专用的、有较大传动转差率的车辆上,如拖拉机,常使用简单的、低成本的、短距离的多普勒雷达系统,发射频率为 24～35 GHz(见图 3-79、图 3-80)。

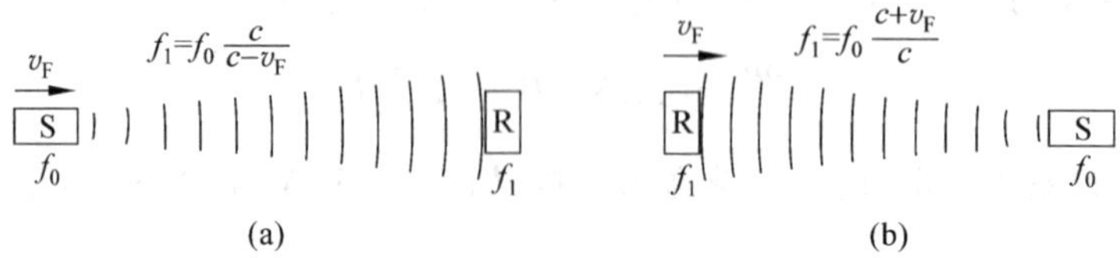

图 3-79 多普勒(Doppler)效应

(a) 发射器 S 运动,接收器 R 固定;(b) 接收器 R 运动,发射器 S 固定

f_0—发射信号的频率;f_1—到达接收器的信号频率;v_F—车辆行驶速度

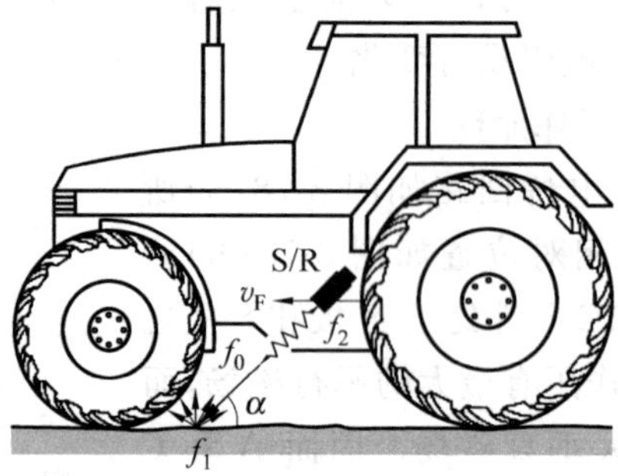

图 3-80 用多普勒雷达通过地面测量车辆行驶速度 v_F

S/R—发射器/接收器;v_F—车辆行驶速度;f_0—发射信号的频率;

f_1—到达地面的信号频率;f_2—到达接收器的信号频率;α—测量方向角

安装在车辆两侧面的发射-接收头(器)在行驶方向向地面发射倾角为 α 的雷达微波。如果接收器在地面,由于多普勒效应接收器接收的频率为 f_1,所以不是原来发射器发射的频率 f_0(这时因为发射器(或发射源)跟随汽车一起运动)。这种现象类似于声学中的马丁(Martin)喇叭。接收信号的频率为

$$f_1=f_0\frac{c}{c-v_F\cdot\cos\alpha}$$

式中,c——声速。

地面又将信号反射到发射-接收头(器)。接收器收到的信号频率已不是 f_1,而是频率 f_2。因为接收器也跟随车辆一起运动。接收信号的频率为

$$f_2=f_1\frac{c+v_F\cdot\cos\alpha}{c}=f_0\frac{c+v_F\cdot\cos\alpha}{c-v_F\cdot\cos\alpha}$$

这样,总的信号频率移动(频率差)为

$$\Delta f=f_2-f_0=f_0\frac{2\cdot v_F\cdot\cos\alpha}{c-v_F\cdot\cos\alpha}$$

由上式可得车辆行驶速度为

$$v_F = \frac{c}{\cos\alpha} \cdot \frac{f_2 - f_0}{f_2 + f_0} \approx \frac{1}{2} \frac{c}{\cos\alpha} \cdot \frac{\Delta f}{f_0}$$

公式表明，车辆行驶速度与信号在传输过程中的频率移动 Δf 成正比。

由于汽车在俯仰运动时，测量方向角 α 很容易改变，所以采用与车体刚性连接的发射-接收器，和采用了同时发射向前、向后微波的雷达系统。这就是著名的 Janus 原理（见图 3-81）。

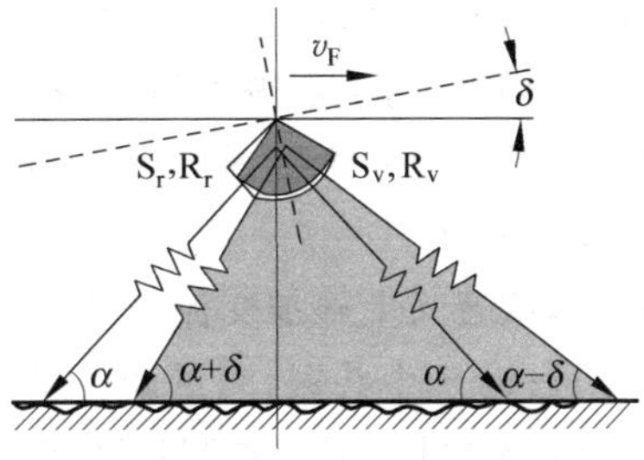

图 3-81　Janus 原理

S/R—发射器/接收器；S_r，R_r—后面的发射器、接收器；S_v，R_v—前面的发射器、接收器；v_F—汽车行驶速度；α—测量方向角；δ—汽车对地的倾角

在水平位置车辆两侧的测速雷达系统测定的速度值相等。当车辆俯仰时两系统的测定值各自向原来测定值的相反方向偏离。因为一侧的发射-接收角的增大，等于另一侧发射-接收角的减小。取两个值的平均值就可消除车辆俯仰误差。微小的测量信号需要相对长时间（约 1 s）的测量，所以该系统不能测量瞬时速度。装在车辆两侧面的测速雷达系统测定的速度差值还可判定车辆行驶时的方向角。

3.4.6　横摆角速度传感器

横摆角速度传感器来自于航天技术，它确定是否有转矩作用在物体上，根据其安装的位置能确定绕着某一空间轴的旋转，也称为偏转率传感器。在 ESP 系统中，这个传感器用于测定车辆是否绕着垂直轴旋转，即偏转率。根据工作原理不同，偏转率传感器主要有两种类型，即压电式和音叉式。

1. 压电式横摆角速度传感器

压电式横摆角速度传感器的基本部件是一个小的金属空心圆柱体，其表面有 8 只压电元件，其中，4 只压电元件使空心圆柱处于谐振状态，另外 4 只元件“观察”它们所在的这个圆筒的振荡波是否改变，如图 3-82 所示。当有转矩作用在这个空心圆柱体上时，振荡波节就完全改变。从被观察的压电元件上可以测出振荡波节在移动，并把信息传送给电子控制单元。电子控制单元由此计算出车辆的偏转率。

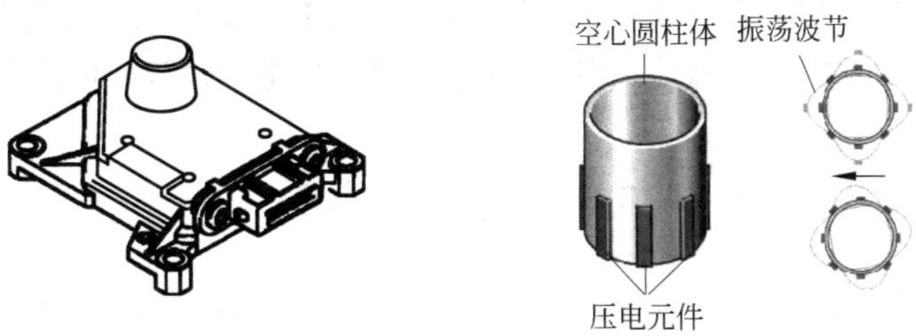

(a)　　(b)

图 3-82　压电式横摆角速度传感器

(a) 外形；(b) 构造原理

2. 音叉式横摆角速度传感器

1) 构造

音叉式横摆角速度传感器(见图3-83)的基本部件是一个微型机械系统,带有一个单硅晶体做成的双调音叉,单硅晶体被放置在传感器薄板的电子构件里。双调音叉的"尾部"和其余的硅体相连,为了看得更清楚,把这部分硅体去掉了。

双调音叉是由一个励磁调音叉和一个测量调音叉组成。

2) 工作原理

在硅体调音叉上施加交流电压,就会产生共振,双调音叉的两部分非常调谐,励磁调音叉在11 kHz时产生共振,测量调音叉在11.33 kHz时共振。如果在双调音叉上施加频率为11 kHz的交流电压,则励磁调音叉产生共振,而测量调音叉不产生共振,如图3-84(a)所示。

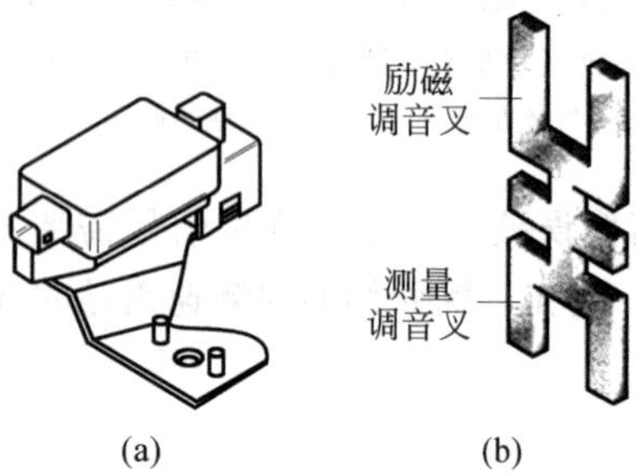

图3-83 音叉式横摆角速度传感器

(a) 外形;(b) 构造

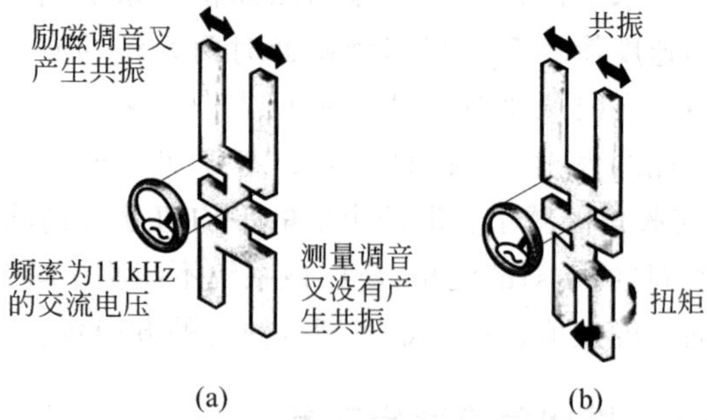

图3-84 音叉式横摆角速度传感器的工作原理

(a) 未共振时;(b) 共振时

当有作用力时,产生共振的调音叉比没有产生共振的调音叉反应迟钝,如图3-84(a)所示。

当双调音叉的一半和传感器的其余部分在旋转加速度的作用下随着车辆一起运动时,双调音叉就像一个螺旋钻一样转动。这一转动使调音叉上的电荷分布发生了变化,电荷分布用电极测量,由传感器的电子部分计算出并传送给电子控制单元。

振子选定为音叉型的理由是:因为两个振子是反向运动的,所以产生哥氏力的方向也相反,由此车辆前后、左右方向加速度所形成的挠曲变形可以互相抵消,因此就可以从检测音叉压电陶瓷片上仅输出角速度信号。

此外,本节介绍的传感器内设有自我诊断电路,具有检测传感器自身是否异常的功能,其目的是提高VSC系统的可靠性。因此,这种传感器也是一种智能传感器。

3.5 位置传感器

在汽车电子控制系统中,为了能满足汽车的使用要求,位置与角度传感器的类型很多,主要有曲轴位置传感器、节气门位置传感器、液位传感器、车辆高度传感器、转向盘转角传感器等。

位置传感器的测量方法有很多,主要有电位器式、磁感应式、光电式、霍尔式、电容式、热敏电阻式等。

3.5.1　电位器式位置传感器

1. 电位器式位置传感器测量位置的原理

电位器式传感器又称变阻器传感器，它的工作原理是基于均匀截面导体的电阻计算公式。由物理学可知，其电阻为

$$R=\rho\frac{l}{A}$$

式中，ρ——电阻率，$\Omega\cdot mm^2/m$；

l——电阻丝长度，m；

A——电阻丝截面积，mm^2。

由上式可知，如果电阻丝直径与材质一定，则电阻值 R 的大小随电阻丝的长度 l 而变化。这就是电位器式位置传感器的工作原理。

常用的电位器式传感器有直线位移型、角位移型和非线性型等，其结构如图 3-85 所示。不管是哪种类型的传感器，都由线圈、骨架和滑动触头等组成。线圈绕于骨架上，触头可在绕线上滑动，当滑动触头在绕线上的位置改变时，即实现了将位移变化转换为电阻变化。

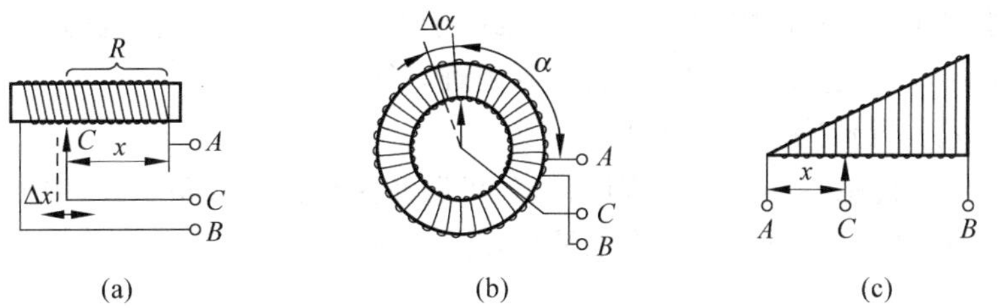

图 3-85　电位器传感器

(a) 直线位移型；(b) 角位移型；(c) 非线性型

如图 3-85(a)所示为直线位移型电位器式传感器，当被测量沿直线发生位移时，滑动触头的触点 C 沿电位器移动。若移动 x，则 C 点与 A 点之间的电阻为

$$R_x=K_l x$$

式中，K_l——单位长度的电阻值。

传感器的灵敏度为

$$S=\frac{dR}{dx}=K_l$$

当导线分布均匀时，S 为常数。这时传感器的输出(电阻)与输入(位移)呈线性关系，比值为 K_l。

图 3-85(b)所示为角位移型电位器式传感器，其输出阻值的大小随角度位移的大小而变化，该传感器的灵敏度为

$$S=\frac{dR}{d\alpha}=K_\alpha$$

式中，α——转角，rad；

K_α——单位弧度对应的电阻值。

图 3-85(c)是一种非线性电位器式传感器，当输入位移呈非线性变化规律时，为了保证输入、输出的线性关系，利于后续仪表的设计，可以根据输入的函数规律来确定这种传感器

的骨架形状。例如,若输入量为 $f(x)=Rx^2$,则为了得到输出的电阻值 $R(x)$ 与输入量 $f(x)$ 呈线性关系,电位器的骨架应采用三角形;若输入量为 $f(x)=Rx^3$,则电位器的骨架应采用抛物线形。

电位器式传感器一般采用电阻分压电路,将电参量 R 转换为电压输出给后续电路。当触头移动 x 距离后,输出电压 e_y 可用下式计算:

$$e_y=\frac{e_0}{\dfrac{x_P}{x}+\left(\dfrac{R_P}{R_L}\right)\left(1-\dfrac{x}{x_P}\right)}$$

式中,R_P——电位器的总电阻;

x_P——电位器的总长度;

R_L——后续电路的输入电阻。

上式表明,传感器经过后续电路后的实际输出与输入为非线性关系,为减小后续电路的影响,应使 $R_L \gg R_P$。此时,$e_y \approx \dfrac{e_0}{x_P}x$,近似为线性关系。

电位器式传感器的优点是结构简单,性能稳定,使用方便。其缺点是分辨率不高,因为受到骨架尺寸和导线直径的限制,分辨率很难高于 20 μm。由于滑臂机构的影响,使用频率范围也受到限制,此外它还有噪声较大、绕制困难等缺点。

2. 电位器式位置传感器在汽车上的应用

电位器式位置传感器在汽车上应用较多,可以测量线位移或角位移,主要应用有节气门位置传感器、加速踏板位置传感器、燃油液位传感器等。

1) 在节气门位置传感器上的应用

采用电位器式原理的汽车节气门位置传感器称为线性可变电阻型节气门位置传感器,由节气门轴带动电位计的滑动触点,如图 3-86 所示。在不同的节气门开度下,电位计的电阻也不同,从而将节气门开度转变为电流或电压信号输送给电控单元 ECU,ECU 通过节气门位置传感器可以获得节气门由全闭到全开的所有开启角度的连续变化的模拟信号,以及节气门开度的变化速率,从而更精确地判定发动机的运行工况,提高控制精度和效果。在装有电控自动变速器的汽车上,该信号作为控制不同行驶条件下的挡位变换的主要依据。

线性式节气门位置传感器输出的是线性电压,如图 3-87 所示。其主要特点:角度检测及处理容易;因由开关原点确定绝对角度,所以能获得最恰当的控制;可直接安装在发动机上;环境适应性好;由于内装弹簧,容易与被测物连接。

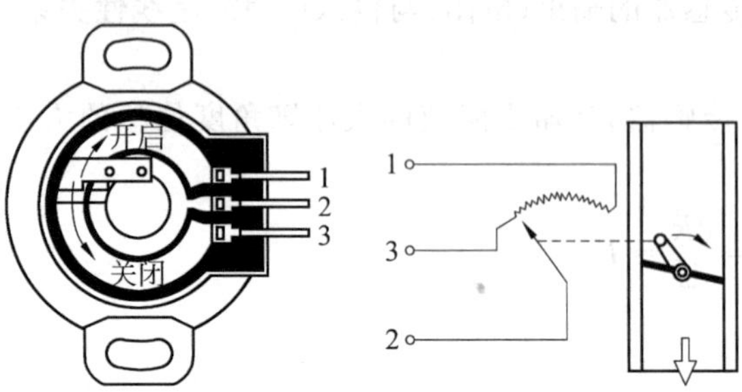

图 3-86 线性可变电阻型节气门位置传感器

1—基准电压;2—输出电压;3—接地

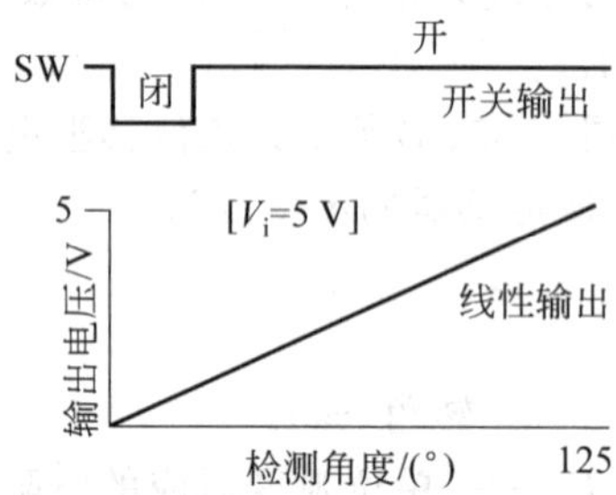

图 3-87 线性式节气门位置传感器的特性

2）在加速踏板位置传感器上的应用

加速踏板位置传感器安装在加速踏板上（见图 3-88），其工作原理如图 3-89 所示，一个简单的电位计或可变电阻将踏板的踩下情况直接转变为电压信号输出。当驾驶员移动加速踏板或手动油门时，与加速踏板位置传感器线圈接触的小型滑臂沿圆弧转动，加速踏板位置传感器从 ECU 接收恒定的 5 V 直流基准电压；当油门关闭时（怠速），滑臂转动到使基准电压通过全部线圈位置，加速踏板位置传感器产生约为 0.5 V 的输出信号，向 ECU 回馈；当油门处于全开位置时，滑臂转动到基准电压只通过很少线圈的位置，向 ECU 回馈的信号电压约为 4.5 V；油门处于怠速和油门全开之间位置时，加速踏板位置传感器向 ECU 回馈的信号电压将与滑臂在电阻上的位置成正比。ECU 按照程序将回馈电压信号进行查表比较，就能判定驾驶员所要求的油门开度。

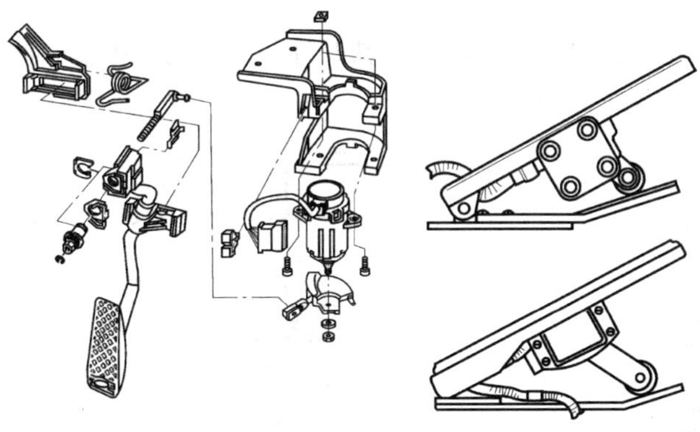

(a)　(b)

图 3-88　加速踏板位置传感器的安装位置

(a) 博世公司生产；(b) 底特律公司生产

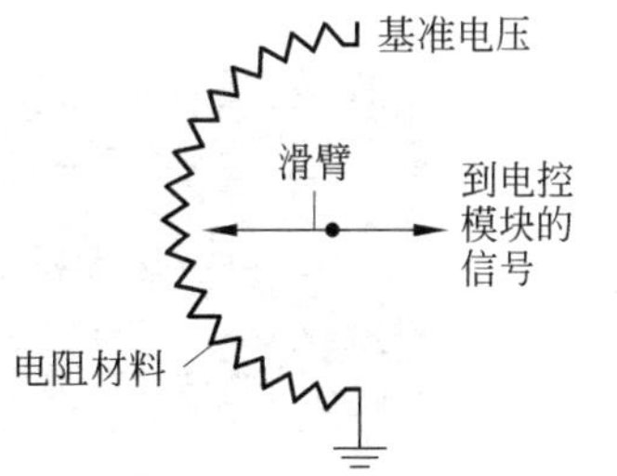

图 3-89　加速踏板位置传感器的工作原理

随着驾驶员踩下加速踏板深度的增大，传感器的电压信号也会提高，ECU 识别该电压变化后，将脉冲宽度更宽的驱动电压发送给各喷油器电磁阀，使喷入汽缸的燃油量增多，发动机转速因此提高。发动机的实际喷油量及其功率输出还会受到发动机冷却液温度、涡轮增压压力、机油压力和机油温度等传感器向 ECU 输入信号的影响，这些传感器都向 ECU 连续地发送电压信号，ECU 将根据这些输入信号计算确定喷油脉冲宽度信号。

新型电子加速踏板总成集成了怠速开关或传感器，它将加速踏板位置传感器和怠速开关两个电信号发生器组合在一个壳体中（见图 3-90），两个元件的电路是独立的，但传感器与加速踏板通过机械联系被一同操纵。两个信号发生器在制造厂被校准设定，并在其整个寿命期内的维护过程中被调整。怠速开关对油门电位计所指示的踏板是否处于怠速位置的信号提供独立确证，该组合可以使 ECU 发现油门总成的潜在问题，怠速开关可以是独立机构，也可以是与电位计集成在一起的开关。

加速踏板位置传感器的输出信号为电压值，值在 0.5～4.5 V，随着加速踏板位置的变化，输出信号电压相应变化，两者之间呈线性关系，见图 3-91。

3）在燃油液位传感器上的应用

燃油液位传感器采用了电位器方式来检测燃油液位的变化。如图 3-92 所示，浮子可变电阻型液位传感器是由浮子、内装可变电阻的本体以及连接这两者的浮子臂等构成。浮子

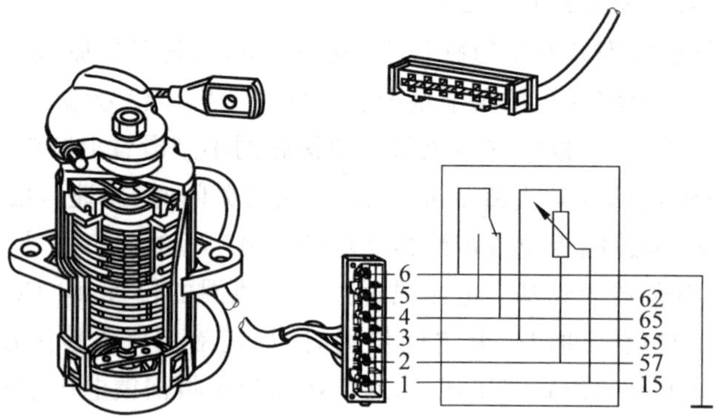

图 3-90 加速踏板位置传感器与怠速开关组合为一体

可随液位上、下移动，这时滑动臂就在电阻上滑动，从而改变搭铁与浮子之间的电阻值，利用这一阻值变化来控制回路中电流的大小，并在仪表上显示出来。

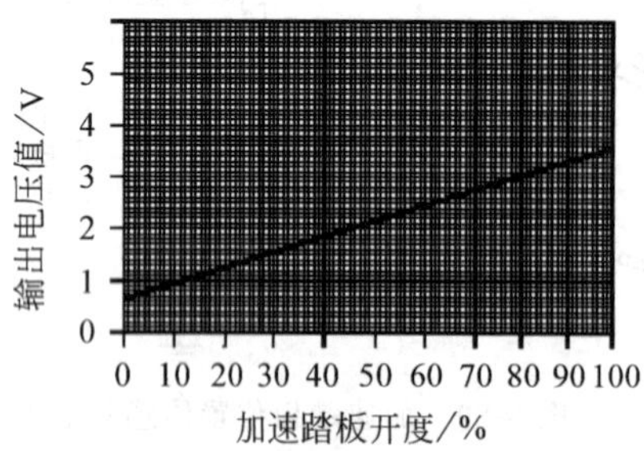

图 3-91 加速踏板位置与输出信号电压之间的关系

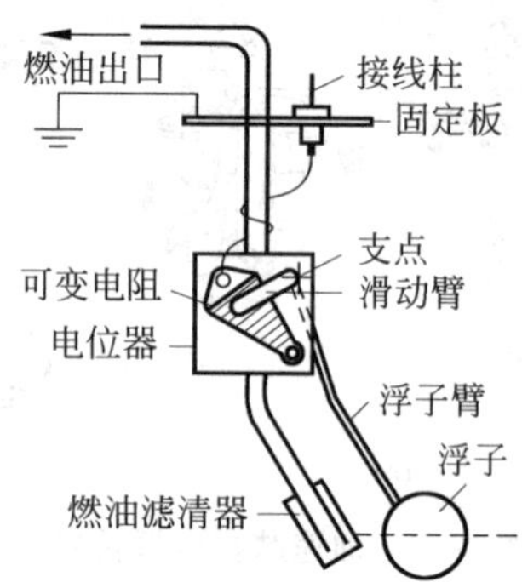

图 3-92 浮子可变电阻型液位传感器结构

这种传感器可用于油量的测量，图 3-93 所示的就是该传感器在汽油油量表中的应用，如图中所示，仪表部分与浮子部分串联。当油箱内装满汽油时，浮子升到最高位置，滑动臂向电阻值低的方向滑动，通过回路中的电流增大，仪表部分的双金属片弯曲得厉害，指针指示 F 侧。当燃油箱内的汽油量较少时，浮子降到较低位置，电阻增大，汽油表电路中的电流较小，仪表内的双金属片只是稍稍弯曲，指针指示 E 一侧。

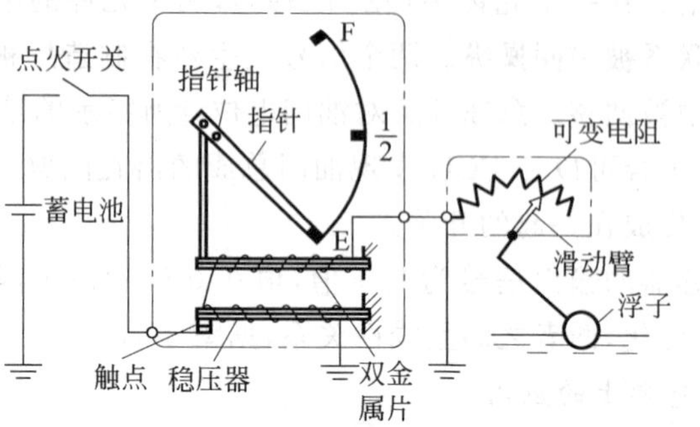

图 3-93 浮子可变电阻型液位传感器在汽油油量表中的应用

4）废气再循环位置传感器

废气再循环（EGR）位置传感器又称 EGR 高度传感器或 EGR 阀升程传感器。在 EGR 阀上方装有 EGR 位置传感器（电位器），用于监控 EGR 阀的开度（见图 3-94）。EGR 阀传感器以电压信号（0～5 V）将 EGR 阀的开度反馈给 ECU，ECU 即将它与理想的开度值进行比较，若两者不同，ECU 便调整其控制脉冲的占空比，通过改变 EGR 控制电磁阀的开、闭时间来调节 EGR 阀的开度，从而获得适应发动机工况所需的 EGR 率。

3.5.2　磁感应式位置传感器

磁感应式位置传感器采用电磁感应测量角位移，主要应用于曲轴位置传感器上。磁感应式曲轴位置传感器安装于曲轴飞轮附近，或曲轴正对齿轮附近，或凸轮轴正对齿轮附近，或分电器轴上。

磁感应式曲轴位置传感器由转子与感应头组成。当转子旋转时，轮齿与感应线圈的凸缘部（磁头）的空气间隙变化时，则导致感应线圈的磁场变化而产生感应电动势。因为轮齿靠近及远离磁头时，将产生一次增减磁通的变化，所以，每一个轮齿通过磁头时，都将在感应线圈中产生一个完整的交流电压信号。工作原理如图 3-95 所示。

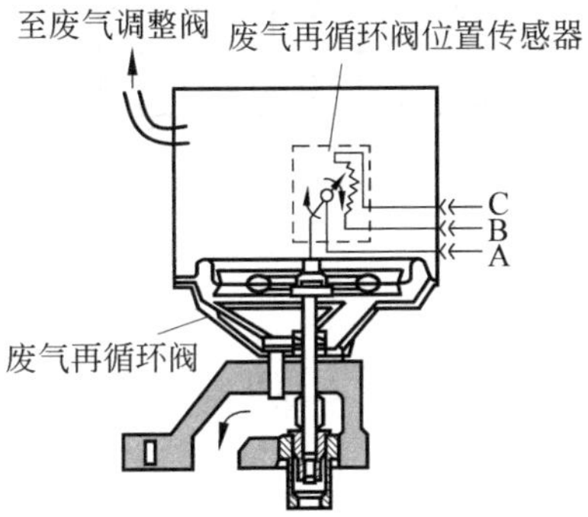

图 3-94　EGR 位置传感器的应用

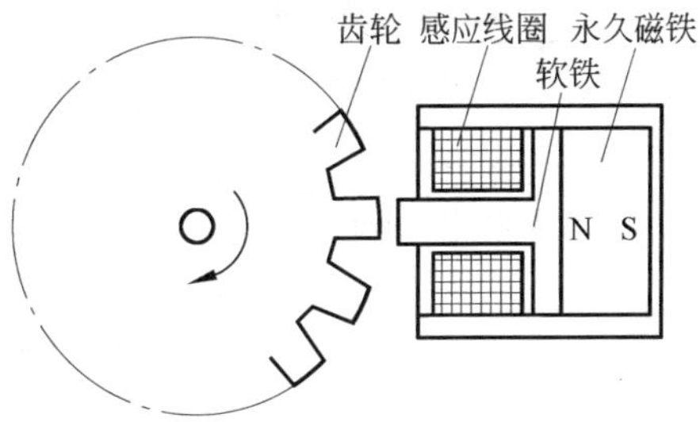

图 3-95　磁感应式曲轴位置传感器工作原理

若曲轴上的信号转子上有 90 个齿，转子旋转一圈，感应线圈将产生 90 个交流信号，即一个信号周期相当于 4°曲轴转角（360°÷90＝4°）。ECU 将 4°转角均分为 4 等份，每一等份即产生曲轴转角 1°信号，ECU 依次确定曲轴（或活塞）所在的位置。

若要精准测得曲轴每转 1°的信号，可安装两个感应头，且彼此相隔 3°曲轴转角（见图 3-96）。

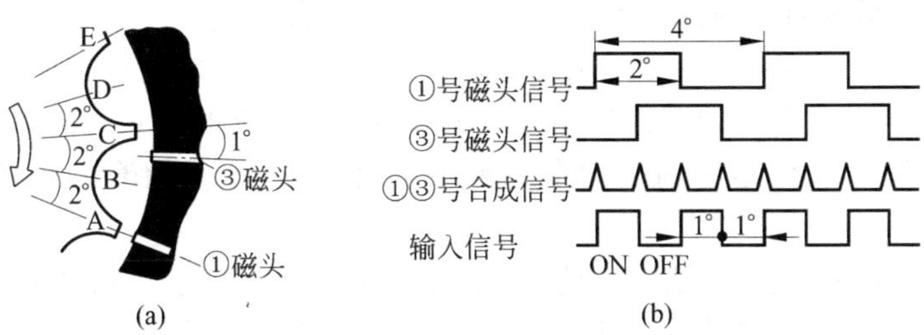

图 3-96　**精准测得曲轴 1°转角**

(a) 两个感应头相差 3°；(b) 1°信号的合成

由于磁头①和磁头③相隔3°曲轴转角安装，而它们又是每隔4°产生一个脉冲信号。所以磁头①和磁头③所产生的脉冲信号相位差正好为90°。将这两个脉冲信号送入信号放大与整形电路中合成后，即产生曲轴1°转角的信号。

3.5.3 光电式位置传感器

光电式位置传感器是利用光电元件的光电效应测量位置信号的，主要应用有曲轴位置、车身高度、转向盘转角等检测。

1. 光电式曲轴位置传感器

光电式曲轴位置传感器一般安装在分电器内，由信号发生器和带缝隙、光孔的信号盘组成。信号盘安装在分电器轴上，随分电器轴一起转动，它的外围均布有180或360条缝隙，这缝隙即是光孔，产生1°信号(见图3-97)。对于六缸发动机，在信号盘外围稍靠内的圆上，间隔60°分布6个光孔，产生120°曲轴转角信号，其中有一个较宽的光孔是产生第一缸上止点对应的120°信号缝隙，其结构原理与光电式发动机转速传感器相同。

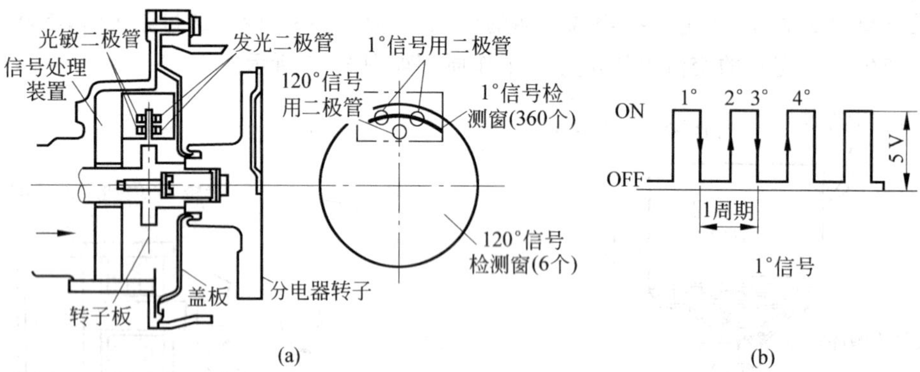

图3-97 光电式曲轴位置传感器

2. 光电式车高传感器

光电式车高传感器的构造如图3-98所示。在车高传感器内部，有一个靠连杆带动旋转的轴，在轴上装有一个开有许多槽的遮光盘，遮光盘的两侧装有4组光电耦合元件。

随轴转动的遮光盘上刻有一定数量的窄缝，信号发生器由发光二极管和光敏三极管组成。遮光盘位于发光二极管与光敏管之间，转动遮光盘，发光二极管发出的光不断被遮光盘挡住，信号发生器的光敏管输出端出现电平高低的变化，如图3-99所示。ECU接收到电平信号的变化，可检测出遮光板的转动角度。当车身高度发生变化(即悬架变形量发生变化)时，轴即驱动遮光板转动，从而使ECU检测出车身高度的变化。

传感器的信号发生器以4个为一组，覆盖了窄缝板。轴的外端装有导杆，导杆的另一端则通过有关零件与独立悬架的摆臂相连。当车身高度发生变化时(汽车载荷发生变化)，导杆随摆臂上下摆动，从而通过轴驱动窄缝板转动，信号发生器的输出信号将通(ON)、断(OFF)变换。

ECU根据车身高度传感器输入的信号，控制压缩机及排气阀，以增加或减少悬架主气室内的空气量，从而保持车身高度为一定值。因为减振器在行车过程中总是振动的，很难判定当时车身所处的区域，所以ECU每隔数十毫秒就检测一次车身高度传感器输出的信号，并对一定时间内各信号所占区域的百分比做出计算，以此来判断车身实际所处的区域(见表3-7)。

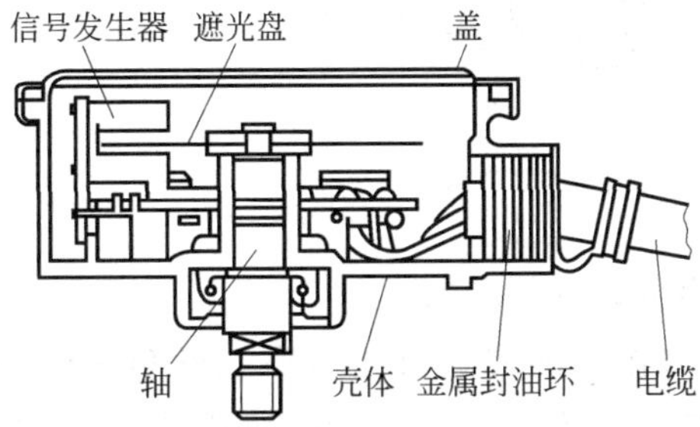

图 3-98 车高传感器的构造

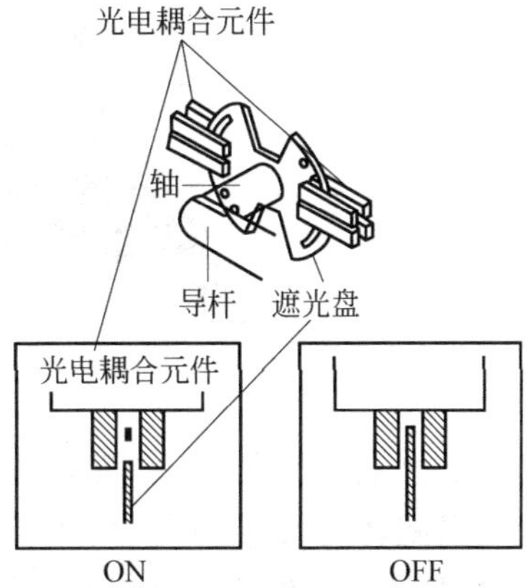

图 3-99 车高传感器的工作原理

表 3-7 传感器不同组合下的车高范围(凌志 LS400 轿车)

车高	光电耦合组件的状态				车高范围	计算机的判断结果
高↕低	No.1(SH_1)	No.2(SH_2)	No.3(SH_3)	No.4(SH_4)	15	过高
	OFF	OFF	ON	OFF	14	
	OFF	OFF	ON	ON	13	
	ON	OFF	ON	OFF	12	高
	ON	OFF	OFF	OFF	11	
	ON	OFF	OFF	ON	10	
	ON	ON	OFF	ON	9	
	ON	ON	OFF	OFF	8	正常
	ON	ON	ON	OFF	7	
	ON	ON	ON	ON	6	
	OFF	ON	ON	ON	5	
	OFF	ON	ON	OFF	4	低
	OFF	ON	OFF	OFF	3	
	OFF	ON	OFF	ON	2	
	OFF	OFF	OFF	ON	1	过低
	OFF	OFF	OFF	OFF	0	

3. 光电式转向盘转角传感器

转角传感器装于转向轴管上(见图 3-100),可向 ECU 提供汽车转向速率、转角大小及转动方向信息,由 ECU 确定需调节哪些车轮的悬架以及调节量。

转向盘转角传感器一般采用光电式传感器。在压入转向轴的圆盘中间,装有带窄缝的窄缝板。传感器的信号发生器(由发光二极管和光敏三极管组成)以 2 个为一组,从上面套

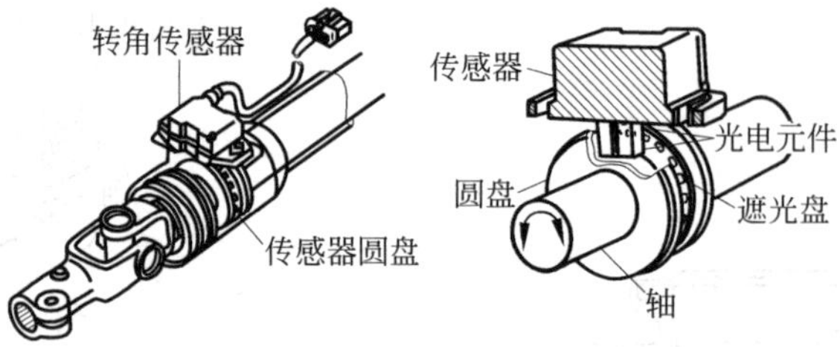

图 3-100 光电式转角传感器安装位置

装在遮光盘之上。遮光盘上等距离均匀排列着窄缝,见图 3-101。

遮光盘随转向轴转动时,两个信号发生器的输出随之进行通(ON)、断(OFF)变换,ECU 根据两信号发生器输出端通、断变换的速率,即可检测出转向轴的转动速率;通过计数器统计通、断变换的次数,即可检测出转向轴的转角。

设计转向盘传感器时,将两个信号发生器通、断变换的相位角错开 90°。汽车直线行驶时,信号 A 处于通断状态(高电平)的中间位置。转向时,根据信号 A 下降沿处信号 B 的状态,即可判断出转向的方向。信号 A 由断状态变为通状态(低电平)时,如果信号 B 为通状态,则为左转向;如果信号 B 为断状态,则为右转向,见图 3-102。

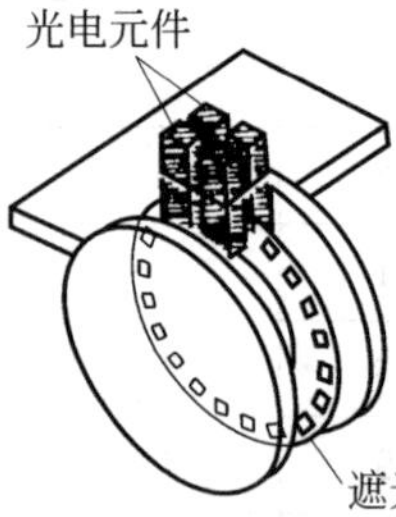

图 3-101 光电式转向盘转角传感器

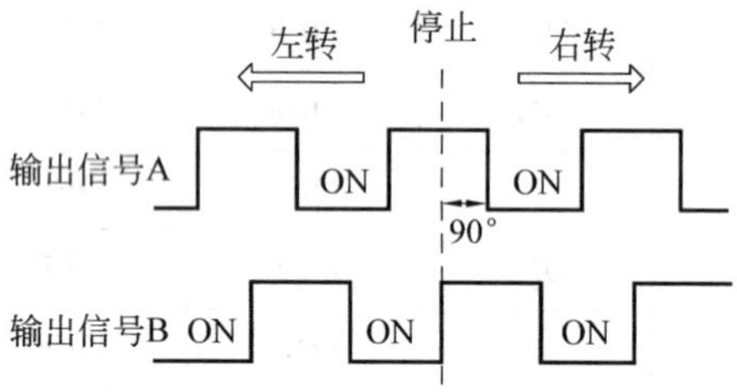

图 3-102 光电式转向盘转角传感器的转向判断原理

3.5.4 霍尔式位置传感器

霍尔式位置传感器是利用半导体元件的霍尔效应原理来测量位置信号的,主要应用在曲轴转角位置检测和喷油器针阀升程检测。

1. 霍尔式曲轴转角位置传感器

霍尔式曲轴转角位置传感器主要由触发叶轮、霍尔集成电路、导磁钢片(磁轭)与永久磁铁组成。触发叶轮安装在转子轴上,叶轮上制有叶片(在霍尔式点火系统中,叶片数与发动机汽缸数相等)。当触发叶轮随转子轴一起转动时,叶片便在霍尔集成电路与永久磁铁之间转动。霍尔集成电路由霍尔元件、放大电路、稳压电路、温度补偿电阻、信号变换电路和输出电路组成。

当传感器轴转动时,触发叶轮的叶片便从霍尔集成电路与永久磁铁间的气隙中转过。

当叶片进入气隙时,霍尔集成电路中的磁场被叶片旁路,如图 3-103(a)所示,霍尔电压为零,集成电路输出级的三极管截止,传感器输出的信号电压 U_0 为高电平(实验表明:当电源电压 $U_{CC}=1.44$ V 时,信号电压 $U_0=9.8$ V;当电源电压 $U_{CC}=5$ V 时,信号电压 $U_0=4.8$ V)。

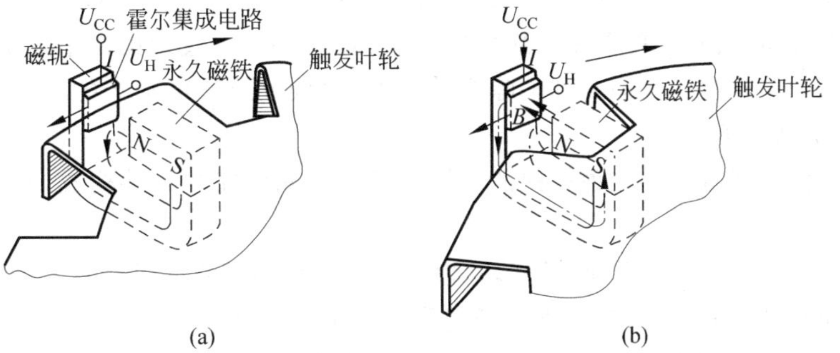

图 3-103　霍尔式曲轴转角位置传感器基本结构与原理

(a) 叶片进入气隙，磁场被旁路；(b) 叶片离开气隙，磁场饱和

当叶片离开气隙时，永久磁铁的磁通便经过霍尔集成电路和导磁钢片构成回路，如图 3-103(b)所示，此时霍尔元件产生电压(U_H 为 1.9～2.0 V)，霍尔集成电路输出级的三极管导通，传感器输出的信号电压 U_0 为低电平(实验表明：当电源电压 U_{CC} 为 14.4 V 或 5 V 时，信号电压 U_0 为 0.1～0.3 V)。

若触发叶轮上有 60 齿，则曲轴每旋转一圈，产生 60 个方波信号，每个方波信号相当于曲轴转角 6°。

2. 霍尔式喷油器针阀升程传感器

电控柴油机上的霍尔式喷油器针阀升程传感器如图 3-104 所示。

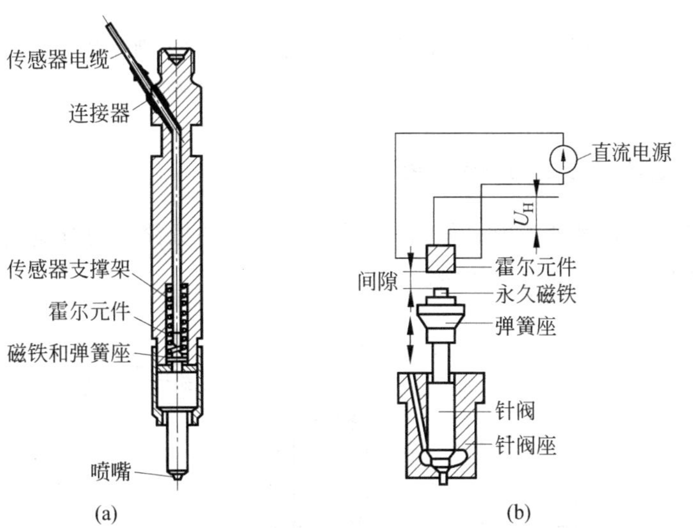

图 3-104　霍尔式喷油器针阀升程传感器

(a) 结构；(b) 工作原理

霍尔元件装在针阀弹簧座的上方，弹簧座上固定着一块永久磁铁。霍尔元件通电后，弹簧座随针阀运动时，因永久磁铁的运动，使通过霍尔元件的磁感应强度发生变化，造成近似地与针阀升程成正比的输出信号电压的变化，故可由信号电压的变化来测出喷油始点。为了尽可能地减少处理毫伏级模拟信号问题，将霍尔元件与输出信号放大电路设计成一体，固

化在一个集成电路芯片中。输出信号放大电路包括线性微分放大器、自调零电路、电压调节器和触发输出电路、信号处理电路。输出信号不需要再放大,直接可由单片机进行A/D转换获得。这些电路同时具有抑制和消除机械误差、磁误差及温度影响的功能。每经一次测量,就会自行重新校正一次。

针阀升程传感器由固定在顶杆内的磁铁和进行检测的霍尔元件构成,非常紧凑地布置在喷油器体内。

图3-105所示为根据检测到的针阀升程求出循环喷油量的过程。图3-105(a)是从检测得到的反映针阀升程的、与霍尔元件磁场变化成正比的输出电压(霍尔电压)信号;然后将这一电压信号按预先确定的输出电压与喷油速率的关系曲线,换算成图3-105(b)所示的喷油速率曲线;图3-105(c)是将喷油速率从喷油开始到结束进行积分,求得了图示下部的循环喷油量曲线。在整个过程中,由布置在喷油器体内的温度传感器测出燃油温度,对计算结果进行温度修正。为了对上述演算结果进行实时处理,要求电控单元有较高的处理速度。这种传感器具有能测出每缸每次喷油瞬时状态的优点。

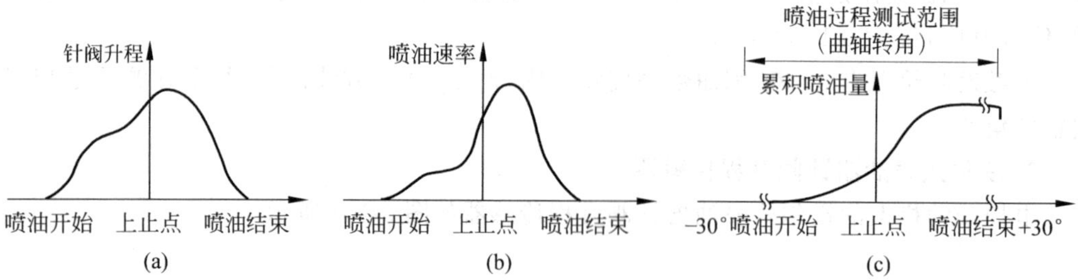

图3-105 喷油器针阀升程传感器的信号处理过程

(a) 针阀升程; (b) 喷油速率; (c) 累计喷油量

3.5.5 静电容量式液面高度传感器

这种传感器设置在燃油箱内。如图3-106所示的同心圆筒状的对应电极间的静电容量变化与充满电极间的油液高度成比例。

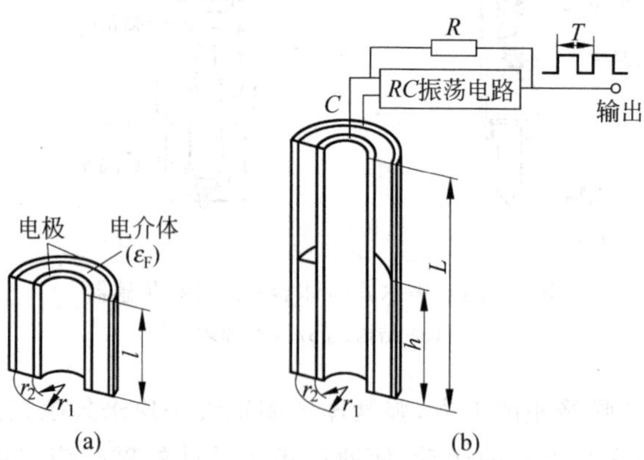

图3-106 静电容量式液面传感器

(a) 同心圆筒状电容器; (b) 检测原理

图 3-106(a)所示的同心圆筒状电容器的静电容量，可用下式求得，即

$$C = 2\pi\varepsilon_0\varepsilon_F l / \ln(r_1 - r_2)$$

式中，ε_0——真空介电常数；

ε_F——相对介电常数(空气中为 1，汽油中为 2.08)；

r_1, r_2——内外圆筒电极半径；

l——内外圆筒电极长度。

如图 3-106(b)所示，在高度为 L 的圆筒中，当油液充满的高度达到 h 时，其静电容量 C_0 由下式求得

$$C_0 = C_1(\text{空气中}) + C_2(\text{燃料中}) = 2\pi\varepsilon_0[L + (\varepsilon_F - 1)h]/\ln(r_1/r_2)$$

ε_0 与油液高度成比例，C_1 和 C_2 分别为空气中和燃料中的电容量。将圆筒作为电容器，连接到 RC 振荡电路中，则振荡电路的振荡周期 T 可用下式表示，即

$$T = k[L + (\varepsilon_F - 1)h]$$

式中，k——常数。

因此，通过计算振动周期，就能获知液面状态。

静电容量式液面传感器，在检测部分没有可活动部位，也没有机械的滞后现象，结构简单、可靠。在燃油箱内的任意部位设置多个传感器，能够修正车辆倾斜或振动引起的液面横摆的影响。

3.5.6　热敏电阻式液位传感器

由于热敏电阻对液位反应敏感，所以可利用热敏电阻式液位传感器检测汽油、柴油的油位。这是利用了热敏电阻上加有电压时，就有微小的电流通过，在电流的作用下，热敏电阻自身就要发热这一性质。热敏电阻的温度特性如图 3-107 所示。当热敏电阻置于油中时，因为其上的热量容易散出，所以热敏电阻的温度不会升高而是其阻值增加；反之，当油量减少，热敏电阻暴露在空气中时，因为其上的热量难以散出，所以热敏电阻的阻值降低。用热敏电阻与指示灯等组成电路，如图 3-108 所示，通过指示灯的亮、灭，就可以判断燃油量的多少。

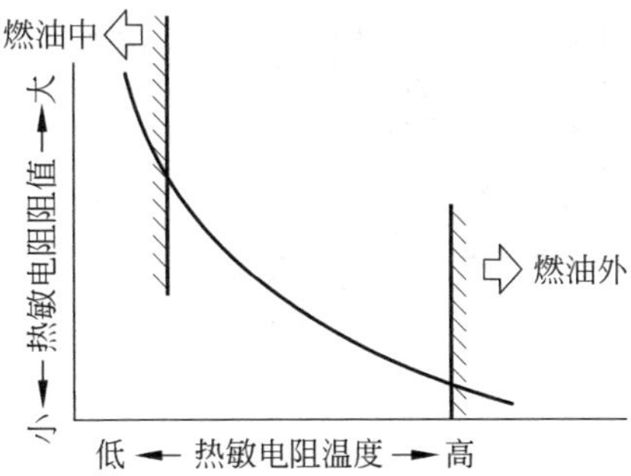

图 3-107　热敏电阻的温度特性

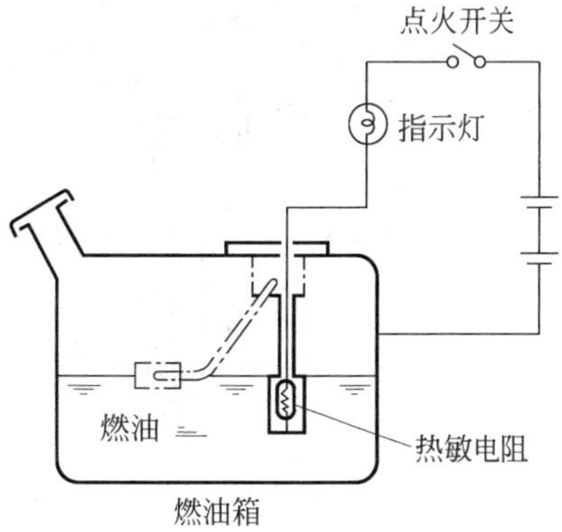

图 3-108　油位指示系统电路

利用热敏电阻检测液位的原理电路如图3-109所示，当热敏电阻的阻值较高时，指示灯灭，反之，当热敏电阻的阻值较低时，指示灯亮。

应用热敏电阻式液位传感器的例子如图3-110所示，当传感器浸在汽油中时，传感器的温度不升高，热敏电阻的阻值较高，只有很小的电流从中通过，所以报警灯不亮。当燃油量变少时，传感器与空气接触，由于自身的加热作用传感器温度升高，所以热敏电阻阻值减小，电路中有电流通过，报警灯亮。

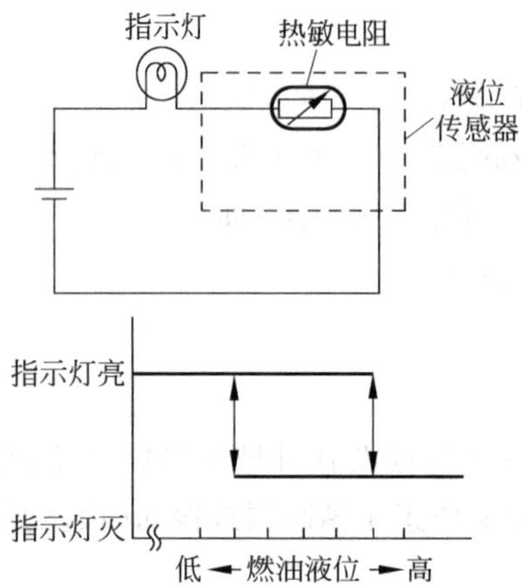

图3-109 用热敏电阻检测液位的原理

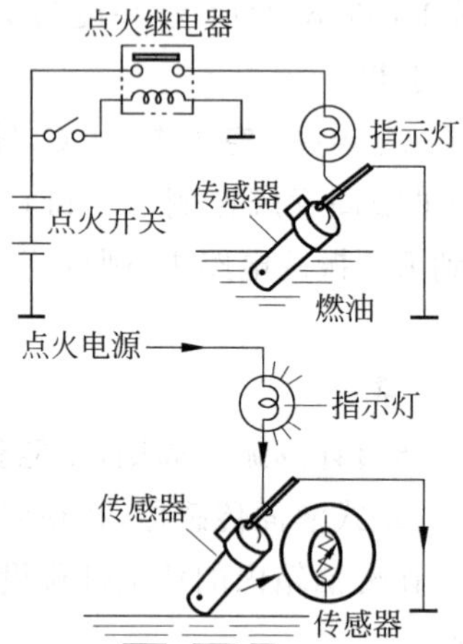

图3-110 用热敏电阻检测燃油量的例子

3.5.7 浮子笛簧开关式液位传感器

如图3-111所示，这种传感器是由树脂圆管制成的轴和可沿轴上下移动的环状浮子组成的。圆管状轴内装有由易磁化的强磁性材料制成的触点(笛簧开关)，浮子内嵌有永久磁铁。笛簧开关的内部是一对很薄的金属触头，随浮子位置的不同，触头之间或者闭合，或者断开，由此就可以判定出液量是达到规定量，还是少于规定量。

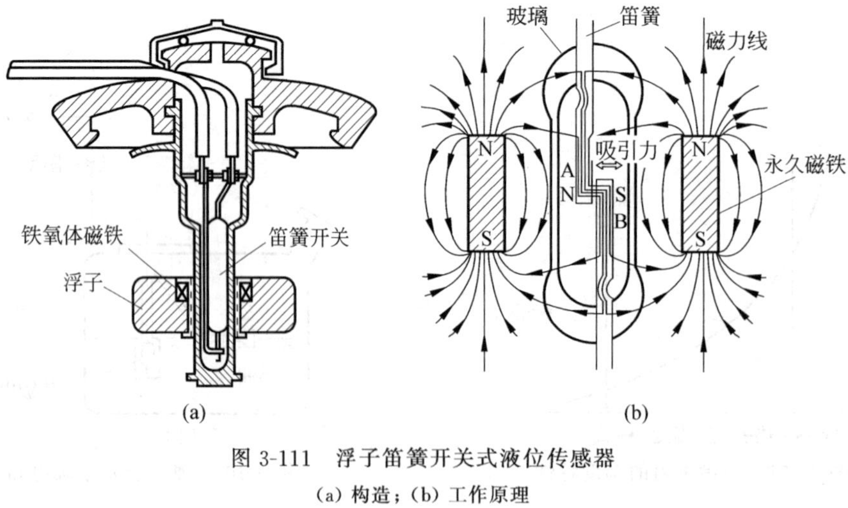

图3-111 浮子笛簧开关式液位传感器

(a) 构造；(b) 工作原理

如图3-112所示，浮子笛簧开关可用来作为传感器检测制动液箱内的液位。当液位低于规定值时，笛簧开关和浮子的位置关系如图3-113所示。当永久磁铁接近笛簧开关时，有很多磁力线从笛簧开关中通过，因此，如图3-111(b)所示，开关内的金属触头A～B之间有吸引作用，所以笛簧开关闭合，报警灯至搭铁形成通路，报警灯亮，通知驾驶人员，液位已经低于规定值。当液位达到规定值时，浮子至少上升到规定位置，没有磁力线穿过笛簧开关内的强磁性体，在触头本身的弹力作用下，笛簧开关打开，报警指示灯灭，表示液位符合要求。

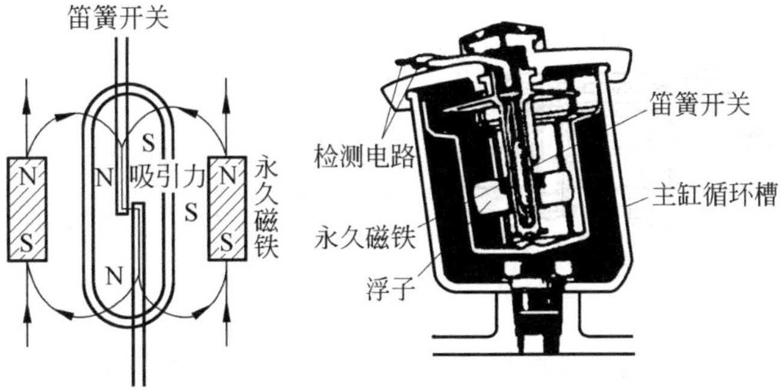

图3-112　制动液位传感器

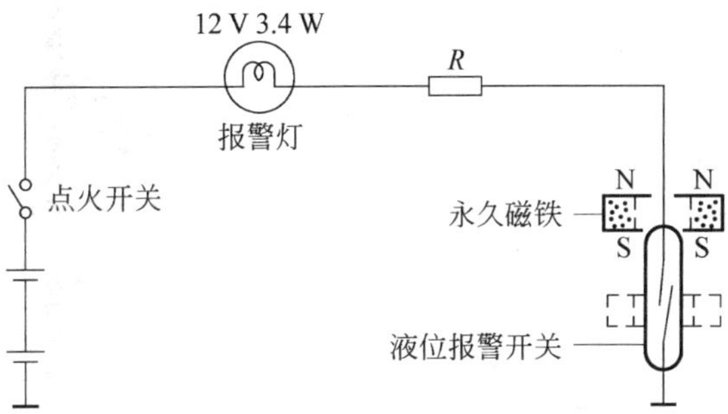

图3-113　液位传感器的电路

这种传感器可用于检测制动油油量；检测发动机机油油位；检测洗涤液液位，如图3-114所示；检测水箱冷却液液位，如图3-115所示；以及检测沉淀物内的含水量。

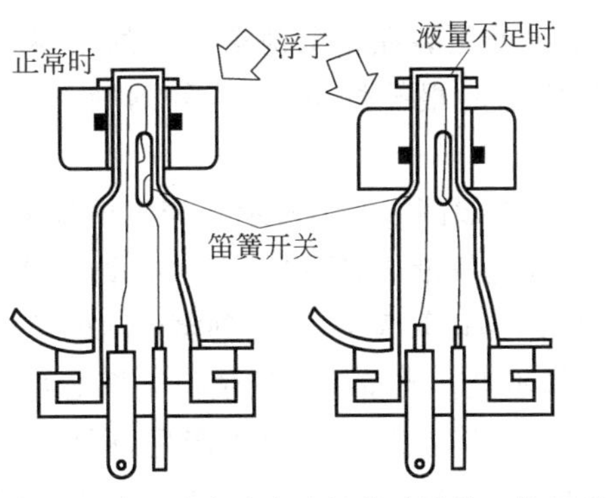

图3-114　挡风玻璃洗涤液量传感器的工作原理

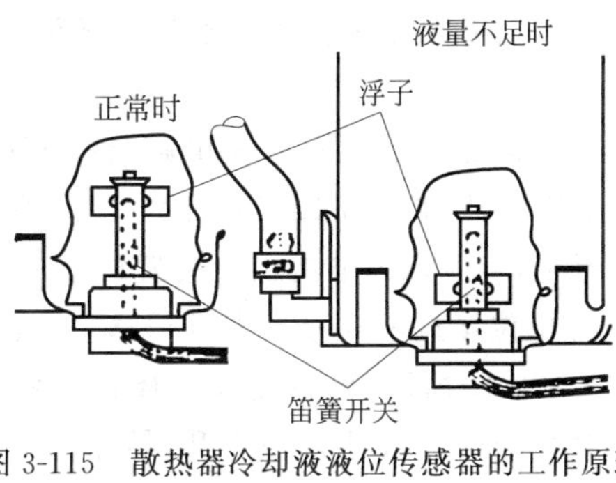

图3-115　散热器冷却液液位传感器的工作原理

图 3-116 所示的是笛簧开关式液位传感器的结构图,工作原理与上面讲的类似,也是利用了内装笛簧开关的树脂管与内部设有永久磁铁的浮子,通过浮子的上、下位置的变化使笛簧开关接通或闭合,从而判定液面是在规定位置之上,还是之下。这种传感器一般用于检测发动机机油的液面高度,液位异常时,液位传感器闭合,报警灯亮。油位报警系统的构成如图 3-117 所示,笛簧开关式液位传感器的特性如图 3-118 所示。

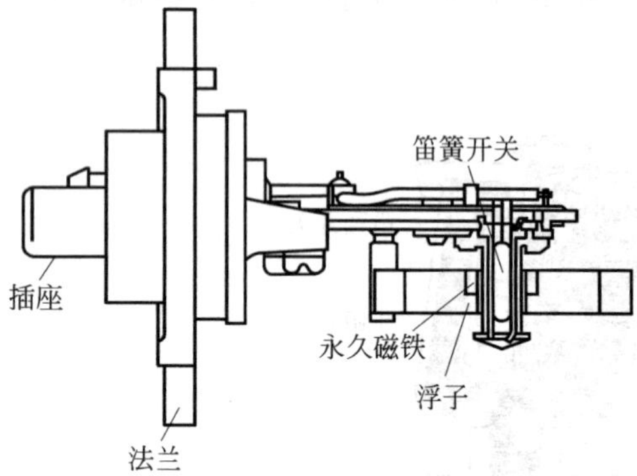

图 3-116 笛簧开关式液位传感器的结构

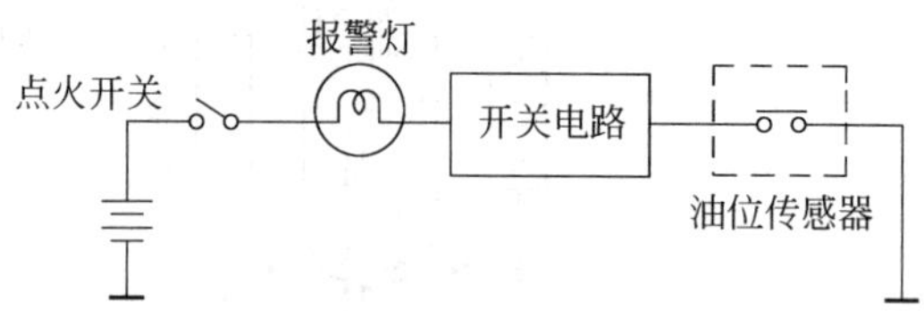

图 3-117 油位报警系统的构成

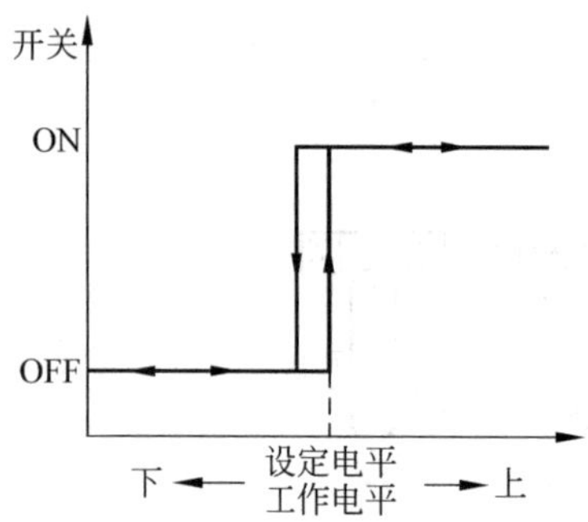

图 3-118 笛簧开关式液位传感器的特性

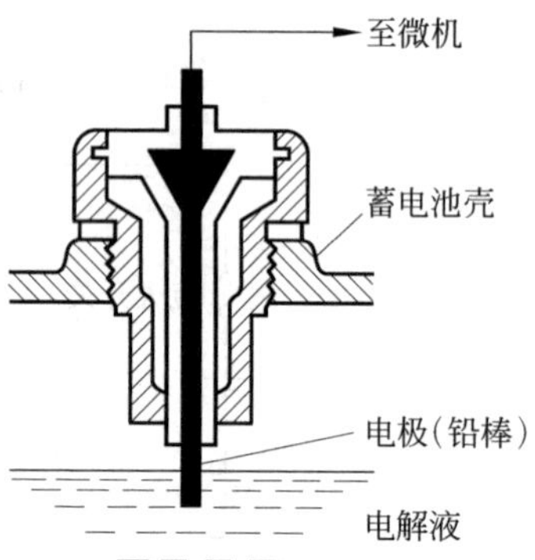

图 3-119 电极式液位传感器的结构

3.5.8 电极式液位传感器

电极式液位传感器的结构如图 3-119 所示,主要就是装在蓄电池盖子上的铅棒,这时的铅棒起电极的作用。当蓄电池电解液位低于规定值时报警灯量,以通知驾驶员电解液不足。

蓄电池液位传感器、控制电路与报警灯的原理电路如图 3-117 所示。当蓄电池液位符合规定要求时,如图 3-120(a)所示,传感器即铅棒浸在电解液中,铅棒上产生电动势,晶体管 VT_1 导通,电流从蓄电池正极按箭头方向经点火开关,晶体管 VT_1 再回到蓄电池的负极,因为 A 点电位接近于 0,所以晶体管 VT_1 截止,报警灯不亮。当蓄电池液位低于规定要求时,如图 3-120(b)所示,传感器即铅棒没有浸在电解液中,其上没有电动势产生,所以晶体管 VT_1 截止。这时 A 点电位上升,晶体管 VT_2 的基极中有箭头方向所示的电流通过,晶体管 VT_2 导通,报警灯亮,通报电解液已不足。

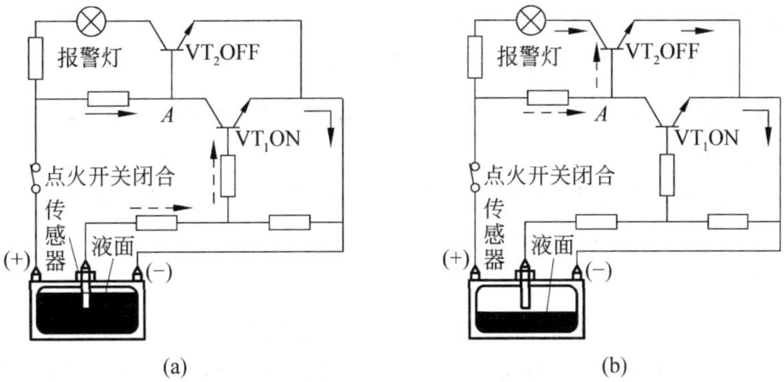

图 3-120　蓄电池液位传感器电路

(a) 规定液位时；(b) 液位不足时

3.5.9　超声波雷达

1. 超声波的传输特性

人耳能够听到的机械波，频率在 16 Hz～20 kHz 之间，称为声波。人耳听不到的机械波，频率高于 20 kHz 的称为超声波；频率低于 16 Hz 的称为次声波。频率在 $3\times10^{8}\sim3\times10^{11}$ Hz 之间的称为微波。超声波的频率越高，就越接近光学的反射、折射等特性。声波频率界限图如图 3-121 所示。

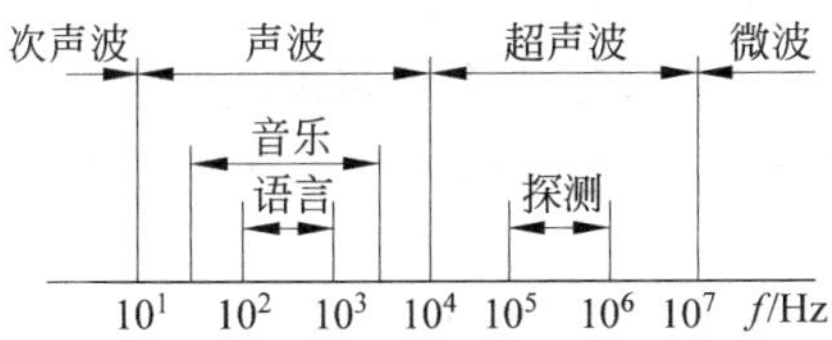

图 3-121　声波频率界限

超声波可分为纵波、横波和表面波。质点的振动方向和波的传播方向一致的称为纵波，它能在固体、液体和气体中传播。质点的振动方向和波的传播方面相垂直的称为横波，它只能在固体中传播。质点的振动介于横波和纵波之间，沿着表面传播，振幅随着深度的增加而迅速衰减的称为表面波。表面波只在固体的表面传播。

超声波在介质中的传播速度取决于介质密度、介质的弹性系数及波形。一般来说，在同一固体中横波声速为纵波声速的一半左右，而表面波声速又低于横波声速。当超声波在某一介质中传播，或者从一种介质传播到另一介质时，遵循如下规律。

(1) 传播速度：超声波的传播速度与波长及频率成正比，即声速为

$$C=\lambda f$$

式中，λ——超声波的波长；

f——超声波的频率。

(2) 超声波的衰减：超声波在介质中传播时，由于声波的扩散、散射及吸收，能量按指数规律衰减。如平面波传播时的衰减公式可写作

$$I_x=I_0\mathrm{e}^{-2\alpha x}$$

式中，I_0——声源处的声强；

I_x——距声源 x 处的声强；

α——衰减系数(单位为 1×10^{-3} dB/mm)，水和一般低衰减材料的 α 取值为 1～4。

(3) 超声波的反射与折射：当超声波从一种介质传播到另一种介质时，在两种介质的分界面上，会发生反射与折射。同样遵循反射定律——入射角的正弦与反射角的正弦之比等于入射波速与反射波速之比；折射定律——入射角的正弦与折射角的正弦之比等于入射波速与折射波速之比。

(4) 超声波的波形转换：若选择适当的入射角，使纵波全反射，那么在折射中只有横波出现；如果横波也全反射，那么在工件表面上只有表面波存在。

2. 超声波雷达的分类

超声波雷达通过送波器(发射端)将超声波向对象物发送，通过收波器(接收端)接收反射波，来检测对象物的有无，以及通过从超声波发射到接收所需要的时间和声速的关系，来计算雷达和对象物之间的距离。

按照安装方式，超声波雷达可以分为直射式超声波雷达和反射式超声波雷达。反射式又可以分为发射头与接收头分体、收发一体两种形式。收发一体式超声波雷达在汽车上应用较多。

按照结构，超声波雷达可分为直探头、斜探头、表面波探头、双探头、聚焦探头、水浸探头、其他专用探头等超声波雷达。直探头式超声波雷达在汽车上应用较多。

按照实现超声波换能器工作的物理效应的不同，超声波雷达可分为电动式、电磁式、磁致伸缩式、压电式等超声波雷达。压电式超声波雷达在汽车上应用较多。

按照工作频率，超声波雷达可分为 40 kHz、48 kHz、58 kHz 等多种超声波雷达。一般来说，频率越高，灵敏度越高，但水平与垂直方向的探测角度也越小。汽车测距主要使用40kHz 的超声波雷达。

按照使用场景，超声波雷达可分为有超声波泊车辅助(UPA)超声波雷达、全自动泊车辅助(APA)超声波雷达等。UPA 超声波雷达的探测距离为 15～250 cm，安装在汽车前后保险杠上，用于汽车前后障碍物的测距；APA 超声波雷达探测距离为 30～500cm，安装在汽车侧面，用于汽车侧面障碍物的测距。通常，一套汽车倒车辅助系统需要在车后安装 4 个 UPA 超声波雷达；而自动泊车系统需要在倒车辅助系统的基础上，再增加车前 4 个 UPA 和车侧 4 个 APA 超声波雷达。

按照检测距离，超声波雷达可分为短距离用超声波雷达(0.5 m 以内)、中距离用超声波雷达(2 m 以内)、大距离用超声波雷达(10 m 以内)等。

3. 超声波雷达的结构

直探头式超声波雷达如图 3-122 所示，它由压电晶片、吸收块(阻尼块)、保护膜、接线片等组成。

压电晶片多为圆板形，超声波频率与压电晶片厚度成反比，压电晶片的两面镀有银，作为导电的极板。吸收块(阻尼块)的作用是降低晶片的机械品质，吸收声能量；如果没有吸收块(阻尼块)，当激励的电脉冲信号停止时，压电晶片将会继续振荡，加长超声波的脉冲宽度，使分辨率变差。

在发射端，对压电晶片施加 40 kHz 的激励脉冲电压，晶片会根据所加的高频电压极性伸长或缩短并产生高频振动，发射频率是 40 kHz 的超声波。超声波被障碍物反射后会被接收器接收，接收器再利用压电材料的压电效应，将超声波转换成电荷。

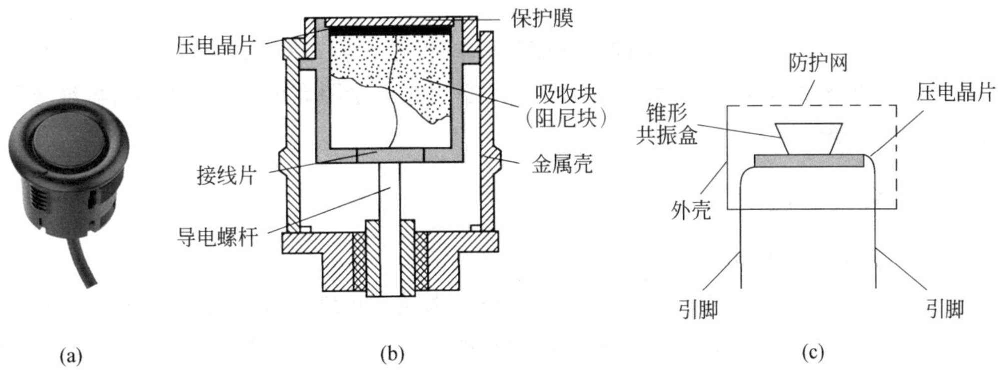

图 3-122　直探头式超声波雷达

(a) 外形；(b) 结构；(c) 简图

4. 超声波雷达的应用

超声波雷达主要用于倒车防撞预警系统和自动泊车系统。用于倒车防撞预警系统的组成及工作原理如图 3-123 所示。

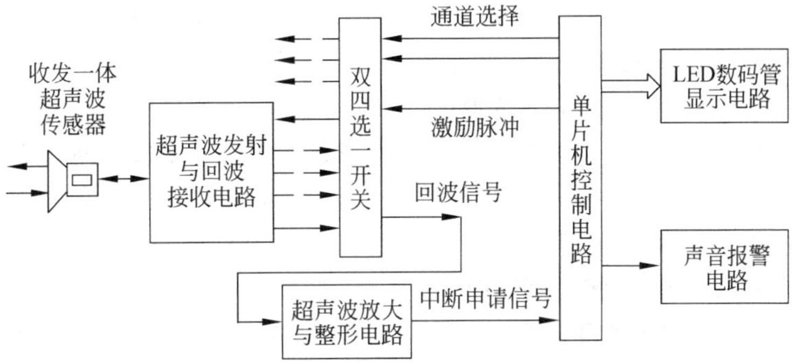

图 3-123　超声波雷达用于倒车防撞预警系统

倒车防撞预警系统由四路收发一体封闭(防水)型超声波传感器及其超声波发射与回波接收电路、超声波电信号放大电路、单片机控制电路、LED 数码管显示电路和蜂鸣器声音报警电路组成。

当汽车倒车时由倒车换挡装置自动接通超声波倒车雷达系统电源，系统上电复位，进入工作状态。单片机编程产生一串 40 kHz 的矩形脉冲电压，经四选一模拟开关加到超声波发射与回波接收电路，经放大驱动超声波传感器发射出超声波，同时单片机开始计时。发射出的超声波碰到障碍物后形成反射波，部分反射波返回作用于超声波传感器，经超声波传感器的声/电转换，变成微弱的电信号，该微弱的电信号经放大、整形产生负跳变电压，向单片机发出中断申请。单片机收到中断申请的信号后，立即响应中断，执行外部中断服务程序，停止计时，得到超声波发送和返回的时间 T，计算出发射点离障碍物的距离 S，即 $S=(c\cdot T)/2$。c 是超声波在空气中的传播速度，在常温 25℃时，c 约为 346 m/s。

若发射出的超声波在测距范围内未遇到障碍物，直到单片机定时中断产生，执行定时中断服务程序，选择下一路，依次按后左路、后左中路、后右中路、后右路的顺序继续发射和接收超声波，并经过计算处理。四路探测处理完毕，选择四路中测出的最小距离值通过 LED

数码管显示出来。

当最小距离值小于预先设定的报警距离时,单片机接通蜂鸣器的电源,蜂鸣器发出报警声。若四路探测无回波中断申请,则显示"-.--",表明在安全距离内没有障碍物,再继续下一轮的循环探测处理。

3.5.10 毫米波雷达

1. 毫米波雷达的功能

毫米波是指波长为1～10 mm的电磁波,位于微波与远红外波相交叠的波长范围,因而兼有两种波谱的特点(兼具微波雷达和光电雷达的优点)。毫米波具有波长短、频段宽(30～300 GHz)、易实现窄波束、分辨率高、不易受干扰等特点。

毫米波雷达是专用于汽车驾驶辅助系统(ADAS)的微波雷达传感器,可用于主动碰撞避免或预碰撞系统(CAS或PS)、自动紧急制动系统(AEB)、自适应巡航系统(ACC)、盲点检测(BSD)、前方碰撞预警(FCW)、车道改变辅助(LCA)/偏移报警系统(LDWS)、安全车距预警、后方横向交通告警(RCTA)等汽车驾驶辅助系统中。

车载毫米波雷达的工作频率一般为24 GHz和77 GHz。

24 GHz近距离毫米波雷达主要负责近距离探测,探测距离是30 m,探测角度是水平±80°,主要应用于盲点检测系统和后碰撞预警系统等。

77GHz长距离毫米波雷达主要负责中、长距离探测,中距离毫米波雷达的探测距离是80 m,探测角度是水平±40°,主要应用于侧向交通辅助系统和变道辅助系统等;长距离毫米波雷达的探测距离是200 m,探测角度是水平±18°,主要应用于自适应巡航系统、自动紧急制动系统和前方碰撞预警系统等。

2. 多普勒的测距、测速、测角度原理

超声波雷达、毫米波雷达和激光雷达都属于雷达,它们是利用无线电的反射发现目标并测定它们的空间位置。雷达测距原理很简单,就是把无线电波发出去,然后接收回波,根据收发的时间差测得目标的位置数据和相对距离。

超声波雷达、毫米波雷达和激光雷达都基于多普勒效应工作,但是毫米波雷达发射的是窄波束,激光雷达发射的是光线。

1) 多普勒效应

多普勒效应,是指当声音、光和无线电波等振动源与观测者以相对速度v运动时,观测者所收到的振动频率与振动源所发出的频率不同的现象。当目标向雷达天线靠近时,反射信号频率将高于发射信号频率;反之,当目标远离天线时,反射信号频率将低于发射信号频率。

2) 多普勒测距原理

雷达工作时,发射机向空间发射一串重复、周期一定的电磁波脉冲。如果在电磁波传播的途径上有目标存在,那么雷达就可以接收到由目标反射回来的回波。由于回波信号往返于雷达与目标之间,它将滞后于发射脉冲一个时间,如图3-124所示。

电磁波的能量是以光速传播的,设目标的距离为R,则传播的距离等于光速c乘以时间间隔t_r,即

$$2R = c \cdot t_r$$

或

$$R = c \cdot t_r / 2$$

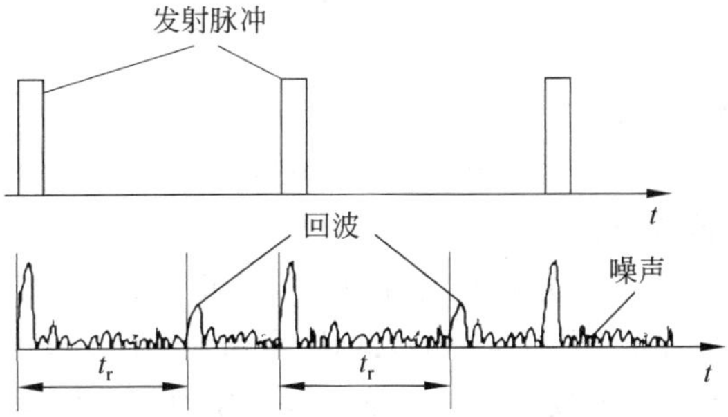

图 3-124　多普勒测距原理

式中，R——目标到雷达的单程距离，m；

t_r——电磁波往返于目标与雷达之间的时间间隔，s；

c——电磁波在空气中传播的速度，$c \approx 3.0 \times 10^8$ m/s。

由于电磁波传播的速度很快，雷达技术常用的时间单位为 μs，回波脉冲滞后于发射脉冲为 1 μs 时，所对应的目标距离 $R = c \times t_r / 2 = 3.0 \times 10^8\ \text{m/s} \times 1 \times 10^{-6}\ \text{s}/2 = 150\ \text{m}$。测量的精度和分辨率与发射信号带宽(或处理后的脉冲宽度)有关。脉冲越窄，性能越好。

目标距离 R 的测量关键就是要精确地测定目标回波相对于发射信号脉冲的延迟时间 t_r。为了提高目标距离 R 测量精度，常采用数字测距方法。数字式测距只要记录回波脉冲到达时的计数脉冲的数目 n，根据计数脉冲的重复周期 T，就可以计算出回波脉冲相对于发射脉冲的延迟时间 $t_r = n \times T$。

T 为已知值，测量 t_r 实际上变成测量回波脉冲到达时的计数脉冲的数目 n。为了减少误差，通常计数脉冲产生器和雷达定时器触发脉冲在时间上是同步的。目标距离 R 与计数脉冲数 n 之间的关系为

$$m = t_r f = \frac{2R}{c} f$$

$$R = \frac{cn}{2f}$$

式中，f——计数脉冲重复频率。数字式测距中，对目标距离 R 的测定转化成测量脉冲数 n，从而把时间 t_r 这个连续量变成了离散的脉冲数。当目标回波峰值出现在第 n 个与 $n+1$ 个计数脉冲之间时，就会产生相应的误差。从提高测量精度，减少误差的观点来看，计数脉冲频率 f 越高越好，这时对器件速度的要求提高，计数器的级数相应增加。

3）多普勒测速原理

雷达测速的方法主要有两大类。

一类是基于雷达测距原理实现，即以一定时间间隔连续测量目标距离，用两次目标距离的差值除以时间间隔就可得知目标的速度值，速度的方向根据距离差值的正负就可以确定。这种方法系统结构简单，测量精度有限。

另一类测速方法是利用多普勒频移 f_d。多普勒频移是指当目标与雷达之间存在相对速度时，接收回波信号的频率与发射信号的频率之间会产生一个频率差，这个频率差就是多普勒频移 f_d。它的数值为

$$f_d=\frac{2v}{\lambda}$$

式中,f_d——多普勒频移,Hz;

v——激光雷达与目标间的径向相对速度,m/s;

λ——发射激光的波长,m。

当目标向着雷达运动时,$v>0$,回波信号频率提高也就是雷达与被测目标的距离减小;反之 $v<0$,回波信号频率降低,雷达与被测目标距离增大。所以只要通过数字信号处理器,运用傅里叶变换,能够求得多普勒频移 f_d,就可以确定目标与雷达的相对速度。对于车载雷达,就可以根据自身车速推算出被测目标的速度。

4) 多普勒测角原理

测量障碍物的角度是通过处理多个接收天线收到的信号时延来实现的。多普勒测角原理如图 3-125 所示,振荡器 TX 发出的发射波频率为 f_0,遇到"目标"返回,回波频移为 f_b并分别被两个接收天线 RX1、RX2 收到。由于回波的路径不同,RX1、RX2 的回波信号有时间差,根据时间差可计算出角度。

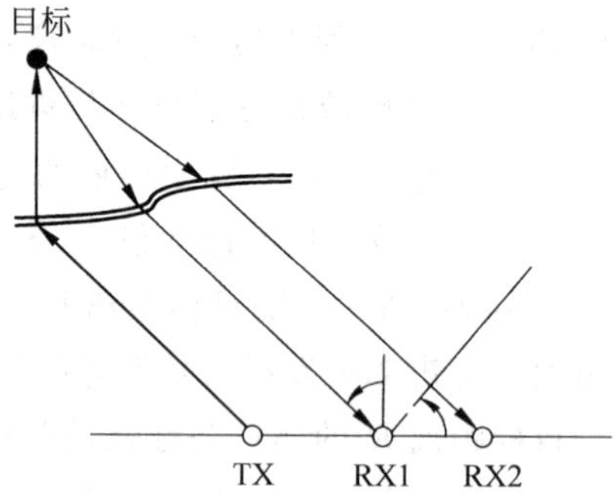

图 3-125 多普勒测角原理

3. 毫米波雷达的组成

毫米波雷达主要由雷达天线、前端单片 PCB(发射机、接收机、信号处理器)、外壳等组成,如图 3-126 所示。

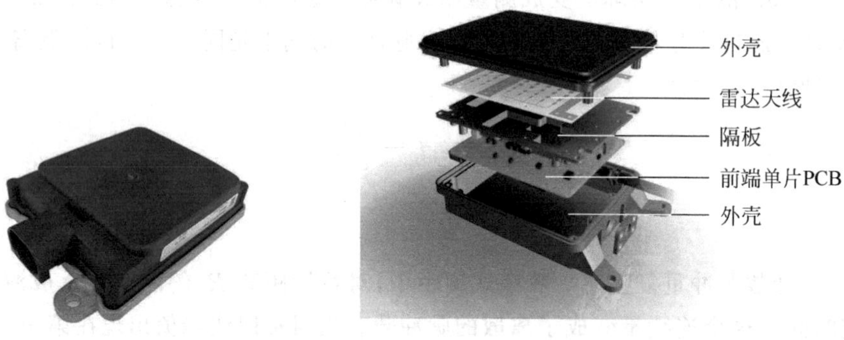

(a) (b)

图 3-126 毫米波雷达的组成

(a) 外形;(b) 分解图

雷达天线的作用是将电能与电磁波之间进行转换,包括发射天线和接收天线,分别发射和接收毫米波。目前毫米波雷达天线的主流方案是微带阵列,将天线集成在高频 PCB 上,需要在较小的集成空间中保持天线足够的信号强度。由于毫米波的波长很短,而天线尺寸与波长相当,所以毫米波雷达的天线可以很小,用微带贴片天线技术将多根天线贴在 PCB 上的接地层上,实现多根天线构成阵列天线,达到窄波束的目的。随着收、发天线个数的增多,这个波束可以很窄。车载雷达中比较常见的是平面天线阵列雷达,平面雷达没有旋转机械部件,从而能保证更小的体积和更低的成本。

前端单片 PCB，又称前端微波集成电路（MMIC），由发射机、接收机、信号处理器等组成，具有电路损耗小、噪声低、频带宽、动态范围大、功率大、附加效率高、抗电磁辐射能力强等特点。其中，发射机用于生成高频射频信号，接收机用于将高频射频电信号转化为低频信号，信号处理器用于在信号中计算出距离、速度、角度等信息。

4. 毫米波雷达发射波的调制方式

根据辐射电磁波方式不同，毫米波雷达主要有脉冲以及连续波两种工作体制。其中连续波又可以分为 FSK（频移键控）、PSK（相移键控）、CW（恒频连续波）、FMCW（调频连续波）等方式。汽车用毫米波雷达发射波的调制方式大多采用调频连续波式。

不同调频方式的雷达硬件构成基本相同，只有小部分电路模块、电路参数与信号处理算法有所区别；对于单个静止物体的测量，锯齿波调制方式即可满足；对于运动物体，多采用三角波调制方式。

图 3-127 给出了静止目标下三角波调制的调频连续波，它的频率在时间上按照三角形规律变化。电磁波传播过程中遇到目标会发生反射，接收天线接收到回波信号时，在这段时间内发射机的频率相较回波频率已经发生变化，将发射机直接耦合的信号与接收天线收到的目标回波通过接收机的混频器，输出差频信号，通过对差频信号的测量可以计算出目标的距离。

根据三角关系，可推导出目标距离 R 与中频信号频率 f_{IF} 的关系为

$$R=\frac{cT_m}{4\Delta F}f_{IF}$$

式中，c——电磁波波速，m/s；

T_m——三角调频连续波的调制周期，s；

f_{IF}——差频信号的频率，Hz；

ΔF——调频带宽，Hz。

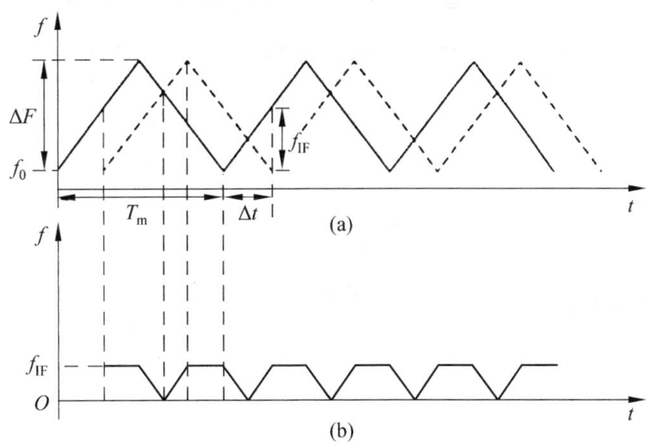

图 3-127　静止目标下三角波调制的调频连续波

(a) 三角波发射信号；(b) 三角波回波信号

5. 毫米波雷达基本工作原理

毫米波雷达通过天线向外发射毫米波，接收目标反射信号，经后方处理快速准确地获取汽车周围的物理环境信息（如汽车与其他物体之间的相对距离、相对速度、角度、运动方向等），然后根据所探知的物体信息进行目标追踪和识别分类，进而结合车身动态信息进行数

据融合，最终通过ECU进行智能处理。经合理决策后，以声、光及触觉等多种方式告知或警告驾驶员，或及时对汽车做出主动干预，从而保证驾驶过程的安全性和舒适性，减少事故发生几率。毫米波雷达基本工作原理如图3-128所示。

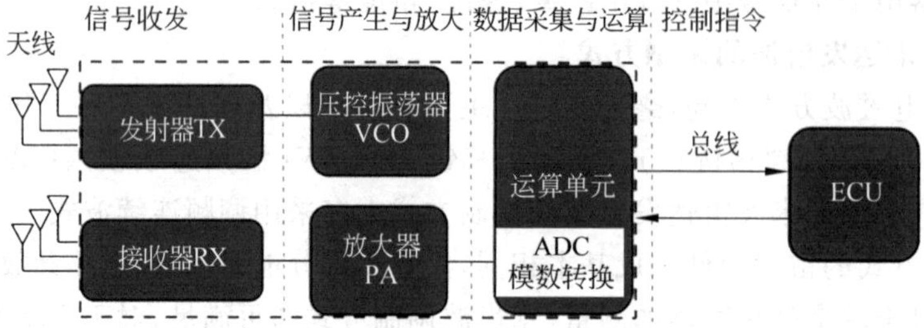

图3-128 毫米波雷达基本工作原理

测距：通过给目标连续发送毫米波信号，然后用传感器接收从物体返回的毫米波，通过探测毫米波的飞行(往返)时间来得到目标物距离。

测速：根据多普勒效应，通过计算返回接收天线的雷达波的频率变化就可以得到目标相对于雷达的运动速度，简单地说就是相对速度正比于频率变化量。

测方位角：通过并列的接收天线收到同一目标反射的雷达波的相位差计算得到目标的方位角。

6. 毫米波雷达的性能指标

目前车载毫米波雷达采集数据项包括汽车前向、后向和侧向障碍物体的位置和速度等信息，前向毫米波雷达常用于AEB(自动制动)、FCW(前方碰撞预警)、ACC(自适应巡航控制)等。后向毫米波雷达常用于BSD(盲点探测)、LCA(变道辅助)、RPC(后方碰撞预警)、RCW(后碰撞预警)等。常用前向毫米波雷达和角向毫米波雷达性能指标见表3-8。

表3-8 常用前向毫米波雷达和角向毫米波雷达性能指标

序号	性能指标	前向毫米波雷达	角向毫米波雷达
1	方位角范围	25°±5°	110°±10°
2	俯仰角范围	4.5°±0.5°	4.5°±0.5°
3	相对速度范围	−120～250 km/h	−120～250 km/h
4	探测距离范围	0.5～190 m(RCS=10 m^2) 0.5～100 m(RCS=3 m^2)	0.5～70 m(RCS=10 m^2) 0.5～30 m(RCS=3 m^2)
5	距离分辨率	0.5 m	0.5 m
6	方位角分辨率	0.2°	0.2°
7	俯仰角分辨率	1°	—
8	相对速度分辨率	1 m/s	1 m/s
9	距离精度	±0.5 m	±0.5 m
10	方位角精度	±0.1°	±0.1°
11	俯仰精度	±0.5°	—
12	相对速度精度	±0.5 m/s	±0.5 m/s

续表

序号	性能指标	前向毫米波雷达	角向毫米波雷达
13	工作频率	20 Hz	20 Hz
14	工作温度	−40～85℃	−40～85℃

3.5.11 激光雷达

1. 激光雷达的特点

激光雷达，即基于光的探测测距。将激光雷达、北斗定位系统和惯性测量装置三种技术集成于一体，可以获得数据并生成精确的数字高程模型。这三种技术的结合，可以高度准确地定位激光束打在物体上的光斑，测距精度可达厘米级。激光雷达最大的优势就是“精准”和“快速、高效作业”，它是一种用于精确获得位置信息的传感器，其在汽车中的作用相当于人类的眼睛，能够确定物体的位置、大小、外部形貌甚至材质。

激光雷达实际上是一种工作在光学波段(特殊波段)的雷达，以激光作为载波，以光电探测器为接收器件，以光学望远镜为天线。激光雷达通过发射激光束，然后分析遇到障碍物的回波信号时间来工作，因此激光的特性决定了激光雷达的工作特性。激光具有单色性、高亮度、高方向性、偏振性、相干性等特性。

2. 激光雷达的分类

按激光波段，激光雷达可分为紫外线激光雷达、可见光激光雷达、红外线激光雷达等。

按激光介质，激光雷达可分为气体激光雷达、固体激光雷达、半导体激光雷达、二极管泵浦激光雷达等。

按激光发射波，激光雷达可分为脉冲波激光雷达、连续波激光雷达、混合型激光雷达等。

按激光线束数量，激光雷达可分为单线束激光雷达、4线束激光雷达、8线束激光雷达、16线束激光雷达、32线束激光雷达、64线束激光雷达、128线束激光雷达等。

按有无机械旋转部件，激光雷达可分为机械旋转激光雷达、混合固态激光雷达、固态激光雷达等。

机械旋转与固态激光雷达如图3-129所示，机械旋转激光雷达带有控制激光发射角度

(a) (b)

图3-129 机械旋转与固态激光雷达

(a) 机械旋转激光雷达；(b) 固态激光雷达

的旋转部件，而固态激光雷达则依靠电子部件控制激光发射角度，不需要机械旋转部件。两种激光雷达各有优缺点，近年混合型激光雷达成为发展热点。

由于内部结构有所差别，两种激光雷达的体积大小也不相同：机械旋转激光雷达体积较大、价格昂贵、测量精度相对较高，一般置于汽车外部(常安装于车顶)；固态激光雷达尺寸较小、性价比较高、测量精度相对较低，但可隐藏于汽车车体内。

固态激光雷达通常是基于相控阵、Flash、MEMS三种方式实现的。采用相控阵方式，是通过调节发射阵列中每个发射单元的相位差来改变激光出射角度的。采用3D Flash方式发射面阵光，是以二维或三维图像为重点输出的。采用MEMS方式是通过微振镜的方式改变单个发射器的发射角度进行扫描，由此形成一种面阵的扫描视野。但是固态激光雷达不能进行360°旋转，只能探测前方，因此要实现全方位扫描须在不同方向布置多个固态激光雷达，例如前向激光雷达和角激光雷达。

3. 激光雷达的结构

机械旋转激光雷达诞生早，应用也较多。机械旋转激光雷达主要由激光器、接收器、信号处理单元和旋转机构这四大核心部件组成，如图3-130所示。

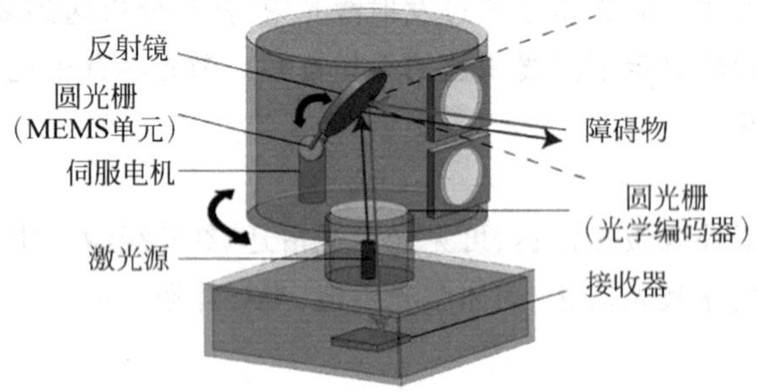

(a)

(b)

图3-130　机械旋转激光雷达的组成

(a) 结构；(b) 外形

激光器：是激光雷达中的激光发射机构。在工作过程中，以脉冲的方式点亮。每秒钟点亮和熄灭可达16000多次。

接收器：激光器发射的激光照射到障碍物以后，通过障碍物的反射，反射光线会经由镜头组会聚到接收器上。

信号处理单元：负责控制激光器的发射，以及接收器收到的信号的处理。根据这些信息计算出目标物体的距离信息。

旋转机构：负责将上述核心部件以稳定的转速旋转起来，从而实现对所在平面360°的全方位扫描，并产生实时的平面图信息。

机械旋转激光雷达在360°运行时，旋转的测距装置需要电能和传输数据信息，但如果采用导线直接连接就会导致导线缠绕，无法正常工作。因此，需要有一个电旋转连接器(俗称“滑环”)来传输能量和数据信息。近年来，采用光磁融合技术，即非物理接触的无线供电和无线数据传输技术，可实现旋转测距装置的电能供给和数据信息传输。

4. 激光雷达基本工作原理

激光雷达通过激光器以脉冲的方式向外发射激光，接收器接收目标物体反射信号，经信号处理单元进行计算分析，快速准确地获取汽车周围的物理环境信息（如汽车与其他物体之间的相对距离、相对速度、角度、运动方向等），然后根据所探知的目标物体信息进行目标追踪和识别分类，能使汽车自动实现对路况的判断，进而结合车身动态信息进行数据融合，最终通过汽车车身 ECU 对汽车进行智能控制。激光雷达基本工作原理如图 3-131 所示。

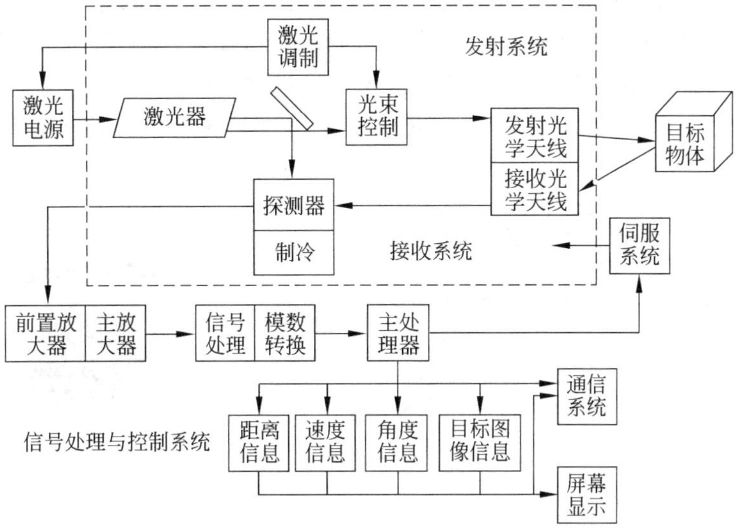

图 3-131　激光雷达基本工作原理

1）激光雷达的测距原理

主要有脉冲测距和相位测距两种，采用多普勒测距原理。

（1）激光脉冲测距。测距仪发出光脉冲，经被测目标反射，光脉冲回到测距仪接收系统。测量其发射和接收光脉冲的时间间隔（即光脉冲在待测距离上的往返传播时间），然后根据光速计算出距离。脉冲测距精度不高，并且需要“巨脉冲”，测距时用的光脉冲功率很大，一般峰值功率在 1 MW 以上，脉冲宽度在几十毫秒以下。

（2）激光相位测距。通过对发射的激光强度进行连续的调制，测定调制光往返过程中所经过的相位变化，从而间接测量出传播时间、传播距离。

2）激光雷达的测速原理

根据多普勒效应，通过计算返回接收器的雷达波的频率变化就可以得到目标相对于雷达的运动速度，简单地说就是相对速度正比于频率变化量。

3.5.12　视觉传感器

利用视觉传感器获取汽车前方道路环境图像，根据投影变换模型推导出单目测距算法，编写软件实现求解车距功能。视觉测距根据镜头和布置方式不同，可分为双目视觉传感器、单目视觉传感器、环视视觉传感器等。

双目视觉测距是基于三角测量的方法，模仿人类利用双目视差感知距离，但在处理过程中需要进行图像匹配，对硬件和算法要求高；单目视觉测距具有结构简单、成本低的优点，并节省了图像匹配的工作。

视觉传感器是指电荷耦合器件（CCD），CCD 摄像机优点是采用双目摄像系统模拟人体视觉原理,测量精度高。缺点是目前价格高,同时受到软件和硬件的限制,成像速度和图像处理较慢。

视觉传感器主要由镜头、影像传感器(主要是CCD/CMOS器件)、数字信号处理(DSP)等组成。被摄物体经过镜头聚焦至CCD,CCD由多个x-y纵横排列的像素点组成,每个像素都由一个光电二极管及相关电路组成,光电二极管将光线转变成电荷,收集到的电荷总量与光线强度成比例,所积累的电荷在相关电路的控制下,逐点移出,经滤波、放大,经过DSP后形成视频信号输出,再通过I/O接口传输到计算机进行处理后,通过显示屏就可以看到图像了。再通过一定的数学变换,就可获得车距信息。视觉传感器工作原理如图3-132所示。

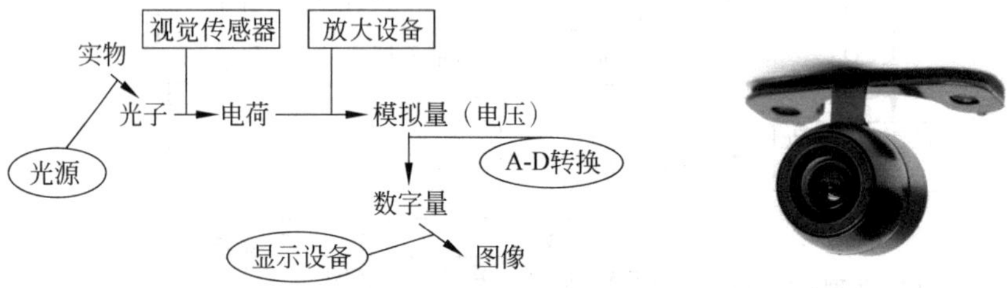

图3-132　视觉传感器工作原理

3.6　流量传感器

3.6.1　体积流量与质量流量

流量是指单位时间内流过管道某截面液体的体积或质量。前者称为体积流量,后者称为质量流量。

流体的性质各不相同,例如液体和气体在可压缩性上差别很大,其密度受温度、压力的影响也相差悬殊,况且各种流体的黏度、腐蚀性、导电性等也不一样,很难用同一种方法测量其流量。

在一段时间内流过的流体量就是流体总量,即瞬时流量对时间的累积。流体总量对于计量物质的损耗与储存等都具有重要的意义。如果气体密度在各处是均匀的,则流量可简单地表示为

$$Q_V = vA$$

$$Q_M = \rho vA$$

式中,Q_V——体积流量;

Q_M——质量流量;

v——流体速度;

A——管道截面积;

ρ——流体密度。

测量流体总量的仪表称为计量表,测量瞬时流量的仪表称为流量计。

汽车上需要测量流量的场合主要有:

(1) 空气流量测量,用于发动机喷油和点火时的计算依据;

(2) 燃油流量测量，用于预测剩余燃油量行驶里程；

(3) 废气再循环流量测量，用于废气再循环系统的检测；

(4) 二次空气泵流量测量，用于检测尾气排放量；

(5) 制冷剂流量测量，用于自动空调系统的制冷量的控制。

流量传感器应用于不同场合的性能要求见表3-9。

表3-9 流量传感器应用于不同场合的性能要求

应用场合	测量类型	流量变化范围/(kg/h)	精确度/%
进气系统	质量	10～1000	±4
燃油流量(行驶里程测量中)	质量/体积	1～66	±10
废气再循环流量	质量	30～100	±10
二次空气泵流量	体积	50	±20
燃油流量(空气比反馈控制中)	质量/体积	1～66	±4

3.6.2 空气流量传感器

空气流量的测量原理主要有电位器式、卡门涡旋式、量热式、压差式等方法。其中，电位器式空气流量传感器趋于淘汰。

1. 卡门涡旋式空气流量传感器

1) 测量原理

卡门涡旋式空气流量计也是直接测量空气流量。其工作原理是在均匀的流体中央放置一个锥体状涡流发生器，当空气流过涡流发生器时，下游将产生有规律交错的旋涡，这种旋涡被称为卡门涡旋旋涡。

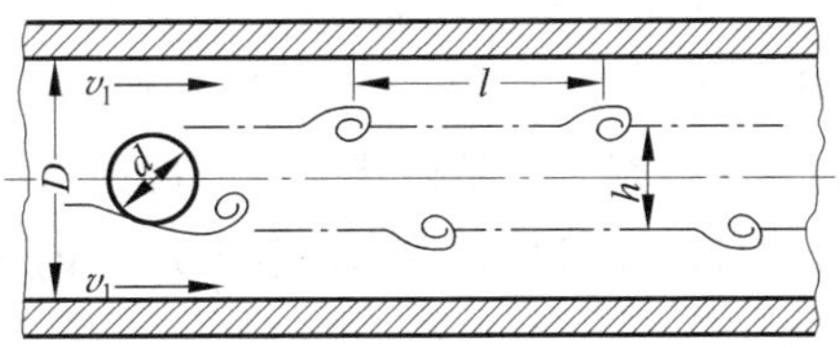

图3-133 卡门涡旋形成原理

管路中设置了圆柱状物之后，就会形成如图3-133所示的涡旋，若两列平行的涡旋相距为h，同一列中先后出现的两个涡旋的间隔距离为l，当比值h/l为0.281时，所形成的涡旋是稳定的并且是周期性的。这时，单侧涡旋的产生频率f与流体速度v_1之间有如下关系：

$$f = Sr\frac{v_1}{d}$$

式中，v_1——柱状体两侧处的流速，m/s；

d——柱状体迎流面的最大宽度，m；

Sr的量纲为1，在柱状体形状确定后，在一定的雷诺数范围内为常数，称为斯特劳哈尔数。

根据流体的连续性，可知

$$S_1v_1 = Sv$$

式中，S_1——柱状体两侧流通面积，m^2；

S——管道整个流通面积，m^2；

v——管道内流体的平均流速，m/s。

设流通面积之比为 n,则

$$n=\frac{S_1}{S}=\frac{v}{v_1}$$

代入上式,得

$$f=Sr\,\frac{v}{nd}$$

即

$$v=f\,\frac{nd}{Sr}$$

对于直径为 D 的管道,设其容积为 q_V 时

$$q_V=\frac{\pi}{4}D^2,\quad v=\frac{\pi}{4}D^2\,\frac{nd}{Sr}f$$

在管状尺寸和柱状体尺寸都已确定时,上式中 f 之前的各常量均为常数,即 q_V 与 f 成正比,因此上式也写为

$$q_V=Kf$$

由此可见,测出频率 f 就可以知道容积流量。

上述推导的前提条件是涡旋稳定,实验证明,在 $h/l=0.281$ 的条件下,不论柱状物是圆柱、方柱还是三角柱都能达到稳定状态。

在一定的条件下,Sr 为一常数,圆柱体为 0.21;三角柱为 0.16;方柱为 0.12;矩形柱为 0.17 等。

柱状体几何形状的设计,一方面与涡旋频率的检测手段有关,另一方面要使涡旋尽量沿柱状物的长方向同时产生,且同时与柱状物分离,这样才容易得到稳定的涡流,而且信噪比强,容易检测。但是柱状体的长度是有限的,靠近管道轴线处的流速高,靠近管壁处的流速低,而且沿柱状物长方向的各处产生的涡旋也不容易同步,由此,应采用几何形状合理的柱状物。

关于涡旋频率的检测,目前已有多种方法。无非是利用涡旋的局部压力、密度、流速等的变化作用于敏感元件,产生周期性电信号,再经放大整形,得到方形脉冲。

2) *反光镜检测涡旋频率*

在流量计内设置一对发光二极管和光敏三极管。发光二极管发出的光束被一个反射镜反射到光敏三极管上,使光敏三极管导通(见图 3-134)。

反射镜安装在一个很薄的金属簧片上,簧片在进气气流涡旋的作用下,其振动频率与单位时间内产生的涡旋数量相同。由于反射镜同簧片一同振动,因此被反射的光束方向也以相同的频率变化,致使光敏三极管也随光束的变化以同样的频率导通和截止。这一频率直接反映出单位时间内涡旋产生的数量,ECU 根据光敏三极管导通和截止的频率即可计算出进气量。

3) *超声波检测涡旋频率*

超声波检测涡流式空气流量传感器,主要由涡流发生柱、超声波发生器、超声波接收器、集成控制电路、进气温度传感器和大气压力传感器组成,其结构如图 3-135 所示。

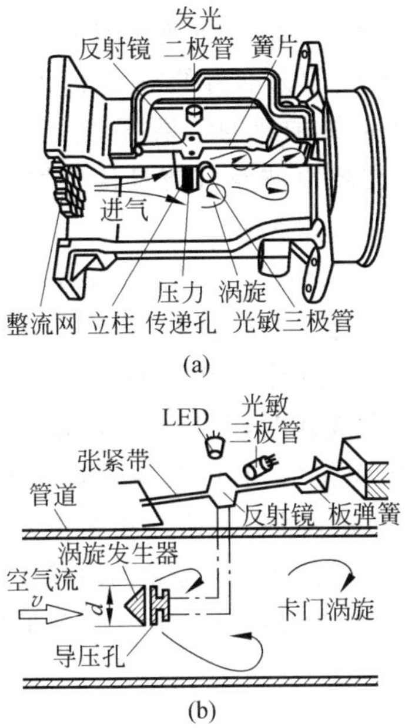

图 3-134　反光镜检测涡旋频率的卡门涡旋式空气流量传感器

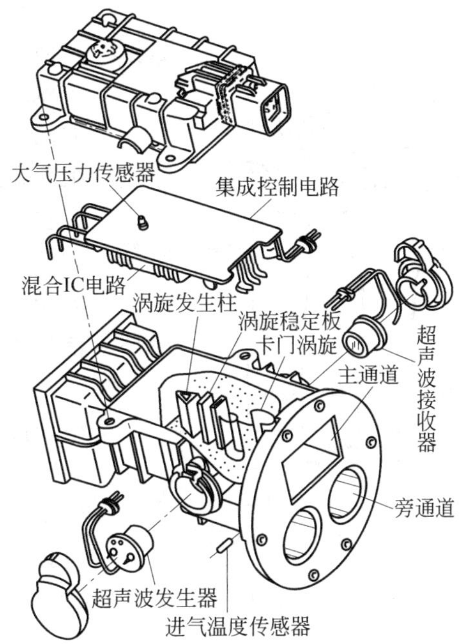

图 3-135　超声波检测涡流式空气流量传感器的结构

超声波式空气流量传感器设有两个空气道，涡流发生器设在主空气道上。设置旁通空气道的目的是为了调节主空气道的流量。因此，对于排气量不同的发动机，通过改变旁通空气道截面积大小，就可使用同一规格的流量传感器来满足流量检测的要求。

超声波检测涡流式空气流量传感器测量空气流量的原理电路如图 3-136 所示。

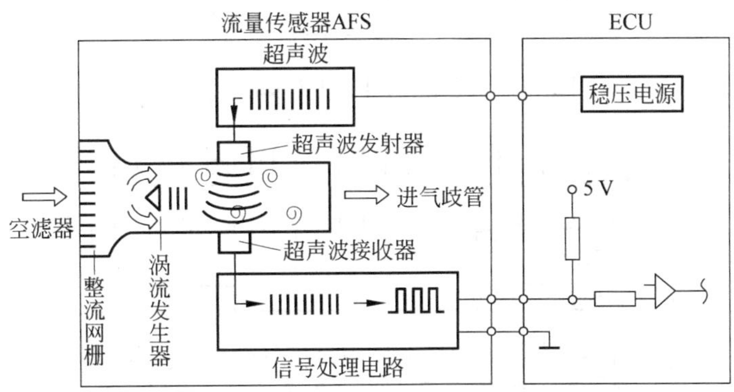

图 3-136　超声波检测涡流式空气流量传感器测量空气流量的原理电路

超声波是频率超过 20 kHz 的机械波，当发动机运转时，超声波发生器发出的超声波通过发射器不断向接收器发出一定频率（40 kHz）的超声波。当超声波通过进气气流到达接收器时，由于受到气流移动速度及压力变化的影响，因此，接收到的超声波信号的相位（时间间隔）以及相位差（时间间隔之差）就会发生变化，控制电路根据相位或相位差的变化就可计量出涡流的频率。旋涡频率信号输入 ECU 后，ECU 就可计算出进气量。图 3-137 所示为超声波通过卡门涡旋后的加、减速情况。

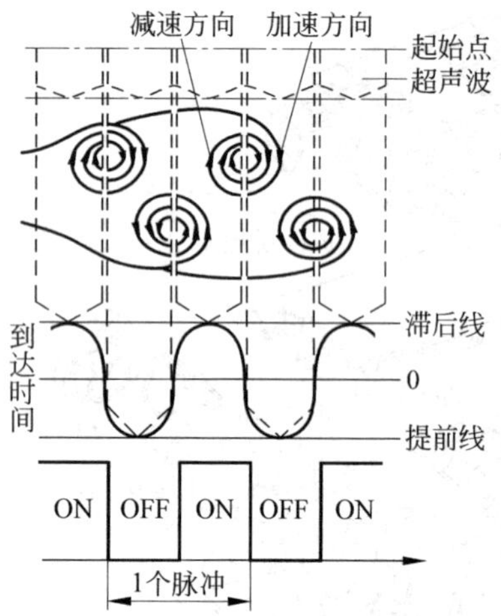

图 3-137 超声波通过卡门涡旋后的加、减速情况

在日常生活中,我们常常遇到这样的现象,当顺着风向喊人时,对方很容易听到;而逆风方向喊人时,对方就不容易听到。这是因为前者的空气流动方向与声波前进方向相同,声波被加速的结果;而后者是声波受阻而减速的结果。在超声波空气流量传感器中,同样存在这种现象,如图 3-138 所示。

超声波发生器之所以设定 40 kHz 的超声波,这是因为在没有旋涡的通道上,发送的超声波与接收到的信号相位和相位差完全相同,如图 3-138(b)所示。

当进气通道上有旋涡时,在接收到的超声波信号中,有的受加速作用而超前,有的受减速作用而滞后,如图 3-138(c)、(e)所示,因此其相位和相位差就会发生变化。集成控制电路在信号相位超前时输出一个正向脉冲信号,在信号相位滞后时输出一个负向脉冲信号,如图 3-138(d)、(f)所示,从而表明旋涡的产生频率。

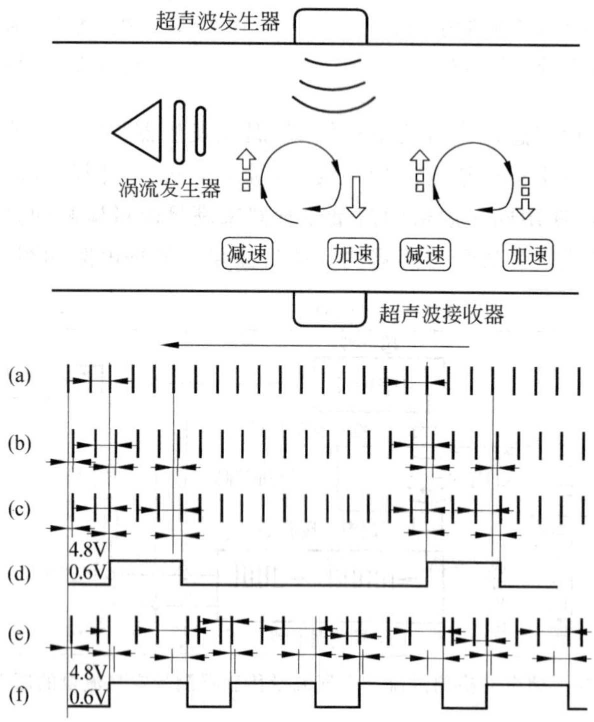

图 3-138 超声波检测涡流式空气流量传感器输出波形示意图

(a) 发射的超声波;(b) 无旋涡时接收到的超声波;(c) 低速时接收到的超声波;(d) 低速时传感器输出波形;(e) 高速时接收到的超声波;(f) 高速时传感器输出波形

当发动机转速低时,进气量小,因此产生涡流的频率低;反之,当发动机转速高时,进气量大,产生涡流的频率就高。

2. 量热式空气流量传感器

1）量热法的类型

流经热物体的流体获得热量而温度升高，热物体本身被冷却而温度下降，这种热量的传递与流体的流速、密度有一定的关系，由此可测出流体的流量和流速。应用量热法测量流量基本分为热导式和热量式两种。

热导式流量测量方法是根据发热体耗散热量与流速的关系，通过测量加热体电阻值（随温度而改变）的变化求得流量。

热量式流量测量是用热源向管道中的流体加热，并检测热源前后两对称点的温度。当流体静止时，流体沿管道轴向分布的温度场对称于热源，故对称点温度相同；当流体流动时，热源前后对称点出现温差，而温差与质量流量存在倒数关系，所以只要确定温差，就可以计算质量流量。

目前，汽车上应用热导式来测量进气管的空气流量，根据回执电阻不同，分为热线式和热膜式两种，其工作原理相似。

在电阻为 R 的细丝上通过电流 I_H 时，细丝就发热。如同时有一种密度为 ρ 的气体，以速度为 v 通过细丝，则加给细丝的电功率 P_{el} 和流体流动时带走的功率 P_V 平衡：

$$P_{el}=I_H^2 \cdot R=P_V=c_1 \cdot \lambda \cdot \Delta T$$

气体带走的功率与细丝与气体的温差 ΔT 和放热系数 λ 成正比。放热系数 λ 的近似公式为

$$\lambda=\sqrt{\rho \cdot v}+c_2=\sqrt{Q_{LM}}+c_2$$

式中，c_1，c_2——常数。

上式表明放热系数是气体质量流量 Q_{LM} 的函数。但当气体流速等于零时，$Q_{LM}=0$ 时仍有一定的热损失，$\lambda \neq 0$，所以添加 1 个常数项 c_2。可得加热电流和质量流量间的关系式：

$$I_H=c_1 \cdot \sqrt{\sqrt{Q_{LM}+c_2}}\sqrt{\frac{\Delta T}{R}}$$

当供给电热丝的电功率不变，即加热电流 I_H 不变，随着气体质量 Q_{LM} 的减小，即 $\sqrt{Q_{LM}}$ 减小，细丝与气体的温差就增大。如果流量增加，调节加热电流 I_H，使细丝与气体的温差不变，如为 100 K，则加热电流与气体质量流量成 $I_H=f(\sqrt[4]{Q_{LM}})$ 的关系。

2）热线式空气流量传感器

热线式空气流量传感器，按其铂金热线安装位置的不同可分为主流测量方式、旁通测量方式两种，如图 3-139 和图 3-140 所示。主流测量方式热线式空气流量传感器由取样管、铂金热线、温度补偿电阻、控制线路板、连接器和防护网组成。热线是一根直径为 70 μm 的铂金丝，安装在取样管中，取样管则安装在主进气道的中央部位，两端有金属防护网，并用卡箍固定在壳体上。控制线路板上有 6 端子插座与发动机 ECU 相连，用于输入信号。

旁通测量方式热线式空气流量传感器与主流测量方式热线式空气流量传感器的主要区别是，它把铂金热线和补偿电阻（冷线）安装在旁通空气道上。热线和温度补偿电阻用铂线缠绕在陶瓷螺旋管上。

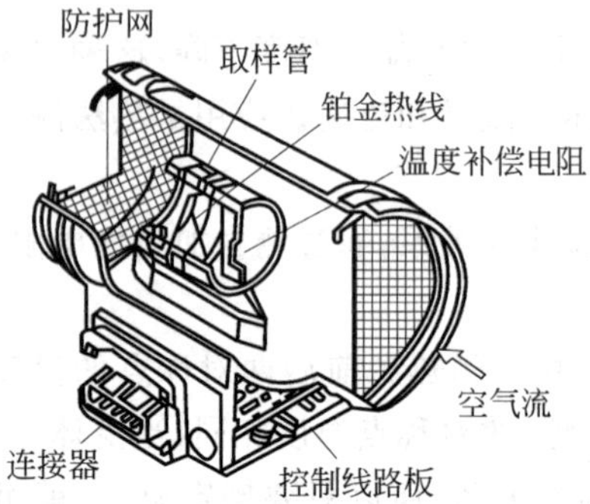

图 3-139 热线式空气流量传感器
(主流测量方式)

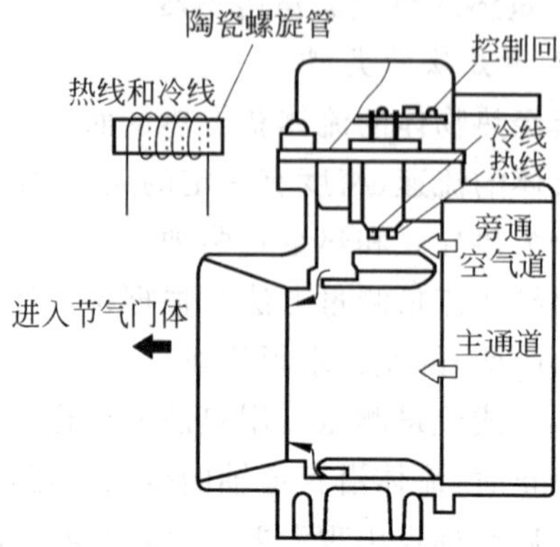

图 3-140 热线式空气流量传感器
(旁通测量方式)

热线式空气流量传感器的工作原理如图 3-141 所示。在进气道上放置一热线 R_H,当空气流经热线时,热线的热量被空气带走,使其冷却。热线周围流过的空气质量越大,被带走的热量越多。热线式空气流量传感器就是利用热线与空气之间的热传递现象,进行空气质量流量测定的。铂金丝由控制电路提供的电流加热到 120℃左右,为解决进气温度变化使热线温度发生变化而影响进气量的测量精度,所以在热线附近安置一根温度补偿电阻。该电阻被安置在进气口一侧,所以又称之为冷线,它的电阻也随温度变化而变化。当传感器工作时,控制电路向冷线提供的电流使冷线温度始终低于热线温度 100℃。这样冷线温度起到参照标准作用,使进气温度的变化不会影响热线测量进气量的精度。

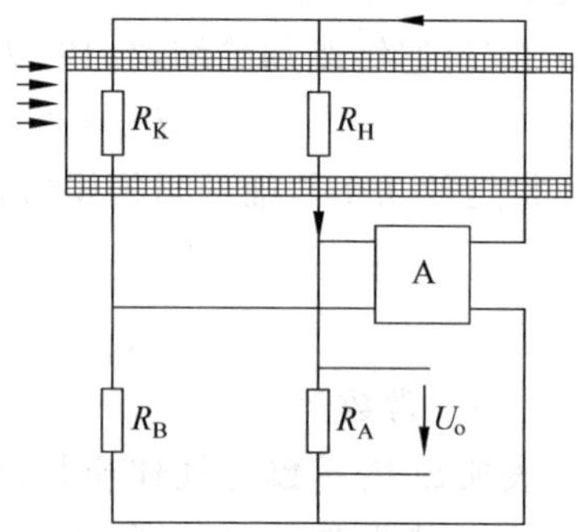

图 3-141 热线式空气流量传感器工作原理
A—混合集成电路;R_H—热线电阻;R_K—温度补偿电阻;
R_A—精密电阻;R_B—电桥电阻

当空气质量增大时,由于空气带走的热量增多,为保持热线温度,集成电路应使热线 R_H 通过的电流增大,反之,则应减小。这样,使通过热线 R_H 的电流随空气质量流量的增大而增大,反之,随空气质量的减小而减小。热线电流 I_H 在 50～120 mA 之间变化,大小取决于空气质量流量。热线加热电流给出输出信号,大小为通过惠斯登电桥电路中精密电阻 R_A 上的电压降。在惠斯登电桥的另一端有温度补偿电阻 R_K 和电桥电阻 R_B,为了减少电能消耗,它的电阻值较高,通过的电流仅有几毫安。补偿电阻 R_K 用于测量进气温度。

热线式空气流量传感器还有自洁功能,当发动机停火时,电路会把热线自动加热至 1000℃,以清洁流量计。

热线式空气流量传感器的输出特性曲线如图 3-142 所示。

3) 热膜式空气流量传感器

热膜式空气流量传感器是热线式空气流量传感器的改进产品,其发热元件采用平面形铂金属膜电阻器,故称热膜电阻。热膜电阻的制作方法是:首先在氧化铝陶瓷基片上采用蒸发工艺淀积金属薄膜,然后通过光刻工艺制作成梳状图形电阻,将电阻值调节到设计要求的阻值后在其表面覆盖一层绝缘保护膜，再引出电极引线而制成。

热膜式空气流量计的结构如图 3-143 所示。

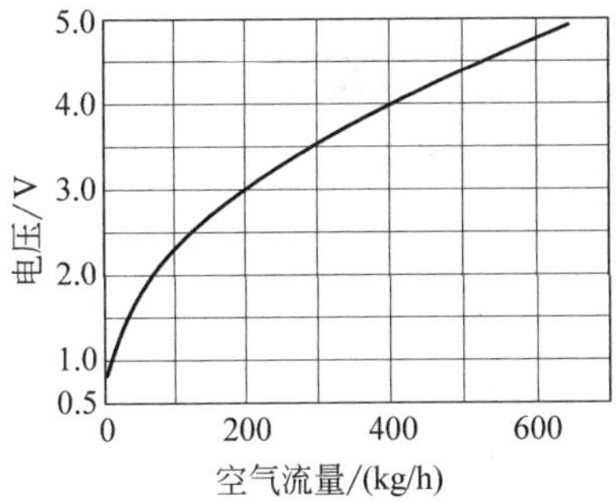

图 3-142　热线式空气流量传感器的输出特性曲线

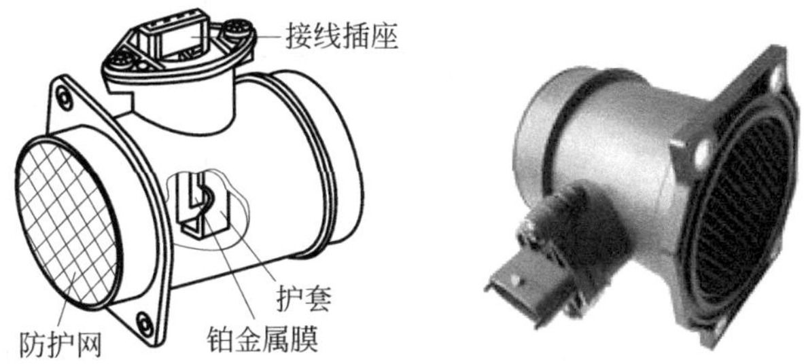

图 3-143　热膜式空气流量计的结构

在传感器的内部的进气通道上设有一个矩形护套（相当于取样套），热膜电阻设在护套中（见图 3-144）。为了防止污物沉积到热膜电阻上影响测量精度，在护套的空气入口一侧设有空气过滤层，用以过滤空气中的污物。为了防止进气温度变化使测量精度受到影响，在热膜电阻附近的气流上游设有铂金属膜式温度补偿电阻。温度补偿电阻和热膜电阻与传感器内部控制电路连接，控制电路与线束连接器插座连接，线束设在传感器壳体中部。与热线式流量传感器相比，热膜电阻的阻值较大，所以消耗电流较小，使用寿命较长。但是由于其发热元件表面制作有一层保护薄膜，存在辐射热传导作用，因此响应特性稍差。

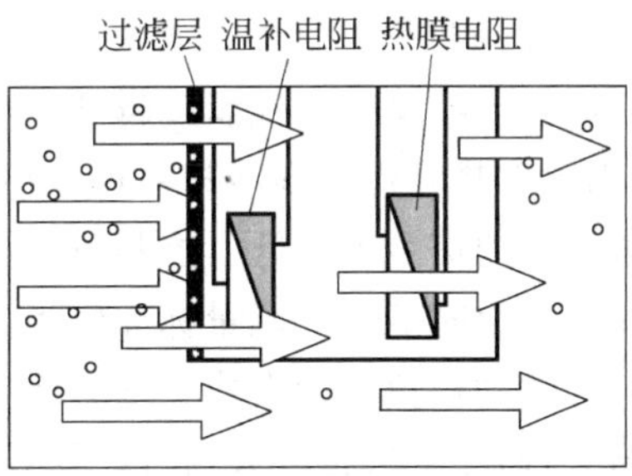

图 3-144　热膜式空气流量传感器的内部元件示意图

在热膜式空气流量传感器中，采用了恒温差控制电路来实现流量检测。恒温差控制电路如图 3-145 所示，发热元件电阻 R_H 和温度补偿电阻（进气温度传感器）R_T 分别连接在惠斯登电桥电路的两个臂上。当发热元件的温度高于进气温度时，电桥电压才能达到平衡，并由具有电流放大作用的控制电路 A 控制加热电流（50～120 mA）来使发热元件温度 T_H 与补偿电阻温度 T_T 之差保持恒定（即 $\Delta T = T_H - T_T = 120℃$）。

当空气气流流经发热元件并使其受到冷却时，发热元件温度降低，阻值减小，电桥电压失去平衡，控制电路将增大供给发生热元件的电流，使其温度保持高于温度补偿电阻温度 120℃。电流增量的大小，取决于发热元件受到冷却的程度，即取决于流过传感器的空气量。当电桥电流增大时，取样电阻 R_s 上的电压就会升高，从而将空气流量的变化转化为电压信号 U_s 的变化。输出电压与空气流量之间近似于 4 次方根的关系特征曲线如图 3-146 所示。信号电压输入 ECU 后，ECU 可根据信号电压的高低计算出空气质量流量 Q_M 的大小。

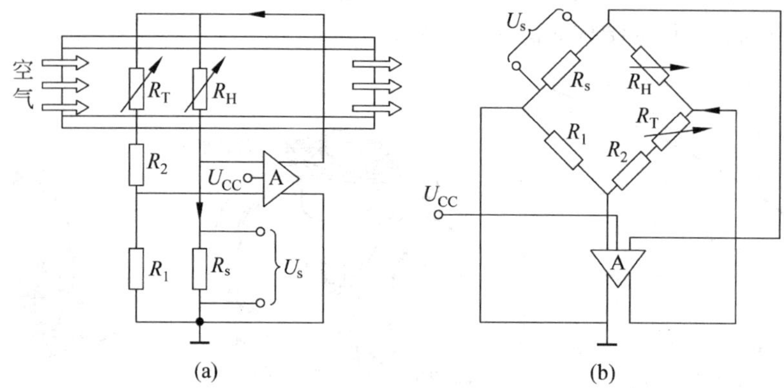

图 3-145　热膜式空气流量传感器电路原理

(a) 电路连接；(b) 电桥电路

R_T—温度补偿电阻(进气温度传感器)；R_H—发热元件(热丝或热膜)电阻；

R_s—信号取样电阻；R_1、R_2—精密电阻；U_{CC}—电源电压；U_s—信号电压；A—控制电路

当发动机怠速或空气为热空气时，因为怠速时节气门关闭或接近全闭，所以空气流速低，空气量少；又因空气温度越高，空气密度越小，所以在体积相同的情况下，热空气的质量小，因此发热元件受到冷却的程度小，阻值减小的幅度小，所以电桥平衡需要的电流小，故取样电阻上的信号电压低。控制单元 ECU 根据信号电压即可计算出空气量，捷达 AT、GTX 型轿车怠速时的空气流量标准值为 2.0～5.0 g/s。

当发动机负荷增大或空气为冷空气时，因为节气门开度增大，空气流速加快，使空气流量增大；而冷空气密度大，在体积相同的情况下冷空气质量大，所以发热元件受到冷却的程度增大，阻值减小幅度大，保持电桥平衡需要的电流增大，如图 3-147 所示，因此当发动机负荷增大时，信号电压升高。

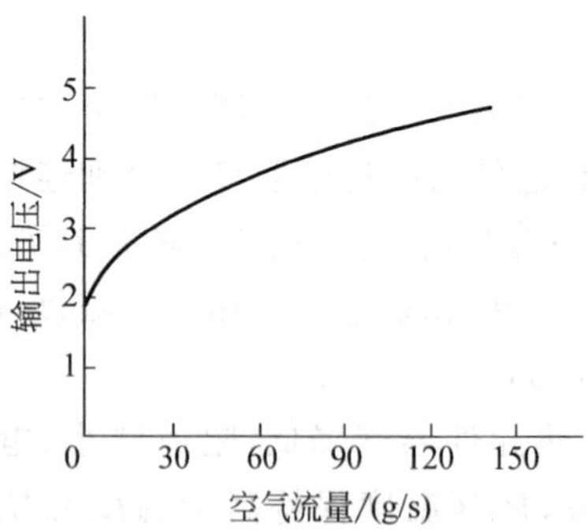

图 3-146　热膜式空气流量传感器输出特性曲线

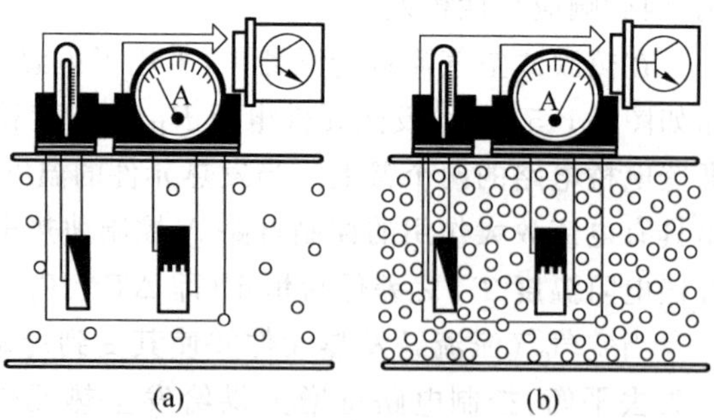

图 3-147　热膜式空气流量传感器测量原理

(a) 怠速或热空气时；(b) 负荷增大或冷空气时

4) 微型空气流量传感器

采用 MEMS 技术制造的检测元件的热膜式空气流量传感器的外观如图 3-148 所示，其构造如图 3-149 所示。为了提高空气流量传感器的检测精度，实现小型轻巧而易于安装，就有必要开发出可以直接插在空气滤清器出口导管上的小型、插入式、响应性高的空气流量传感器。

图 3-148　MEMS 空气流量传感器的外观

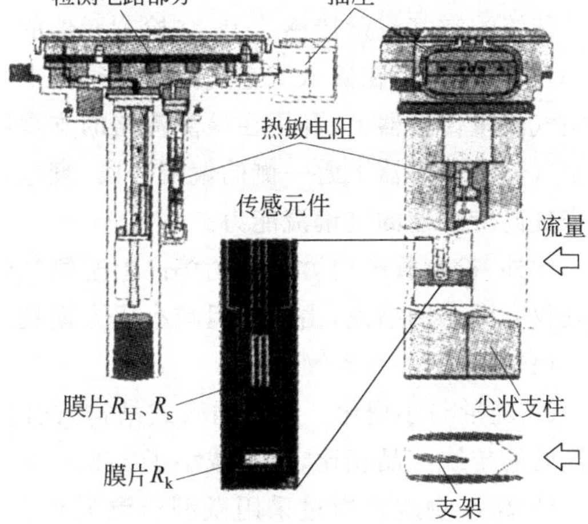

图 3-149　微型空气流量传感器的构造

(1) 检测原理

微型空气流量传感器的工作原理是：通过向检测元件上的发热体供给电流，使其发热，而气流的热传递量与气流的流速相关。在图 3-150 所示的电路中，利用气流温度传感器(R_k)检测气流温度、控制供给发热体的电流，以保证发热体(R_H)的温度要比气流温度高出一定值，用流量信号来表示此时所输出的加热电流时，可以得出加热电流与流量之间的关系如下所示：

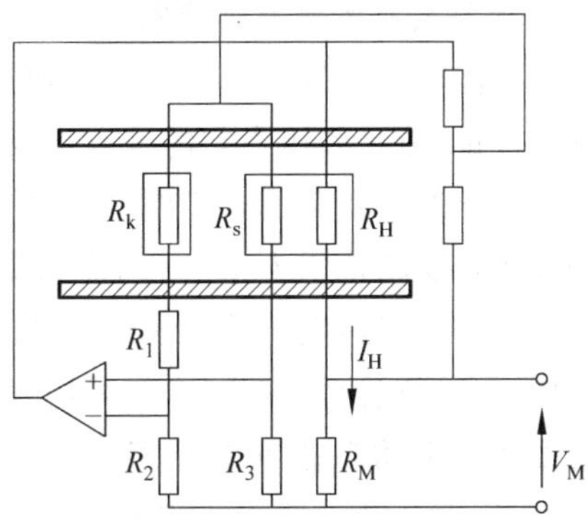

图 3-150　检测电路

$$I_H = \frac{\sqrt{(a + bQ^{0.5})(T_H - T_a)}}{R_H}$$

式中，I_H——加热电流；

Q——流量；

T_H——发热体温度；

T_a——气流温度；

R_H——发热电阻；

a，b——常数。

(2) 检测元件

微型空气流量传感器的检测元件实质上是一个温度传感器，它由一部分硅基片经蚀刻变薄成为数 μm 的膜片，其上还有由铂金膜形成的发热体所形成的发热温度传感器(R_s)。由于发热体是在膜片上形成的，所以可以实现发热体与硅基片之间的热绝缘。此外，因为可以把发热体的热容量做得很小，所以可以实现低耗电与高速响应。

从流量的灵敏度及响应性的角度来看，希望膜片的厚度要薄些，但另一方面，又要求其具有一定的强度，即气流形成的压力及通过空气滤清器的部分气体的碰撞不至于造成膜片破损。要从机械强度的角度设定膜片的厚度与宽度，当发热体的宽度为膜片宽度的 1/2 时，就可以得到满足规格要求的流量灵敏度。

(3) 插入式检测管

传统的空气流量传感器上，在检测元件的上游一侧设置有整流栅进行整流，以保持流速均匀地分布，但是在插入式空气流量传感器上，需要使检测管自身具有这种整流效果。在微型空气流量传感器上，利用在检测流路的支承部位一侧和尖端侧设置的尖峰状剖面的支柱，将空气流量传感器上游一侧的偏流分段、衰减，其目的是使导管内的径向压力分布均匀，由此来提高传感器的抗偏流能力。

此外，检测管的内臂做成稍偏向上游侧的偏平形状，进而通过流管结构的设计使检测部件处仅有微小的缩流，由此不但减小压力损耗，并可得到稳定的流量特性。

(4) 特点

① 轻量与小型化。采用插入式结构，同时设法使电子电路及检测管实现小型化，与带有导管的传统产品相比，质量减小了1/5。

② 高速响应。通过采用微型检测元件，与传统产品相比，电源启动后的响应时间可以提高1个数量级，而且对流量的变化，响应时间也降到原来的1/3，由此实现了高速响应性。

③ 低压力损耗。通过将检测管的形状实现最佳化，使压力损耗降低到仅为传统产品的1/3。

3. 压差式空气流量传感器

测量体积流量的简单方法是在通道中放置一个障碍物，通过测量障碍物周围的压力差来测量流量，流量和压力差的平方根成正比。这种方法只能在窄的流量范围正常工作，因为若要在给出的流量范围下工作，压力传感器必须承受超出这个范围数值平方的压力差。汽车进气流量变动范围为100～1，那么需要压力传感器量程的范围是10 000～1，如果不付出较高成本是不可能实现的。这种方法的一个重要的优点是可以防止污物，因为压力传感器只需要感测通过流量滞止处(如采用环形孔板或圆盘孔板)的压力差。压差测量方法适用于低精度或者小动态范围的应用，如废气再循环(EGR)阀的流量。文丘里流量传感器(见图3-151)、滞止压力式流量传感器(见图3-152)、皮托管流量传感器(见图3-153)具有同样的工作原理。

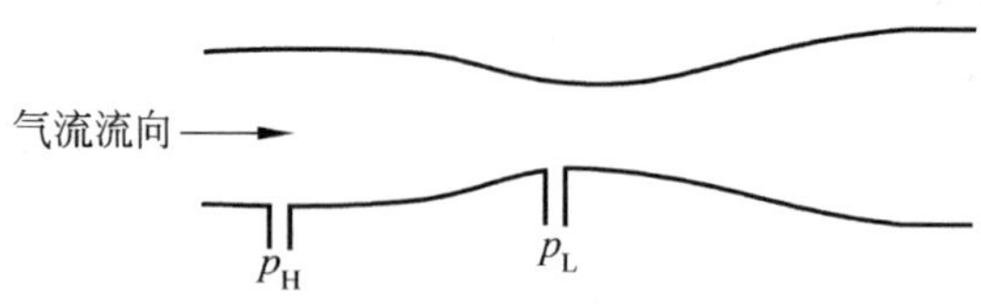

图3-151　文丘里流量传感器

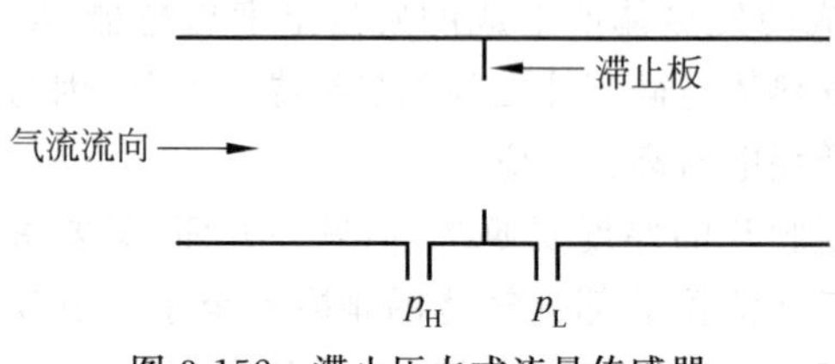

图3-152　滞止压力式流量传感器

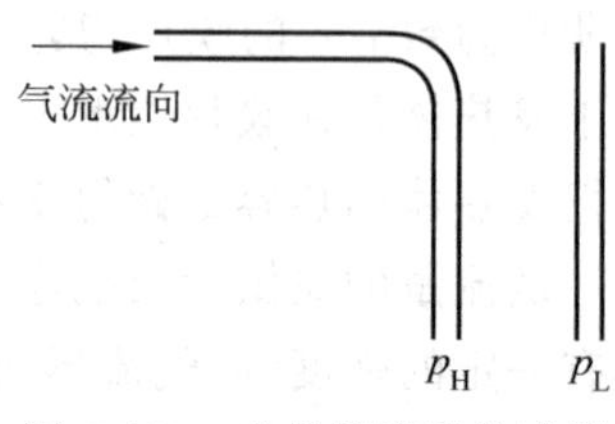

图3-153　皮托管流量传感器

3.6.3 液体流量传感器

1. 差压式液体流量传感器

差压式液体流量传感器与前述的压差式空气流量传感器基本相同，不再赘述。

2. 涡轮式液体流量传感器

涡轮叶片安装在通道上对流体产生较低的阻力，通过计算其旋转速度也可以测量流量。除了因偏转加旋转而易于磨损这一特点之外，它与前面介绍的叶片类似。推荐使用非接触式计数方法（如霍尔效应传感器），这种方法可以很好地应用于测量燃油流量，也广泛地用于汽油油泵。

3. 涡旋式液体流量传感器

在液体流道中放置障碍物会引起液体振荡产生涡旋，可以通过压力变化或使用超声波测量振荡涡旋频率。由于涡旋机理的不稳定性，使这种方法在低流量时工作状况不好，因此，该方法不能用于较大动态范围的测量。

3.7 加速度传感器

加速度传感器在汽车中的应用比较广泛，最初的应用是用作安全气囊中的碰撞传感器。这种传感器通常用于防止驾驶员头部碰撞，也可用于防止乘客与挡风玻璃之间的反弹碰撞冲击。对这些应用的进一步推广是使用加速度传感器探测侧面冲击和翻转，这需要在侧面安装安全气囊。而低加速度（g 级，g 为重力加速度）的加速度传感器则用在悬架控制、ABS、牵引力控制、惯性导航系统、发动机爆燃控制中。

3.7.1 惯性式加速度传感器

惯性式加速度传感器是利用惯性质量在受到加速冲击作用时，产生惯性力。若惯性力大于约束弹簧的弹力，则惯性质量就会移动，从而接通电路。

惯性式加速度传感器主要用于早期的安全气囊系统中，根据惯性质量不同，有滚球式、滚轴式、偏心锤式、水银开关式等类型。

1. 滚球式碰撞传感器

滚球式碰撞传感器工作原理如图 3-154 所示。当传感器处于静止状态时，在永久磁铁磁力作用下，导缸内的滚球被吸向磁铁，两个触点与滚球分离，传感器电路处于断开状态，如图 3-154(a)所示。

当汽车遭受碰撞且减速度达到设定阈值时，滚球产生的惯性力将大于永久磁铁的电磁吸力。滚球在惯性力作用下就会克服磁力沿导缸向两个固定触点运动并将固定触点接通，如图 3-154(b)所示。当传感器用作碰撞信号传感器时，固定触点接通则将碰撞信号输入 SRS ECU；当传感器用作碰撞防护传感器时，则将点火器电源电路接通。

2. 滚轴式碰撞传感器

滚轴式碰撞传感器的结构如图 3-155 所示，这种传感器主要由止动销、滚轴、滚动触点、固定触点、底座和片状弹簧组成。

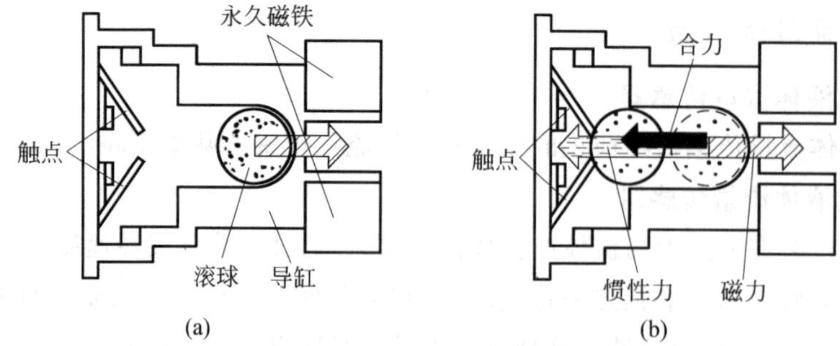

图 3-154 滚球式碰撞传感器的工作原理
(a) 静止状态；(b) 工作状态

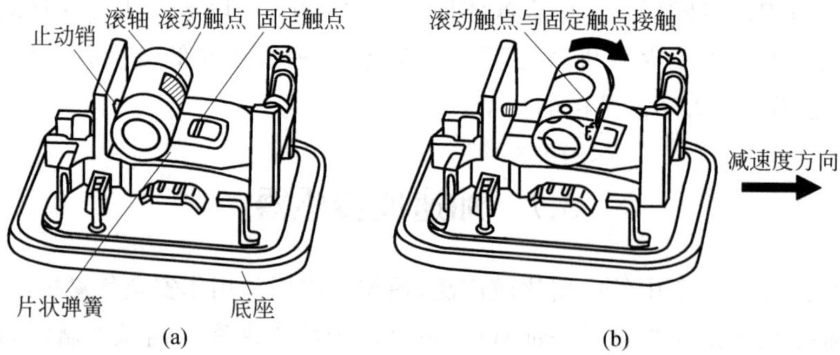

图 3-155 滚轴式碰撞传感器的结构原理
(a) 静止状态；(b) 工作状态

片状弹簧一端固定在底座上，并与传感器的一个引线端子连接，另一端绕在滚轴上，滚动触点固定在滚轴部分的片状弹簧上，并可随滚轴一起转动。固定触点与片状弹簧绝缘固定在底座上，并与传感器的另一个引线端子连接。

汽车未碰撞时，传感器处于静止状态，滚轴在片状弹簧的弹力作用下滚向止动销一侧，滚动触点与固定触点处于断开状态，如图 3-155(a)所示，传感器电路断开。

当汽车遭受碰撞且减速度达到设定阈值时，滚轴产生的惯性力将大于片状弹簧的弹力。滚轴在惯性力作用下就会克服弹簧弹力产生滚动，滚动触点与固定触点接触，如图 3-155(b)所示。当传感器用作碰撞信号传感器时，滚动触点与固定触点接触则将碰撞信号输入 SRS ECU；当传感器用作碰撞防护传感器时，则将点火器电源电路接通。

3. 偏心锤式碰撞传感器

偏心锤式碰撞传感器由壳体、偏心转子、偏心锤、固定触点、转动触点等部分组成。转子总成由偏心锤或重块、转动触点臂及转动触点组成，安装在传感器轴上。偏心锤偏心安装在偏心锤臂上。转动触点臂两端固定有转动触点，转动触点随触点臂一起转动。两个固定触点绝缘固定在传感器壳体上，并用导线分别与传感器接线端子连接。

汽车未碰撞时，在正常情况下(即当传感器处于静止状态时)，偏心锤和偏心锤臂在螺旋复位弹簧弹力的作用下，顶靠在与外壳相连的挡块上，偏心锤与挡块保持接触，转子总成处于静止状态，转动触点与固定触点处于断开状态，开关“OFF”(见图 3-156(a))。

当汽车遭受碰撞时，当偏心锤的惯性力力矩大于螺旋复位弹簧弹力力矩时，惯性力力矩

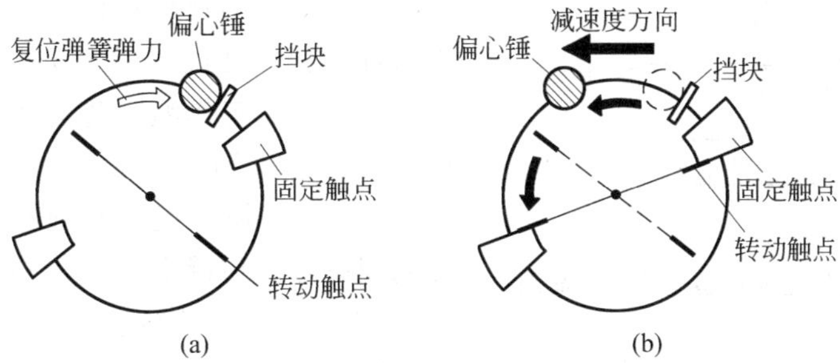

图 3-156　偏心锤式碰撞传感器的工作原理

(a) 静止状态；(b) 工作状态

就会克服弹簧弹力力矩使转子总成转动，从而带动转动触点臂转动。当碰撞强度达到设定阈值时，转子总成偏转角度将使转动触点与固定触点接触而闭合（见图 3-156(b)），此时碰撞传感器便接通 SRS 系统的搭铁回路，向 ECU 输入一个 ON 信号，以引爆充气元件。

4. 水银开关式碰撞传感器

当汽车未碰撞时，传感器处于静止状态，水银在其重力作用下处于如图 3-157(a)所示位置，传感器的两个接线端子处于断开状态。

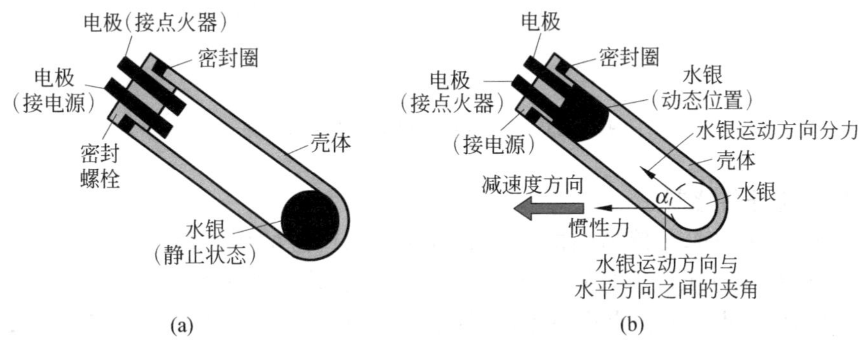

图 3-157　水银开关式碰撞传感器的工作原理

(a) 未碰撞时；(b) 碰撞时

当汽车碰撞时且减速度达到设定阈值时，水银产生的惯性力及其运动方向的分力将克服其重力的分力而将水银抛向传感器电极，使两个电极接通（见图 3-154(b)）。当传感器用作碰撞信号传感器时，两个电极接通则将碰撞信号输入 SRS ECU；当传感器用作碰撞防护传感器时，则将点火器电源电路接通。

3.7.2　压电加速度传感器

1. 压电加速度传感器的工作原理

压电加速度传感器是利用半导体的压电效应制成的，由支撑架、振动块和两者之间的压电元件（如石英）组成（见图 3-158），压电元件的两面都可实现电气连接。压电元件的特性是当其表面受到压力或拉力作用时，会产生电荷。这个电荷被放大输出一个电压，该电压与压电元件所受的压力成正比。压电传感器在一些应用场合是非常实用的，但由于偏差和温度问题（压电效应）的影响，压电传感器不适合传感零或低频率的加速情况，即小于 5 Hz 的

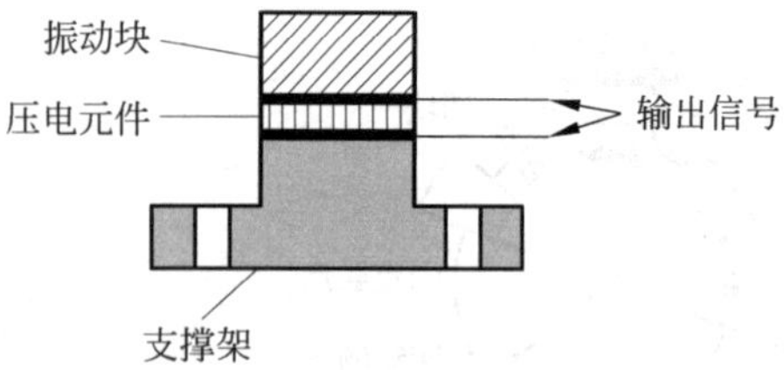

图 3-158　压电加速度传感器的结构简图

情况。压电传感器具有高品质数、低阻尼和高输出阻抗的特性,但很难实现自检测。压电传感器的主要优点是工作温度范围大(高达 300℃)、工作频率高(100 kHz)。

图 3-159 所示是一种典型压电传感器的信号调理电路。传感器的输出信号传送至电荷放大器,电荷放大器将传感器的电荷转变成与其成正比的电压信号。电路是一种修正的虚拟电压放大器。通过电容 C_2 和电阻 R_1 的反馈用于保持输入为一个虚拟信号,采用接地电容 C_1 缩小干扰,放大器的输出电压通过一个低通滤波器(LPF)后传送至输出放大器,然后经 R_4 和 R_5 整形。在系统开发中,压电元件应用时可设定灵敏度,但具有较高灵敏度的材料对温度的敏感性也很强。

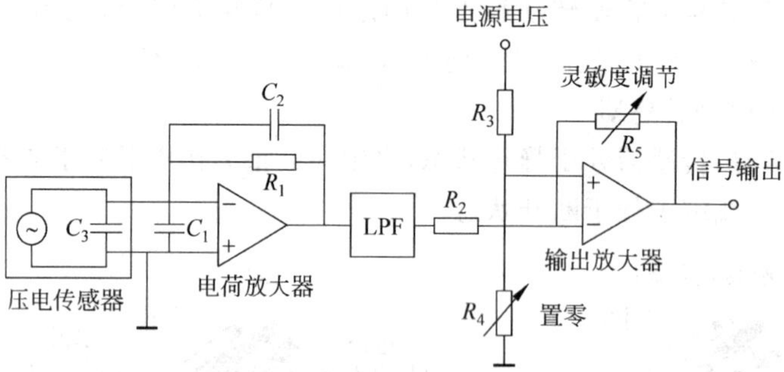

图 3-159　压电传感器的信号调理电路

2. 压电式碰撞传感器

当汽车遭受碰撞时,传感器内的压电晶体在碰撞产生的压力作用下,输出电压就会变化。SRS ECU 根据电压信号的强弱便可判断碰撞的强度。如果电压信号超过设定值,SRS ECU 就会立即向点火器发出点火指令,引爆点火剂使气体发生器给气囊充气,SRS 气囊膨胀开,达到保护驾驶员和乘客的目的。

3. 压电式爆燃传感器

压电式爆燃传感器主要由压电元件、配重块及引线等组成,如图 3-160 所示。

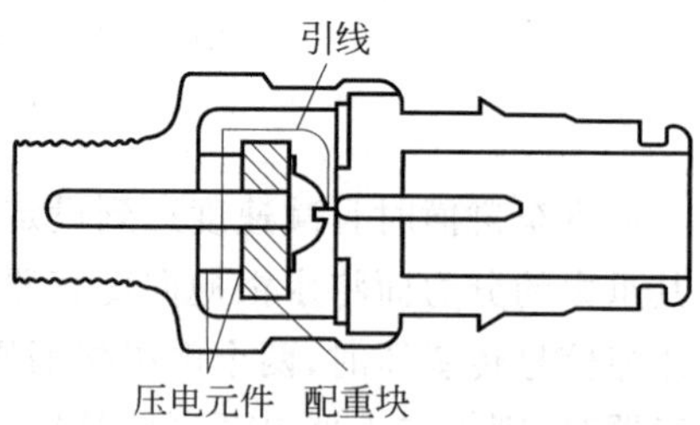

图 3-160　压电式爆燃传感器的构造

当发动机缸体发生振动时,传感器底座及惯性配重随之产生振动,底座和配重的振动作用在压电元件上,由压电效应可知,压电元件的信号输出端,就会输出与振动频率和振动强度有关的交变电压信号,如图 3-161 所示。实验证明,发动机爆燃频率一般在 6～9 kHz 之间,其振动强度较大,所以信号电压较高。发动机转速越高,信号电压幅值越大。

因为发动机爆燃是在活塞运行到压缩上止点前后产生的,此时缸体振动强度最大,所以爆燃传感器在活塞运行到压缩上止点前后产生的输出电压较高,爆燃传感器输出信号与曲轴转角的对应关系如图 3-162 所示,传感器的灵敏度约为 20 mV/g (g=9.8 m/s^2)。

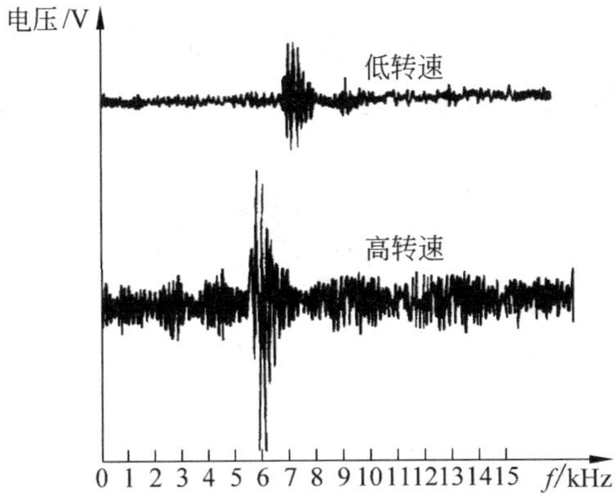

图 3-161　转速不同时非共振型爆燃传感器输出波形图

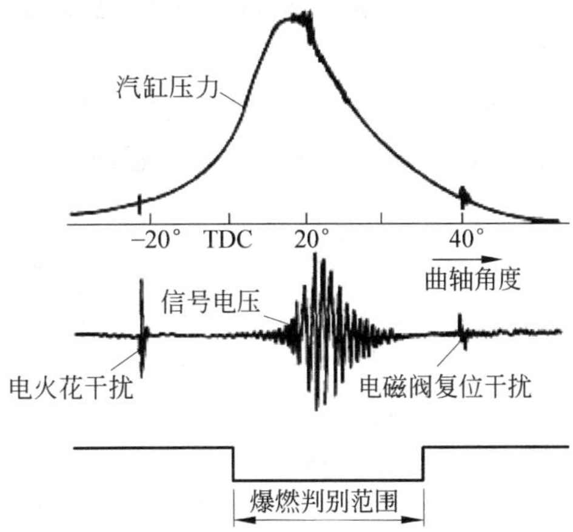

图 3-162　爆燃传感器输出信号与曲轴转角的对应关系

3.7.3　霍尔式加速度传感器

在霍尔式加速度传感器中，使用“弹性”固定的弹簧-质量系统，如图 3-163 所示。从图 3-163 可以看出，霍尔式加速度传感器有一个竖放的带状弹簧，其一端被加紧，另一端固定着永久磁铁。永久磁铁为振动质量，上面带有信号处理集成电路，最下面是一块铜阻尼板。

当传感器受到横向加速度 a 时，传感器的弹簧-质量系统偏离其静止位置，偏移的程度与加速度大小有关。运动的磁铁在霍尔元件中产生霍尔电压 U_H，经信号处理电路后输出随加速度增加而线性增加的电压。

霍尔式加速度传感器主要用于汽车电子稳定程序系统(ESP)检测汽车的横向加速度，以进行汽车转向稳定性控制。

横向加速度传感器由永久磁铁、弹簧、减振板和霍尔元件等组成，如图 3-164 所示。

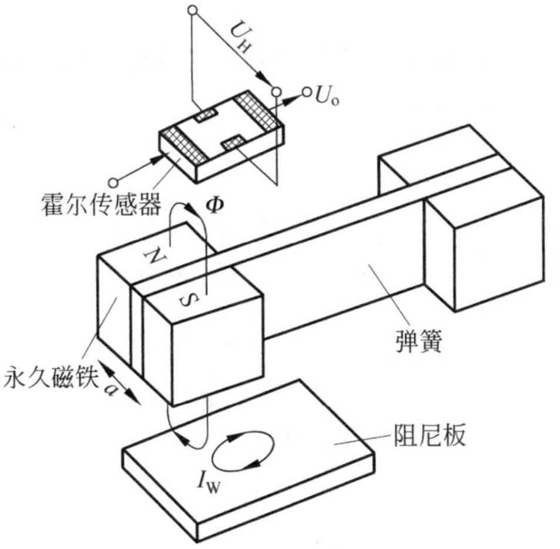

图 3-163　霍尔式加速度传感器简图

I_W—涡流(阻尼)；U_H—霍尔电压；U_o—供电电压；

Φ—磁场磁通量；a—检测的横向加速度

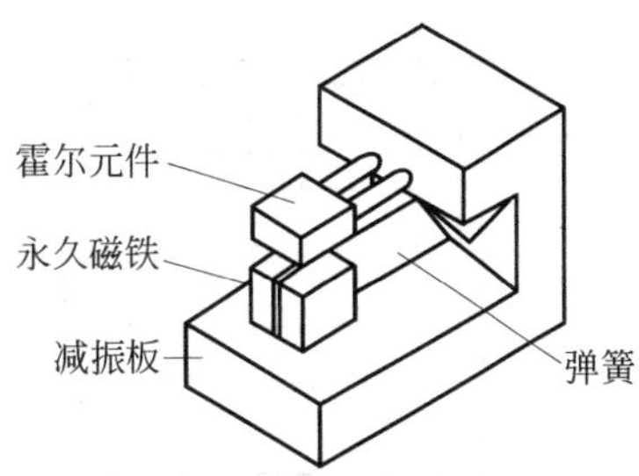

图 3-164　横向加速度传感器的结构

永久磁铁、弹簧、减振板构成电磁系统,磁铁和弹簧紧密连接,并能在减振板上来回摆动。

如果横向加速度作用到车辆上,由于惯性,永久磁铁稍晚一些才会跟着运动,这就是说,开始时,永久磁铁保持静止,而减振板跟着传感器机体和整个车辆一起运动,如图 3-165(a)所示。

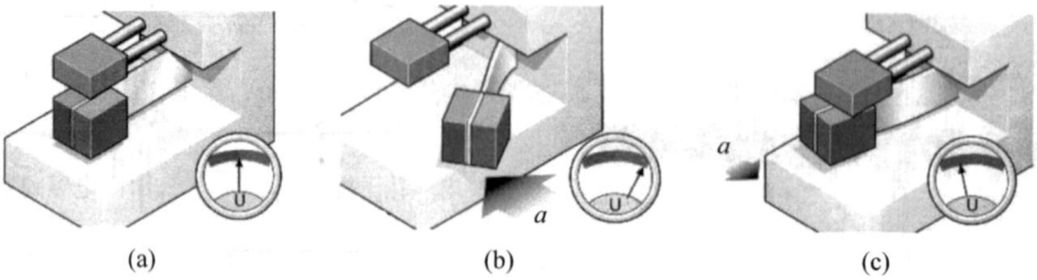

图 3-165 横向加速度传感器的工作原理

(a) 电压为 0;(b) 电压最大;(c) 电压恒定

通过这种移动在减振板上产生电子涡流,它反过来又建立了一个永久磁铁相反的磁场,这样就减小了总磁场的磁场强度。它引起了霍尔压力(U)的变化,这个压力变化与横向加速度的大小成比例,如图 3-165(b)所示。

也就是说,减振板和磁铁间摆动越厉害,磁场的强度就越弱,霍尔压力变化就越明显。没有横向加速度时霍尔压力是一个常数,如图 3-165(c)所示。

3.7.4 电容式加速度传感器

电容式加速度传感器是一种利用振子作为电容的一个电极制成的传感器,其基本结构如图 3-166 所示。因电容的极板间距是随惯性质量的相对运动而变化的,因此传感器中的电容也将随之变化。这种传感器具有体积小、质量轻的特点,可以测量从静态加速度到几百赫兹的动态加速度。

汽车电子稳定程序(ESP)中的横向加速度传感器采用电容式原理来检测汽车横向加速度。

电容式横向加速度传感器如图 3-167 所示,一个带活动板的电容器板被悬挂起来,可以来回摆动;两块固定住的电容器板卡住活动板,形成两只串联的电容器 K1 和 K2。借助电极可测出两只电容器接收的电荷量,即电容。

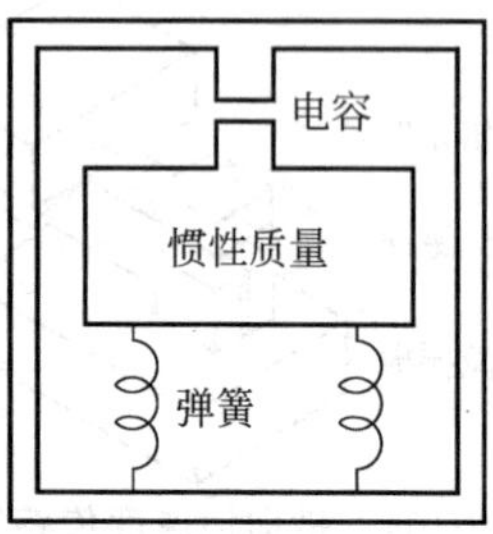

图 3-166 电容式加速度传感器的结构

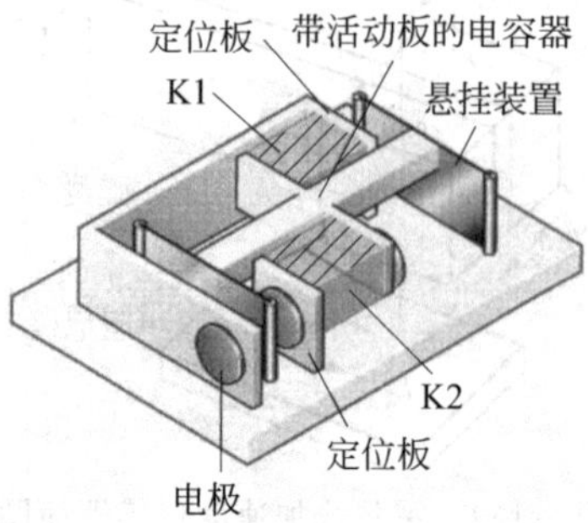

图 3-167 电容式横向加速度传感器的构造

只要没有加速度作用于这个系统，两只电容器测得的电荷量 C_1 和 C_2 相等（见图 3-168(a)）。如果有横向加速度的影响，活动板的惯性会使固定板对面的部分以与加速度方向相反的方向移动。由此两块板之间的间距改变，使某一电容器的最高电荷发生变化。电容器 K1 的板距变大，电容器 C_1 变小。电容器 K2 的板距变小，电容器 C_2 变大（见图 3-168(b)）。

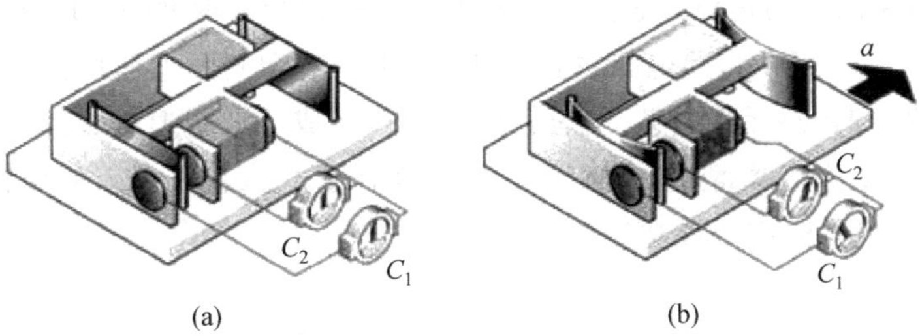

图 3-168　横向加速度传感器的工作原理

(a) $C_1=C_2$；(b) $C_1<C_2$

3.7.5　半导体应变片式加速度传感器

半导体应变片式加速度传感器是一种振子安装了半导体应变片构成惠斯顿电桥制成的传感器，其基本结构如图 3-169 所示。它是利用半导体材料的压阻效应，将振子弯曲产生的应变量以阻抗变化的形式输出。半导体应变片式加速度传感器的灵敏度比较高，广泛应用于各领域。由于其灵敏度随绝对温度的升高几乎成正比地减小，因此在使用此类传感器时需要采用温度补偿措施。

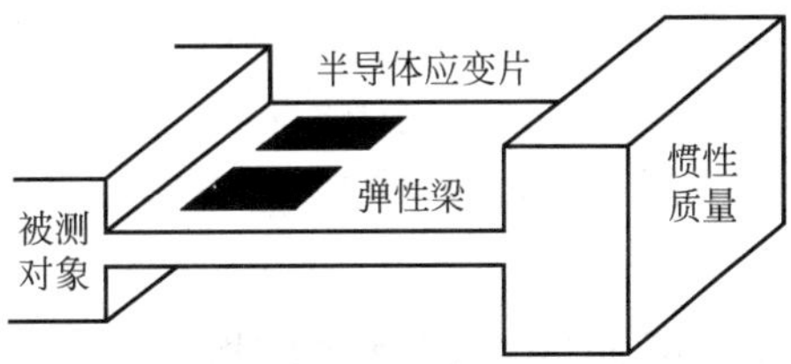

图 3-169　半导体应变片式加速度传感器的结构

安全气囊中的碰撞传感器采用半导体应变片式原理。在半导体应变片式碰撞传感器中，为使加速度形成的惯性力变换成位移，将半导体硅片制成悬臂梁结构；为提高灵敏度，将硅片固定端作等方向腐蚀，并在其自由端附加配重，如图 3-170 所示。

为了检测位移（应变），在已被腐蚀的薄层上面，配置了 4 个具有压电效应的应变电阻；为了提高传感器的检测精度，应变电阻一般都连接成桥式电路，如图 3-171 所示。根据惯性

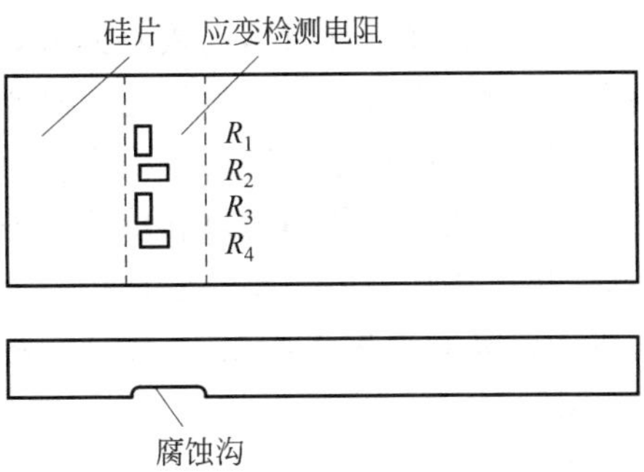

图 3-170　加速度检测部分的硅片结构

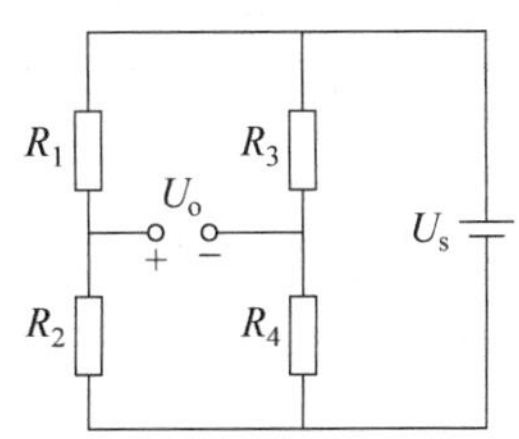

图 3-171　加速度检测部分的等效电路

力所形成的应变,应变电阻的阻值发生变化,通过桥式电路可将这种阻值的变化以电压变化的形式检测出来。

由于传感元件灵敏度的高低,输出信号的大小与温度有很大关系,所以在电路中设置有放大电路和温度补偿电路。传感元件的灵敏度及偏置量的调整是通过激光调整混合集成电路的厚膜电阻来实现的,电路调整后的输出特性如图3-172所示。

温度补偿电路的作用是对传感元件偏置温度的补偿和灵敏度的温度补偿。其温度特性的补偿电路如图3-173所示,此电路主要由补偿电阻 R_c 和测温电压电路所组成,测温电压通过补偿电阻 R_c 和传感元件的某一输出端子相连,形成了偏置温度特性的补偿输出电压。因此,半导体加速度传感器通过采用高精度的温度补偿电路和低输入的偏置温度漂移运算放大器,具有了良好的温度特性和经济性等特点。

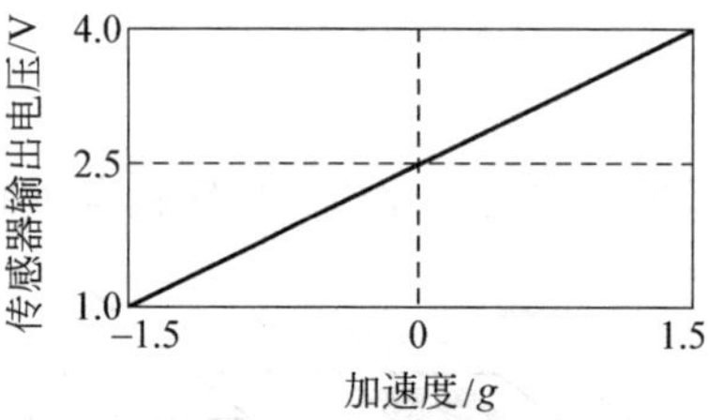

图3-172 传感器的输出特性

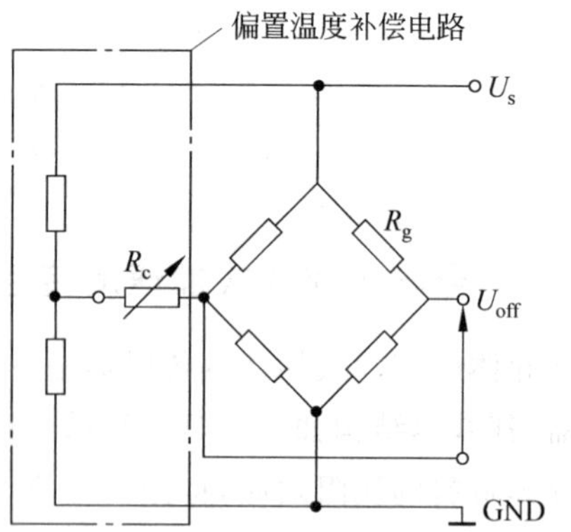

图3-173 传感器的温度特性的补偿电路

3.7.6 磁应变式爆燃传感器

磁应变式爆燃传感器是利用磁应变效应的一种传感器,其结构如图3-174所示,其内部设有永久磁铁、靠永久磁铁的励磁性铁心以及铁心周围缠绕的感应线圈和外壳。

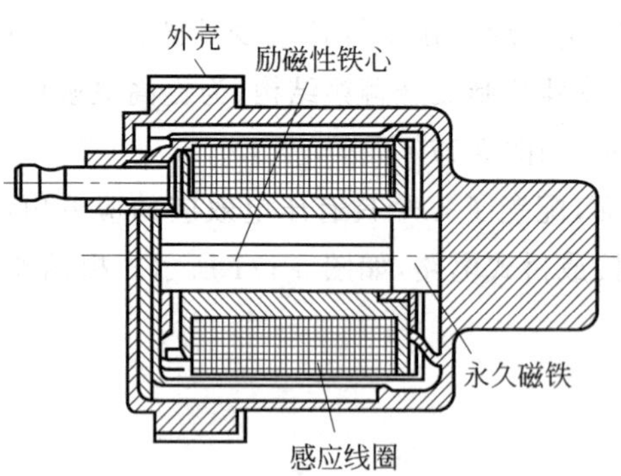

图3-174 磁应变式爆燃传感器的结构

磁应变式爆燃传感器安装在发动机上,它将发动机振动的频率变换成电压信号,来检测爆燃强度。其工作原理是:当发动机的汽缸体出现振动时,在7 kHz左右频率处,传感器将产生共振,具有强磁性材料的铁心的磁导率发生变化。这样,永久磁铁穿过铁心的磁通密度也发生变化,由此铁心周围的绕组中就会产生感应电动势,此电动势即为爆燃传感器的输出信号,输出电压信号的大小与发动机振动的频率有关。当传感器的固有振动频率与爆燃时发动机的振动频率发生谐振时,传感器将输出最大信号。图3-175为磁应变式传感器的输出特性图。

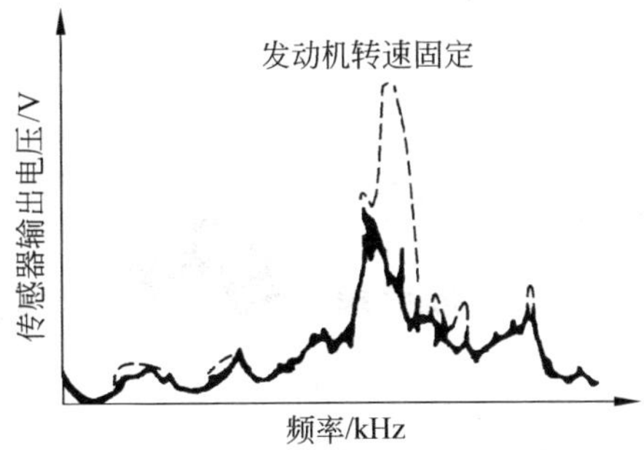

图 3-175　磁应变式爆燃传感器的输出特性

3.7.7　差动变压式减速度传感器

差动变压式减速度传感器是利用耦合变压原理获得减速度信号，其结构和工作原理如图 3-176 所示。汽车正常行驶时，差动变压器线圈内的铁心处于线圈中部位置，当汽车制动减速时，铁心受惯性力作用向前移动，从而使差动变压器线圈内的感应电压发生变化，以此作为输出信号，来控制 ABS 系统工作。该系统中的加速度感受元件——铁心产生的惯性力与汽车的加速度（或减速度）的大小成正比，而方向相反，减速度感受元件产生的惯性力不同，其在线圈中所处的位置随之不同，减速度传感器输出的电压信号也就不同。

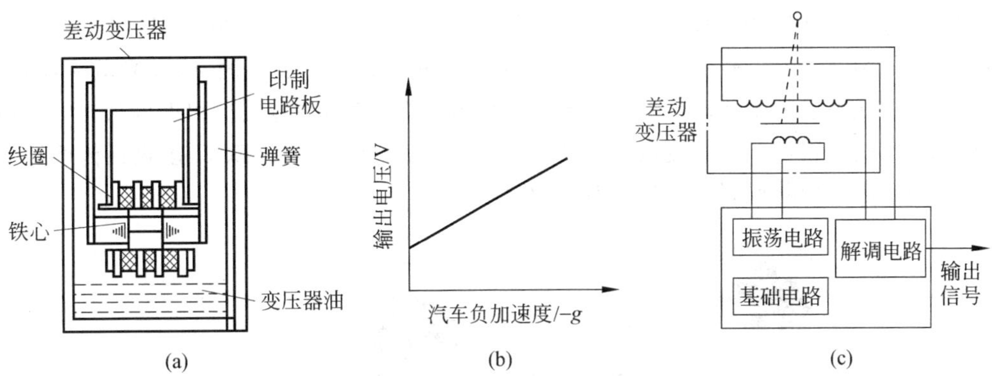

图 3-176　差动变压式减速度传感器

（a）结构图；（b）输出特性；（c）工作原理图

3.7.8　光电式减速度传感器

光电式减速度传感器是基于光电元件的光电效应原理制成的，主要用于汽车制动控制系统（ABS）中。

光电式减速度传感器由两只发光二极管（LED）、两只光电三极管、一块透光板和信号处理电路等组成，结构如图 3-177（a）所示。

光电管是把光能变成电能的器件，内部装有能够产生光电效应的电极，受到光线照射就会向外发射电子，广泛用于无线电传真、自动控制和电影领域。光电效应是指某些物质因受到光的照射而发出电子的现象。光电管有发光二极管和光电三极管两种。

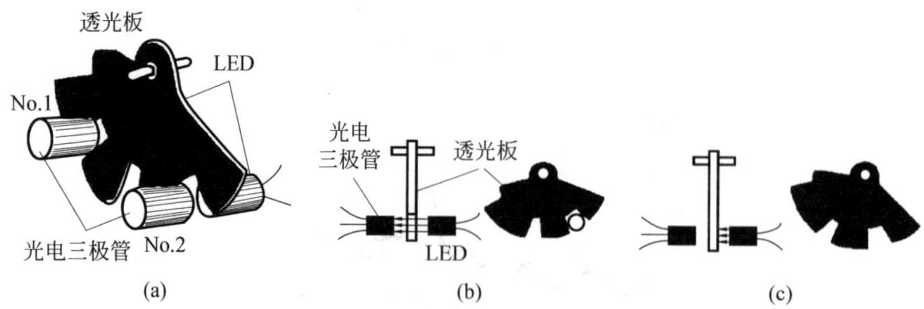

图 3-177 光电式减速度传感器工作原理

(a) 元件位置; (b) 透光时; (c) 遮光时

发光二极管是一种能够发光的半导体二极管,通常缩写为 LED。制作发光二极管 PN 结的半导体是砷化镓(GaAs)、磷化镓(GaP)和磷砷化镓(GaAsP)。从 PN 结的两端各引一个金属电极,用塑料将单个 PN 结封装起来即构成单只发光二极管。光电式减速度传感器透光板的作用是透光或遮光。当透光板上的开口位于发光二极管与光电三极管之间时,发光二极管发出的光线能够射到光电三极管上,使光电三极管导通,如图 3-177(b)所示。光电式减速度传感器透光板的作用是透光或遮光。当透光板上的开口位于发光二极管与光电三极管之间时,发光二极管发出的光线能够射到光电三极管上,使光电三极管导通,如图 3-177(c)所示。

汽车匀速行驶时,透光板静止不动,传感器无信号输出。当汽车减速时,透光板沿汽车纵向摆动,如图 3-178 所示。减速度大小不同,透光板摆动角度就不同,两只光电三极管"导通"与"截止"状态也就不相同。减速度越大,透光板摆动角度就越大。根据两只光电三极管的输出信号,就可将汽车减速度区分为 4 个等级,见表 3-10。ABS ECU 接收到传感器信号后,就可判定出路面状况,从而采取相应的措施。

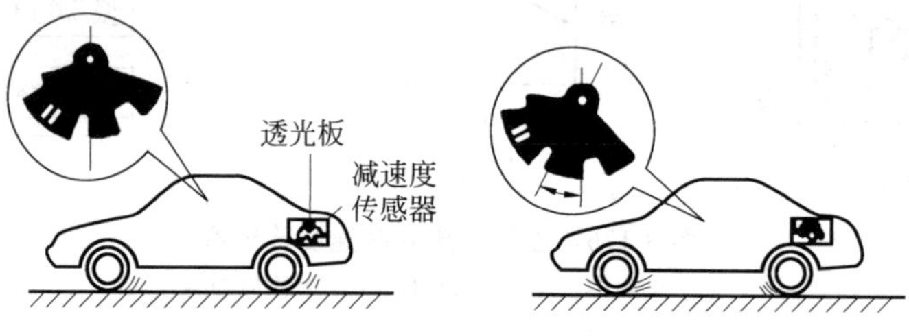

图 3-178 光电式减速度传感器透光板的位置状态

(a) 匀速行驶; (b) 减速行驶

表 3-10 减速度速率的等级

减速度速率等级	低减速率 1	低减速率 2	中等减速率 2	高减速率
No.1 三极管	导通	截止	截止	导通
No.2 三极管	导通	导通	截止	截止

3.8 气体浓度传感器

3.8.1 氧传感器

氧传感器的功能是通过检测排放气体中氧气的含量，间接反映出混合气空燃比的高低，并将检测结果变为电压或电阻信号，反馈给计算机，计算机根据氧传感器信号，不断修正喷油时间与喷油量，使混合气浓度保持在理想范围内，实现空燃比反馈控制（即闭环控制）。使用氧传感器对混合气的空燃比进行控制后，能够使发动机得到最佳浓度的混合气，从而降低有害气体的排放量，减少汽车排气污染。

相对于普通氧传感器而言，有一种传感器能连续检测混合气从浓到稀整个范围的空燃比，称为全范围空燃比传感器。在稀燃发动机的领域空燃比反馈控制系统中，采用了稀燃传感器，这种传感器能够在混合气极稀薄领域中，连续地测出稀薄燃烧区的空燃比，实现了稀薄领域的反馈控制。

1. 氧化锆式氧传感器

氧化锆式氧传感器的结构如图3-179所示。氧化锆式氧传感器的基本元件是氧化锆（ZrO_2）陶瓷管（固体电解质），亦称锆管。锆管固定在带有安装螺纹的固定套中，内外表面均覆盖着一层多孔的铂膜，其内表面与大气接触，外表面与废气接触。氧传感器的接线端有一个金属护套，其上开有一个用于锆管内腔与大气相通的孔，电线将锆管内表面的铂极经绝缘套从此接线端引出。

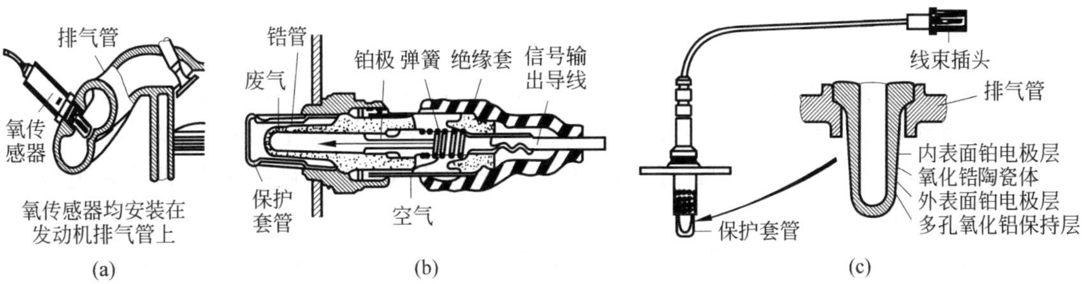

图3-179 氧化锆式氧传感器的结构

氧化锆式氧传感器的工作原理如图3-180所示。锆管的陶瓷体是多孔的，渗入其中的氧气在温度较高时发生电离。由于锆管内、外侧氧含量不一致，存在浓度差，因而氧离子从大气侧向排气一侧扩散，从而使锆管成为一个微电池，在两铂极间产生电压。当混合气的实际空燃比小于理论空燃比，即发动机以较浓的混合气运转时，排气中氧含量少，但CO、HC等较多。这些气体在锆管外表面的铂催化作用下与氧发生反应，将耗尽排气中残余的氧，使锆管外表面氧气变为零，这就使得锆管内、外侧氧浓度差加大，两铂极间电压陡增。因此锆管传感器产生的电压将在理论空燃比时发

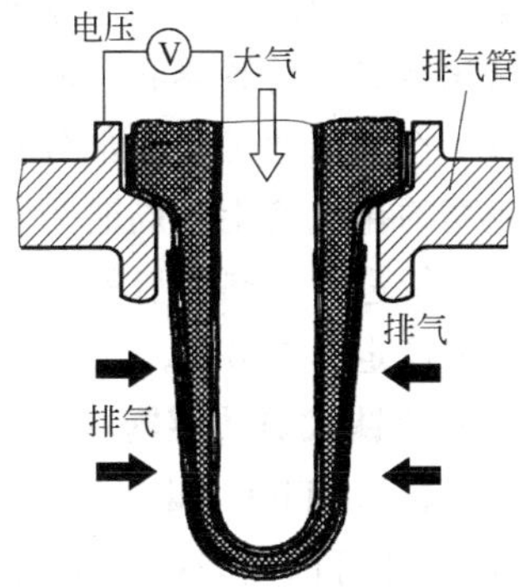

图3-180 氧化锆式氧传感器工作原理

生突变:稀混合气时,输出电压几乎为零;浓混合气时,输出电压接近1 V。

要准确地保持混合气浓度为理论空燃比是不可能的。实际上的反馈控制只能使混合气在理论空燃比附近一个狭小的范围内波动,故氧传感器的输出电压在0.1~0.8 V之间不断变化(通常每10 s变化8次以上)。如果氧传感器输出电压变化过缓(每10 s少于8次)或电压保持不变(不论保持在高电位还是低电位),则表明氧传感器有故障,需检修。

氧化锆式氧传感器的工作特性如图3-181所示。当供给发动机的可燃混合气较浓(即A/F小于14.7或过量空气系数λ小于1)时,排气中氧离子含量较少,CO浓度较大。在锆管外表面催化剂铂的催化作用下,氧离子几乎全部都与CO发生氧化反应生成CO_2气体,使外表面上氧离子的浓度为0。由于锆管内表面与大气相通,氧离子浓度很大,因此锆管内、外表面之间的氧离子浓度差较大,两个铂电极之间的电位差较高,约为0.9 V。

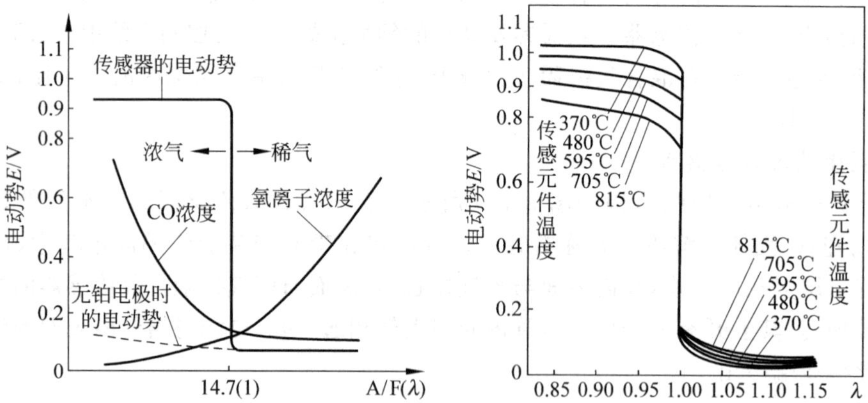

图 3-181　氧化锆式氧传感器的工作特性

当供给发动机的可燃混合气较稀(即A/F大于14.7或过量空气系数λ大于1)时,排气中氧离子含量较多,CO浓度较小,即使CO全部都与氧离子发生化学反应,锆管外表面上还是有多余的氧离子存在。因此,锆管内、外表面之间的氧离子浓度差较小,两个铂电极之间的电位差较低,约为0.1 V。

当A/F接近于理论空燃比14.7(或过量空气系数λ接近于1)时,排气中的氧离子和CO含量都很少。在催化剂铂的作用下,氧离子与CO的化学反应从缺氧状态(CO过剩、氧离子浓度为0)急剧变化为负氧状态(CO为0、氧离子过剩)。由于氧离子浓度差急剧变化,因此铂电极之间的电位差急剧变化,使传感器输出电压从0.9 V急剧变化到0.1 V。

氧化锆式氧传感器必须满足发动机温度高于60℃、氧传感器自身温度高于300℃以及发动机工作在怠速工况或部分负荷3个条件时才能正常调节混合气浓度,因此将其安装在温度较高的排气管上。同时为了使氧传感器迅速达到工作温度(300℃)而投入工作,采用加热器对锆管进行加热(见图3-182)。为使传感器在低温条件下就投入工作,加热器的加热温度一般设定为300℃。

2. 氧化钛式氧传感器

二氧化钛(TiO_2)属N型半导体材料,其阻值大小取决于材料温度及周围环境中氧离子的浓度,因此可以用来检测排气中的氧离子浓度。

氧化钛式氧传感器与氧化锆式氧传感器的结构相似,如图3-183所示,主要由二氧化钛

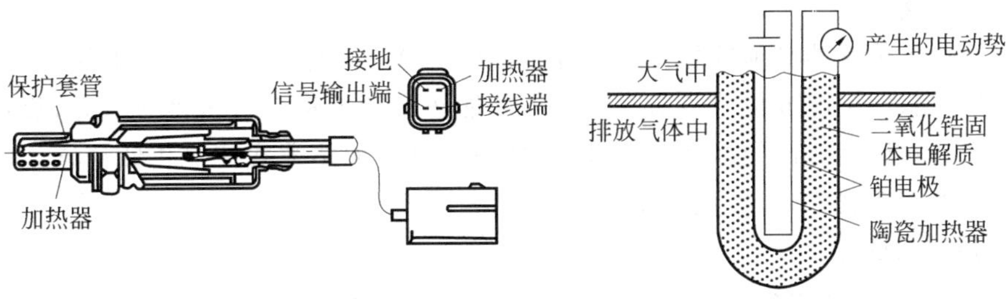

(a) (b)

图 3-182 带加热器的氧化锆式氧传感器

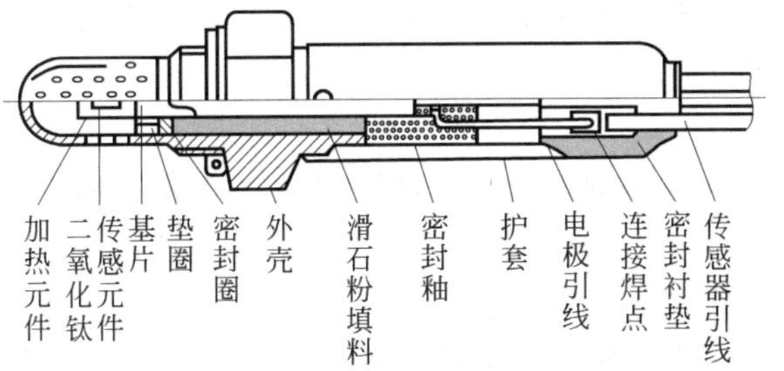

图 3-183 氧化钛式氧传感器结构

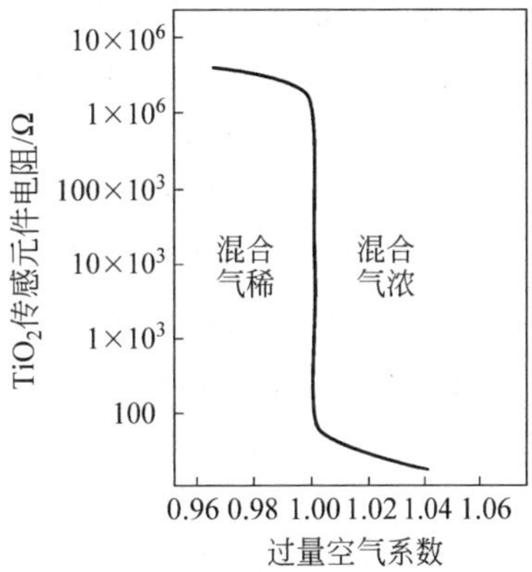

图 3-184 氧化钛式氧传感器的特性

传感元件、钢质外壳、加热元件和电极引线等组成。钢质壳体上制有螺纹，以便于传感器安装。与氧化锆(ZrO_2)式氧传感器不同的是，氧化钛式氧传感器不需要与大气压进行比较，因此传感元件的密封与防水十分方便，利用玻璃或滑石粉等密封即可达到使用要求。此外，电极引线与护套之间设置一个硅橡胶密封线圈，可以防止水汽浸入传感器内部而腐蚀电极。

由于二氧化钛半导体材料的电阻随氧离子浓度的变化而变化，因此氧化钛式氧传感器的信号源相当于一个可变电阻，其电阻值与过量空气系数的关系如图 3-184 所示。

当发动机混合气稀(过量空气系数大于 1)时，排气中氧离子含量较多即传感元件周围的氧离子浓度较大，二氧化钛呈现低阻状态；当发动机的可燃混合气浓(过量空气系数小于 1)时，由于燃烧不完全，排气中会剩余一定的氧气，传感元件周围的氧离子很少，在催化剂铂的作用下，使剩余氧离子与排气中的 CO 发生化学反应，生成 CO_2，将排气中的氧离子进一步消耗掉，二氧化钛呈现高阻状态，从而大大提高了传感器灵敏度。

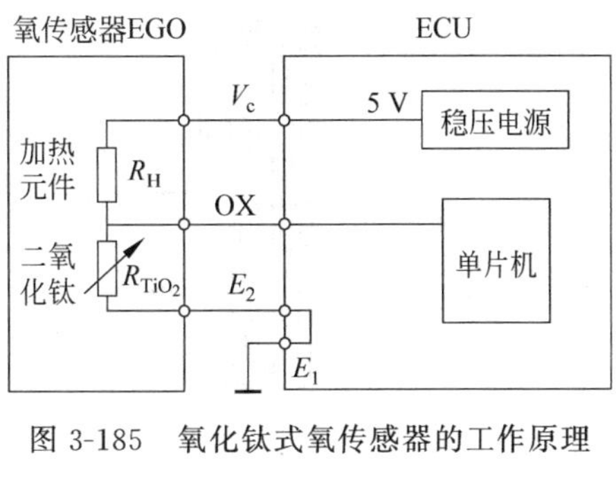

图 3-185 氧化钛式氧传感器的工作原理

由上可见，氧化钛式氧传感器的电阻将在混合气的过量空气系数 λ 约为 1(A/F 约为 14.7)时产生突变。当给传感器施加稳定的电压时，其工作电路如图 3-185 所示，在其输出端便可得到一个交替变化的信号。该稳定电压一般由 ECU

内部的稳压电路提供。

氧化钛式氧传感器必须满足发动机温度高于60℃、氧传感器自身温度高于600℃以及发动机工作在怠速工况或部分负荷3个条件才能正常调节混合气浓度。因此,氧化钛式氧传感器也安装在温度较高的排气管上,同时采用了直接加热方式使氧化钛传感元件温度迅速达到工作温度(600℃)而投入工作。

3. 宽频氧传感器

宽频氧传感器,又称全范围空燃比传感器(或宽带氧传感器),主要用于稀薄燃烧监测。

1) 普通氧传感器的局限性

普通氧传感器能检测$\lambda=1$,即在$\lambda=1$的理论空燃比处可用氧传感器的反馈信号,对发动机喷油量实现精准的空燃比控制。而在$\lambda<1$或$\lambda>1$时,只能实现开环控制,或根据$\lambda=1$的控制结果,对喷油量进行一定的修正。即在发动机各种工况下,不能完全实现空燃比控制。

由于稀薄燃料燃烧不仅降低油耗,而且尾气中CO、HC也大大下降,仅NO_x有所升高。但随着NO_x的还原催化剂的成功研制,稀薄燃料和超稀薄燃料越来越多地应用到发动机上,为此,普通氧传感器的发展就受到局限。

2) 宽频氧传感器的功用

宽频氧传感器可以检测λ在0.7～4.0范围的混合气浓度,即可检测发动机各种工况下混合气从浓到稀,或从稀到浓的整个范围的空燃比,故称为全范围空燃比氧传感器。

对于只能检测稀范围($\lambda>1$)的氧传感器称为稀燃氧传感器。

目前,随着排放法规的要求升高,降低发动机各种工况下的尾气排放量,即在发动机整个运转范围内实现空燃比反馈控制,才能满足目前的排放法规要求。

近年来,缸内直喷稀燃发动机(如大众FSI发动机)迅速推广,使普通氧传感器逐渐被宽频氧传感器所取代。

3) 宽频氧传感器的结构及工作特点

为了克服普通氧传感器的缺陷,人们开发出了新一代氧传感器,即宽频氧传感器。宽频氧传感器为6线制,属于线性、电流型氧传感器,在全范围空燃比内(λ为0.7～4.0)起作用。它由1个普通窄范围浓度差电压型氧传感器(ZrO_2,能斯特元件)、氧气泵单元(ZrO_2)、加热线圈、传感器控制器及扩散孔、扩散腔等构成,如图3-186所示。

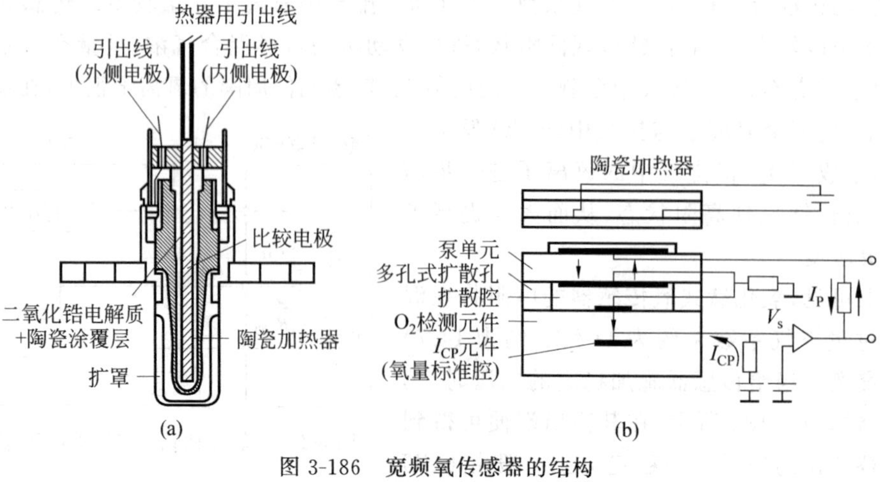

图3-186 宽频氧传感器的结构

当排气管废气中的氧离子通过扩散通道进入测量区时，氧气泵单元泵入或泵出氧离子，并使氧浓度达到 $\lambda=1$，以使其电压值控制在 0.45 V 附近，即将普通氧传感器的输出电压(能斯特电压为 0.45 V)送到传感器内的运算放大器，通过与 ECU 输入传感器的 1～5 脚比较电压比较后，运算放大器制泵电流计算出排气管中实际的氧浓度，进而控制喷油量。

4) 工作原理

宽频氧传感器的工作原理如图 3-187 所示。

(1) 混合气过稀时，氧气泵在原转速(相同泵电流 I_P)的泵氧量与通过扩散通道进入测量室的氧量叠加后，使得测量室中氧的含量较多，O_2 信号电压值下降，富氧的稀混合气产生低于参考电压 U_{ref} 的电压值，传感器控制器就会产生泵电流，自动减小单元泵的工作电流 I_P(使泵入测量室的氧量减少)，使 O_2 信号尽快恢复到 0.45 V 的电压值。ECU 接收到单元泵的工作电流 I_P(控制单元将其折算成电压值信号)，根据减少的泵电流 I_P，ECU 加大喷油量。

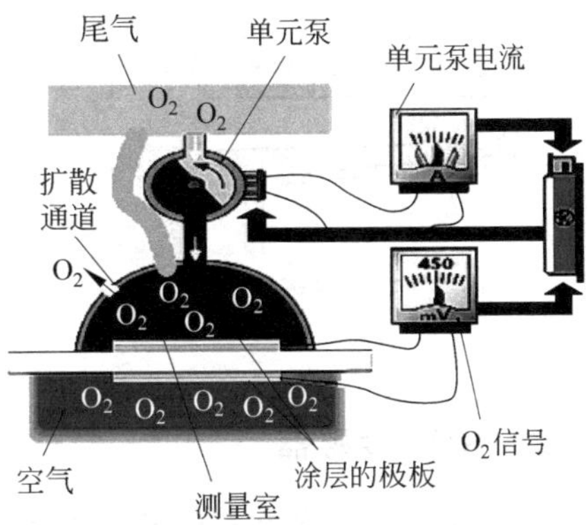

图 3-187　宽频氧传感器的工作原理

(2) 混合气过浓时，氧气泵在原转速(相同泵电流 I_P)的泵氧量与通过扩散通道进入测量室的氧量叠加后，使得测量室中氧的含量较少，O_2 信号电压值上升，稀氧的浓混合气产生高于参考电压 U_{ref} 的电压值，传感器控制器就会产生泵电流，自动增加单元泵的工作电流 I_P(使泵入测量室的氧量增加)，使 O_2 信号尽快恢复到 0.45 V 的电压值。ECU 接收到单元泵的工作电流 I_P(控制单元将其折算成电压值信号，即氧气泵电压 U_s)，根据增加的泵电流 I_P，ECU 减少喷油量。

宽频氧传感器的工作过程如图 3-188 所示。

宽带氧传感器的工作特性曲线如图 3-189 所示。当 $\lambda=1$ 时也就是理论混合比时，$I_P=0$；当 $\lambda>1$ 时也就是稀混合比时，I_P 渐渐升高；当 $\lambda<1$ 也就是浓混合比时，I_P 转为负值。通过控制 I_P 大小，ECU 即可得到连续的含氧感应值。

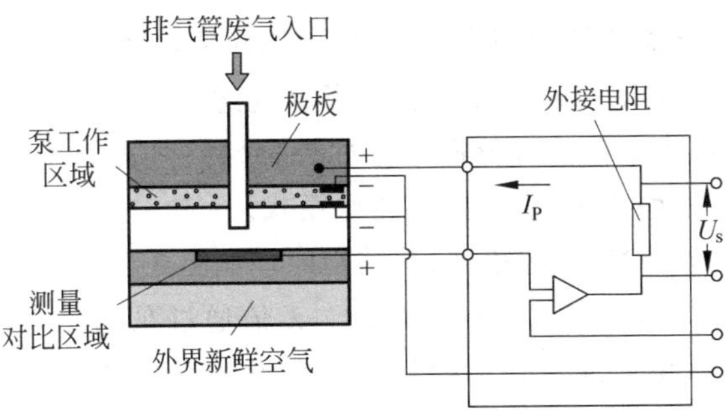

图 3-188　宽频氧传感器的工作过程

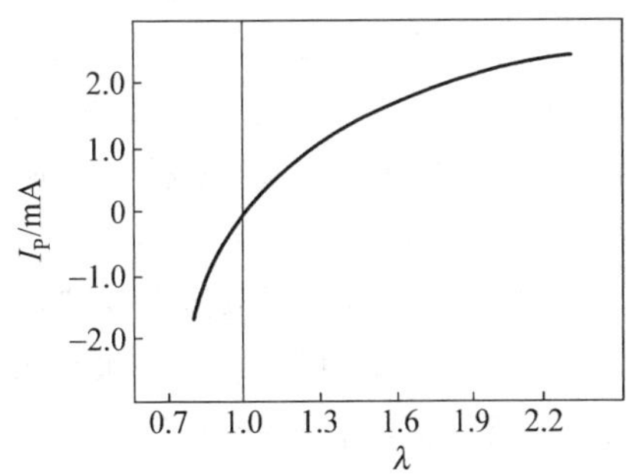

图 3-189　宽频氧传感器工作特性曲线

5) 类型

宽带型氧传感器有两种结构：嵌环式(见图 3-190)和平面式(见图 3-191)。通常，嵌环式氧传感器的加热电阻功率为 7～18 W，这种传感器达到最佳工作温度需要 25～60 s 的时间。而平面传感器由于加热器集成到一个更紧凑的独立结构上,整体结构尺寸减小,热利用率高,消耗功率为5~7 W。它的启动时间小于20 s,二次空气喷射泵运转时间就与此有关。这种氧传感器最快反应时间小于30 ms,可以对单个汽缸进行测量,以用于汽缸平衡,满足更严格的排放法规。

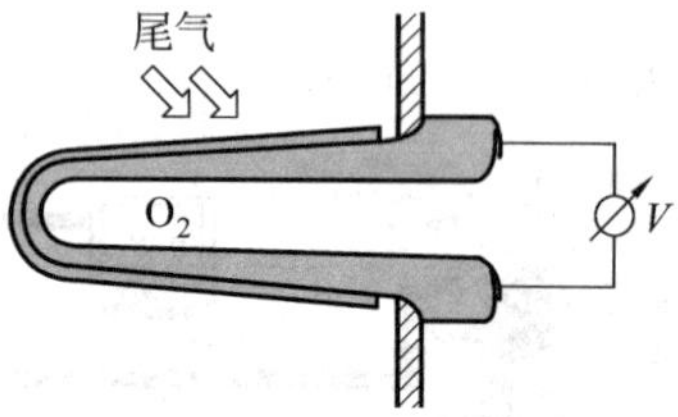

图3-190 嵌环式氧传感器

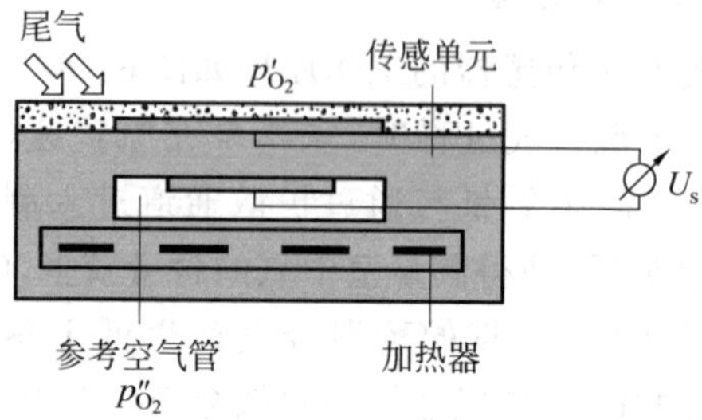

图3-191 平面式氧传感器

3.8.2 NO_x 传感器

NO_x 传感器安装在存储式 NO_x 催化转化器的后部,以检测其 NO_x 的存储量,如图3-192所示。

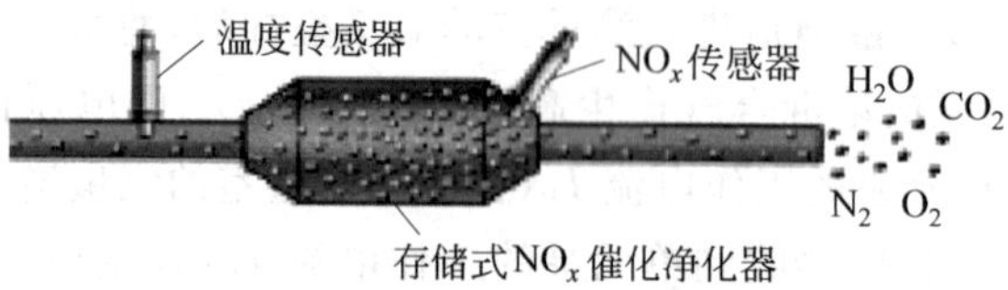

图3-192 存储式 NO_x 催化转化器

根据三元催化转化器的工作特性曲线可知,当空燃比增大时,三元催化转化器对CO和HC的转化效率很高,而对 NO_x 的转化效率却很低,只有很少一部分 NO_x 转化为 N_2 和 O_2。而GDI发动机在稀薄燃烧又产生大量的 NO_x,为此需要采用专用的存储式 NO_x 催化转化器来进行 NO_x 的转化。

存储式 NO_x 催化转化器与三元催化转化器的结构相当,均为细陶瓷蜂窝状结构。

存储式 NO_x 催化转化器的细陶瓷表面具有氧化钡薄涂层。当温度达到250~500℃时,存储式 NO_x 催化转化器可将氧化钡转化为硝酸盐存储起来。如果存储空气占满了,还通过 NO_x 传感器使发动机控制单元识别出这种情况,以切换到还原模式。

NO_x 传感器采用电池电动势原理进行检测 NO_x 的浓度,其结构原理如图3-193所示。

在第一个泵单元,氧成分被调成恒定(14.7 kg 空气:1 kg 燃油),λ值通过泵电流来量取的。废气流经扩散网到达 O_2 测量单元,该单元通过还原电极将氮氧化物分解成氧气和氮气。通过氧-泵电流就可确定 NO_x 的浓度。

1) 存储过程

当发动机在 $\lambda>1$ 稀薄燃烧工作时,废气中的 NO_x 与 NO_x 存储催化转化器表面上白色涂层发生氧化反应,生产 NO_2。NO_2 再与氧化钡(BaO)发生化学反应,生成硝酸盐[$Ba(NO_3)_2$],并存储在催化转化器中(见图3-194)。存储过程一般需60~90 s。

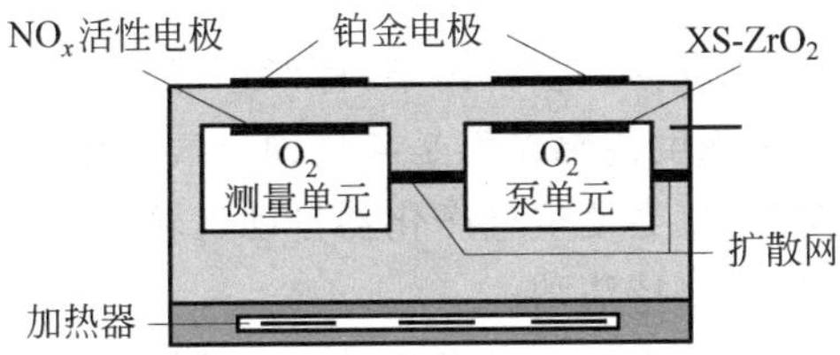

图 3-193　NO_x 传感器的结构原理

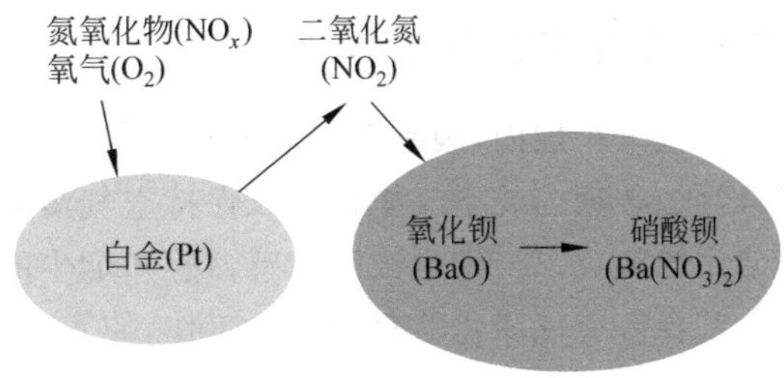

图 3-194　NO_x 存储式催化转化器的存储过程
（在 $\lambda>1$ 时的存储）

2) 还原过程

还原过程包括 NO_x 的还原和硫的还原两方面。

(1) NO_x 的还原

当存储式催化转化器中的 NO_x 负载量已达到极限时，发动机控制系统使发动机短时间处于均质且 $\lambda<1$ 模式工作。混合气变浓，排放的废气温度升高，存储式催化转化器的温度也就升高，此时所形成的硝酸盐变得不稳定，利用废气中的 CO 与 $Ba(NO_3)_2$ 发生还原反应，使硝酸盐分解，生成 BaO（氧化钡），并释放出 CO_2 和 NO_x。在催化转化器中的白金和铑，将 NO_x 转化成 N_2，CO 转化为 CO_2。还原过程如图 3-195 所示，一般为 2 s。

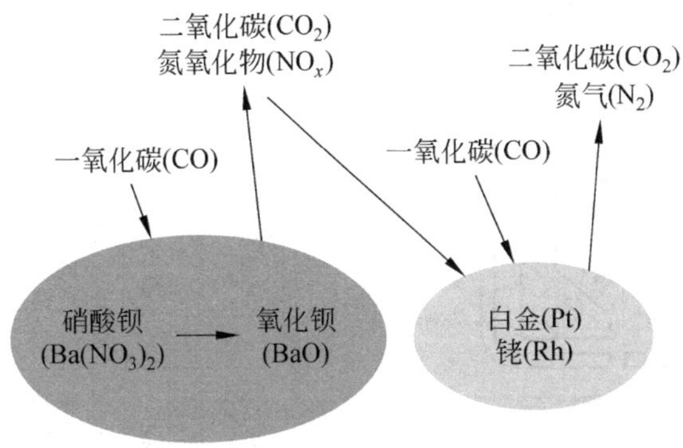

图 3-195　NO_x 存储式催化转化器的还原过程（$\lambda<1$ 时的还原）

当 NO_x 传感器监测到 NO_x 的负载量已达到微小量时，发动机又进行 $\lambda>1$ 稀薄燃烧模式。

(2) 硫的还原

这是个单独的过程，因为产生硫的化学稳定性很高，这些硫在氮氧化物的还原过程中是不会分解的。硫也会占据存储空间，这会导致存储式催化转化器在较短的时间间隔内就会饱和。一旦超过了规定值，发动机管理系统就会采取从分层充气模式切换到均质模式工作或者是将点火时刻延迟等措施。这就将存储式 NO_x 催化转化器的工作温度提高到 650℃ 左右，产生的硫就发生反应并形成二氧化硫（SO_2）。如果燃油中含硫较少，那么除去硫的时间间隔也长，但燃油含硫多，就会经常进行这种还原反应。在大负载、高转速行车时会自动去硫。对于涡轮增压式缸内直喷（GDI）发动机，一般取消了 NO_x 存储催化转化器。

3.8.3 烟尘浓度传感器

在汽车车厢内,因乘客吸烟或从车外侵入灰尘等造成车内空气污染,将严重危害人体健康,因此,必须安装空气净化器以保持空气清新。烟尘浓度传感器就是与这种空气净化器配套使用的装置。当烟尘浓度传感器感知烟尘的存在时,就会使空气净化器自动运转;没有烟尘时就会使空气净化器自动停止工作,使车内空气始终保持清洁。

图3-196所示为烟尘浓度传感器的结构图,它由发光器件、光敏器件和信号处理电路等组成。

烟尘浓度传感器的工作原理如图3-197所示,通过烟尘浓度传感器的开口缝隙,空气能够自由流动,发光器件(发光二极管)产生肉眼看不见的间歇红外光,在空气中没有烟雾的情况下,红外光射不到光敏元件上,电路不工作;当烟雾进入烟尘浓度传感器时,间歇的红外光使烟雾粒子漫反射进入光敏器件,这时烟尘浓度传感器就判定烟雾存在,空气净化器鼓风机电机运转而开始工作。烟尘浓度传感器的内部电路是由电子电路构成的,其框图如图3-198所示。

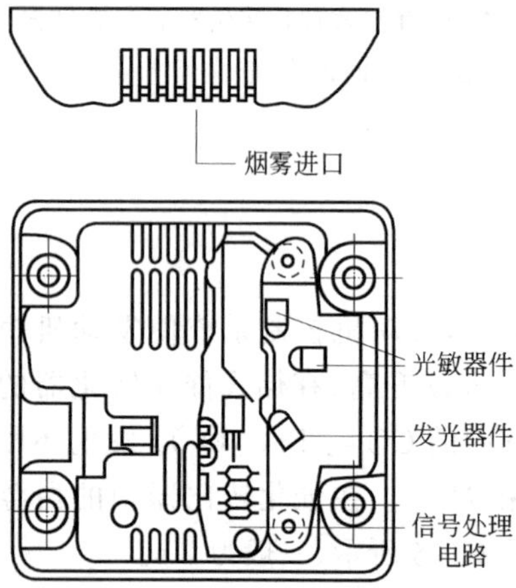

图3-196 烟尘浓度传感器的结构

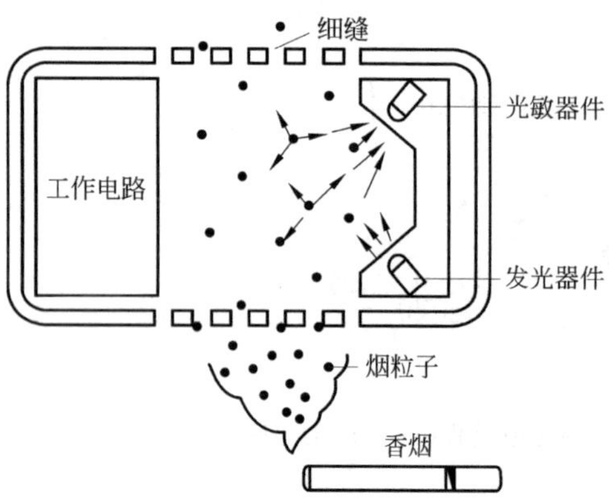

图3-197 烟尘浓度传感器的工作原理

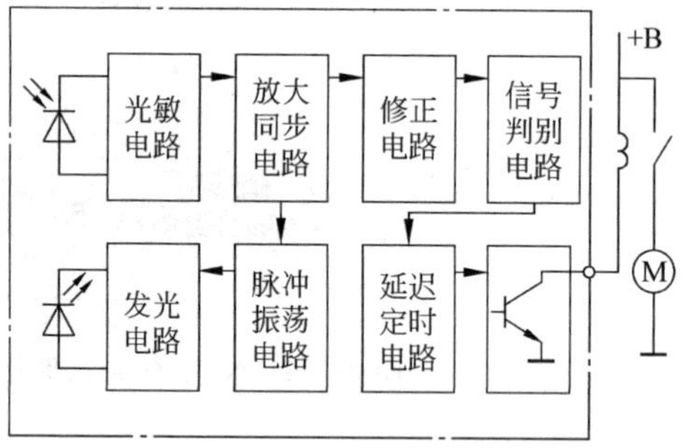

图3-198 烟尘浓度传感器的内部电路

为防止烟尘浓度传感器受外部干扰而引起误动作,传感器内部采用了脉冲振荡电路,即使射入相同波长的红外光,因脉冲周期不同传感器也不会判断有烟雾。另外,传感器内部还设有定时、延时电路,即使没有烟雾,鼓风机一旦动作起来,也只能连续旋转2 min后而停止工作。

3.8.4 柴油机烟度传感器

在采用电子控制式的柴油机上,广泛采用一种可以连续测量柴油机排烟的传感器,用它来检测发动机排放气体中形成的碳烟和未燃烧的碳粒,并把表示碳烟存在的电信号输入电子控制单元(ECU),ECU根据碳烟信号调节空气和柴油的供给量,以达到完全燃烧减少碳

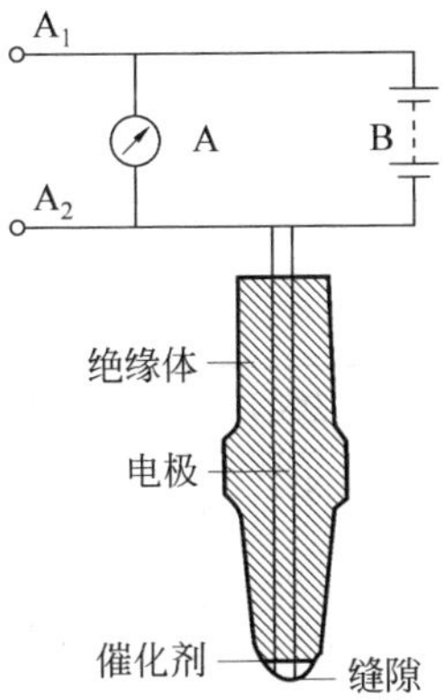

图 3-199　柴油机烟度传感器的工作原理图

烟。该传感器头是由绝缘材料和两个贵金属电极组成，暴露在烟气中的电极周围涂有强催化剂材料，使沉积在电极上的碳能迅速被氧化，保持电极清洁，满足连续测量的要求。

图 3-199 是这种传感器的工作原理图，传感器的感应头由绝缘体、电极和催化剂组成。绝缘体中埋有两个电极，电极下端伸出绝缘体，两电极之间保持很小的缝隙，并涂有绝缘强催化剂，电极上端连接直流电源，电压为 12 V 或 24 V，图中 A 为电流表，表盘上标有对应的烟度值，在电子控制系统中，A_1、A_2 与 ECU 相连。

当感应头连接到电路中时，由于电极之间的电阻很大，电流表 A 无电流指示或指示很微小的电流，当感应头插入烟气中时，缝隙中充满了碳粒，形成碳桥，电极之间的电阻就会发生变化，碳烟少电阻大，碳烟多电阻小，电流表的读数随炭烟的多少作相应变化。所以，在 ECU 系统中，输入 ECU 的电信号也随炭烟的多少作相应变化。在传感头的电极涂有强催化剂，加上烟气中有充足的氧存在，沉积在电极上的碳能够迅速氧化，不会因电极上的碳烟堆积而使测量失效，在烟气温度较高的情况下，连续测量结果可以反映烟气中碳烟量的变化情况。

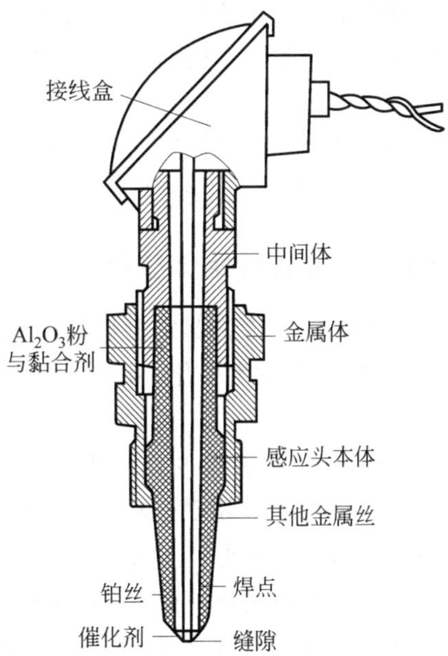

图 3-200　烟度传感器的结构

图 3-200 所示为柴油机烟度传感器的结构，感应头装在金属体中，通过中间体同接线盒连接，金属体下端的螺纹便于传感器安装在排气管上。传感器感应头用 Al_2O_3 做成陶瓷体，暴露在烟气中的电极用金属铂或铂合金制成。为节省贵金属，电极也可采用组合结构，即用 15 mm 长的铂丝和其他金属丝在焊接点处焊在一起。把两个电极放在本体中，用 Al_2O_3 粉和黏合剂按比例调和后填实，阴干 24 h 后放在烘箱中 60℃、80℃、120℃三挡各 4 h，然后让露出的两个电极保持 0.1 mm 左右的距离，在其周围涂上强催化剂，在按上述方法烘干。

传感器的性能、质量取决于催化剂，如果没有催化剂，两电极相距仅 0.1 mm 左右，很快会因积炭而失效。催化剂应具有良好的绝缘性能，又能促进炭烟迅速氧化。这样才能保证传感器的准确性和灵敏性。催化剂可采用 Cr_2O_3，SnO_2，Fe_2O_3，也可采用氧化金属的混合物，如$Cr_2O_3(Fe_2O_3)$，但最好采用铂黑作为炭烟的催化剂。其重量比为 30%～35%的铂黑与 Al_2O_3 加黏合剂调匀即可。

表 3-9 为随柴油机负荷变化的排温、烟度和传感器电流值的变化情况(发动机转速保持在 2000 r/min，传感器用 24 V 直流电源)。从表 3-11 中数据可知，随着柴油机负荷的增加，排温、烟度和传感器电流值都相应增加，烟度与传感器电流间的关系，应满足下列关系式，即

$$R = kI$$

式中，R——允许烟度；

I——传感器电流值；

k——比例常数。

表 3-11　柴油机负荷与排温、烟度和传感器电流值变化表

功率/kW	排温/℃	烟度(BSU)	传感器电流/μA	功率/kW	排温/℃	烟度(BSU)	传感器电流/μA
0	0	0	1.0	9.71	325	1.8	15
5.00	190	0.3	2.5	10.29	350	2.0	19
5.74	200	0.3	3	11.47	390	2.7	33
7.79	240	0.8	5.5	11.84	405	3.0	42
8.75	260	1.1	7	12.13	420	3.4	50
9.04	290	1.3	10	12.35	430	4.3	65
9.41	300	1.5	12	12.57	440	5.0	80

3.9　转矩传感器

汽车上的转矩传感器主要用于检测出驾驶员施加给转向盘(转动轴)上的有效扭力，以便传送给电控系统，并提供一定的附加转动力矩给转向盘的转动轴，从而使驾驶员操作轻松自如。

除此之外，转矩传感器也应用于检测发动机转矩和驱动轴转矩。转向盘转矩传感器主要有磁性式、光电式等类型。

3.9.1　磁性式转矩传感器

磁性式转矩传感器主要是利用铁磁体的磁致伸缩特性：当材料承受负荷导致机械应力时，其磁导率会发生变化。传感器利用这一间接方式，测量其跟随变化的磁导率，即可求得转矩。

磁性转矩传感器的结构如图 3-201(a)所示。磁性转矩传感器的基本工作原理如图 3-201(b)所示。用磁性材料制成定子和转子，定子和转子形成了闭合的磁路。线圈分别绕在 A、B、C、D 极靴上，接成一个桥式回路，转向盘杆扭矩变形的扭角与转矩成比例，所以只要测定杆的扭角，就可以间接地知道转向力的大小。

在线圈的 U、T 两端给予连续的脉冲电压信号 U_i，当转向杆上的转矩为零时，定子与转子的相对转角也为零，这时转子的纵向对称面处于图示定子 AC、BD 的对称平面上。每个极靴上的磁通量是相同的，因而电桥是平衡的，在 V、W 两端的电位差 $U_o=0$。

如果定子与转子的相对转角不为零，也就是说在转向杆上存在着转矩时，就使转子与定子之间产生如图 3-201 所示的角位移 θ。极靴 A、D 之间的磁阻增加，B、C 之间的磁阻减少，各个极靴的磁通产生差别，电桥失去平衡，在 V、W 之间出现电位差，这个电位差与杆的扭转角 θ 和输出电压 U_i 成比例，如果比例系数为 K，则有

$$U_o = KU_i\theta$$

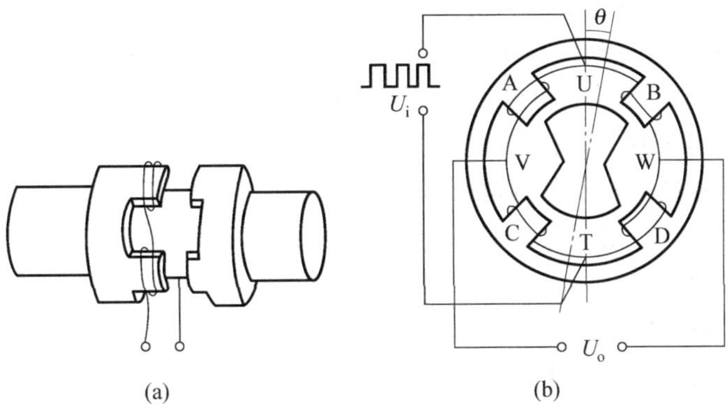

图 3-201　转矩传感器的结构与工作原理

(a) 结构；(b) 工作原理

由电桥出现的电位差就可以知道转向盘杆的扭转角，于是就可以知道转向盘杆的转矩。

3.9.2　光电式转矩传感器

光电式转矩传感器是利用光电转换原理制成的，它具有很高的精确度和可靠性。图 3-202 为其工作原理示意图。光线从光源 S 沿平行轴线方向射出，通过横置于当中的一对挡片槽缝，到达光电转换器 D。由此可见，光电转换器 D 所接收到的光线强度是由槽缝重叠的程度所决定的。两槽缝挡片之间用弹性连接，当施以扭力时，挡片与槽缝重叠，转矩越大，重叠越多，从槽缝通过的光线越少，而光电转换器输出的电压越低。当电压输入到 ECU 后，就可实现对转矩的自动控制。

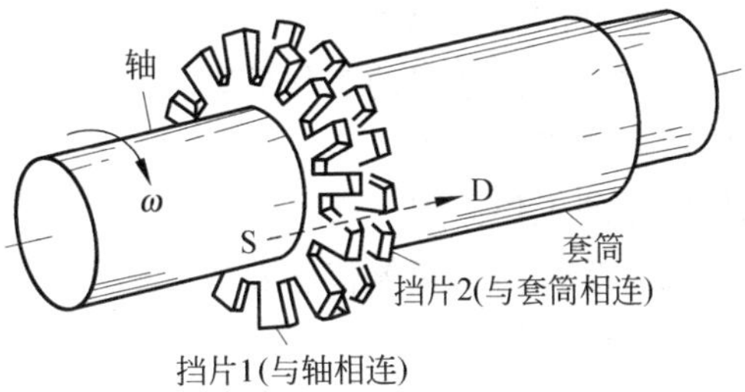

图 3-202　光电式转矩传感器的工作原理

S—光源；D—光电转换器

思考与练习

1. 汽车传感器有哪些类型？
2. 简述汽车传感器的发展趋势。
3. 汽车传感器的选用原则是什么？
4. 何谓热电偶？它是如何测量温度的？
5. 列举温度传感器在汽车上的应用。
6. 热电阻与热电偶有何区别？

7. 压力传感器在汽车上有哪些应用?
8. 何谓压阻效应?如何应用于压力式传感器中?
9. 何谓压电效应?如何应用于压力传感器中?
10. 转速传感器在汽车上有哪些应用?
11. 何谓电磁感应?解释其测速原理。
12. 何谓霍尔效应?解释其测速原理。
13. 何谓光电效应?解释其测速原理。
14. 何谓磁阻效应?解释其测速原理。
15. 列举位置传感器在汽车上的应用。
16. 简述电位式位置传感器的工作原理。
17. 如何应用电磁感应原理精确测量曲轴 1° 转角信号?
18. 简述光电式位置传感器的工作原理。
19. 简述超声波雷达的工作原理。
20. 分析多普勒的测距、测速、测角度的基本原理。
21. 简述毫米波雷达测量目标距离的原理。
22. 激光雷达有何特点?
23. 简述激光雷达的测距原理和测速原理。
24. 简述卡门涡旋空气流量传感器采用超声波法检测涡旋频率的原理。
25. 简述热线式空气流量传感器的工作原理。
26. 比较热线式、热膜式空气流量传感器的特点。
27. 简述压电式加速度传感器的工作原理。
28. 简述霍尔式加速度传感器的工作原理。
29. 简述半导体应变片式加速度传感器的工作原理。
30. 简述氧化锆式氧传感器的工作原理。
31. 简述氧化钛式氧传感器的工作原理。
32. 为何缸内直喷发动机广泛采用宽频氧传感器?
33. 简述 NO_x 传感器的工作原理。

第4章　汽车电子控制单元

4.1　汽车ECU的功用与组成

汽车电子控制单元简称ECU(electronic control unit),它是由集成电路组成的用于实现对数据进行分析、处理、发送等一系列功能的控制装置。目前在汽车上广泛应用,并且集成度越来越高。

4.1.1　汽车ECU的功用

ECU与传感器以及后续介绍的执行器构成汽车的电子设备,ECU则是电子设备的核心。ECU的作用是根据所存储的程序对传感器输入的各种信息进行运算、处理、判断,然后输出指令,控制有关执行器的动作,达到快速、准确、自动控制被控部件工作的目的。

具体来说,ECU的功用可以概括为以下几个方面:

(1) 将来自传感器的输入信号进行转换,成为能够处理和分析的信息。

(2) 根据控制要求进行算术运算或逻辑运算。

(3) 将运算结果转换成驱动执行机构工作的信号。

(4) 存储各种程序、参数、数据表格等。

(5) 产生各种参考电压,通常为5 V,也有2 V、9 V、12 V等。

(6) 进行故障自行诊断。

4.1.2　汽车ECU的特点与要求

1. 汽车ECU的特点

(1) 集成度高,体积小,质量轻,可靠性高,价格也低廉。

(2) 易于标准化、系列化,只需改动软件就可以实现不同的控制功能。

(3) 软件资源丰富,特别适应于汽车各种工况参数间关系很复杂的控制系统。

(4) 控制精度高,速度快。

2. 汽车ECU的要求

(1) 具有高的工作可靠性。高的工作可靠性是汽车控制系统工作的基本保证,是确保电控系统精确控制的基础。

(2) 具有良好的抗振性。汽车计算机控制系统必须承受汽车行驶中产生的强烈冲击和振动,要求系统能承受较大的动载荷。

(3) 能在温度大范围变化的情况下正常工作。汽车计算机控制系统的环境温度可能会出现较高或较低且变化幅度较大的情况,要求电控系统的元件能够耐受较大的热负荷,在较宽温度范围内能够稳定工作。

(4) 具有抗强电磁干扰的能力。汽车发动机运转过程中会产生强电磁干扰,汽车电控系统能够屏蔽这些干扰,确保输入、输出的信号准确无误。

(5) 能在电压波动较大的情况下正常工作。汽车行驶过程中,输出电压波动较大,电控系统必须能在输入电压不稳定的情况下正常工作,保证工作的可靠性。

(6) 具有较强的抗腐蚀、抗污染的能力。汽车电控系统不可避免地会经常处于腐蚀介质和污染环境中,必须能够确保系统具有抵抗腐蚀的能力。

4.1.3　汽车 ECU 的种类

根据控制对象的不同,汽车 ECU 可分为很多种类,一台汽车上,ECU 的数量往往有几十个到上百个不等。具体应用如下:

(1) 发动机 ECU,主要用于控制发动机供油、点火、怠速、爆燃、废气再循环、进气、冷却、排放、自动起停等。

(2) 变速器 ECU,主要用于控制自动变速器的升挡、降挡、锁止等。

(3) 转向 ECU,主要用于控制转向系统的助力大小、四轮转向等。

(4) 制动 ECU,主要用于防抱死制动(ABS)、驱动防滑(ASR)、车身稳定性(ESP)、制动力分配、驻车制动、坡道起步、紧急制动辅助、主动制动等。

(5) 悬架 ECU,主要用于悬架的刚度、阻尼控制。

(6) 防盗 ECU,主要用于阻止发动机非法启动。

(7) 门窗 ECU,主要用于车窗的闭锁和开锁。

(8) 前照灯 ECU,主要用于前照灯的亮度、照射方向、延迟清洗等控制。

(9) 刮水器 ECU,主要用于刮水器的速度控制。

(10) 气囊 ECU,主要用于车内各安全气囊的控制。

(11) 安全带 ECU,主要用于安全带拉紧力的控制。

(12) 空调 ECU,主要用于空调制冷量、压缩机转速、风量、风向、室内温度等控制。

(13) 仪表 ECU,主要用于各仪表的显示、亮度等控制。

(14) 座椅 ECU,主要用于座椅状态、温度等控制。

(15) 防撞 ECU,主要用于倒车、行车时的状态控制。

(16) 车载信息 ECU,主要用于记录存储汽车行驶信息。

(17) 泊车 ECU,主要用于自动泊车控制。

4.1.4　汽车 ECU 的组成

ECU 通常设计为一个金属盒,将所有电路和芯片包含在其内部,通过一个引出线头与传感器及执行器相连。根据 ECU 功能的复杂程度,引出接头有 30～150 芯,ECU 内部有印制电路板,上面有各种集成电路芯片、电子元器件等,如图 4-1 和图 4-2 所示。

根据 ECU 内部各元件的功用不同,可将 ECU 分为输入接口、微控制器和输出接口三大部分,如图 4-3 所示。

图 4-1　汽车 ECU 的外形

(a)　　(b)

图 4-2　汽车 ECU 的内部结构

(a) motronic 1.5.4；(b) motronic 3.8.2

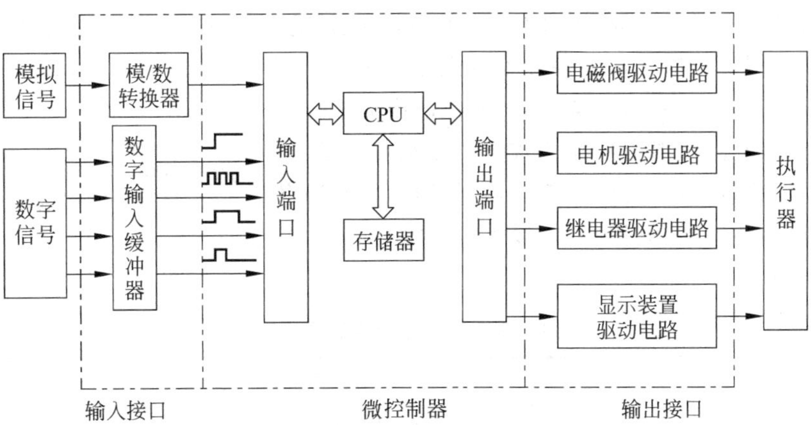

图 4-3　ECU 结构示意图

4.2 汽车ECU的输入接口

4.2.1 汽车ECU输入接口的作用

输入接口的作用是将电控系统中各传感器检测到的信号通过I/O接口送入微控制器，完成ECU对控制装置运行工况的实时检测。

从传感器来的信号进入输入接口后，首先要经过预处理，如采用滤波器除去杂波等。有的信号，如从电磁式曲轴位置传感器来的信号，并不是矩形波而是正弦波，且其信号的电压幅值会随转速的变化而变化，这些信号均不能直接输入微控制器。图4-4给出了输入回路的处理效果。

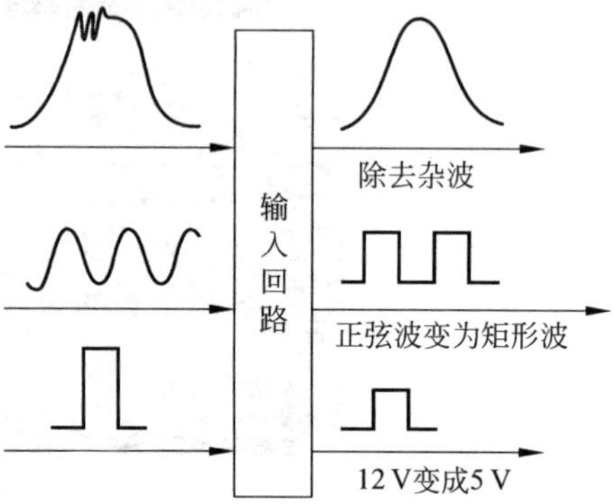

图4-4 输入回路的处理效果

输入接口处理的信号主要有三种类型：模拟信号、开关信号和数字信号，其波形如图4-5所示。

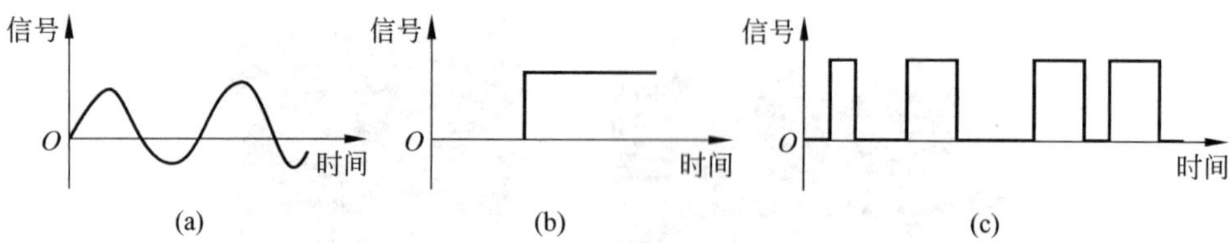

图4-5 输入信号示例

(a) 模拟信号；(b) 开关信号；(c) 数字信号(连续脉冲)

4.2.2 模拟信号的输入与处理

1. 模拟信号的特征

模拟信号是连续的变量，如图4-6所示，其模拟量的变化(如电压)直接与所感受到的作用成正比。模拟量的精度常受各种因素限制。由于传感器的原因，很多输入信号为模拟信号，如热敏电阻型温度传感器(水温、油温、气温等)、翼片式空气流量传感器、进气歧管压力传感器、节气门位置传感器、加速踏板位置传感器、燃油压力传感器、氧传感器、爆燃传感器、加速度传感器等，如表4-1所示。

图4-6 模拟信号

表4-1 汽车上产生模拟信号的传感器

汽车部件	产生模拟信号的传感器
发动机控制系统	冷却液温度传感器、进气温度传感器、燃油温度传感器、进气歧管压力传感器、空气流量传感器(翼片式、热线式、热膜式)、爆燃传感器、氧传感器、加速踏板位置传感器、节气门位置传感器、大气压力传感器、排气温度传感器

续表

汽车部件	产生模拟信号的传感器
底盘控制系统	变速器油温传感器、车身高度传感器
车身控制系统	车内温度传感器、碰撞传感器、超声波测距传感器

2. 模拟信号的放大

汽车上有几十到上百个传感器，它们将各种物理量(温度、压力、转速、位置等)转换成对应的电信号。这些电信号很多是电压或电流的模拟信号，往往幅度很小(mV、mA 级)。在进入微控制器之前，首先需要进行放大处理，将小信号变成“标准”的电信号(例如 0～5 V、0～10 V、4～20 mA 等)。若传感器输出的是电流信号，还要经过 I/V 转换即电流/电压转换，变成电压信号。然后再进行 A/D 转换，将标准幅度的电信号转换成对应的数字信号，最后才能送入微控制器处理。实际上，常常是多路传感器和放大器共用一个 A/D 转换器，中间设置多路模拟开关，允许多个模拟量分时输入 A/D 转换器进行处理，也就是说，各传感器信号是按时间顺序轮流做 A/D 转换的。各种模拟信号从传感器→放大器→多路模拟开关→A/D转换器→微控制器的输入通道，如图 4-7 所示。

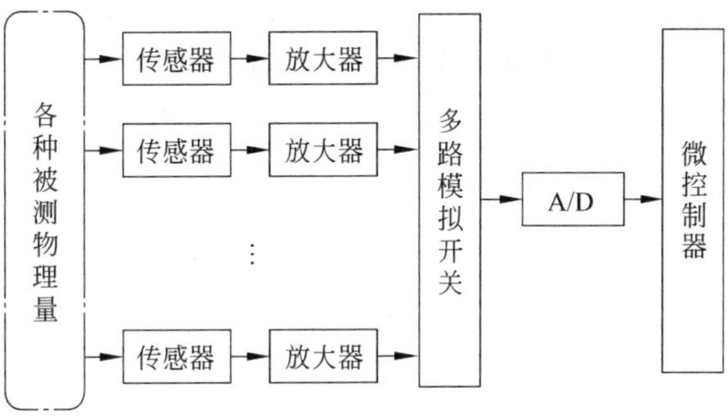

图 4-7　模拟信号的放大

实际应用中，为了使电路简单、提高抗干扰能力和便于调试，一般对传感器信号的放大都采用集成运算放大器(简称集成运放)作为放大元件，其特点是高放大倍数、高输入阻抗、低输出阻抗。集成运放的应用十分广泛，目前在汽车电子控制系统中主要用于小信号的放大、电压的变换处理或信号的测量等方面。

3. 模拟信号的转换

来自传感器的模拟信号经过适当放大后，需要将模拟量转换成数字量(简称模/数转换或 A/D 转换)，才能进入微控制器处理。

1) A/D 转换的定义

A/D 转换就是将连续的模拟电压转换成对应的二进制数字量，输入模拟电压与输出的数字量之间有严格的比例关系。图 4-8 中给出了简单的 3 位 A/D 转换关系。由于 $2^3=8$，输入模拟电压从总电压的 0/8～7/8 被分成 8 个等级，对应 8 个输出数字 000～111，相邻两个数字之间对应电压为输入电压总量的 1/8。由图 4-8 可见这种转换是有一定误差的，转换精度与数字位数有关。位数越长，精度越高。

2) A/D 转换的方式

根据转换原理，目前常用的 A/D 转换电路的转换方式主要有逐次逼近式和双积分式。

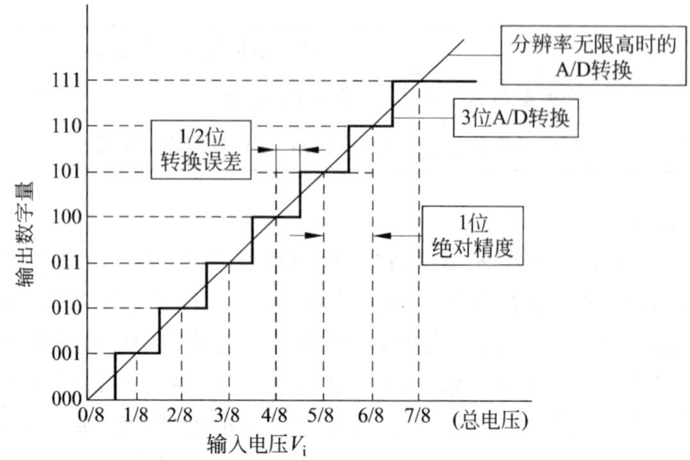

图 4-8　A/D 转化关系示意图

(1) 逐次逼近式转换原理

逐次逼近式转换的基本原理是用一个计量单位使连续量整量化(简称量化),即用计量单位与连续量比较,把连续量变为计量单位的整数倍,略去小于计量单位的连续量部分,得到的整数量即数字量。显然,计量单位越小,量化的误差也越小。

可见,逐次逼近式的转换原理即"逐位比较"。图 4-9 为一个 N 位逐次逼近式 A/D 转换器原理图。

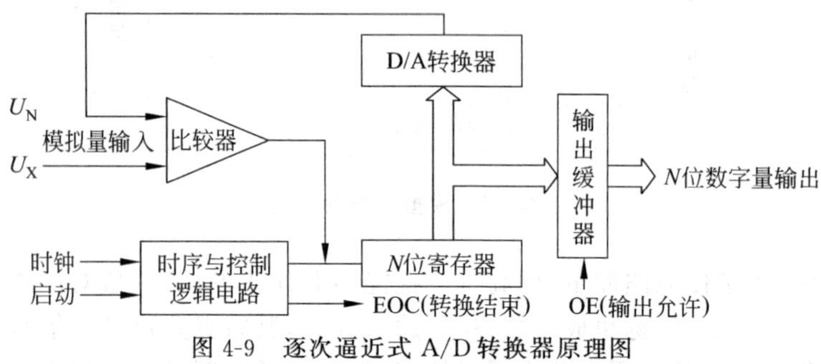

图 4-9　逐次逼近式 A/D 转换器原理图

逐次逼近式 A/D 转换器由 N 位寄存器、D/A 转换器、比较器和控制逻辑等部分组成。N 位寄存器用来存放 N 位二进制数码。当模拟量 U_X 送入比较器后,启动信号通过时序与控制逻辑电路启动 A/D 转换。首先,置 N 位寄存器最高位(D_{N-1})为"1",其余位清零,N 位寄存器的内容经D/A 转换后得到整个量程一半的模拟电压 U_N,与输入电压 U_X 比较。若 $U_X \geqslant U_N$,则保留 $D_{N-1}=1$;若 $U_X < U_N$,则 D_{N-1} 位清零。然后,控制逻辑使寄存器下一位(D_{N-2})置 1,与上次的结果一起经 D/A 转换后与 U_X 比较。重复上述过程,直到判断出 D_0 取 1 还是 0 为止,此时控制逻辑电路发出转换结束信号 EOC。这样经过 N 次比较后,N 位寄存器的内容就是转换后的数字量数据,在输出允许信号 OE 有效的条件下,此值经输出缓冲器读出。整个转换过程就是一个逐次比较逼近的过程。

为了弄清逐次逼近法 A/D 转换的原理,以 8 位 A/D 转换为例分析。在启动信号控制下转换开始,置数控制逻辑电路先给逐位逼近寄存器(SAR)一个数字量,此数值最高位为

1,其余各位均为 0,即 10000000。此数字经过 D/A 转换成为对应的模拟量 U_N 后,与被转换的模拟量 U_X 进行比较。根据比较结果调整 SAR 的数字量大小,再次转换成模拟量并与输入模拟量比较。这样重复进行多次,直到最后 SAR 中的数字对应的模拟量 U_N 与输入模拟量 U_X 极为接近,误差在分辨率之内为止,此时 SAR 中的数值就是与输入模拟量对应的数字量,转换即告完成,SAR 的最终数字经三态缓冲器输出。转换过程大致见表 4-2。这很像用天平称重:先放一个很大的砝码,与重物比较后,再视比较结果增减砝码重量,放置一些较小和更小的砝码,最后这些砝码的重量组合就是物体的重量。

表 4-2　逐次逼近法 A/D 转换过程

第 1 次		第 2 次		第 3 次		第 4 次	
SAR 初值	U_N 与 U_X 比较	SAR 调整值	U_N 与 U_X 比较	SAR 调整值	U_N 与 U_X 比较	SAR 调整值	U_N 与 U_X 比较
10000000	$U_N>U_X$	01000000	$U_N>U_X$	00100000	$U_N>U_X$	00010000	…
					$U_N\leqslant U_X$	00110000	…
			$U_N\leqslant U_X$	01100000	$U_N>U_X$	01010000	…
					$U_N\leqslant U_X$	01110000	…
	$U_N\leqslant U_X$	11000000	$U_N<U_X$	10100000	$U_N>U_X$	10010000	…
					$U_N\leqslant U_X$	10110000	…
			$U_N\leqslant U_X$	11100000	$U_N>U_X$	11010000	…
					$U_N\leqslant U_X$	11110000	…

逐次逼近 A/D 转换器在精度、速度和价格上均比较适中,它是最常用的 A/D 转换器件。常用的逐次逼近式 A/D 器件有 ADC0809、AD574A 等。

(2) 双积分转换原理

双积分 A/D 转换采用了间接测量原理,即将被测电压值 U_X 转换成时间常数,通过测量时间常数得到未知电压值。双积分 A/D 转换器原理图如图 4-10(a)所示,它由电子开关、积分器、比较器、计数器、逻辑控制门等部件组成。

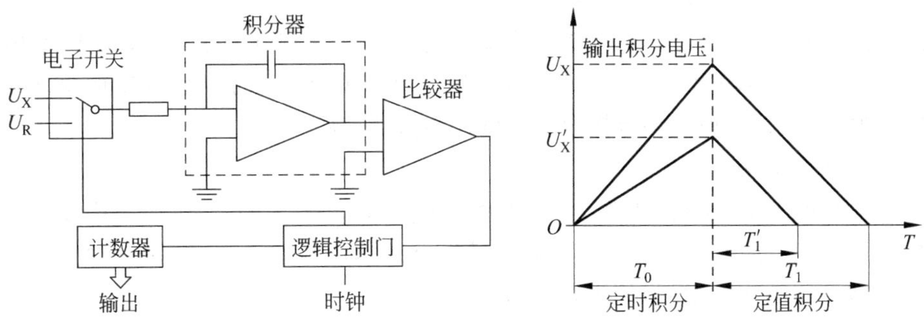

(a)　　(b)

图 4-10　双积分 A/D 转换器原理

(a) 原理图;(b) 不同输入电压的积分情况

双积分就是进行一次A/D转换需要二次积分。转换时,控制门通过电子开关把被测电压U_X加到积分器的输入端,积分器从零开始,在固定的时间T_0内对U_X积分(称定时积分),积分输出终值与U_X成正比。接着控制门将电子开关切换到极性与U_X相反的基准电压U_R上,进行反相积分,由于基准电压U_R恒定,所以积分输出将按T_0期间积分的值以恒定的斜率下降,当比较器检测积分输出过零时,积分器停止工作。反相积分时间T_1与定值积分的初值(即定时积分的终值)成比例关系,故可以通过测量反相积分时间T_1计算出U_X,即

$$U_X = \frac{T_1}{T_0} U_R$$

反相积分时间T_1由计数器对时钟脉冲计数得到。图4-10(b)示出了两种不同输入电压($U_X > U'_X$)的积分情况。显然,U_X值小,在T_0定时积分期间积分器输出终值也就小,而下降斜率相同,故反相积分时间T'_1也就小。

由于双积分方法的二次积分时间比较长,因此A/D转换速度慢,而精度可以做得比较高。对周期变化的干扰信号积分为零,抗干扰性能也就较好。

目前国内外双积分A/D转换芯片很多,常用的为BCD码输出,有MC14433、ICL7135、ICL7109(12位二进制)等。

3) A/D转化器的分类

(1) 根据A/D转换器的原理分类

根据A/D转换器的原理可将A/D转换器分成两大类:直接型和间接型。直接型A/D转换器的输入模拟电压被直接转换成数字代码,不经任何中间变量;在间接型A/D转换器中,首先把输入的模拟电压转换成某种中间变量(时间、频率、脉冲宽度等),然后再把这个中间变量转换为数字代码输出。

(2) 根据输出数字量的方式分类

根据输出数字量的方式,A/D转换器可以分为并行输出转换器和串行输出转换器两种。并行输出转换器的特点是占用较多的数据线,但转换速度快,在转换位数较少时,有较高的性价比。串行输出转换器的特点是占用的数据线少,转换后的数据逐位输出,输出速度较慢。

(3) 根据输出数字量表示形式分类

根据输出数字量表示形式,A/D转换器可分为二进制输出格式和BCD码输出格式。BCD码输出采用分时输出万位、千位、百位、十位、个位的方法,可以很方便地驱动LCD显示。二进制输出格式一般要将转换数据送微控制器处理后使用。

4) 典型A/D转换器简介

由前述可知,N位逐次逼近型A/D转换器最多只需N次D/A转换和比较判断,就可以完成A/D转换。因此,逐次逼近型A/D转换器的速度很快。本文以典型的8位逐次逼近式A/D转换器ADC0809为例进行介绍。

(1) ADC0809的特点

ADC0809是美国国家半导体(National Semiconductor,NS)公司生产的逐次逼近型A/D转换器,它具有以下特点:

- 分辨率为8位。

- 转换时间为 100 μs(当外部时钟输入频率 $f=640$ kHz 时)。
- 采用单一电源+5 V 供电,量程为 0～5 V。
- 带有锁存控制逻辑的 8 通道多路转换开关,便于选择 8 路中的任一路进行转换。
- 使用 5 V 或采用经调整模拟间距的电压基准工作。
- 带锁存器的三态数据输出。

(2) ADC0809 的内部结构

ADC0809 是一种 8 路模拟输入 8 位数字输出的逐次逼近式 A/D 转换器件,其内部结构框图如图 4-11 所示。

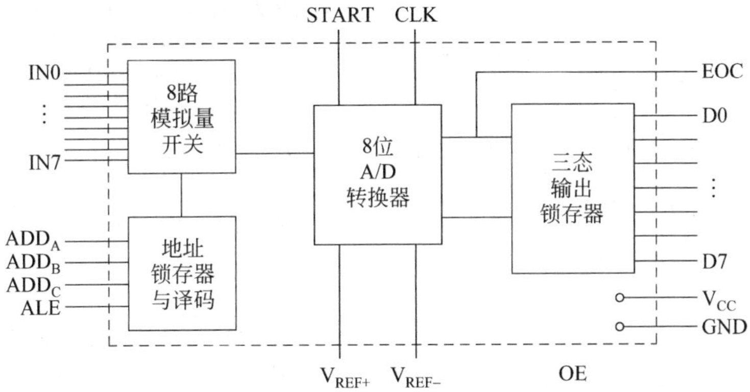

图 4-11　ADC0809 结构框图

多路开关用于输入 IN_0～IN_7 上 8 路模拟量电压,最大允许 8 路模拟量分时输入,共用一个 A/D 转换器。8 路模拟量开关的切换由地址锁存器与译码控制,3 条地址线 ADD_C、ADD_B、ADD_A 通过 ALE 锁存。改变不同的地址可以切换 8 路模拟通道,如 ADD_A、ADD_B、ADD_C 为 0、0、0 时,选择模拟通道 IN0。同理,可以选择其他通道。

A/D 转换结果通过三态输出锁存器输出,允许直接与系统数据总线相连。OE 为输出允许信号,可与系统读信号 $\overline{RD}$ 相连。EOC 为转换结束信号,表示一次 A/D 转换已完成,可以作为中断请求信号,也可被程序查询以检测转换是否结束。

(3) ADC0809 引脚功能

ADC0809 为 DIP28 封装,芯片引脚功能如表 4-3 所示。

(4) ADC0809 操作时序

ADC0809 操作时序如图 4-12 所示。

从时序图中可以看出,地址锁存信号 ALE 在上升沿将三位通道地址锁存,相应通道的模拟量经多路模拟开关送到 A/D 转换器。启动信号 START 上升沿复位内部电路,START 信号的下降沿启动 A/D 转换器,此时转换结束信号 EOC 呈低电平状态,由于逐位逼近需要一定过程,所以,在此期间模拟输入应维持不变,比较器要一次次地进行比较,直到转换结束。当转换完成后,转换结束信号 EOC 变为高电平,若 CPU 发出输出允许信号 OE(高电平),则可读出数据。ADC0809 具有较高的转换速度和精度,受温度影响小,且带有 8 路模拟开关,因此,用在测控系统中是比较理想的器件。

表 4-3 ADC0809 引脚功能

引脚图	引脚编号	引脚功能
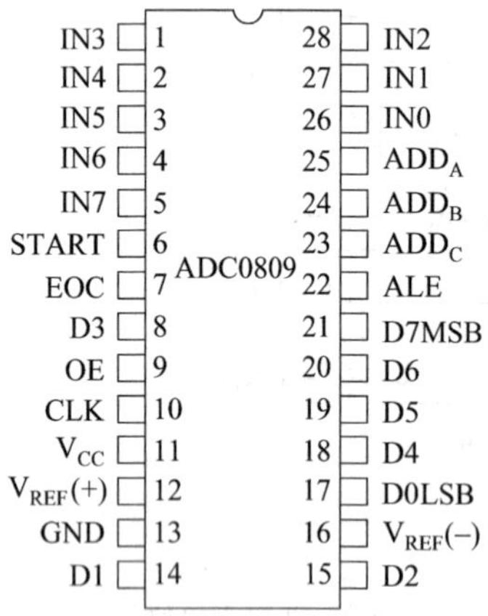	5～1 脚、28～26 脚(IN7～IN0)	8路模拟量输入。ADC0809一次只能选通IN7～IN0中的某一路进行转换,选通的通道由ALE上升沿时送入的ADD_C、ADD_B、ADD_A引脚信号决定
	6 脚(START)	A/D启动转换输入信号,正脉冲有效。脉冲上升沿清除逐次逼近寄存器;下降沿启动A/D转换
	7 脚(EOC)	转换结束输出引脚。启动转换后自动变低电平,转换结束后跳变为高电平,可供MCS-51查询。如果采用中断法,该引脚一定要经反相后接MCS-51的INT0和INT1引脚
	17、14、15、8、18～21 脚(D0～D7)	8位数据输出。其中,D7为数据高位,D0为数据低位
	9 脚(OE)	输出允许,高电平有效。高电平时,允许转换结果从A/D转换器的三态输出锁存器输出数据
	10 脚(CLK)	时钟输入,时钟频率允许范围为10～1280 kHz,典型值为640 kHz。此时转换速度为100 μs(50～128 μs)
	11 脚(V_{CC})	工作电源输入。典型值为+5 V,极限值为6.5 V
	12 脚 $V_{REF}(+)$	参考电压(+)输入,一般与V_{CC}相连
	13 脚(GND)	模拟和数字地
	16 脚 $V_{REF}(-)$	参考电压(-)输入,一般与GND相连
	22 脚(ALE)	地址锁存输入信号,上升沿锁存ADD_C、ADD_B、ADD_A引脚上的信号,并据此选通转换IN7～IN0中的一路
	25～23 脚(ADD_C,ADD_B,ADD_A)	选通输入,选通IN7～IN0中的一路模拟量。其中,ADD_C为高位

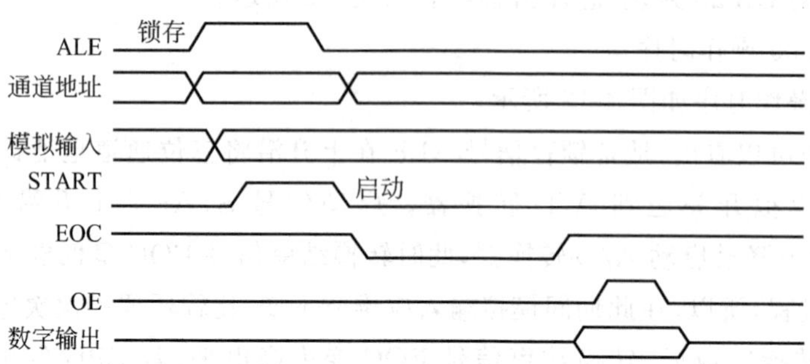

图 4-12 ADC0809 操作时序

(5) 接口与编程

ADC0809典型应用电路如图4-13所示。由于ADC0809输出含三态锁存,所以其数据输出可以直接连接MCS-51的数据总线P0口(无三态锁存的芯片是不允许直接连数据总线的)。可通过外部中断或查询方式读取A/D转换结果。

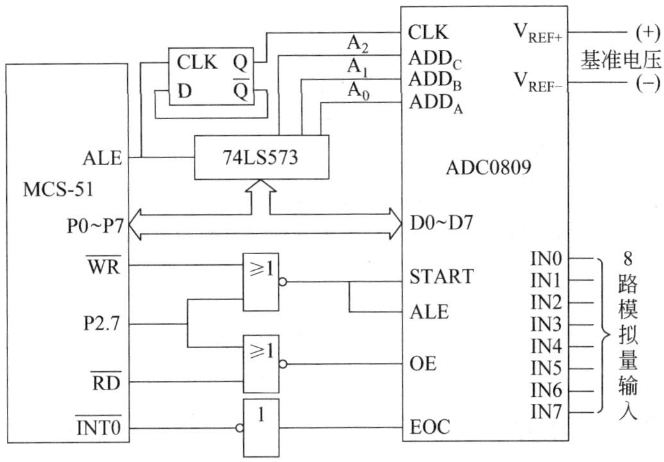

图4-13　ADC0809典型应用电路

由图4-13可知,IN0～IN7的端口地址为7FF8H～7FFFH。

写端口有两个作用:其一,使ALE信号有效,将送入ADD_C、ADD_B、ADD_A的低3位地址A_2、A_1、A_0锁存,并由此选通IN0～IN7中的一路进行转换;其二,清除逐次逼近寄存器,启动A/D转换。

读端口时(ADD_C、ADD_B、ADD_A低3位地址已无任何意义),OE信号有效,保存A/D转换结果的输出三态锁存器的"门"打开,将数据送到数据总线。注意,只有在EOC信号有效后,读端口才有意义。CLK时钟输入信号频率的典型值为640 kHz。鉴于640 kHz频率的获取比较复杂,在工程实际中多采用在8051的ALE信号基础上分频的方法。例如,当微控制器的f_{osc}=6 MHz时,ALE引脚上的频率大约为1 MHz,经2分频之后为500 kHz,使用该频率信号作为ADC0809的时钟,基本可以满足要求。该处理方法与使用精确的640 kHz时钟输入相比,仅仅是转换时间比典型的100 μs略长一些(ADC0809转换需要64个CLK时钟周期)。

【例】 ADC0809与MCS-51的硬件连接如图4-13所示。要求进行8路A/D转换,将IN0～IN7转化结果分别存入片内RAM的60H～67H地址单元中。

解1:采用中断方式,程序清单如下:

```
      ORG   0000H
      LJMP  MAIN                    ;转主程序
      ORG   0003H                   ;INT0终端服务入口地址
      LJMP  INT0S                   ;转中转服务
      ORG   0100H
MAIN: MOV   R0, #60H                ;内部数据指针指向60H单元
      MOV   DPDR, #7FF8H            ;选通IN0(低三位地址为000)
```

```
        SETB  IT0                    ;设 INT0 下降沿触发
        SETB  EX0                    ;允许 INT0 中断
        SETB  EA                     ;开总中断允许
        MOVX  @DPTR,A                ;启动 A/D 转换
        SJMP  $                      ;等待转换结果中断
```

中断服务程序:

```
INT0S: MOVX A, @DPTR                 ;取 A/D 转换结果
        MOV   @R0, A                 ;存结果
        INC   R0                     ;内部指针下移
        INC   DPL                    ;外部指针下移,指向下一格
        CJNE  R0, #68H, NEXT         ;未转换完 8 路,继续转换
        CLR   EX0                    ;关 INT0 中断允许
        RETI
NEXT:   MOVX  @DPTR, A               ;启动下一路 A/D 转换,A 中数可任意
        RETI                         ;中断返回
```

解 2:采用查询方式,程序清单如下:

```
       ORG  0000H
MAIN:  MOV   R1, #60H
       MOV   DPTR, #7FF8H            ;指向 0 通道
       MOV   R7, #08H                ;置采集个数
LOOP:  MOVX  @DPTR, A                ;启动 A/D 转换
       JB    P3.2, $                 ;查询 INT0
       MOVX  A,@DPTR                 ;读取转换结果
       MOV   @R1, A
       INC   R1
       INC   DPL
       DJNZ  R7, LOOP                ;8 路是否采集完
       SJMP  $
```

4.2.3 数字信号的输入与处理

1. 数字信号的特征

数字信号的输入可分为两种:频率信号和数字通信信号。

汽车控制中需要多种频率信号输入,如发动机转速、变速器输入轴转速、变速器输出轴转速、车速等。这些信号根据传感器不同,其幅值和波形也不尽相同,需要经过调节模块将这些信号处理成微控制器可以处理的数字信号。一般来说,对频率信号的处理方法主要有频率技术法和频/压转换法两种。图 4-14 所示为对频率信号处理过程的示意图。

另一种数字信号是数字通信信号。目前汽车中使用的电控系统越来越多,它们之间的一些资源是可以共享的,因此在车用 ECU 中都有数字通信接口,常见的如 RS232 接口、SPI 接口、CAN 接口、J1939、OBD、UDS(ISO 14229)、K 线(ISO 14230)等。

数字信号为离散的变量(见图 4-15),数字信号的精度依赖于信号发生装置的设计。例如,电磁式曲轴位置传感器与霍尔效应式传感器所发出的信号都是数字信号,其精度与触发

轮上的齿数有关，如增加齿数，可以相应地增加曲轴位置精度。要注意，这里所指的数字信号并不是真正的“数字”，它仍是一系列的电量或脉冲。对于电控系统来说，数字信号的优点不只是其精度高，更重要的是数字信号所表现的值并不会由于其电流或电压的变化而受到影响。例如，曲轴位置信号并不会由于其电平的高低而使所表现的曲轴位置变化(其位置仅由脉冲形状与时刻决定)，这对于 ECU 辨识很有好处，因为信号的电平总会由于转速、接触点情况、电源电压等而发生变化。

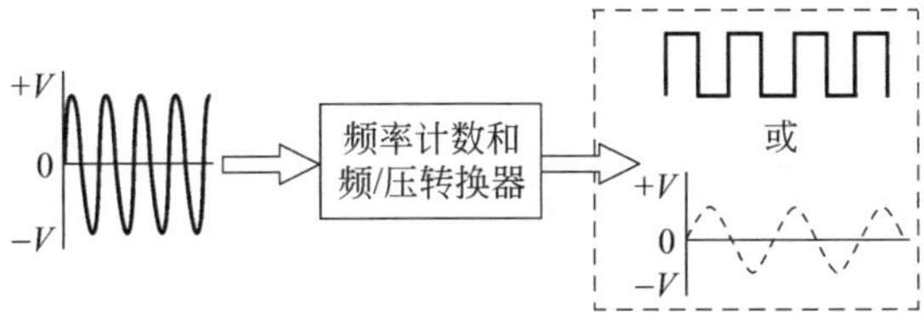

图 4-14　对频率信号处理过程的示意图

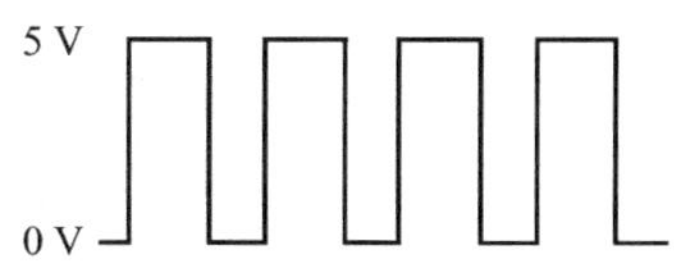

图 4-15　数字信号

2. 数字信号的整形处理

1) 整形原理

输入到微控制器的开关信号，应是规范的高低电平信号，对周期性连续变化的数字信号波形最好是规范的矩形。但实际上输入的脉冲信号、频率信号或来自传感器的周期性变化信号往往是不规则的，在输入微控制器之前，需要做整形处理。例如汽车点火控制系统中常常使用磁脉冲式曲轴位置传感器，其输出信号在整形之前的波形为一不规则的周期波形，为了将其转换为脉冲信号，就需要通过整形电路。如图 4-16 所示。

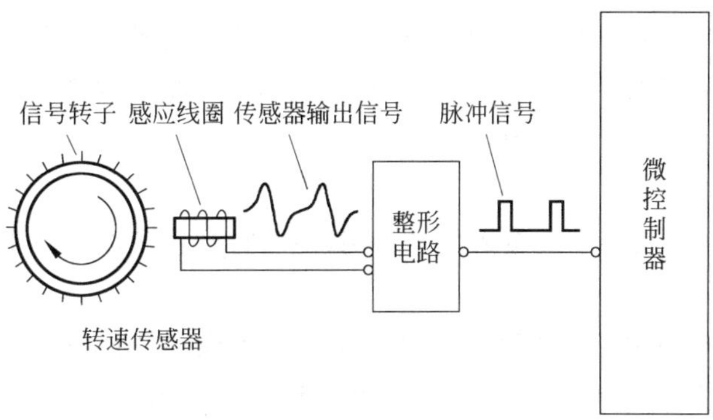

图 4-16　传感器输入信号的整形处理

施密特触发器(Schmidt trigger)是应用十分普遍的整形电路，市场上常见的芯片型号有 74LS132(或 74HC132)、CD4093 等。它是一种电平触发器，能把周期性变化的非矩形输入信号整形为适合于数字电路需要的矩形脉冲，抗干扰能力较强。施密特触发器由反相器或与非门构成，并有同相输出和反相输出两种。下面以反相输出的施密特触发器为例，简单地介绍它的工作原理和应用。

施密特触发器的图形符号如图 4-17(a)所示。反相输出的施密特触发器与一般的反相器逻辑上是类似的，即输出电平与输入电平相反。它具有一种特殊的“滞回”特性，也就是使输出电平由低到高与由高到低所需输入电压是不同的。如图 4-17(b)所示，当输入电压 V_i 升到 V_{T+} 以后，输出电压 V_o 就会变成低电平；当输入电压从较高电压降回 V_{T+} 时，输出

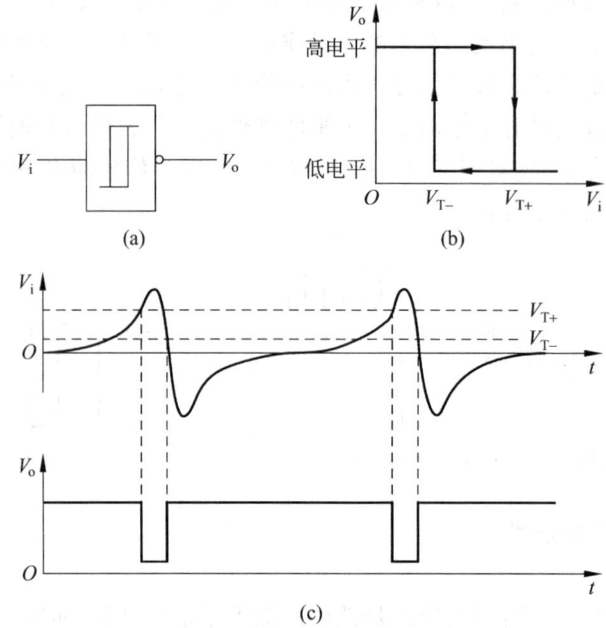

图4-17　施密特触发器的特性及应用举例

(a) 图形符号；(b) 电压传输特性；(c) 对波形进行整形变换

电压并不变化；只有当V_o降低到V_{T-}时，输出电平才会变成高电平。这种特性可以使信号处理具有良好的抗干扰能力，常用于将非矩形或不规则的波形整理成规则的矩形脉冲。若将图4-16的传感器不规则信号作为施密特触发器输入信号，当V_i上升到V_{T+}后，输出V_o电平变低；当V_i下降到V_{T-}后，输出V_o电平变高，从而将不规则周期信号整理成一系列矩形脉冲，如图4-17(c)中V_o所示的曲线。

2) 整形电路

下面以发动机转速传感器的输入信号为例，说明将其正弦波形整形为标准方波的构成电路。

转速信号处理电路由一片LM2903及外围电路组成，如图4-18所示，LM2903内部由两个集成运算放大器构成，本转速信号处理电路只是用了其中一个(1、2、3)，1为输出端，2为反相输入端，3为同相输入端。由转速信号处理电路可见，由于在反相输入端与输出端之间没有反馈电阻存在，所以集成运算放大器工作在非线性模式，即构成了电压比较器，主要功能是进行波形整形。转速信号处理电路工作原理如下：来自插脚PIN5的转速信号(如图4-19所示)加到集成运算放大器的反相输入端，而同相端通过电阻接地，因此在信号负半周期时，反相端电压低于同相端电压，输出端为高电平，正半周期时，当转速信号电压超过0.7 V时二极管导通，使反相端电压高出同相端0.7 V，输出端为低电平。这样转速信号由非均匀的正弦波(每转60个正弦波缺少2个)经转速信号处理电路后变成了非均匀的5 V方波信号，由LM2903输出至CPU的32端，经CPU内部定时控制器处理后，把定时信息送给中央处理单元，进一步根据转速信号所提供的定时信息，对点火喷油信号进行控制和调整。

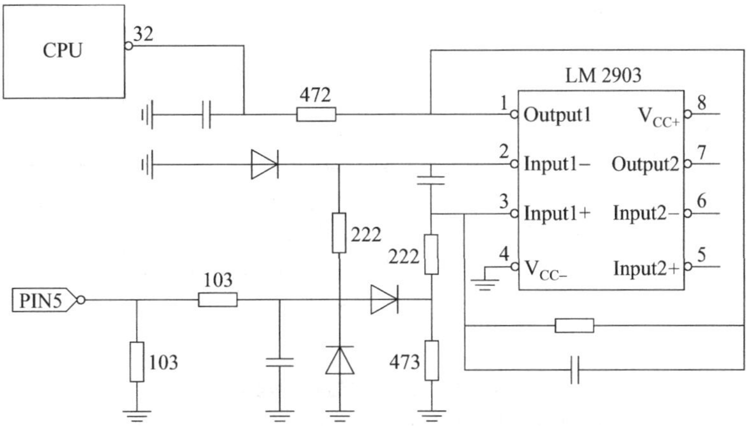

图 4-18　转速信号处理

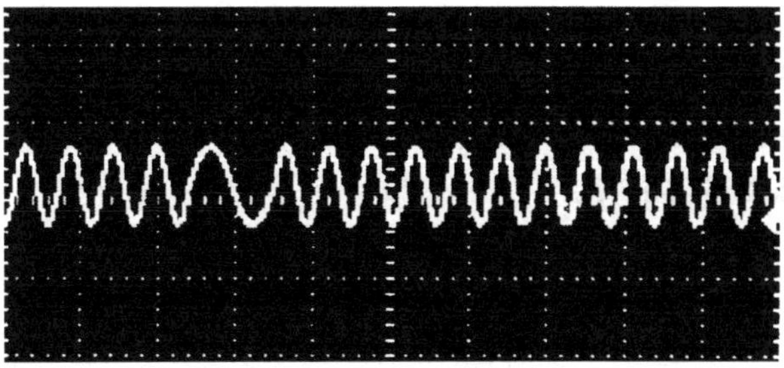

图 4-19　转速信号

4.2.4　开关信号的输入与处理

1. 开关信号的抖动现象

汽车上有许多开关信号需要输入至 ECU，如制动开关、空调开关、转向助力泵开关、前照灯开关、强制降挡开关等。这些开关信号可能有抖动、产生杂波，或前后沿不够陡峭，这时就需要对其进行整形，以使微控制器得到正确的开关信号。

图 4-20 中给出了一个最简单的开关信号输入电路。图中，当机械式按键未被按下时，P1.0 应为高电平，当按键按下后，P1.0 应变为低电平。但是由于机械触点的弹性作用，当按键闭合时，电路不会立即稳定地接通；当按键释放时，电路也不会立即完全断开。于是，P1.0 口线上的电平就出现抖动现象，抖动延续时间由按键结构决定，一般为 5～10 ms。

按键动作引起的电平抖动现象是难以避免的。它会造成微控制器将一次按键动作误读为按下多次，造成控制失误。为此必须设法消除开关信号的抖动。可以通过硬件和软件两种方法消除抖动现象。另外，输入到微控制器的脉冲信号或传感器产生的周期性信号波形往往是不规则的，也常需要将它们整理成规则的矩形脉冲，这就需要整形电路。

2. 消抖处理方法

1）*硬件消抖方法*

用硬件方法消除抖动，相应的电路称为整形电路或消抖电路。以双稳态的 RS 触发器来说明消抖作用，如图 4-21 所示(图中，两个与非门构成了 RS 触发器)。开关触点有两个位

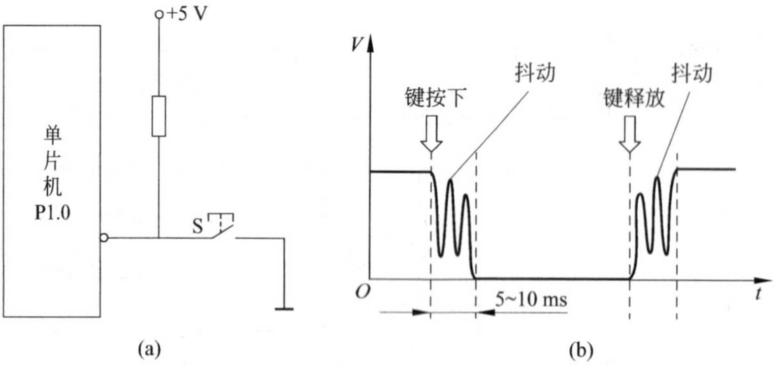

图 4-20　按键时的抖动现象

(a) 按键基本接法；(b) 按键时 P1.0 口电平出现抖动

置：未按下时接触上端 1，按下后接触下端 2。在开关未按下时，与非门 A 因输入端 1 接地，其输出应为 1，即 P1.0 电平为 1。当按键按下时，开关下端 2 接地，与非门 B 因此输出必为 1，此时与非门 A 因两个输入端都是 1，其输出必为 0，即引起 P 1.0 电平翻转。在开关按下期间，即使开关有瞬间弹跳，下端 2 的电平不稳定，但只要按键不返回上端 1 点，就不会引起双稳态电路输出状态的多次翻转。

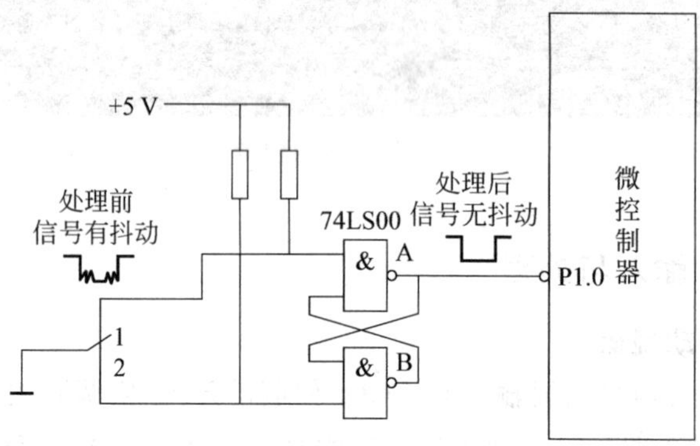

图 4-21　RS 触发器消抖电路

常用的整形或消抖电路除了双稳态触发器外，还有单稳态触发器(如 74LS121)等。键盘的按键比较多，常使用带有消抖功能的接口芯片(如 8279)。

2) 软件消抖方法

如果开关或按键比较多，采用硬件消抖的方法就会使电路比较复杂，这时常用软件消抖方法。当检测到有按键按下后，即执行一段延时子程序产生 5～10 ms 的延时，待抖动消失后，再检测一次按键状态，若仍保持闭合状态的电平，则可确认按键按下。同样当检测到按键释放时，也要执行 5～10 ms 的延时子程序，待抖动消失后，再检测一次按键状态，以确认按键释放。

3. 开关量电平转换

输入到微控制器的开关信号，应是合乎标准的高、低电平。但实际上不同电路或芯片产生的开关信号电平并不一定符合这一要求。这主要是因为电源电压不同(某些电路电源电压是＋12 V、＋24 V 等规格)，或由于器件本身的原因(TTL 与 CMOS 门电路输入、输出特性不同)，使得电路芯片彼此连接时，或输入到微控制器前需要进行电平调整(高电平足够高、低电平足够低)或转换。

将非标准电平转换为标准电平的电路如图 4-22 所示。图 4-22(a)中是利用晶体管进行电平转换。晶体管基极的输入信号来自非标准电压(12 V、24 V 等)产生的非标准电平信号，集电极接入＋5 V 电源，利用晶体管的开关特性，就可以输出标准的 TTL 电平信号。图 4-22(b)是利用光耦合器进行电平转换。光耦合器(optical coupler，OC)亦称光隔离器，简称光耦，是将发光二极管和一个光敏晶体管封装在一个外壳里的器件。光敏晶体管的基极受光照射而触发。当有输入信号使发光二极管正向导通而发光时，光敏晶体管就因二极管的光照而导通。光耦合器是一种信号耦合、电气隔离的器件，既完成了开关信号的传输，又实现了电气上的隔离，提高了电路的抗干扰能力，所以在控制系统中应用非常广泛。将发光二极管接入非标准电源的电路内，而将光敏晶体管接入＋5 V 电源电路内，输出信号就变成标准的 TTL 电平，从而达到了电平变换的目的。

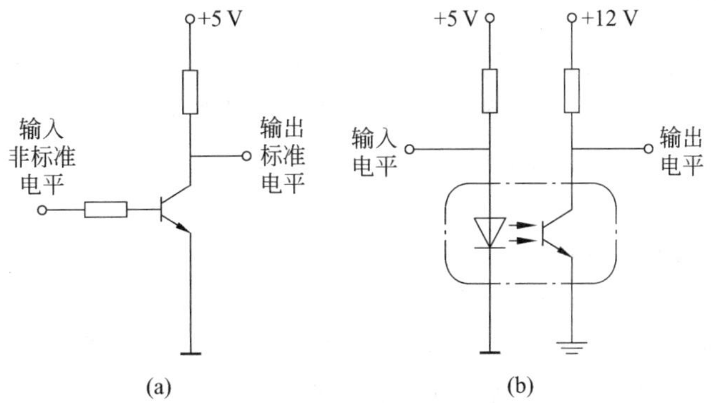

图 4-22　开关信号电平转换电路

(a) 利用晶体管；(b) 利用光耦合器

4.3　汽车 ECU 的单片机

单片机又称为微控制器，是各种汽车计算机控制模块或电子控制单元(ECU)的核心，如防抱死制动系统(ABS)、发动机控制系统、巡航控制系统和汽车动态控制系统的电子控制装置中都至少有一个微控制器，以实现其必需的控制功能。它根据三方面的信息决定输出的指令，即传感器的信息(发动机当前工作条件)、系统的控制策略(事先制定的对策)和内存中的各种数据(事先制定的目标值)。

4.3.1　单片机的定义

单片机是单片微型计算机(single chip micro computer)的简称，是指在一块芯片体上集成了中央处理器(CPU)、随机存储器(RAM)、程序存储器(ROM 或 EPROM)、定时器/计数器、中断控制器以及串行和并行 I/O 接口等部件，构成一个完整的微型计算机，单片机的外形如图 4-23 所示。目前，新型单片机内还有 A/D 及 D/A 转换器、高速输入输出部件、DMA

通道、浮点运算等特殊功能部件。由于它的结构和指令功能都是按工业控制要求设计的,特别适用于工业控制及其数据处理场合,因此,确切的称谓应是微控制器(micro controller)。

图 4-23　单片机的外形

为了适应现代控制系统对微控制器的要求,尽可能提高微控制器本身的功能和集成度,目前市场上各厂家也设计了很多专用的外围芯片与其配合使用,因此不再强调微控制器的"单片"性。"单片机"只是国内一直沿用的习惯名称。

4.3.2　单片机的发展

自1971年美国Intel公司制造出第一块4位微控制器以来,其发展十分迅猛。现单片机已有70多个系统,近500个机种。其主要制造公司有Intel、Atmel、Philips、Willbond、LC、Cygnal、Motorola、Zilog、Microchip、Freescale、Fujistu、TI等。单片机的发展大致可分为以下5个阶段。

1. 4位单片机(1971—1974)

1971年11月,Intel公司设计了集成度为2000只晶体管/片的4位微控制器Intel 4004,并配有RAM、ROM和移位寄存器,构成第一台MCS-4微控制器。这种处理器虽仅用于简单控制,但价格便宜,至今仍不断有多功能的4位机问世。

2. 低档8位单片机(1974—1978)

这类单片机不带串行接口,寻址范围一般在4 KB内。其功能可满足一般工业控制和智能化仪器等的需要,如Intel公司的8048,Mostek公司的3870等。

3. 高档8位单片机(1978—1982)

这类单片机带有串行接口,寻址范围可达64 KB,有多级中断处理系统、16位定时器/计数器。其功能较强,是目前应用的主要产品,如Intel公司的8051、Motorola公司的68HC系列和NEC公司的MPD7800等产品。

4. 16位单片机(1982—1990)

Mostek公司于1982年首先推出了16位单片机68200,随后Intel公司于1983年推出16位单片机8096,其他公司也相继推出了同档次的产品。由于16位单片机采用了最新的制造工艺,其计算速度和控制功能大幅度提高,具有很强的实时处理能力。

5. 新一代单片机(20世纪90年代至今)

这类单片机在结构上采用CPU或内部流水线,CPU位数有8位、16位、32位,时钟频率高达40 MHz,片内带有PWM输出、监视定时器WDT、可编程计数器阵列PCA、DMA传输、调制解调器等。芯片向高集成化、低功耗方向的发展,使得单片机在大量数据的实时处理、高级通信系统、数字信号处理、复杂工业过程控制、高级机器人以及局域网等方面得到大量应用。这类单片机有NEC公司的MPD7800,Mitsubishi公司的M37700,Reckwell公司

R6500/21、R65C29，Intel 公司的 8044、UPI-452 等。

需要指出的是，单片机的发展虽然经历了 4 位、8 位、16 位、32 位各阶段，但到目前为止 4 位、8 位、16 位单片机仍各自有其应用领域，如 4 位单片机在一些简单家用电器、高档玩具中仍有应用；8 位单片机在中小规模应用场合仍占主流地位；16 位单片机应用在比较复杂的控制系统中。

目前，汽车上主要采用 8 位和 16 位单片机，少数高档轿车也有采用 32 位单片机进行发动机管理控制、变速器控制、车身稳定性控制、转向控制、通信系统等。

4.3.3　单片机的内部结构

任何一种型号的单片机，均是由集成电路芯片组成的。下面以常用的 MCS-51 单片机为例，介绍 8 位单片机的基本结构。

1. 单片机的基本组成

MCS-51 单片机是在一块芯片中集成了 CPU、RAM、ROM、定时器/计数器和多功能 I/O 口等一台计算机所需要的基本功能部件。其基本结构框图如图 4-24 所示，包括：

(1) 一个 8 位 CPU。

(2) 4 KB ROM 或 EPROM(8031 无 ROM)。

(3) 128 B RAM 数据存储器。

(4) 21 个特殊功能寄存器 SFR。

(5) 4 个 8 位并行 I/O 口，其中 P0、P2 为地址/数据线，可寻址 64 KB ROM 和 64 KB RAM。

(6) 一个可编程串行口。

(7) 具有 5 个中断源，两个优先级，嵌套中断结构。

(8) 2 个 16 位定时器/计数器。

(9) 一个片内振荡器及时钟电路。

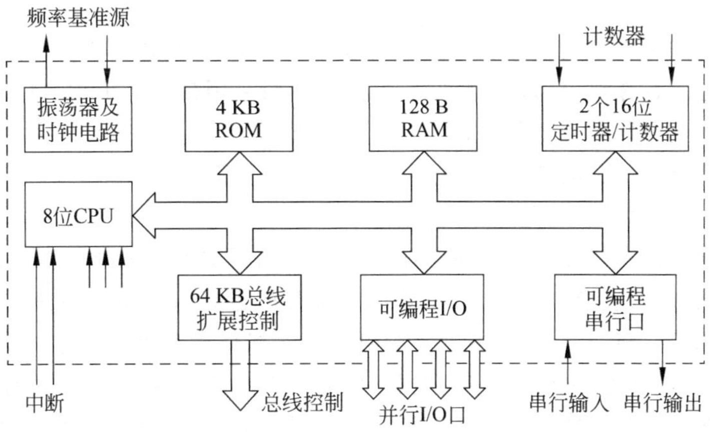

图 4-24　MCS-51 单片机的结构框图

2. CPU

CPU 是单片机的核心部件，它由运算器和控制器等部件组成。

1) 运算器

运算器的功能是进行算术运算和逻辑运算，它可以对半字节(4位)、单字节等数据进行操作。例如，运算器能完成加、减、乘、除、加1、减1、BCD码十进制调整、比较等算术运算和与、或、异或、求补、循环等逻辑操作，操作结果的状态信息送至状态寄存器。

运算器还包含有一个布尔处理器，用来处理位操作。它是以进位标志位C为累加器的，可执行置位、复位、取反、等于1转移、等于0转移、等于1转移且清零以及进位标志位与其他可寻址的位之间进行数据传送等位操作，也能在进位标志位与其他可位寻址的位之间进行逻辑与、或操作。

2) 程序计数器PC

程序计数器PC用来存放即将要执行指令的地址，共16位，可对64 KB程序存储器直接寻址。执行指令时，PC内容的低8位经P0口输出，高8位经P2口输出。

3) 控制部件

CPU执行指令时，将通过程序计数器PC在程序存储器中读取的指令代码存放到指令寄存器中，经译码后由定时与控制电路发出相应的控制信号，完成指令功能。

3. 振荡与时钟电路

8051片内设有一个由反相放大器所构成的振荡电路，XTAL1和XTAL2分别为振荡电路的输入端和输出端，时钟可以由内部方式或外部方式产生。内部方式时钟电路如图4-25所示。在XTAL1和XTAL2引脚上外接定时元件，内部振荡电路就产生自激振荡。定时元件通常采用石英晶体和电容组成的并联谐振回路。晶振可以在1.2～12 MHz选择，电容值在5～30 pF选择，电容的大小可起频率微调作用。振荡频率主要由石英晶振的频率确定。目前，51系列单片机的晶振频率 f_{osc} 范围为1.2～12 MHz，其典型值为6 MHz、11.0592 MHz、12 MHz等。

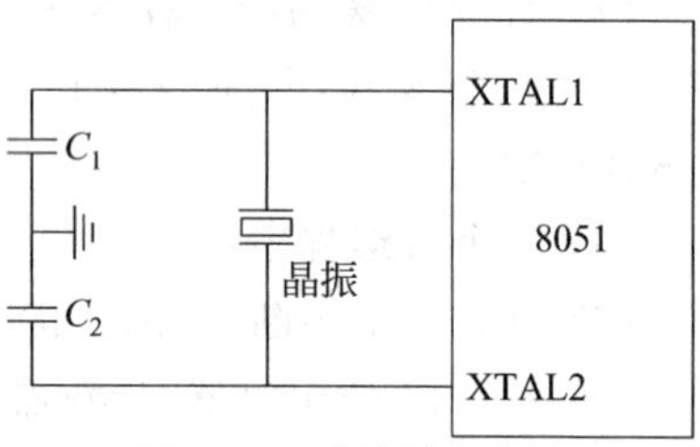

图4-25 时钟振荡电路

外部方式的时钟很少用，若要用时，只要将XTAL1接地，XTAL2接外部振荡器即可。对外部振荡信号无特殊要求，只要保证脉冲宽度，一般采用频率低于12 MHz的方波信号。

时钟发生器把振荡频率2分频，产生一个两相时钟信号P1和P2供单片机使用。P1在每一个状态S的前半部分有效，P2在每个状态S的后半部分有效。

4. 存储器

单片机的存储器有程序存储器ROM和数据存储器RAM之分。ROM用来存放指令的机器码(目标程序)、表格、常数等；RAM则用来存放运算的中间结果、采集的数据和经常需要更换的代码等。MCS-51单片机的ROM、RAM都有片内和片外之分；从寻址空间来看有程序存储器、内部数据存储器、外部数据存储器三大部分；从功能上来看有：程序存储器、内部数据存储器、特殊功能寄存器(SFR)、位地址空间和外部数据存储器等5个部分。MCS-51单片机的存储器结构如图4-26所示。

5. 并行I/O接口

MCS-51单片机有4个8位双向I/O接El P0～P3，共32根输入输出线，每一条I/O口线都能独立使用。每个端口包含一个8位数据锁存器和一个输入缓冲器。输出时，数据可

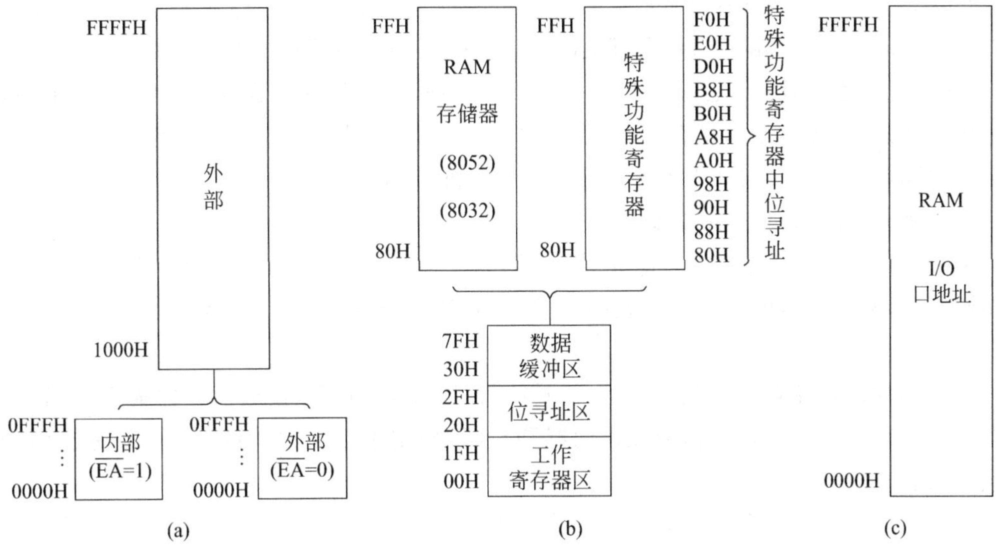

图 4-26　MCS-51 单片机的存储器结构

(a) 程序存储器；(b) 内部数据存储器；(c) 外部数据存储器

以锁存；输入时，数据可以缓冲。作为一般 I/O 使用时，在指令控制下，可以有三种基本操作方式：输入、输出和读-修改-写。

1) P0 口

P0～P3 的内部结构大同小异，基本上由数据锁存器、输入缓冲器和输出驱动电路等组成，其中 P0 口最有代表性。下面以 P0 口的一位结构来说明它的工作原理。

图 4-27 是 P0 口某位结构图。它由一个输出数据锁存器、两个三态输入缓冲器、输出驱动电路和输出控制电路组成，有两种使用功能。

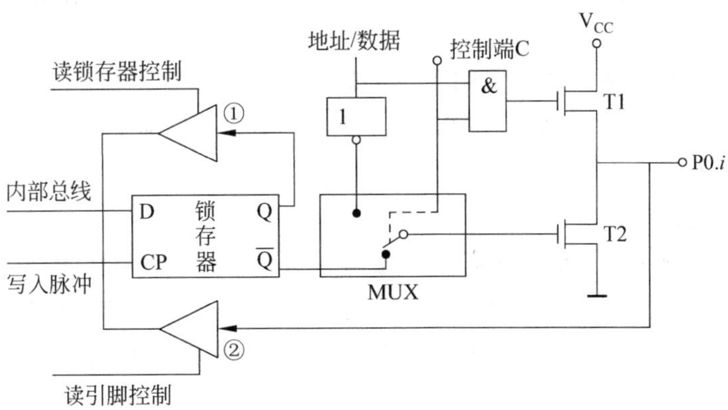

图 4-27　P0 口内部某位结构图

(1) 通用接口功能

当 CPU 使控制端 C＝0 时，转换开关 MUX 下合，使输出驱动器 T2 与锁存器 $\overline{Q}$ 端接通，这时 P0 作为一般 I/O 口使用。C＝0 使与门输出为 0，使 T1 截止，因此使输出驱动极工作在漏极开路的工作方式。

P0 作为输出口时,锁存器 CP 端加一写入脉冲,与内部总线相连的 D 端数据取反后出现在 $\overline{Q}$ 端,又经 T2 反相,在 P0 引脚上出现的数据正好是内部总线上的数据。

P0 口用做输入时:三态缓冲门②打开,端口引脚上的数据读到内部总线。在端口进行读入引脚状态前,先向端口锁存器写入一个“1”,使 $\overline{Q}=0$,此时 T1 和 T2 完全截止,端口引脚处于高阻状态。可见,P0 作为通用接口时是一准双向口。

(2) 地址/数据分时复用功能

MCS-51 单片机设有专门的地址、数据线,这个功能由 P0、P2 口承担。当 P0 口作为地址/数据分时复用总线时,有两种情况:一种是从 P0 口输出地址或数据;另一种是从 P0 口输入数据。

在访问片外存储器时,控制端 C=1,转换开关 MUX 上合,接通反向器输出端(锁存器 $\overline{Q}$ 端断开)。这时地址/数据信号经反向器和与门,作用于 T1、T2 场效应管,使输出引脚和地址/数据信号相同。

当从 P0 口输入数据时,执行一条取指操作或输入数据的指令,读引脚脉冲打开三态缓冲门②使引脚上的数据送至内部总线。

2) P1、P2 和 P3 口

P1、P2 和 P3 口为准双向口,在内部差别不大,但使用功能有所不同。

P1 口是用户专用 8 位准双向 I/O 口,具有通用输入输出功能,每一位都能独立地设定为输入或输出。当由输出方式变为输入方式时,该位的锁存器必须写入“1”,然后才能进入输入操作。

P2 口是 8 位准双向 I/O 口。外接 I/O 设备时,可作为扩展系统的地址总线,输出高 8 位地址,与 P0 口一起组成 16 位地址总线。对于 8031 而言,P2 口一般只作为地址总线使用,而不作为 I/O 线直接与外部设备相连。

P3 口为双功能口。当 P3 作为通用 I/O 口使用时,是准双向口,作为第二功能使用时,每一位功能均有定义。

P0 的输出接口具有驱动 8 个 LSTTL 负载的能力,即输出电流不小于 800 μA;P1、P2、P3 口的输出缓冲器可驱动 4 个 LSTTL 门电路,并且不需外加上拉电阻就能驱动 CMOS 电路。

6. 串行 I/O 端口

8051 有一个全双工的可编程串行 I/O 端口。这个串行 I/O 端口既可以在程序控制下将 CPU 的 8 位并行数据变成串行数据一位一位地从发送数据线 TXD 发送出去,也可以把串行接收到的数据变成 8 位并行数据送给 CPU,而且这种串行发送和串行接收可以单独进行或者同时进行。

8051 串行发送和串行接收利用了 P3H 的第二功能,即利用 P3.1 引脚作为串行数据的发送线 TXD,P3.0 引脚作为串行数据的接收线 RXD。串行 I/O 口的电路结构还包括串行口控制器 SCON、电源及波特率选择寄存器 PCON 和串行数据缓冲器 SBUF 等,它们都属于特殊功能寄存器 SFR。其中 PCON 和 SCON 用于设置串行口工作方式和确定数据的发送和接收波特率;SBUF 实际上由两个 8 位寄存器组成,一个用于存放欲发送的数据,另一个用于存放接收到的数据,起着数据缓冲的作用。

7. 定时器/计数器及中断控制部件

MCS-51 单片机内部有两个 16 位可编程的定时器/计数器，即定时器 T0 和定时器 T1(8052 提供 3 个，其第 3 个称定时器 T2)。它们既可用作定时器方式，又可用作计数器方式。

此外，MCS-51 系列单片机具有 5 个中断源的管理控制功能。

8. 总线

MCS-51 单片机具有总线结构，通过地址/数据总线可以与存储器(RAM、EPROM)、并行 I/O 接口芯片相连接。

在访问外部存储器时，P2 口输出高 8 位地址，P0 口输出低 8 位地址，由 ALE(地址锁存允许)信号将 P0 口(地址/数据总线)上的低 8 位锁存到外部地址锁存器中，从而为 P0 口接收数据做准备。

在访问外部程序存储器(如执行 MOVC)指令时，$\overline{PSEN}$(外部程序存储器选通)信号有效，在访问外部数据存储器(即执行 MOVX)指令时，由 P3 口自动产生读/写($\overline{RD}/\overline{WR}$)信号，通过 P0 口对外部数据存储器单元进行读/写操作。

MCS-51 单片机所产生的地址、数据和控制信号与外部存储器、并行 I/O 接口芯片连接简单、方便。

4.3.4　单片机的外部结构

MCS-51 单片机的外部结构主要是指各个引脚的功能，MCS-51 单片机采用 40 引脚的双列直插封装方式。图 4-28 为引脚排列图，40 条引脚说明如下。

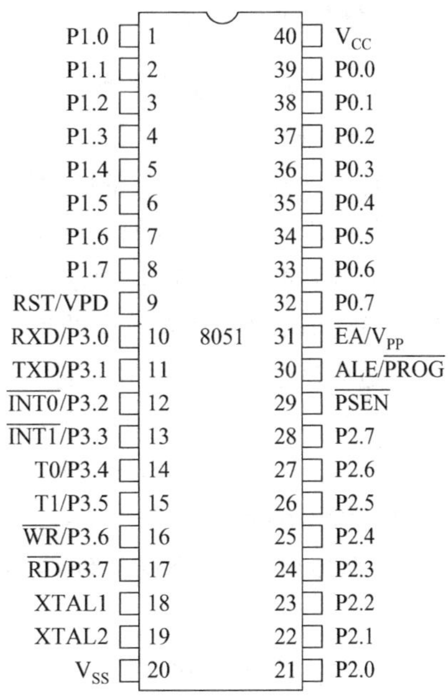

图 4-28　8051 引脚排列

1. 主电源引脚

(1) V_{SS}：接地。

(2) V_{CC}：正常操作时为＋5 V 电源。

2. 外接晶振引脚

(1) XTAL1：内部振荡电路反相放大器的输入端，是外接晶体的一个引脚。当采用外部振荡器时，此引脚接地。

(2) XTAL2：内部振荡电路反相放大器的输出端，是外接晶体的另一端。当采用外部振荡器时，此引脚接外部振荡源。

3. 控制或与其他电源复用引脚

(1) RST/VPD：当振荡器运行时，在此引脚上出现两个机器周期的高电平(由低到高跳变)，将使单片机复位。

在 V_{CC} 掉电期间，此引脚可接备用电源，由 VPD 向内部提供备用电源，以保持内部 RAM 中的数据。

(2) ALE/$\overline{PROG}$：正常操作时为 ALE 功能(允许地址锁存)，提供把地址的低字节锁存到外部锁存器，ALE 引脚以不变的频率(振荡器频率的 1/6)周期性地发出正脉冲信号。因此，它可用作对外输出的时钟，或用于定时目的。但要注意，每当访问外部数据存储器时，将跳过一个 ALE 脉冲,ALE 端可以驱动(吸收或输出电流)8 个 LSTTL 电路。对于 EPROM 型单片机,在 EPROM 编程期间,此引脚接收编程脉冲($\overline{\mathrm{PROG}}$功能)。

(3) $\overline{\mathrm{PSEN}}$:外部程序存储器读选通信号输出端,在从外部程序存取指令(或数据)期间,$\overline{\mathrm{PSEN}}$在每个机器周期内两次有效。$\overline{\mathrm{PSEN}}$同样可以驱动 8 个 LSTTL 电路。

(4) $\overline{\mathrm{EA}}/\mathrm{V_{PP}}$:内部程序存储器和外部程序存储器选择端。当$\overline{\mathrm{EA}}/\mathrm{V_{PP}}$为高电平时,访问内部程序存储器;当$\overline{\mathrm{EA}}/\mathrm{V_{PP}}$为低电平时,访问外部程序存储器。

对于 EPROM 型单片机,在 EPROM 编程期间,此引脚上加 21 V EPROM 编程电源($\mathrm{V_{PP}}$)。

4. 输入输出引脚

(1) P0 口(P0.0~P0.7):8 位漏极开路型双向 I/O 口。在访问外部存储器时,它是分时传送的低字节地址和数据总线,P0 口能以吸收电流的方式驱动 8 个 LSTTL 负载。

(2) P1 口(P1.0~P 1.7):带有内部提升电阻的 8 位准双向 I/O 口,能驱动(吸收或输出电流)4 个 LSTTL 负载。

(3) P2(P2.0~P2.7):带有内部提升电阻的 8 位准双向 I/O 口。在访问外部存储器时,它输出高 8 位地址。P2 口可以驱动(吸收或输出电流)4 个 LSTIL 负载。

(4) P3 口(P3.0~P3.7):带有内部提升电阻的 8 位准双向 I/O 口,能驱动(吸收或输出电流)4 个 LSTTL 负载。

4.3.5 单片机的技术要求

汽车单片机主要实现各种信号的检测和各部件的控制,功能比较单一,不仅要求较强的通用性,还要满足以下技术要求:

1. 可靠性高,具有应急备用功能

汽车单片机应用系统如果出现故障,可能造成重大损失。因此,可靠性对汽车单片机应用系统是至关重要的;而且,要求汽车单片机系统一旦出现故障,还要有应急备用系统能够暂时代替汽车单片机维持汽车的运行。

2. 适应汽车运行的恶劣环境

各种电气设备产生的电磁波干扰和电压波动,都会对汽车单片机系统的正常运行产生一定的影响。因此,为使汽车单片机系统能可靠、无故障地工作,必须满足下列要求:

(1) 耐温范围为-40~125℃。

(2) 防电磁干扰,不易受外部辐射(如移动无线电话)的影响,本身没有电磁干扰的辐射。

(3) 抗振、防潮湿、防腐蚀。

(4) 质量轻,生产成本低廉,安装可靠。

3. 具有完善的输入/输出通道和实时控制能力

为了对汽车运行过程进行检测和控制,需要传送大量数据和各种类型的信号,因此要求汽车单片机系统具有比较完备的模拟量和数字量输入/输出通道。汽车运行过程中的控制信号是实时的,要求单片机对输入信号的变化具有足够快的反应速度,能够及时处理并改变控制信号,因此要求汽车单片机系统具有较完善的中断处理能力。

4. 易于操作和维护

汽车单片机系统安装在汽车上，使用者一般不是专业计算机人员，因此在设计操作系统和信号控制系统时，应简单明了、便于操作，一旦发生故障，能及时查明原因，迅速予以排除。

5. 具有一定的可扩展性

根据汽车生产和汽车运行过程中的可能变动，汽车单片机系统在输入/输出端口、存储器等方面应具有可扩展性，并应该留出数据接口，便于维修人员利用故障码读取器从单片机系统中读取故障代码，为维修提供方便。

6. 具有较为完善的软件系统

一个较为完善的软件系统除包括监控、管理、计算、检测、自诊断和通信等功能外，还应具有优化的控制算法和控制逻辑、较高的实时性和抗电磁干扰的能力，从软件上保证汽车单片机应用系统工作的可靠性。

4.4　汽车 ECU 的输出接口

汽车的电子控制系统中，微控制器要根据输入的信息状态，经过分析处理后输出各种控制信号，最终控制相应执行器件的操作，例如控制点火、喷油、怠速通道、自动换挡、ABS 以及电子悬架等。这些控制对象中有开关量元器件如发光二极管(LED)、各种指示灯、继电器或电磁阀，也有模拟量元器件如某些直流电动机。除了 LED 等少数元器件以外，这些电器多有较高电压、较大电流或功率，显然微控制器或其他芯片从 I/O 口输出的低压电平信号不能够直接带动它们，需要先将小的控制信号经过功率驱动器件放大为较强的开关信号，才能去控制这些开关设备。而为了进行模拟量控制，还要先经过数字量到模拟量的转换(D/A 转换)，然后再经过功率放大，才能最终驱动模拟量设备。另外，很多电器设备难免产生电磁干扰，从抵抗干扰的角度看，微控制器既要对它们实施控制，又应在电路上与之隔离起来。由此看来，微控制器与控制对象之间需要一些具有驱动、隔离和 D/A 转换作用的电路，称为输出通道或后向通道，也统称为输出接口电路。

4.4.1　汽车 ECU 输出接口的功用

输出接口是在微控制器与执行器之间起关联作用的装置。它的功能是将微控制器输出的电流很小的控制命令变成可以驱动执行器的控制信号，使执行器产生动作。微控制器输出的控制命令一般为数字信号，电流为毫安级。输出接口具有控制信号的生成与放大等功能。通过输出接口电路后，可以产生 4 种类型的输出(见图 4-29)，以适应不同执行器或其他装置的需要。

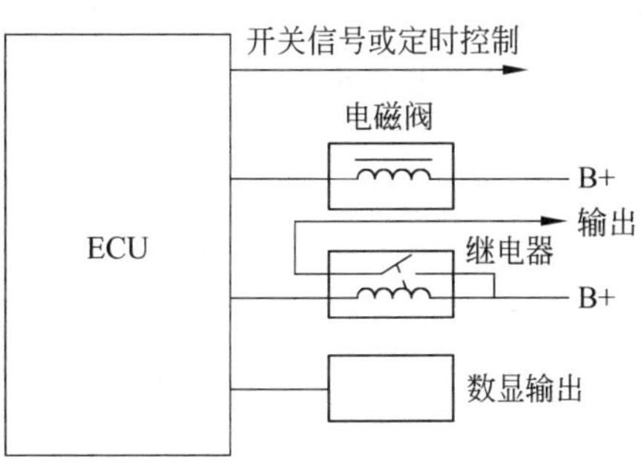

图 4-29　ECU 的 4 种输出类型

4.4.2　汽车 ECU 输出信号的驱动

1. 采用集成电路芯片的驱动

一般微控制器的带负载能力是很小的，一般输出电流只有几个毫安，为此可以借助某些集成电路芯片提高驱动能力。例如缓冲驱动器芯片7406和7407(前者是反相输出,后者是同相输出),可以带动40 mA以下的小型负载;又如与非门缓冲驱动器7437,可以带动48 mA小型负载。图4-30所示为采用集成电路芯片的驱动电路示意图。图4-30(a)中用反相缓冲驱动,当P 1.0为高电平时,7406输出低电平,使负载导通。图4-30(b)中用同相缓冲驱动,控制逻辑与图4-30(a)相反,P1.0输出低电平时负载导通。图4-30(c)用与非门作驱动,它的两个输入端并联在一起,也就相当于一个反相器。负载可以是小型继电器或电磁线圈。

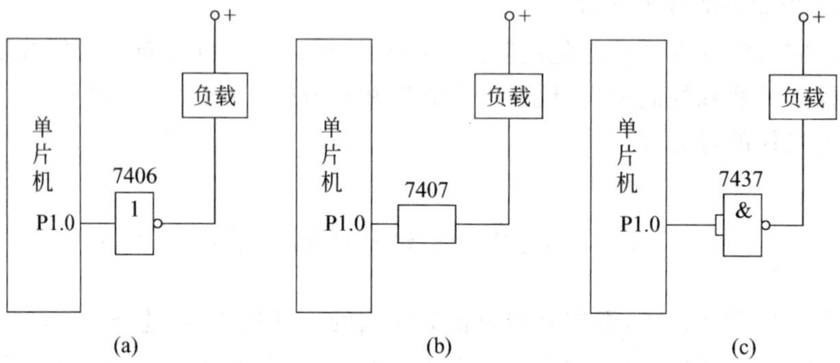

图4-30 采用集成电路芯片的驱动电路
(a) 反相缓冲驱动;(b) 同相缓冲驱动;(c) 与非门驱动

汽车上一些发光二极管(如发动机ECU上的故障码闪烁灯)可直接采用集成电路芯片驱动,如图4-31所示。

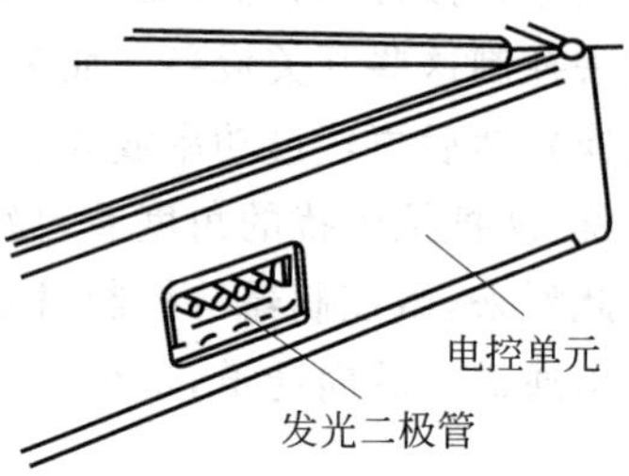

图4-31 发动机ECU上显示故障码的发光二极管

当LED的工作电流小于10 mA时就可以采用该电路。由于LED正常工作时的端电压为1.7～2 V,V_{CC}为5 V,因此一定要串接限流电阻R,其阻值为300～500 Ω。注意,LED的负极要靠近单片机输出端口,该端口输出0时点亮LED。单片机的I/O口通常直接驱动的能力不足,小于5 mA,这时就不足以用I/O口来直接驱动LED。但也有一些单片机的I/O口驱动能力很强,大于10 mA,则可采用如图4-32(b)所示的方法直接驱动LED。如果I/O口的吸入能力也很弱,小于10 mA,就需要增加外部驱动电路来驱动LED,如图4-32(c)所示。

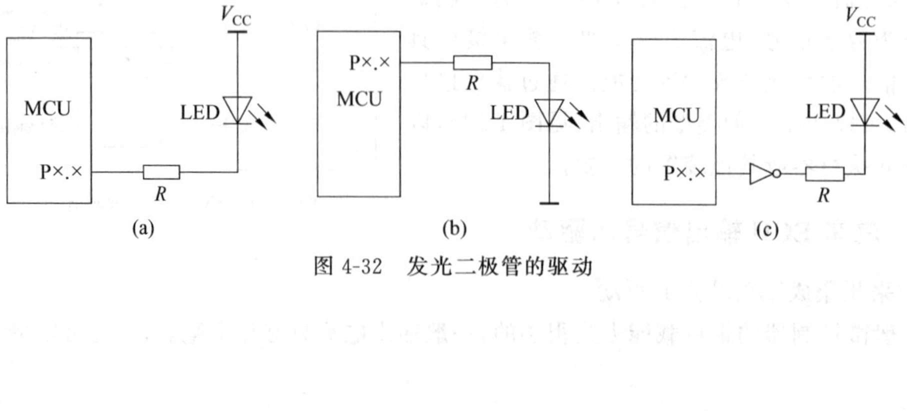

图4-32 发光二极管的驱动

2. 采用晶体管的驱动

晶体管具有放大作用，其输出电流是输入基极电流的几十到上百倍，所以晶体管也是单片机输出接口中常用的驱动器件。驱动电路中的晶体管都工作在开关状态。采用晶体管驱动的电路十分简单。

I/O 口驱动三极管的电路如图 4-33 所示。其中图 4-33(a)为驱动 PNP 型三极管，端口输出低电平时三极管饱和导通，其集电极电流允许数百毫安，能驱动较大负荷；图 4-33(b)为驱动 NPN 型三极管，端口输出高电平时三极管导通。因端口内部即使有上拉电阻，其输出电流(200 μA)也不足以使三极管饱和导通，故外接的上拉电阻 R 是必不可少的，其阻值为 0.5～1 kΩ，太大不能保证饱和，会使三极管严重发热烧毁；太小又会使端口在输出低电平时的吸入电流太大。

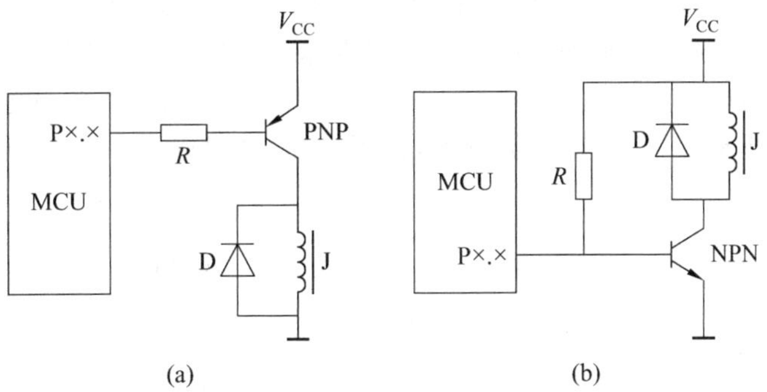

图 4-33　I/O 口驱动三极管电路

(a) 驱动 PNP 型三极管；(b) 驱动 NPN 型三极管

图 4-33(b)的优点是可以使用比单片机工作电压 V_{CC} 高的电压(如 12 V、24 V)来驱动负荷，增大了负荷器件的选择余地。但是由于使用正逻辑控制，单片机上电复位或非正常时“看门狗”复位后端口输出高电平，有可能造成误控制。

图 4-34 所示为最常见的晶体管放大的输出驱动器示意图。电控系统的大部分执行器均直接由蓄电池提供电源，即一直带正 12 V 电压。ECU 要控制的只是执行器的接地端。当微控制器输出的电平加到晶体管基极后，晶体管导通，执行器工作电流即通过晶体管接地，形成回路。此时，微控制器的输出是一系列的电脉冲。当脉冲为高电平时，晶体管导通，喷油器喷油；当脉冲为低电平时，晶体管截止，喷油器停止喷油。微控制器只要控制这一电脉冲的形成，就可以使喷油器按需要的方式进行喷射时刻与喷油量均可控制的喷射。

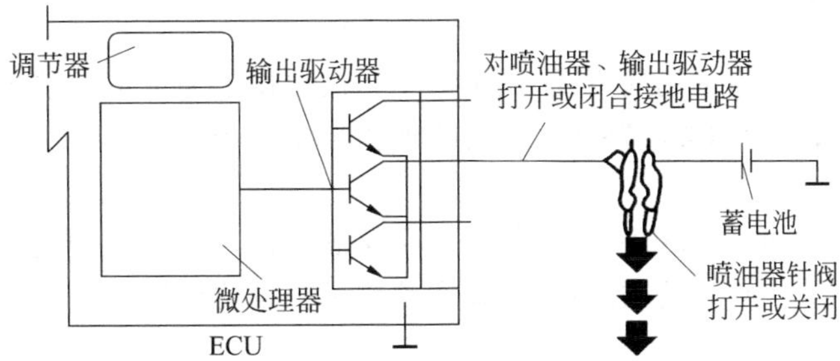

图 4-34　典型的输出驱动器示意图

3. 采用光耦合器的驱动

在汽车电子控制系统中常常使用继电器、电磁阀和电极等作为控制对象。为了避免这类电器产生的电磁干扰，提高控制系统的抗干扰能力，在输出通道经常会使用光耦合器(简称光耦)进行电气隔离。另外，光耦合器的发光二极管与光敏晶体管可以接入不同的电源，以满足被控电器需要使用不同电压电源的需要。一般光耦合器发光二极管的输入电流为 10～100 mA，常用的是 10～20 mA，正向压降为 1.2～1.5 V。可由此选择电路中的电阻值。

图 4-35 为采用光耦合器的驱动隔离电路示意图。图 4-35(a)所示为较简单的驱动电路，光耦输入端的发光二极管直接接到 P1 口上，并接入＋5 V 电源。光耦输出端经晶体管驱动负载，并共同接到负载需要的电源上，如图中为＋12 V，或其他等级的电源。图 4-35(b)是带反相缓冲驱动器 7406 和达林顿晶体管的驱动电路，用于较大功率的负载，例如汽车发动机废气再循环(EGR)系统的电磁阀线圈。P1 口的输出信号先经缓冲器 7406，可以更有利于驱动光耦的发光二极管。光耦的输出再驱动达林顿复合管。当 P1.0 输出低电平时，反相驱动器 7406 输出高电平，光耦的输出端不导通，达林顿管导通，负载有电；反之，当 P1.0 输出高电平时，反相驱动器 7406 输出低电平，光耦导通，达林顿管因基极处于低电位而截止，负载断电。

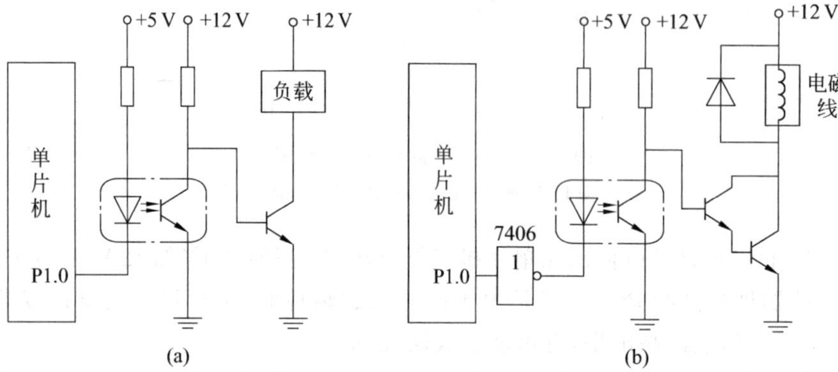

图 4-35　采用光耦合器的驱动隔离电路

(a) 较简单的驱动电路；(b) 带缓冲驱动器和达林顿晶体管的驱动电路

光耦合器输出端、达林顿管以及负载都可使用同一电源(图 4-35 中的＋12 V)，并与单片机使用的＋5 V 电源完全分开。需要注意，为了避免出现干扰，图 4-35 中＋5 V 和＋12 V 电源的“地”不要接在一起。另外，与负载并联的二极管是释能二极管，作为线圈释放电磁能量的通路，避免感性负载断电时感应高压，损坏电路元器件。注意二极管的方向不可接反。

4. 其他驱动

除了以上几种较为常用的驱动，汽车电子厂商提供了大量可供选择的专业 IC。需要时可查找相关手册，参考相关电路就可以得到所需要的电路。这里以键盘和显示电路为例进行说明。

电控系统的人-机对话功能由键盘和显示电路完成，操作者可通过键盘向控制系统发出各种对话指令和输入必要的数据信息，显示器则可根据软件要求显示各种输入输出状态，并可显示数据和故障信息。

4.4.3 数字量/模拟量转换

数字量/模拟量转换简称数/模转换或 D/A 转换，是与 A/D 转换相反的过程，主要用于模拟量控制系统中，例如控制某些直流电机，或用于仪器仪表中产生模拟信号电压等场合，如刮水器电机的控制、节气门电机控制等。

1. D/A 转换原理

D/A 转换常采用权电阻网络 D/A 转换法。权电阻网络 D/A 转换法是用一个二进制数的每一位产生一个与二进制数的权成正比的电压，然后将这些电压加起来，就可得到与该二进制数对应的模拟量电压信号。图 4-36 是一个 4 位二进制的 D/A 转换器的原理图。它包括 1 个 4 位切换开关、4 个加权电阻的网络、1 个运算放大器和 1 个比例反馈电阻 R_F。加权电阻的阻值按 8∶4∶2∶1 的比例配置。

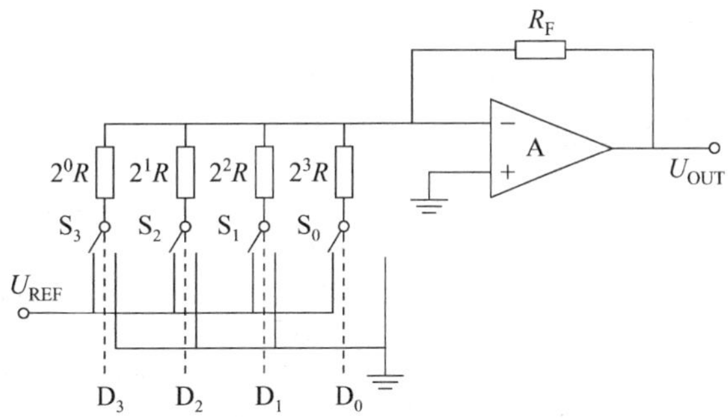

图 4-36　权电阻 D/A 转换原理图

相应的增益分别为$-\frac{R_F}{8R}$、$-\frac{R_F}{4R}$、$-\frac{R_F}{2R}$、$-\frac{R_F}{R}$。切换开关由二进制数来控制。当二进制数的某一位为 1 时，对应的开关闭合；否则开关断开。当开关闭合时，输入电压 U_{REF} 加在该位的电阻上，于是在放大器的输出端产生的电压为

$$U_{OUT}=U_{REF}\cdot\left(-\frac{R_F}{2^nR}\right)$$

当输入的二进制数为 $D_3D_2D_1D_0$ 时，输出电压为

$$U_{OUT}=-U_{REF}\cdot R_F\left(\frac{D_3}{R}+\frac{D_2}{2R}+\frac{D_1}{4R}+\frac{D_0}{8R}\right)$$

选用不同的加权电阻网络，就可得到不同编码的 D/A 转换器。

2. D/A 转换器的分类

1）按输出形式分类

按输出形式可将 D/A 转换器分为电压输出型和电流输出型两种。

电压输出型 D/A 转换器可以直接从电阻阵列输出电压，直接输出电压的器件仅用于高阻抗负载，由于无输出放大器部分的延迟，常作为高速 D/A 转换器使用。电流输出型 D/A 转换器输出的电流很少被直接利用，一般经电流-电压转换电路将电流输出转换成电压输出，常用的转换方法有两种：一种是直接连接负载电阻实现，另一种是通过运算放大器实现，其中后者较常用。

2）按是否含有锁存器分类

D/A 转换器实现转换需要一定的时间，在转换时间内，D/A 转换器输入端的数字量应保

持稳定，为此应当在 D/A 转换器数字量输入端的前面设置锁存器，以提供数据锁存功能。根据转换器芯片内是否带有锁存器，可将 D/A 转换器分为内部无锁存器和内部有锁存器两类。

3）按输入数字量方式分类

根据与处理器相连的总线类型，可将 D/A 转换器分为并行总线 D/A 转换器和串行总线 D/A 转换器两种。串行 D/A 转换器可以通过 I^2C 总线、SPI 总线等串行总线接收来自于处理器的数据，并行 D/A 转换器则通过并行总线接收来自于处理器的数据。

3. D/A 转换器的结构

由于使用的情况不同，D/A 转换器的位数、精度及价格要求也不相同。美国 AD 公司、Motorola 公司、半导体公司、无线电公司等均生产 D/A 转换器。D/A 转换器的位数有 8 位、10 位、12 位、16 位等。下面以典型的 8 位 D/A 转换器 DAC0832 为例，介绍 D/A 转换器的接口。

1）DAC0832 的特点

DAC0832 是 NS 公司生产的 DAC0830 系列（DAC0830/32）产品中的一种，如图 4-37 所示。该系列芯片具有以下特点。

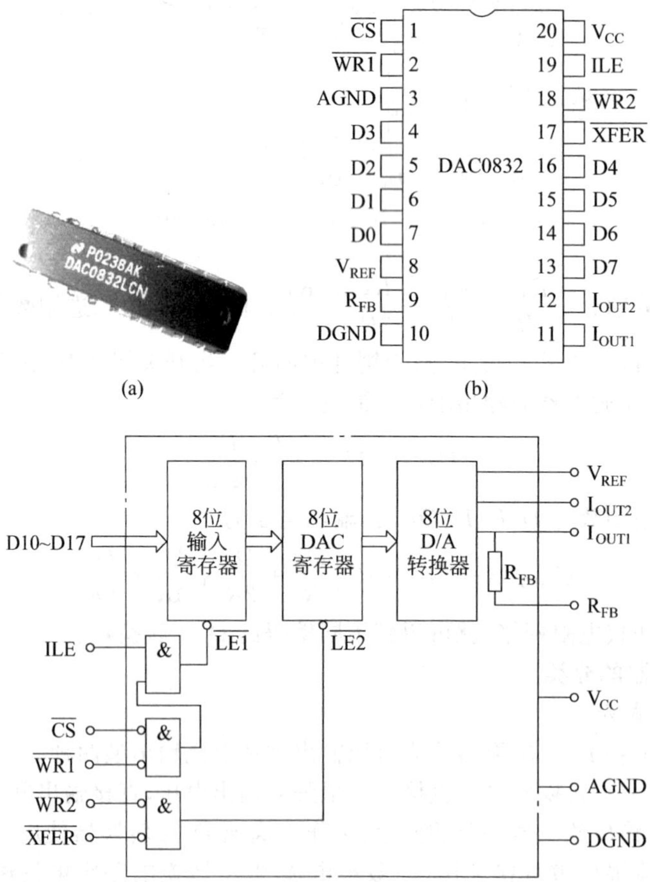

图 4-37 DAC0832 的结构

（a）外形图；（b）引脚；（c）内部结构；（d）与单片机的连接

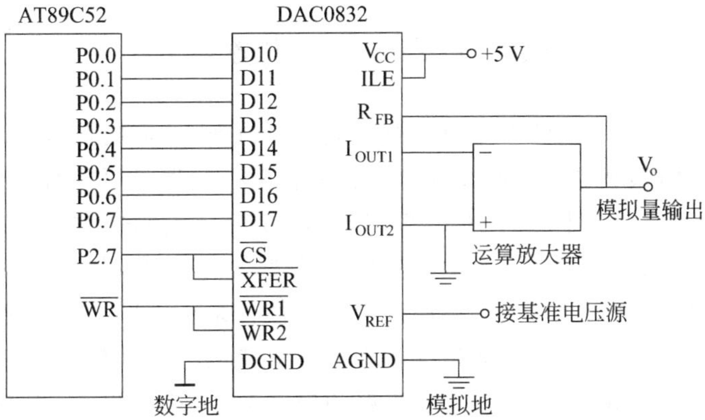

(d)

图 4-37　(续)

(1) 8 位并行 D/A 转换。

(2) 片内二级数据锁存，提供数据输入双缓冲、单缓冲和直通三种工作方式。

(3) 电流输出型芯片，通过外接一个运算放大器，可以很方便地提供电压输出。

(4) DIP20 封装，单电源(+5～+15 V，典型值为+5 V)，与 MCS-51 连接方便。

2) 引脚

DAC0832 主要由两个 8 位寄存器与一个 D/A 转换器组成。这种结构使输入的数据能够有两次缓冲，因而在操作上十分方便、灵活。DAC0832 的引脚功能如表 4-4 所示。

表 4-4　DAC0832 的引脚功能

引脚编号	引　脚　功　能
1 脚($\overline{CS}$)	片选输入线，低电平有效
2 脚($\overline{WR1}$)	写 1 输入信号，低电平有效。当$\overline{CS}$、ILE、$\overline{WR1}$是 0、1、0 时，数据写入 DAC0832 的第一级锁存
3 脚(AGND)	模拟地
8 脚(V_{REF})	基准电压输入(−10～+10 V)，典型值为−5 V(当输入要求为+5 V 电压时)
9 脚(R_{FB})	反馈信号输入。当需要电压输出时，I_{OUT1}接运算放大器的负端，I_{OUT2}接运算放大器的正端，R_{FB}接运算放大器输出端
10 脚(DGND)	数字地
11 脚(I_{OUT1})	电流输出 1 端。D/A 转换器锁存的数据位为 1 的位，电流均流出此端；当 D/A 转换器锁存器各位全为 1 时，此输出电流最大，全为 0 时输出电流为 0
12 脚(I_{OUT2})	电流输出 2 端。与 I_{OUT1} 是互补关系
7 ～ 4、16 ～ 13 脚(D0～D7)	并行数据输入，其中，D7(MSB)为高位，D0(LSB)为低位
17 脚($\overline{XFER}$)	数据传输信号输入，当$\overline{XFER}$为 0 时，数据由第一级锁存进入第二级锁存，并开始进行 D/A 转换
18 脚($\overline{WR2}$)	写 2 信号输入，低电平有效
19 脚(ILE)	数据锁存允许输入，高电平有效
20 脚(V_{CC})	数据电源输入(+5～+15 V)，典型值为+5 V

4.5 汽车ECU失效保护

最近几十年,有越来越多的汽车电子技术应用在汽车上,同时其复杂性也日益提高,这种趋势在汽车自诊断领域也有很明显的体现。尽管微控制器是可靠性非常高的电子设备,但无论是ECU模块的外围器件,还是微控制器本身,产生故障的可能性还是存在的。对于用户而言,最关键的地方在于可以自动检测出故障来,且当某些器件失效时,系统应能做出快速反应,采取相应的措施。目前的微控制器技术使得系统可以采取合适的失效策略和良好的程序设计,使得系统能发现失效情况的概率大大提高。失效模式及影响分析(FMEA)就是一种可以识别潜在故障的模式、一种良好的检测策略,同时也是一种抑制方法。若使用得当,FMEA可以协助设计人员实现最大限度的汽车模块高适量、可靠的工作过程。

常用的是硬件失效保护策略和软件失效保护策略。

1. 硬件失效保护策略

硬件在失效保护中起着很重要的作用,它可以检测一些失效模式,并可以对这些模式做出反应。有时候单独的软件系统很难检测外部设备的失效,这时硬件失效保护策略就可以发挥作用了。举个例子,假设采集过程中,电路出现过载(EOS),且烧毁一个端口引脚,导致系统错误地读取并执行某一操作,这个失效的情况对于软件来说是不易检测的,因为此时软件无法通过烧毁的引脚读取信号的值。汽车微控制器的硬件失效保护策略主要有看门狗定时器、外部失效保护设备、振荡器失效检测、冗余/交叉校检等几种。

1) 看门狗定时器(WDT)

看门狗实际上是一个16位计数器,它能否工作可通过看门狗特殊功能寄存器进行使能或禁止设置。一旦进行了使能设置,系统就给看门狗一个数(16位微控制器为2^{16},即65 536),程序开始运行后看门狗开始倒计数。如果程序运行正常,过一段时间(工作在16 MHz的16位微控制器为4.1 ms)CPU应发出指令让看门狗复位,重新开始倒计数。如果看门狗减到0,微控制器就认为程序没有正常工作,已产生失效,则会强制整个系统复位。此外,看门狗定时器还可以在程序陷入死循环的时候,让微控制器复位而不用整个系统断电,从而保护硬件电路。看门狗定时器对微控制器提供了独立的保护系统,当系统出现故障时,超出一定时间后,看门狗就会向控制器发出RESET信号。

2) 外部失效保护设备

目前的微控制器普遍集成有外部失效保护设备,这些设备形式有多样,有的是额外的微控制器,有的采用专用集成电路(ASIC)。这些设备的主要作用都是监测主控制器的工作状况,并根据实际情况采取合适的应对措施。

失效保护设备通常对主控制器发送脉冲信号,若主控制器未能及时地正确反应,失效保护设备便认为主控制器工作出现不正常,此时会让微控制器工作出现不正常,即让微控制器复位,同时使ECU在失效模式下工作。更多的失效保护设备采取监测几个重要电路的方法进行保护,这些电路通常有:电源V_{CC}的电压、停止或递减振荡频率、短路/短路信号输入等。

3) 振荡器失效检测

在汽车微控制器工作过程中,有些原因会造成时钟源(通常为振荡器)失效。由于很多微控制器属于静态设备，很难检测时钟设备的频率是否正常。振荡失效检测电路可以检测这种失效情况，它集成在微控制器中。当振荡器时钟频率下降到一定程度时，失效检测电路会产生中断或复位信号。

4）冗余/交叉校验

冗余/交叉校验也是一种较普遍的失效保护策略，这种策略是在正常的模块中额外设计一个冗余的备用处理器，用于执行微控制器代码的部分子程序、处理关键的输入数据及周期性地进行交叉校验，以确保控制器的正常工作。如果备用处理器与微控制器之间的数据交换不相关，系统将初始化失效保护子程序。

2. 软件失效保护策略

软件失效保护策略在监测失效模式方面非常有效，它可使用合适的程序流进行保护。尖噪声是使软件失效的一种，它会导致外部存储系统取址时获得错误的地址。例如，ROM 或 EPROM 存储器发生尖噪声时，系统可能会从非法的终端向量地址取得 ISR 的起始地址。此时终端的产生速度也较快，以至于系统未能及时采取措施。目前，软件失效保护策略可以轻易地处理这类失效模式。以下是可以处理部分失效模式的几种软件失效保护策略。

1）校验和

对于 ROM 或 EPROM 存储器来说，数据破坏的错误是非常有可能发生的。监测这种失效的方式通常是在初始化用户程序时计算校验和。校验和是在每一个 ROM 或 EPROM 存储空间中执行完成一些算术操作后所取得的终值。最后得到的校验和将与存储的校验和比较，如果两者匹配，说明 ROM 或 EPROM 的内容是完整的，若不匹配，系统将会调用错误子程序。校验和的计算是通过对所有存储空间的相加实现的，执行加法时，进位可以忽略，最后得到一个字节或字的校验和。

2）未使用的中断向量

在具体的应用中，所有的中断源同时都允许的情况是很少的。但若在这种情况下，当程序按正常的工作方式，试图指向下一条未使用的中断源时，将会产生软件失效。此时软件保护失效系统将执行相应的失效保护子程序。这些子程序可以是非常简单的复位程序，也可以非常复杂，这主要取决于程序员的意愿。

3）未使用的存储空间

当程序员开始执行未使用的 ROM 或 EPROM 存储空间时，软件保护策略应能监测到。再为控制器工作过程中，用户代码不太可能完全占满 ROM 或 EPROM 的阵列空间。因此可以在未使用的存储空间中存储一些指令的操作码，如复位指令。在 MCS-96 系列的微控制器中，执行操作码将会初始化复位程序，其他型号的微控制器同样也有类似的指令。

4）未实施的操作码中断向量

微控制器通常设计有专用的一个或多个用于失效保护的中断向量。未实施操作码中断就是用于监测错误的指令取址。当不支持的操作码取出准备执行时，系统就会执行相应的中断服务子程序。这样的中断服务子程序包括失效保护子程序，用于在具体的应用中标记错误的地址。

思考与练习

1. 汽车 ECU 有何特点？为何汽车上 ECU 越来越多？
2. 模拟信号有何特征？列举汽车上发出模拟信号的传感器。
3. 对模拟信号需要进行哪些处理才能送至 CPU？
4. 何谓 A/D 转换？简述逐次逼近式转换原理。
5. 数字信号有何特征？列举汽车上发出数字信号的传感器。
6. 数字信号如何进行整形处理？
7. 开关信号为何会产生抖动现象？如何采用硬件方法进行消抖处理？
8. 简述 MCS-51 单片机的结构特点。
9. 哪些执行元件可采用单片机的集成电路芯片直接驱动？
10. 为何要进行 D/A 转换？简述权电阻网络 D/A 转换法的原理。
11. 当某些电子器件失效时，如何采用硬件失效保护策略和软件失效保护策略。

第 5 章　汽车执行器

5.1　执行器的功用与类型

5.1.1　执行器的功用

汽车电子控制系统主要由传感器、执行器、控制器和机械零部件组成。从控制观点来看，传感器是能够感受系统各参数并按照一定的规律转换成可用信号的器件或装置，它们可根据具体的应用要求来选择；执行器是接收控制器信息并对受控对象施加某些动作的装置；控制器的作用是接收并分析传感器的信息，进而为完成某些控制任务而给执行器输出控制指令。

执行器是一种能量转换部件，在电子控制单元的控制下，将输入的各种形式的能量转换为机械动作，如电机、离合器阀、气门机构、电磁阀、电磁膜片等。执行器的任务是根据控制信号去执行规定动作以完成控制目标，如电磁阀的电流信号、指示灯或警告灯的亮灭信号、规定的周期脉冲信号、驱动步进电机的一系列固定周期的脉冲信号和控制的电压信号等，执行器件与执行机构配合，就能完成控制所需要的机械动作。现代电控系统为了得到期望的输出，一般在执行器上会加入一个叫设定点的参考输入，利用闭环控制使动作或运动更精确。另外根据控制要求不同应选择不同类型的执行器，电子控制燃油喷射系统中通常应用电磁线圈和电机作为执行元件；电子控制自动变速器和四轮驱动控制系统中通常应用液压式的气门机构离合器阀作为执行元件；在车速控制系统中常应用气压式的电磁膜片作为执行元件；电控动力转向与四轮转向系统中应用电机作为执行元件；防抱死制动系统、电子控制悬架应用车轮、气门机构、电磁阀、汽缸等液压式执行元件；车身控制系统中的中央控制门锁、自动调节座椅、电动车窗、自动空调等系统通常应用电磁线圈和电机作为执行元件。

5.1.2　执行器的类型

根据驱动执行器的能源不同，汽车执行器可分为电动式、液压式和气动式三种。

电动式执行器是以电源(即蓄电池或发电机)将电能转化为机械能，以驱动执行器转动和移动。电动式执行器具有响应快、信号传输速度快、便于 ECU 驱动、体积小等优点，在汽车上得到广泛的应用。

电动式执行器又分为电机、电磁阀、继电器等。其中电机又有直流电机、伺服电机和步进电机。

液压式执行器是以液压油为动力，即在压力作用下通过液压油来传递能量，从而驱动执行器工作。当流体压力作用于处在受限密闭空间的活塞时，活塞将受到致使其运动的力。如果活塞上的压力差值大于总负荷与摩擦力之和，活塞将会移动。因此产生的净压力能成比例地加速负载运动。这类执行器多用于电控自动变速器系统、制动系统和悬架控制系统等。

气动式执行器是以压缩空气或真空度为动力，来驱动执行器工作，通常采用膜片式执行器。常用的几种执行机构见表 5-1。

表 5-1 常用的汽车执行器

名称		驱动能源	应用举例
电机	直流电机	电能	刮水器、中央门锁、车窗、座椅、转向盘
	伺服电机	电能	节气门开度控制
	步进电机	电能	节气门开度控制、转向控制、悬架组阻尼控制
电磁阀	2/2 开关阀	液压/气动	防抱死控制、驱动控制、AT 变速器、ESP
	3/3 开关阀	液压/气动	防抱死控制、驱动控制、AT 变速器、ESP
	比例压力阀	液压/气动	起步离合器、CVT 金属带夹紧力控制、AT 油压
	比例流量阀	液压/气动	CVT 连续速比控制
继电器		电能	电磁阀驱动、电机驱动
电磁铁	比例	电能	电磁离合器、比例压力阀
	开关	电能	开关型电磁阀

随着电子技术的高速发展,以提高汽车性能为目的的发动机控制系统、底盘控制系统,以及提高舒适性、方便性的自动空调和电动车窗等系统,都广泛采用了诸如电机、电磁线圈、继电器之类的电磁执行器,大大改善了汽车的各种性能。目前汽车电子控制系统中主要的执行器有:电动燃油泵、喷油器、怠速控制阀、点火线圈、曲轴箱强制通风真空阀、废气再循环控制阀、活性炭电磁阀、涡轮增压控制阀、节气门开度控制电机、防抱死制动压力调节器、驱动车轮防滑转(ASR)调节器、空气悬架控制执行装置、动力转向执行装置、电控自动变速器执行装置、车门窗控制执行装置、驾驶位置记忆系统的执行装置、灯光自动控制执行装置等。

5.2 直流电机

直流电机是用途最多的执行器,它有时被称为旋转电机。直流电机具有良好的调速特性、较大的启动转矩、较大的相对功率及响应快速等优点。尽管直流电机结构复杂、成本较高,但其在汽车控制系统中作为执行器得到广泛的应用。

5.2.1 直流电机的构造

直流电机一般由机壳、磁极、电枢、电刷、换向器及其他附件组成,如图 5-1 所示。

1. 机壳

机壳一般由钢管组成,机壳上有电流输入接线柱,壳内装有磁极。

2. 磁极

磁极 N、S 是电机的定子,可以由永久磁铁构成(永磁式),也可以由绕在磁极上的励磁线圈构成(他励式)。

3. 电枢

电枢由若干薄的、外圆带槽的硅钢片叠成的铁心和电枢绕组组成。铁心的叠片结构可以减小涡流电流。电枢绕组安装在叠片外径边缘的槽内,绕组线匝分别接到换向器铜片上,电枢安装在电枢轴上。图 5-2 所示为电枢组成。

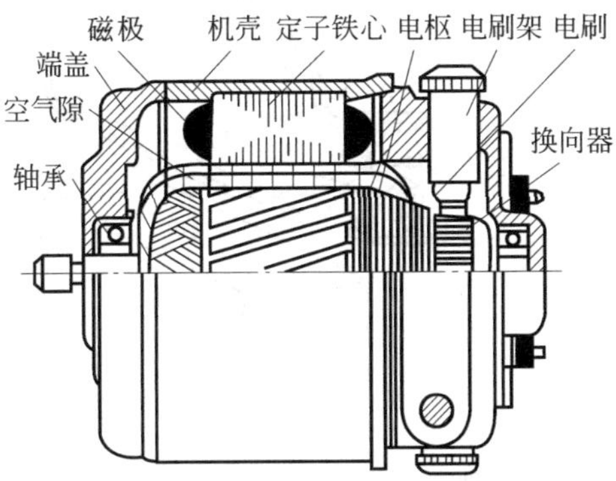

图 5-1　直流电机的组成

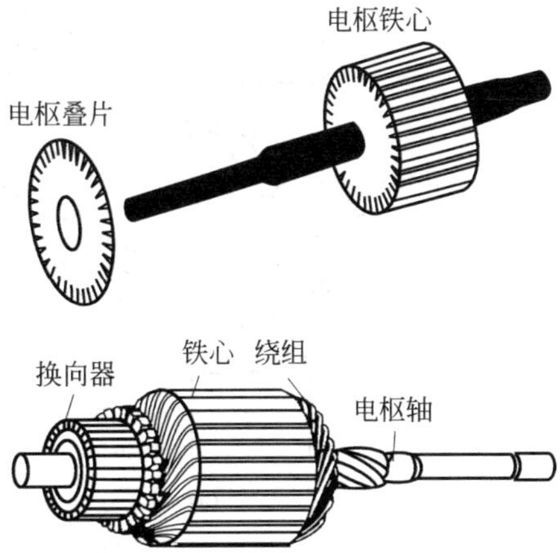

图 5-2　电枢组成

电枢绕组有两种绕法：叠绕法和波绕法。①叠绕法。绕组的两端线头分别接相邻的两个换向器铜片。此种绕法，在一对正负电刷之间的导线电流方向一致。②波绕法。绕组一端线头接的换向器铜片与另一端线头接的换向器铜片相隔 90°或 180°。此种绕法，电枢转到某一位置时，因为某些绕组两端线头接到同一极性电刷上，会造成一些绕组没有电流，由于波绕法的绕组电阻较小，所以常用。

4. 换向器与电刷

换向器由许多换向片组成，换向片的内侧制成燕尾形，嵌装在轴套上，其外圆车成圆形。换向片与换向片之间均用云母绝缘。电刷架一般为框式结构，其中正极刷架与端盖绝缘安装，负极刷架直接搭铁。刷架上装有弹性较好的盘形弹簧。电刷由铜粉与石墨粉压制而成，呈棕红色，装在端盖上的电刷架中，通过电刷弹簧保持与换向片之间具有适当的压力。

电刷和装在电枢轴上的换向器用来连接励磁绕组和电枢绕组的电路，并使电枢轴上产生的电磁力矩保持固定的方向。

新型直流电机的电刷采用电子接触方式，称为无刷电机。

5.2.2　直流电机的工作原理

1. 电磁转矩的产生

以单匝电枢绕组的直流电机为例说明其工作原理，如图 5-3 所示。

电机通电后，磁极产生的磁场方向如图 5-3 所示，并通过电刷和换向片将直流电引入绕组。当换向片 A 与正电刷接触，换向片 B 与负电刷接触时，绕组中的电流 I_s 从 $a \to d$，此时按左手定则判定绕组匝边 ab、cd 受到的磁场力 F 方向如图 5-3(a)所示，形成了一个逆时针方向的电磁转矩 M 而使电枢转动。当电枢转动至换向片 A 与负电刷接触，换向片 B 与正电刷接触时，电流改由 $d \to a$，如图 5-3(b)所示，使电磁转矩 M 的方向不变，电枢仍按逆时针方向继续转动。

从上可知，直流电机通过换向器将电源的直流转换成电枢绕组中的交流，从而使电枢产生一个恒定方向的电磁转矩。实际直流电机为产生足够大且稳定的电磁转矩，其电枢用多

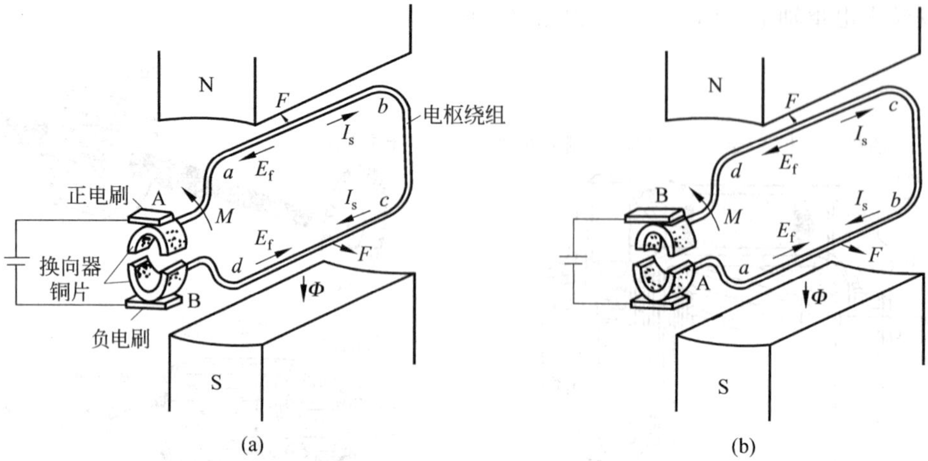

图5-3　直流电机的工作原理

(a) 换向片A与正电刷接触；(b) 换向片A与负电刷接触

匝绕组串联而成，相应的换向器铜片也有多片。

根据安培定律，可以推导出直流电机通电后所产生的电磁转矩 M 与磁极的磁通量 Φ 以及电枢电流 I_s 之间的关系：

$$M=C_m\Phi I_s$$

式中，C_m——电机的结构常数，它与电机磁极对数 P、电枢绕组导线总根数 Z 及电枢绕组电路的支路对数 a 有关，即 $C_m=PZ/2\pi a$。

2. 直流电机的工作过程

通电的直流电机其电枢在电磁转矩 M 的作用下转动起来时，电枢绕组就因切割磁力线而产生电动势，此电动势与电枢电流 I_s 的方向相反，故称为反电动势 E_f，E_f 与磁极的磁通量 Φ 和电枢的转速 n 成正比：

$$E_f=C_e\Phi n$$

式中，C_e——电机结构常数，$C_e=PZ/60a$。

由此得到的电枢回路的电压平衡方程如下：

$$U=E_f+I_sR_s$$

式中，R_s——电枢回路的电阻，它包括电枢绕组的电阻和电刷与换向器的接触电阻。在直流电机刚接通电源的瞬间，电枢转速 n 为0，电枢反电动势 E_f 也为0，这时，电枢绕组通过最大电流，即 $I_{smax}=U/R_s$，并产生最大的电磁转矩 M_{max}，此电磁转矩大于电机的阻力矩 M_z，电枢就开始加速转动起来。随着电枢转速的上升，电枢反电动势 E_f 增大，电枢电流 I_s 便开始下降，电磁转矩 M 也就随之下降。当 M 下降至与 M_z 相平衡($M=M_z$)时，电枢就在此稳定的转速下运转。

如果直流电机在工作过程中负载增大($M<M_z$)，就会出现如下变化：

$n\downarrow\rightarrow E_f\downarrow\rightarrow I_s\downarrow\rightarrow M\downarrow\rightarrow M=M_z$，于是，电机在新的转速下稳定运转。

如果直流电机的工作负载减小($M>M_z$)，就会出现如下变化：

$n\uparrow\rightarrow E_f\uparrow\rightarrow I_s\downarrow\rightarrow M\downarrow\rightarrow M=M_z$，电机又在新的转速下稳定运转。

从上可知，直流电机能通过转速、电流和转矩的自动变化来平衡负载的改变，使之能在新的转速下稳定工作，即直流电机具有自动调节转矩功能。

5.2.3　直流电机的励磁方式

直流电机工作时，首先需要建立一个磁场，它可以由永久磁铁或由直流励磁的励磁绕组来产生。由永久磁铁构成磁场的电机叫永磁直流电机。对由励磁绕组来产生磁场的直流电机，根据励磁绕组和电枢绕组的连接方式的不同，分为他励电机、并励电机、串励电机、复励电机。他励电机是电枢与励磁绕组分别用不同的电源供电，如图 5-4(a)所示，永磁直流电机也属于这一类。并励电机是指由同一电源供电给并联着的电枢和励磁绕组，如图 5-4(b)所示。串励电机的励磁绕组和电枢绕组相串联，串励绕组中通过的电流和电枢绕组的电流大小相等，如图 5-4(c)所示。复励电机是既有并励绕组又有串励绕组，并励绕组和串励绕组的磁场可以相加，也可以相减，前者称为积复励，后者称为差复励，如图 5-4(d)所示。

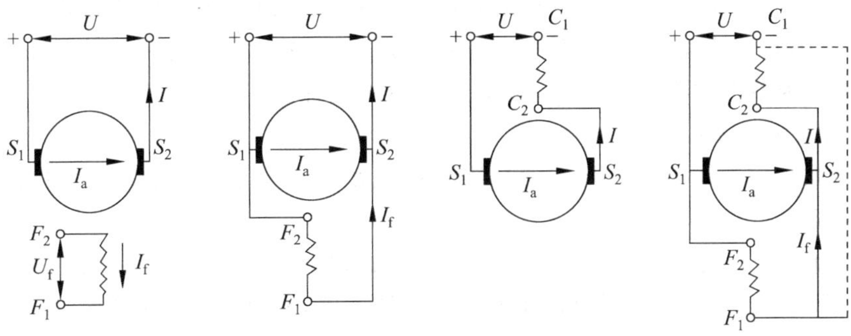

图 5-4　直流电机按励磁分类原理图

(a) 他励；(b) 并励；(c) 串励；(d) 复励

对于他励或永磁电机，也能得到并励特性。汽车上经常使用的永磁电机有刮水器电机以及各种用途的小功率电机。如果将串励和并励磁场绕组结合起来(复励电机)，就能得到介于串励和并励之间的转速-转矩特性，可用作大型启动电机。串励、并励、永磁电机及其机械特性如图 5-5 所示。

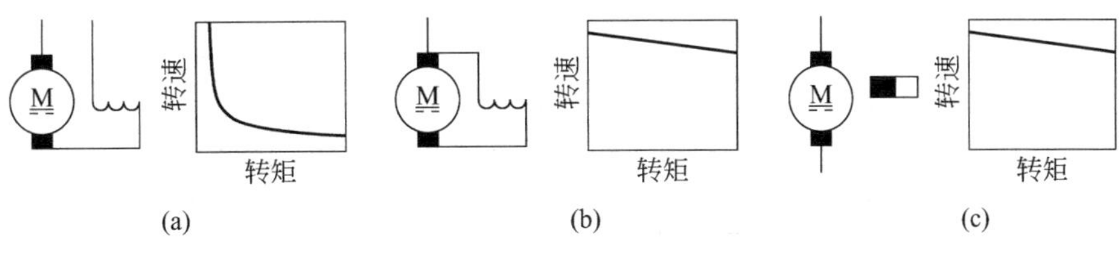

图 5-5　串励、并励、永磁电机转速与输出转矩的关系

(a) 串励电机；(b) 并励电机；(c) 永磁电机

采用并励方式的直流电机，电机的转速随负载变化不大，但是可随电压变化，所以可通过调节电压来调整转速，旋转方向的改变靠改变电枢或磁场绕组的电流方向来实现。

采用串励方式的直流电机，旋转速度主要由负载决定，电机具有很高的启动转矩，负载一般与电机刚性连接，通过改变电枢或磁场绕组的电流方向来改变电机的旋转方向。这种电机可作为驱动电机，如汽车的发动机可使用这种类型的电机，可以看出当负载变化时转速变化很大。

5.2.4 直流电机的驱动方式

直流电机的驱动方式主要分为两种：线性放大器驱动方式和脉宽调制(PWM)驱动方式。

1. 线性放大器驱动方式

在线性放大器驱动方式中，转矩与电枢电流有着瞬态的正比关系，电机的转速与电枢电压有着稳定的线性关系。这种驱动方式的优点：从电机本身的特性来说，线性驱动是一种理想的驱动方式。其缺点：功耗较大，特别是在电机处于低速大转矩状态时，大部分功率将消耗在功率放大器上；另外，功率管易发热。

2. 脉宽调制驱动方式

脉宽调制驱动方式是指使功率管以开关方式工作，通过改变提供给电机电压的占空比来控制电机。目前广泛采用的驱动方式是频率不变，通过改变占空比的方式来调整电机转速，称为脉宽调制。其优点：晶体管不是饱和就是截止，晶体管功耗将显著减小。脉宽调制驱动方式可分为单极性驱动方式和双极性驱动方式两种。

1) 单极性驱动方式

单极性驱动方式是指在一个PWM周期内，电枢只承受单极性的电压，具体分为图5-6所示的三种驱动方式。

电机常用的驱动方式是有续流二极管驱动方式，如图5-6(b)所示。该方式由于加了续流二极管，所以在开关管瞬间关断时刻有一个电流通路，避免电机因电压瞬变导致损坏。而如果电机工作在低频、小功率场合，则此时可采用图5-6(a)所示的驱动方式。图5-6(c)所示的驱动方式是带有MOSFET的有源续流驱动，它增大了续流的能力，可用于大功率或超大功率场合。

2) 双极性驱动方式

双极性驱动是指在一个PWM周期内，电枢的电压极性呈正负变化，如图5-7所示。由于双极驱动，能充分利用电机绕组，它比单极性驱动器多产生30%的转矩。驱动器中的高压恒流斩波技术使得电机中的电流能够急速升至额定值，因此被驱动的电机可高速转动而不易丢步。

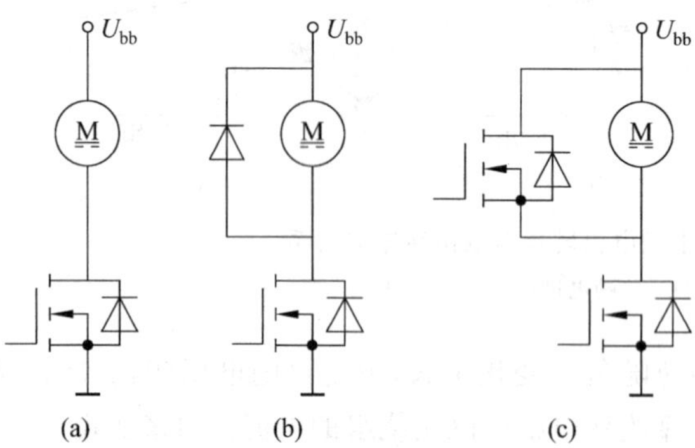

图5-6 直流电机单极性驱动方式

(a) 无续流二极管驱动；(b) 有续流二极管驱动；

(c) 带有MOSFET的有源续流驱动

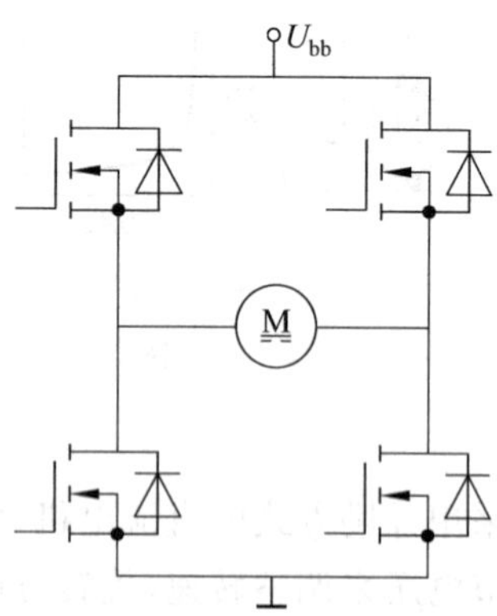

图5-7 直流电机双极性驱动方式

5.2.5 直流电机的调速控制

由式 $E_a=C_e\Phi n$ 和式 $M_a=C_m\Phi I_a$ 可知，感应电动势 E_a 和电机的转速 n 会随着直流电机两端电压 U 的改变而改变。通过这种改变电压来调节转速的方式，我们称为调压调速。或者通过改变定子磁场的磁通量 Φ 也可以导致转速 n 的变化，这称为调磁调速。在实际的电子控制系统中，既可以通过 D/A 转换，将 ECU 输出的数字信号转换为模拟电压后直接控制直流电机的转速；也可以从 ECU 输出一系列的脉冲，通过改变脉冲的占空比，也就是改变给电机通电、断电的时间比例，达到同样的调压调速的效果，后一种方式称为脉宽调速。某种直流电机的控制电路如图 5-8 所示，图中通过控制器 ECU 给晶体管基极输入一系列脉冲而不断改变晶体管的通断状态，可见这是一种脉宽调速的电路。

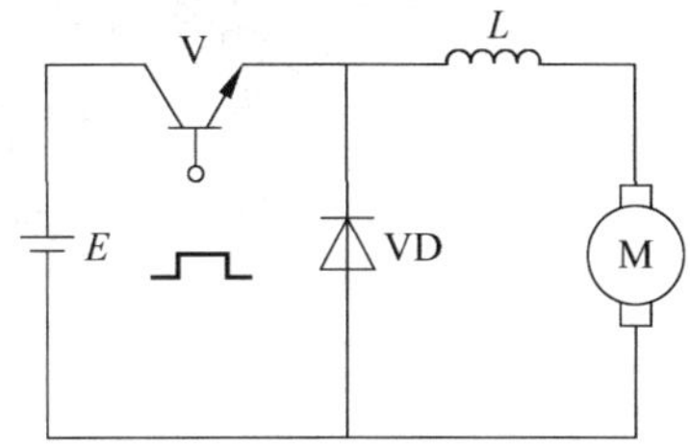

图 5-8 直流电机控制电路

5.2.6 直流电机在汽车中的应用

随着电机及其相关技术的发展，汽车也在不断地追求驾驶舒适性和自动操纵性，微型直流电机已成为现代汽车不可缺少的部件。有的轿车上已安装了几十个微型电机，可活动的设备无论是做圆周运动，或做横向摆动，或做直线移动，一般都有微型电机作为动力源。例如电动座椅坐垫的位置移动、靠背和头枕角度的变化、后视镜的摆动、照明灯的洗涤、玻璃窗的开启关闭、电动车门锁的操纵、散热器冷却风扇的转动等。其中，刮水器电机的驱动机构是采用蜗杆传动形式，将电机输出轴转动减速和变向；中控门锁的电机采用齿轮齿条传动形式，起到减速并将旋转改变为直线移动。电机在汽车上的几个应用事例如图 5-9 所示。

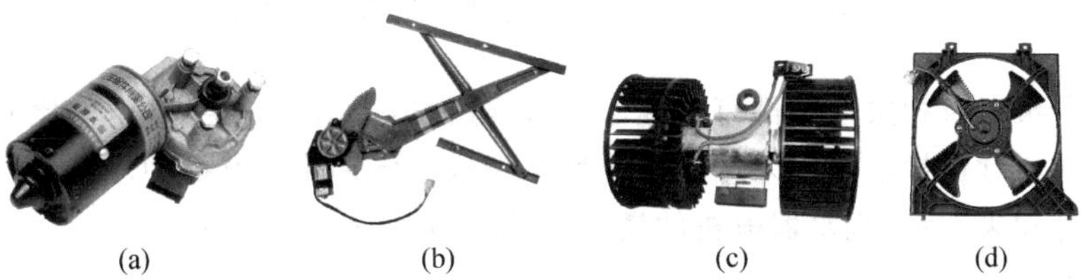

图 5-9 电机在汽车上的应用事例

(a) 刮水器电机；(b) 玻璃升降电机；(c) 空调鼓风机电机；(d) 电子风扇电机

1. 刮水器电机

大多数刮水器电机都是永磁三刷直流电机，通过一个蜗轮蜗杆减速器增加转矩。三刷电机可以实现双速摆动。如果通过两个正对电刷供电，电机就工作于正常速度；如果通过地刷和一个中间电刷供电，电机就工作于高速状态，因为这样减少了电刷之间的电枢绕组，从而减小电阻，增大电流，提高转速。图 5-10 所示为一个典型的刮水器电机。

一般刮水器电机的正常转速为 45 r/min，高速转速为 65 r/min。电机必须在低速(5 r/min)时克服摆动条的启动阻力。

典型的轿车刮水器电机的特性曲线如图 5-11 所示，图中表示了高速和低速两种工况下的曲线。

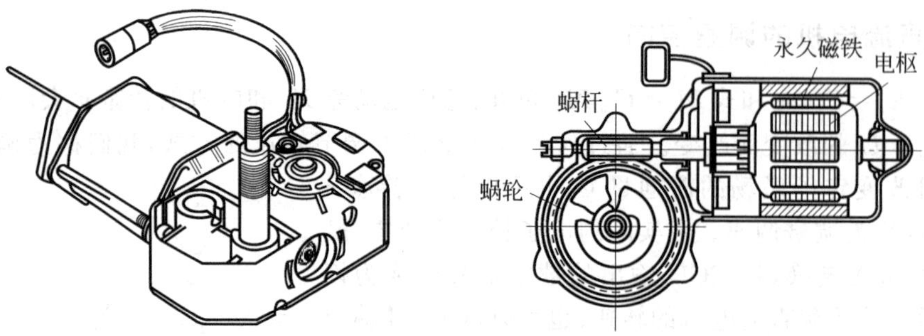

(a)　　(b)

图 5-10　刮水器电机
(a) 外形；(b) 构造

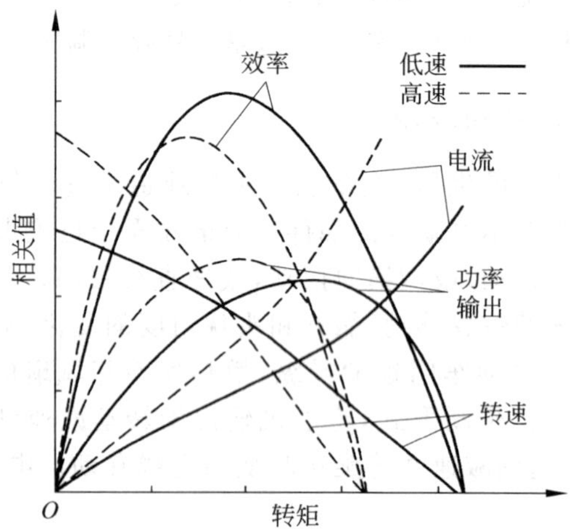

图 5-11　典型的轿车刮水器电机的特性曲线

刮水器电机以及相关电路都有过载保护，以防止摆臂卡死时烧毁电机，比如摆臂可能与窗玻璃冻上。通常保护电路都采用双金属片作为电流传感器。电机的规格也通常用它能够承受的阻滞时间来表示，刮水器电机的最大阻滞时间一般为 15 min。

2. 电动车窗电机

现在轿车的车窗基本上都采用了电动车窗。电动车窗升降系统的电机，广泛采用的是永磁电机。永磁电机是通过改变电枢电流的方向来改变电机的旋转方向使车窗玻璃上升或下降，电机本身不搭铁，而是通过控制开关搭铁。图 5-12 所示为美国福特公司采用的永磁式电机的电动升降门窗电路图。

现以左后门窗为例说明其工作原理。

当主控开关中的左后门窗开关拨到 Up 时，电流方向为：蓄电池正极→点火开关→电路断电器→主控开关中左后门窗 Up 触点→左后门窗分控开关 Up 触点→电机→左后门窗分控开关 Down 触点→主控开关中左后门窗 Down 触点→搭铁。电机旋转，带动左后门窗玻璃上升。

当主控开关中的左后门窗开关拨到 Down 时，电流方向为：蓄电池正极→点火开关→电路断电器→主控开关左后门窗 Down 触点→分控开关左后门窗 Down 触点→电机→分控

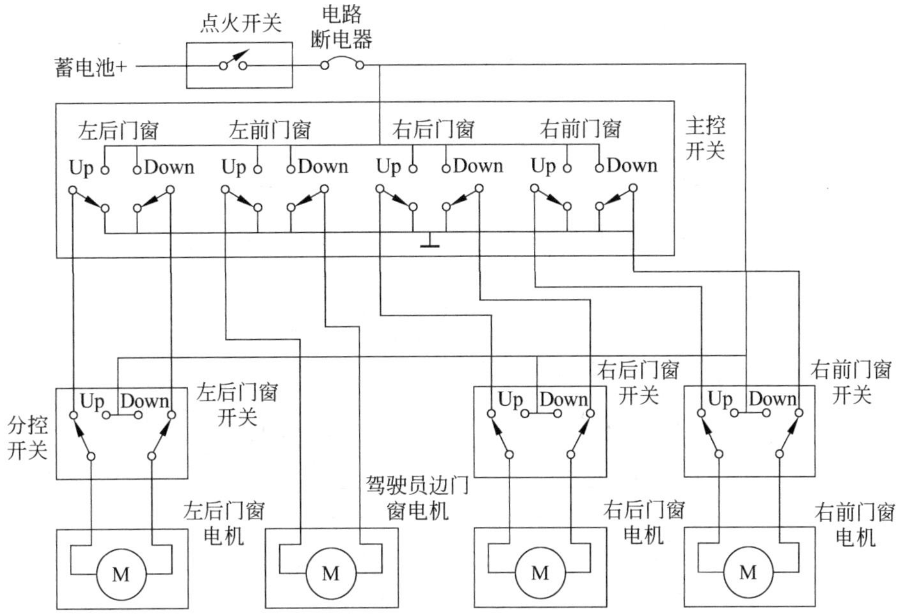

图 5-12　福特公司永磁式电机的电动升降门窗电路

开关左后门窗 Up 触点→主控开关左后门窗 Up 触点→搭铁。电机旋转，带动左后门窗玻璃下降。

上述过程中，流过电机电枢的电流方向相反，所以电机旋转方向相反，带动玻璃上升或下降。

与此类似的双向永磁电机也被利用到电动后视镜、电动座椅、电动天窗等系统的触动电路中，在开关控制下，带动部件实现两个方向的运动。

3. 电动门锁电机

中央控制门锁系统具有钥匙联动锁门和开门功能，通过右前或左前门上的钥匙可以同时关闭或打开所有车锁。电动车锁一般采用永磁电机(见图 5-13)，由门锁开关控制组合继电器，通过组合继电器改变电机的电流方向，使电机的连接杆上下运动，控制锁块的关闭或打开。图 5-14 所示为美国福特公司采用的继电器控制门锁的电路。

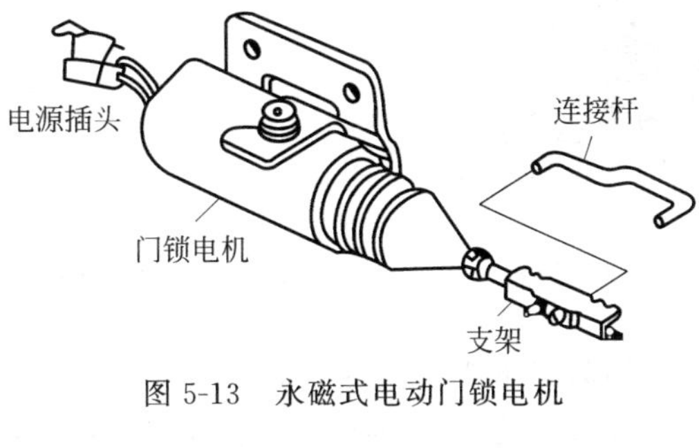

图 5-13　永磁式电动门锁电机

以锁车为例，说明其工作过程：当门锁主开关转到锁止位置时，触点 1 闭合，门锁继电器中的锁止线圈有电流通过，触点 5 闭合。这时，全车门锁电机的电流方向为：蓄电池正极→门锁继电器触点 5→全车门锁电机→门锁继电器触点 7→搭铁，电机旋转拉动连接杆，

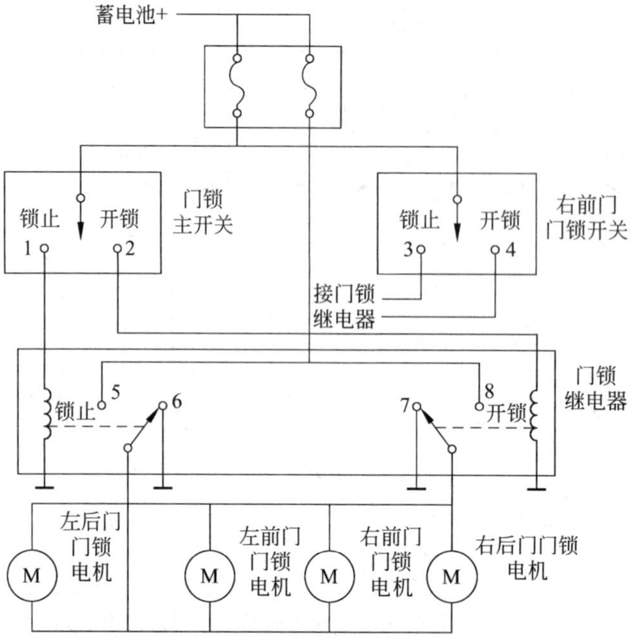

图 5-14 美国福特公司采用的继电器控制门锁的电路

将车门锁上。

4. 空调鼓风电机

鼓风电机用于促使车内冷气、暖气、除霜和通风的气流流动。采用的电机通常为永磁式单速电机，大多数均安装在暖风机总成内，如图 5-15 所示。鼓风机开关位于仪表板上，开关通过控制调速电阻来控制电机转速，其电路如图 5-16 所示。

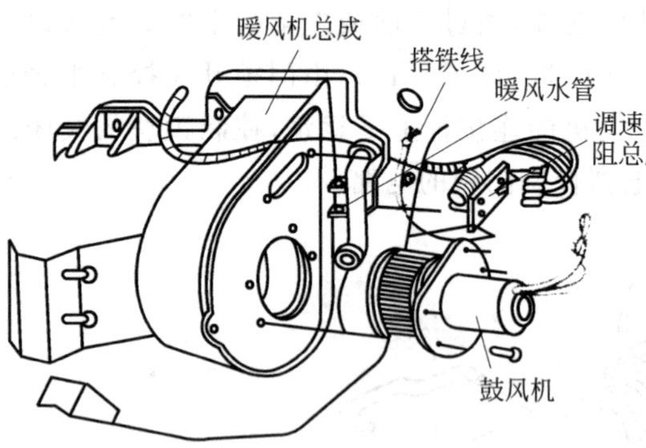

图 5-15 鼓风电机安装位置

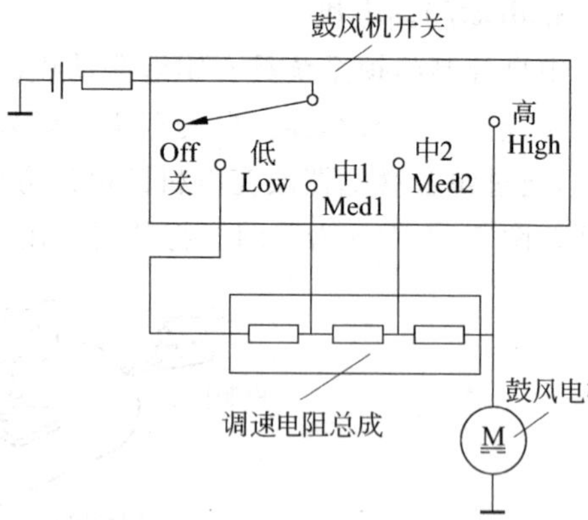

图 5-16 鼓风电机工作原理

鼓风电机的工作原理：当鼓风电机开关置于低速(Low)、中速 1(Med1)、中速 2(Med2)或高速挡(High)时，电路中所串联的电阻值越来越小，电阻值的变化改变了鼓风电机的工作电压。由于鼓风电机是单速电机，工作电压越高，转速越高。所以随着串联的电阻越小，鼓风电机的工作电压越高，转速越快。

5. 电子节气门电机

电子节气门采用的直流电机是一种伺服电机，可根据加速踏板的位置传感器信号通过直流电机来控制节气门的角位移和角速度。

汽车电子节气门的伺服电机内部包括一个微型直流电机、一组变速齿轮组、一个反馈可调电位器及一块电子控制板。其中，高速转动的直流电机提供了原始动力，带动变速(减速)齿轮组，使之产生高转矩的输出，齿轮组的变速比越大，伺服电机的输出转矩也越大，但转动的速度也越低。电子节气门及其伺服电机结构如图 5-17 所示。

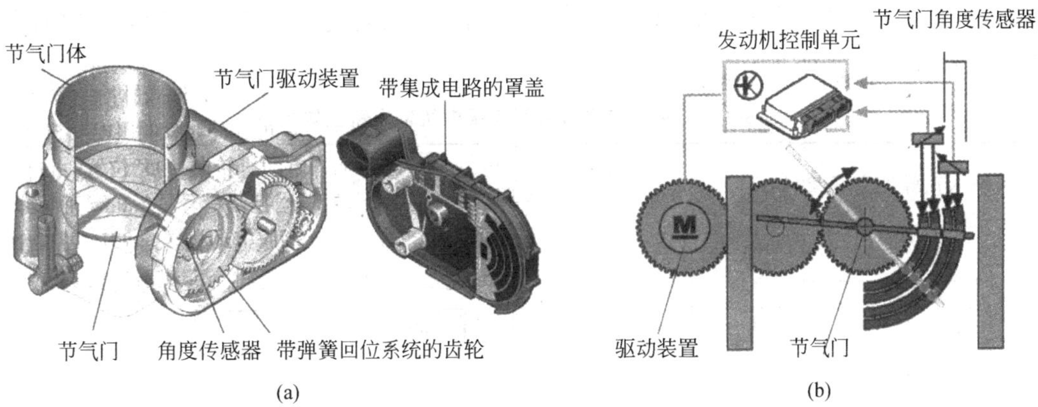

图 5-17　电子节气门及其伺服电机结构

(a) 结构组成；(b) 控制部分

常用的伺服电机控制系统是一个典型闭环反馈系统，其原理如图 5-18 所示。

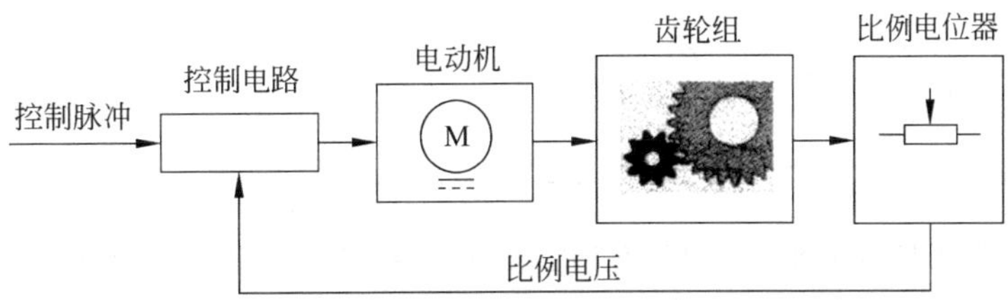

图 5-18　伺服电机控制系统

减速齿轮组由电机驱动，其终端(输出端)带动一个线性的比例电位器作位置检测，该电位器把转角坐标转换为一比例电压反馈给控制电路板，控制电路板将其与输入的控制脉冲信号比较，产生纠正脉冲，并驱动电机正向或反向转动，使齿轮组的输出位置与期望值相符，令纠正脉冲趋于为 0，从而达到使伺服电机精确定位的目的。

伺服电机有三条控制线，分别为电源、地及控制。电源线与地线用于提供内部的直流电机及控制线路所需的能源，电压通常为 12 V，该电源应尽可能与处理系统的电源隔离(因为伺服电机会产生噪声)。甚至小伺服电机在重载荷时也会拉低放大器的电压，所以整个系统的电源供应必须合理。

伺服电机的最大特点是可控。在有控制信号时，伺服电机就转动，且转速大小正比于控制电压的大小。去掉控制电压后，伺服电机就立即停止转动。伺服电机的位置是通过方波信号进行控制的，微控制器输出脉宽调制信号，方波的正脉冲宽度决定了伺服电机的位置，有效的脉冲宽度随伺服电机型号的不同而有所差异。例如伺服电机可以用一个周期为 20 ms 的脉冲信号驱动,这个周期性脉冲信号的高电平时间通常在 1～2 ms,而低电平时间应在 5～20 ms,并不很严格,输入脉冲的宽度用来控制伺服电机机械输出的位置。例如,当控制信号是 0.5 ms 正脉冲时,伺服电机转向－90°(最左边)位置;当控制信号是 1.0 ms 正脉冲时,伺服电机转向－45°位置;当控制信号是 1.5 ms 正脉冲时,伺服电机转向 0°(中间)位置;当控制信号是 2.0 ms 正脉冲时,伺服电机转向 45°位置;当控制信号是 2.0 ms 正脉冲时,伺服电机转向 90°(最右边)位置。伺服电机的其他任意位置则由相应的正脉冲宽度信号来控制,表 5-2 列出了一个典型的 20 ms 周期性脉冲的正脉冲宽度与微型伺服电机的输出臂位置的关系。

表 5-2 正脉冲宽度与微型伺服电机输出臂位置关系

<table>
<tr><th>输入正脉冲宽度(20 ms)</th><th>伺服电机
输出臂位置</th><th>输入正脉冲宽度(20 ms)</th><th>伺服电机
输出臂位置</th></tr>
<tr><td>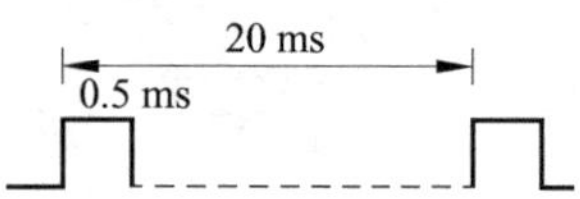
</td><td>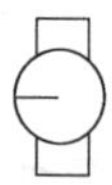 ≈-90°</td><td>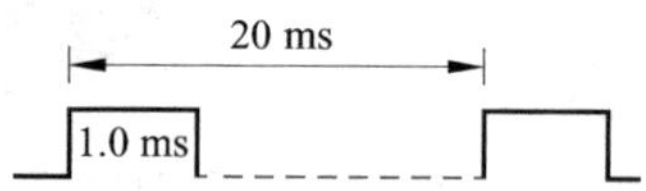
</td><td>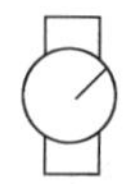 ≈45°</td></tr>
<tr><td>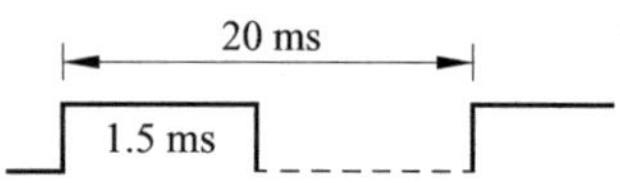
</td><td> ≈-45°</td><td>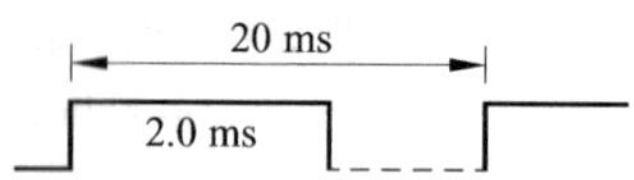
</td><td>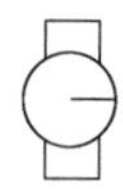 ≈90°</td></tr>
<tr><td>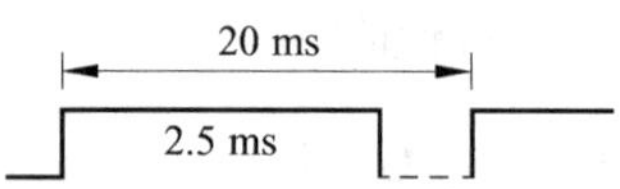
</td><td>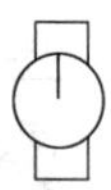 ≈0°</td><td></td><td></td></tr>
</table>

可以看出,要实现伺服电机输出位置的精确控制,必须完成两个基本任务:首先是基本的周期信号的产生,即提供一个基本的 PWM 周期信号;然后是微控制器进行脉宽的调整,并且在一个周期内能够调整高低电平的比例。

伺服电机的瞬时运动速度是由其内部的直流电机和变速齿轮组的配合决定的,在恒定的电压驱动下,其数值唯一。但其平均运动速度可通过分段停顿的控制方式来改变,例如,可把动作幅度为 90°的转动细分为 128 个停顿点,通过控制每个停顿点的时间长短来实现 0°～90°变化的平均速度。对于多数伺服电机来说,速度的单位由“(°)/s”来决定。

5.3 步进电机

5.3.1 步进电机的作用

汽车上很多应用场合需要准确的定位控制,之前通常会选择微型的直流电机来实现这一功能。不过,小的直流电机的加速和减速非常缓慢,提供的稳定性不足。在直流电机上使用合适的机械传动装置在某种程度上能较好处理这些问题,但是超调量仍然会偏离这个要求，这就意味着想要的定位控制不能达到。

若实在想使用直流电机来达到精确定位控制，那只有与具有反馈控制的伺服机构一起来完成。即使直流电机的定位问题能避免，它还存在另一较大问题，就是低速时输出力矩效率较低。

要实现精确定位，步进电机是不错的选择。一般电机都是连续旋转，而步进电机却是一步一步转动的，故叫步进电机。微控制器可以使用数字脉冲序列来控制电机的转子，电机每从控制器收到一个脉冲，就旋转一个确定的角度，由一个脉冲引起的运动被称为一步。步进电机在汽车上常常是一种将电脉冲信号转变为角位移或线位移的控制元件。通常电机的转速、停止的位置只取决于脉冲信号的频率和脉冲数，即给电机加一个脉冲信号，电机则转过一个角度。这一线性关系的存在，加上步进电机只有周期性的误差而无累积误差等特点，使得在速度、位置等控制领域用步进电机来控制变得非常简单。步进电机已被广泛应用于控制系统中，步进电机并不能像普通的直流电机、交流电机那样使用普通电源，它必须在由脉冲信号发生器和功率驱动电路等组成的控制系统驱动下使用。

5.3.2 步进电机的基本结构和原理

1. 步进电机的分类

按励磁方式不同，步进电机可分为反应式(磁阻式步进电机)、永磁式步进电机、混磁式步进电机等。

按相数不同，步进电机可分为单相步进电机、两相步进电机、三相步进电机、四相步进电机、五相步进电机等形式。

2. 步进电机的结构原理

步进电机的基本结构包括转子、绕组和定子。绕组缠绕在定子齿槽上，转子是一个能够绕中心任意转动的永久磁铁或铁心。图 5-19 所示为典型两相步进电机的工作顺序模型，因为其定子上有两个绕组，而且其转子有两个磁极，所以称为双相双极电机。在第一步中，两相定子的 A 相通电，B 相关闭，因异性相吸，其磁场将转子固定在图 5-19(a)所示位置；在第二步中，A 相关闭，B 相通电，转子顺时针旋转 90°，如图 5-19(b)所示；在第三步中，B 相关闭、A 相通电，但极性与第一步相反，这促使转子再次旋转 90°，如图 5-19(c)所示；在第四步中，A 相关闭、B 相通电，极性与第二步相反，如图 5-19(d)所示。重复该顺序促使转子按 90°的步距角顺时针旋转。

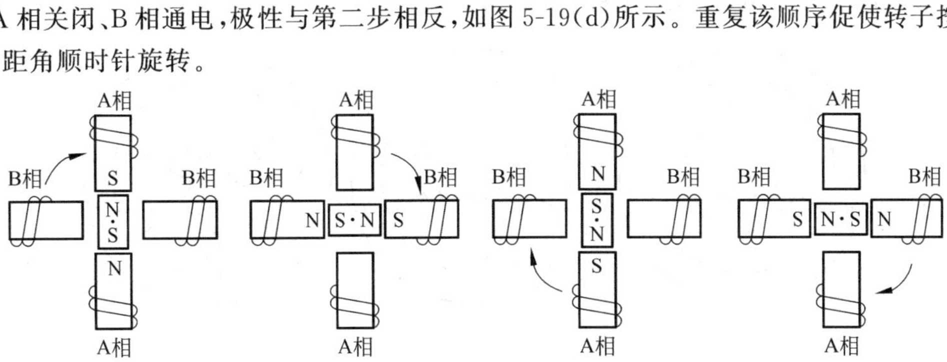

图 5-19 两相步进电机的工作顺序

(a) 第一步；(b) 第二步；(c) 第三步；(d) 第四步

3. 步进电机的几个术语

步进电机的常用静态指标术语如下:

(1) 相数:产生不同对极 N、S 磁场的励磁绕组对数,常用 m 表示。

(2) 拍数:完成一个磁场周期性变化所需脉冲数或导电状态,用 n 表示。或指电机转过一个齿距角所需脉冲数,以四相电机为例,有四相四拍运行方式,即 AB→BC→CD→DA→AB,四相八拍运行方式,即 A→AB→B→BC→C→CD→D→DA→A。

(3) 步距角:对应一个脉冲信号,电机转子转过的角位移,用 θ 表示,$\theta=360°/$(转子齿数×运行拍数)。以常规四相、转子齿为 50 齿电机为例,四拍运行时步距角为 $\theta=360°/(50\times4)=1.8°$(俗称整步);八拍运行时步距角为 $\theta=360°/(50\times8)=0.9°$(俗称半步)。

(4) 极数:指定子某个通电瞬间在转子表面或定子内表面形成的磁场磁极数。

常见的步进电机分三种:永磁式(PM)、反应式(VR)和混合式(HB)。永磁式步进电机一般转矩和体积较小;反应式步进电机可实现大转矩输出,但噪声和振动较大;混合式步进电机融合了永磁式和反应式的优点,因而这种步进电机的应用比较广泛。

5.3.3 反应式步进电机

反应式步进电机的转子上没有励磁线圈。出于成本等多方面考虑,一般以二、三、四、五相为多。三相反应式步进电机如图 5-20 所示,可以看出,在反应式步进电机的结构中,分成定子和转子两大部分。定子内圆周均匀分布着 6 个磁极,磁极上有励磁绕组,每两个相对的绕组组成一相,转子有 4 个齿。

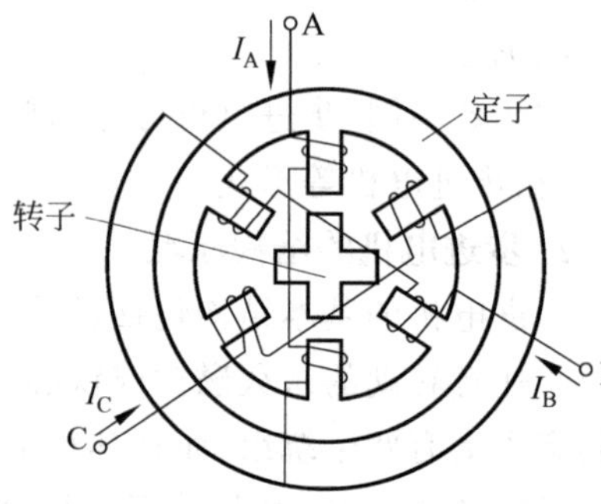

图 5-20 三相反应式步进电机结构

1. 三相单三拍

三相单三拍工作方式如图 5-21 所示。当 A 相绕组通电,B、C 相不通电,由于在磁场作用下,转子总是力图旋转到磁阻最小的位置,故在这种情况下,转子必然转到图 5-21(a)所示位置:1、3 齿与 A、A′磁极轴线对齐。同理,B 相通电时,转子会转过 30°,2、4 齿和 B、B′磁极轴线对齐;当 C 相通电时,转子再转过 30°,1、3 齿和 C′、C 磁极轴线对齐。

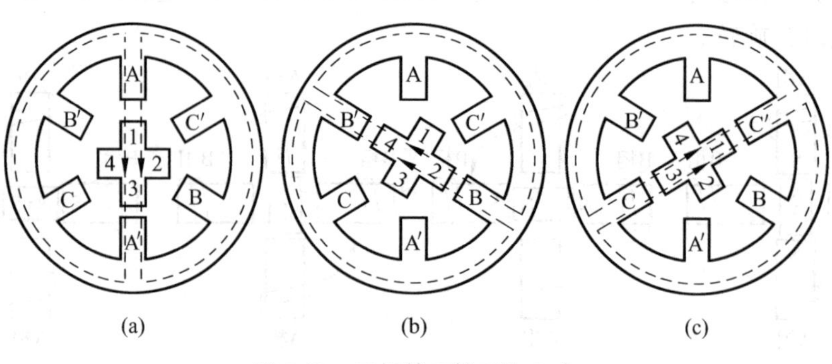

图 5-21 三相单三拍工作方式

(a) A 相绕组通电;(b) B 相绕组通电;(c) C 相绕组通电

这种工作方式下，三个绕组依次通电一次为一个循环周期，一个循环周期包括三个工作脉冲，所以称为三相单三拍工作方式。按 A→B→C→A→…的顺序给三相绕组轮流通电，转子便一步一步转动起来。每一拍转过 30°(步距角)，每个通电循环周期(三拍)转过 90°(齿距角)。

2. 三相六拍

三相六拍工作方式如图 5-22 所示，按 A→AB→B→BC→C→CA 的顺序给三相绕组轮流通电，这种方式可以获得更精确的控制特性。

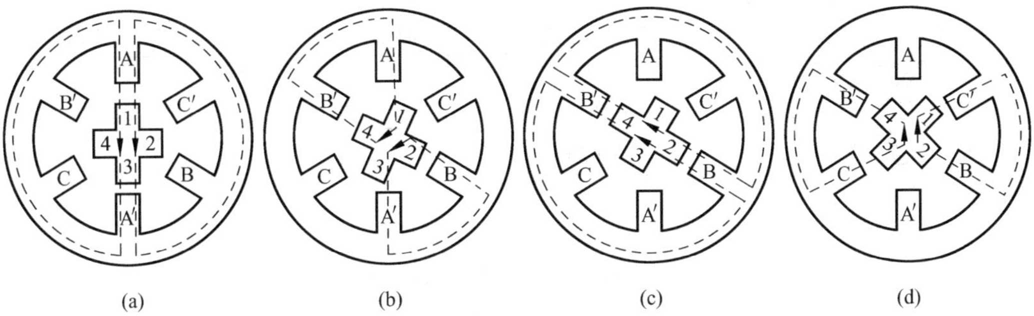

图 5-22　三相六拍工作方式

(a) A 相通电；(b) A、B 相同时通电；(c) B 相通电；(d) B、C 相同时通电

A 相通电，转子 1、3 齿与 A、A′对齐，如图 5-22(a)所示。

A、B 相同时通电，A、A′磁极拉住 1、3 齿，B、B′磁极拉住 2、4 齿，转子转过 15°，到达图 5-22(b)所示位置。

B 相通电，转子 2、4 齿与 B、B′对齐，又转过 15°，如图 5-22(c)所示。

B、C 相同时通电，C′、C 磁极拉住 1、3 齿，B、B′磁极拉住 2、4 齿，转子再转过 15°，如图 5-22(d)所示。

三相反应式步进电机的一个通电循环周期如下：A→AB→B→BC→C→CA，每个循环周期分为六拍。每拍转子转过 15°(步距角)，一个通电循环周期(六拍)转子转过 90°(齿距角)。与单三拍相比，六拍驱动方式的步进角更小，更适用于需要精确定位的控制系统。

实用的三相反应式步进电机结构及控制电路如图 5-23 所示。微控制器对输入信号进行处理，计算出步进电机需要的步进量，通过 P1.0、P1.1 和 P1.2 提供控制步进电机的时序脉冲，从而控制步进电机的运行。控制硬件电路主要由缓冲驱动器、光隔离器和达林顿管组成，由于步进电机的每相绕组在工作时所需电流较大，单片机输出脉冲无法直接驱动，P1 口输出信号经过驱动器 7407 和光隔离器，控制达林顿管的基极，从而实现电流放大和对步进电机的驱动。控制系统采用软件来完成脉冲分配，这样可根据应用系统的需要，方便、灵活地改变步进电机的控制方式，步进一步的时间可由两个控制字的送出时间间隔决定。由驱动系统的硬件控制图可以看出，单片机只是根据需要轮流给 P1.0、P1.1、P1.2 端口发送步进脉冲来控制电机运行，三相六拍的系统控制顺序见表 5-3。在程序中，只要依次将 6 个控制字送到 P1 口，每送一个控制字，就完成一拍，步进电机就转过一个步距角。

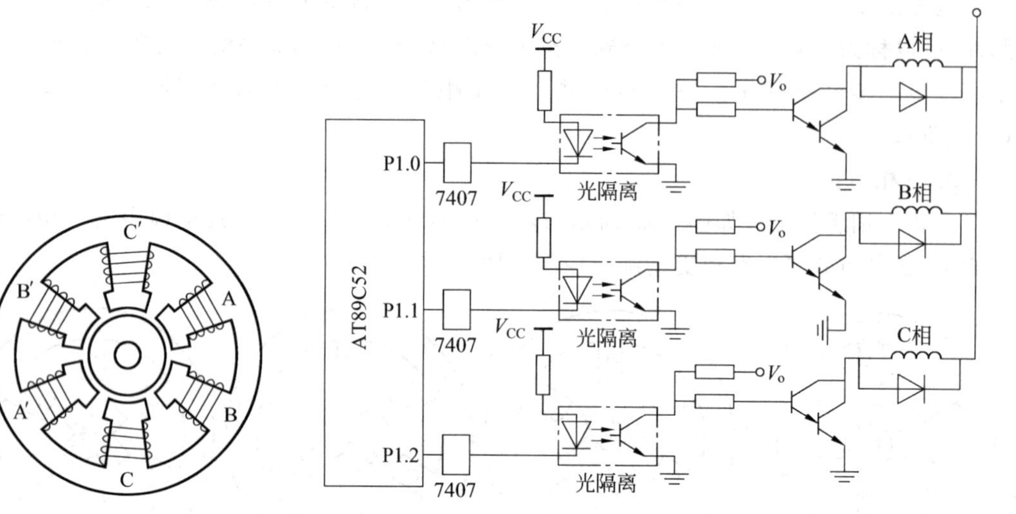

图 5-23　三相反应式步进电机结构与控制电路

(a) 结构；(b) 控制电路

表 5-3　三相六拍控制顺序

步序号	P1 口输出状态	绕　组	单片机控制字
1	00000001	A	01H
2	00000010	AB	03H
3	00000011	B	02H
4	00000110	BC	06H
5	00000100	C	04H
6	00000101	CA	05H

5.3.4　永磁式步进电机

1. 结构特点

永磁式步进电机的结构如图 5-24 所示。电机的定子上有两相或多相绕组,转子为一对或几对极的星形磁钢,转子的极数与定子每相的极数相同,图中的定子为两相集中绕组(AO、BO),每相为两对极,转子磁钢也是两对极。从图中可以看出,当定子绕组按 A→B→(或 A)→(或 B)→A→⋯轮流通电时,转子将按顺时针方向转动,每次转过 45°空间角度,也就是步距角为 45°。

永磁式步进电机的特点是:

(1) 大步距角,如 15°、22.5°、30°、45°、90°等。

(2) 启动频率较低,通常为几十到几百赫兹。

(3) 控制功率较小。

(4) 在断电情况下有定位转矩。

(5) 有较强的内阻尼力矩。

2. 控制原理

步进电机必须由环形脉冲发生电路、功率放大电路等环节组成控制系统进行驱动与控制，其控制系统如图5-25所示。

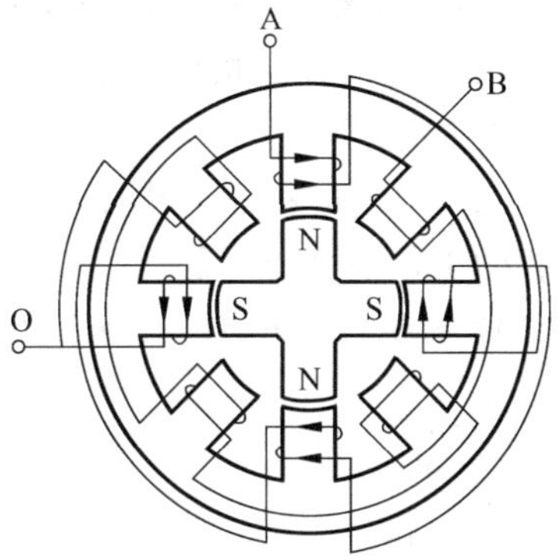

图5-24　永磁式步进电机的结构

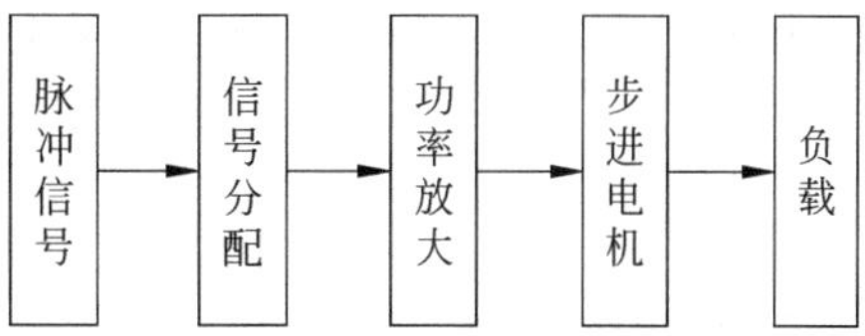

图5-25　步进电机的控制系统框图

1）脉冲信号的产生

脉冲信号一般由单片机或其他控制器CPU产生，一般脉冲信号的占空比为0.3～0.4，电机转速越高，需要的脉冲信号占空比越大。

2）功率放大

功率放大是驱动系统最为重要的部分。步进电机在一定转速下的转矩取决于它的动态平均电流而非静态电流(而样本上的电流均为静态电流)。平均电流越大电机力矩越大，要达到平均电流大就需要驱动系统尽量克服电机的反电动势。因而不同的场合采取不同的驱动方式。到目前为止，驱动方式一般有以下几种：恒压、恒压串电阻、高低压驱动、恒流、细分数等。为尽量提高电机的动态性能，将信号分配、功率放大组成步进电机的驱动电源。

5.3.5 步进电机在汽车上的应用

1. 怠速步进电机

怠速步进电机用来控制怠速工况下的进气量，该怠速调节阀采用双极永磁步进电机，用来调节怠速旁通道通气断面的大小，调节范围较宽。它根据水温信号(CTS)、气温信号(ATS)、额外负荷信号的高低和大小，有0～125个调节步级，步数与进气量呈线性关系。怠速调节阀结构如图5-26所示。怠速调节阀由锥阀、螺杆、定位簧、螺母、永磁转子、定子绕组、壳体等组成，由ECU用正反向控制电路，进行步进操作。螺杆的螺旋角较大，摩擦损失小，传动效率高，无自锁作用。人工推拉锥阀，应可自由进出，以试验其动作的灵敏度。螺杆上有导向槽，只能使锥阀轴向移动。定位簧是防止转子因转动惯量较大，用来随机定位的。永磁转子内壁置有螺母，它由多对永

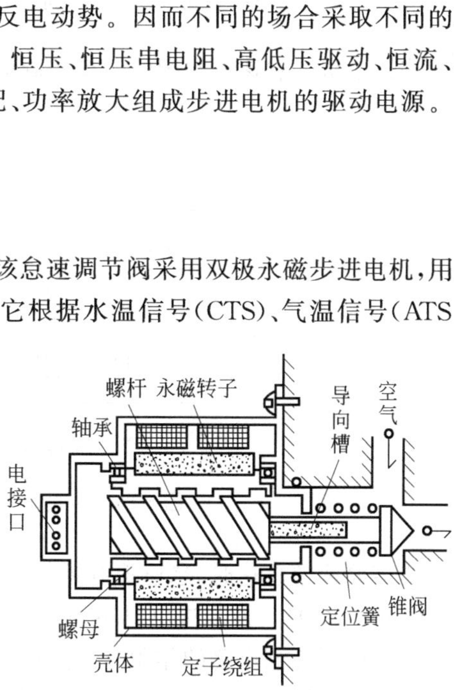

图5-26　怠速调节阀结构

久磁铁组成,N 极和 S 极沿圆周相间排列,一般为 8 对永久性磁极。

定子绕组分两种形式,如图 5-27 所示。一种是一个定子绕组、四接头的怠速调节阀,内有两个线圈(1 相和 2 相),绕线方向相反。当 AB→CD (+、−)依次导通时,锥阀伸出;当 DC→BA (−、+)依次导通时,锥阀缩回。另一种是两个定子绕组、六接头的怠速调节阀,两个定子绕组内有四个线圈,1、3 相为一组,2、4 相为另一组,绕线方向相反。当 S1、S2、S3、S4 依次导通时,锥阀伸出;当 S4、S3、S2、S1 依次导通时,锥阀缩回。

图 5-27(a)中一个定子绕组四接头怠速调节阀的步进电机采用半步工作方式,如图 5-28 所示。电机顺时针旋转,A 相、B 相、C 相和 D 相的工作顺序依次是:

①1000→②1010→③0010→④0110→⑤0100→⑥0101→⑦0001→⑧1001→①1000。

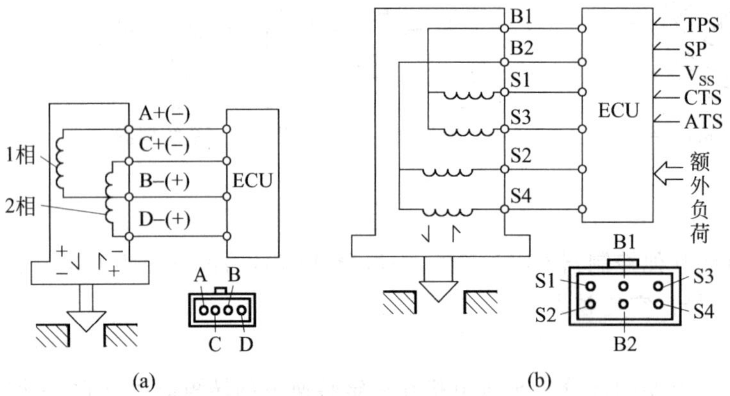

图 5-27 定子绕组的两种形式

(a) 一个定子绕组四接头;(b) 两个定子绕组六接头

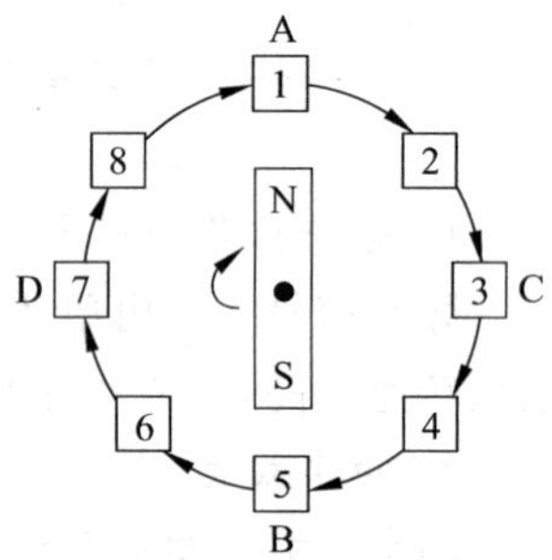

图 5-28 半步工作方式

步进电机式怠速控制阀的典型控制电路如图 5-29 所示。

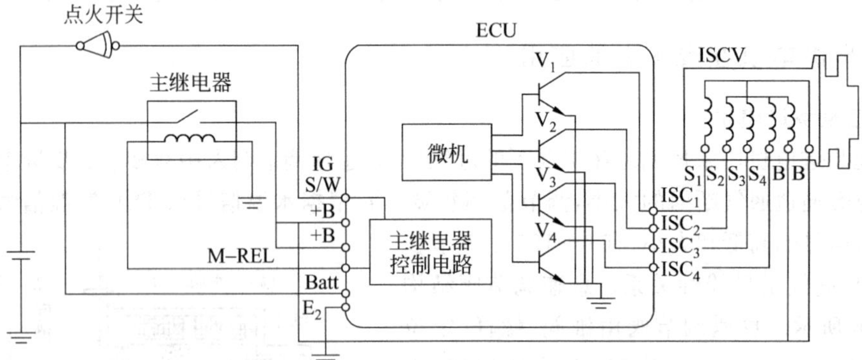

图 5-29 步进电机式怠速控制阀门的控制电路

当需要调整怠速时,怠速控制系统通过 ECU 内部的步进电机驱动电路使步进电机的 4 个绕组依次通电,使步进电机转动,将空气阀调移动至适当的位置。

主继电器控制电路的作用是当点火开关关断时,使 ECU 继续通电 2 s,以便使 ECU 完成启动初始位置的设定。在点火开关断开后的这 2 s 时间里,步进电机在 ECU 的控制下转动,使空气阀开启至最大,为下次启动做好准备。

2. 四轮转向系统中的步进电机

图5-30和图5-31所示为步进电机用于四轮转向系统(4WS)中。系统工作时,由ECU根据车速的快慢,指示步进电机做规定回转数的旋转。步进电机旋转时,输出轴上的斜齿轮使螺旋杆旋转,并使与螺旋杆啮合在一起的控制轭位置发生改变,也即车速决定控制轭的倾斜方向及角度,而控制轭的倾斜方向及角度又决定了后轮转向的角度及相位。

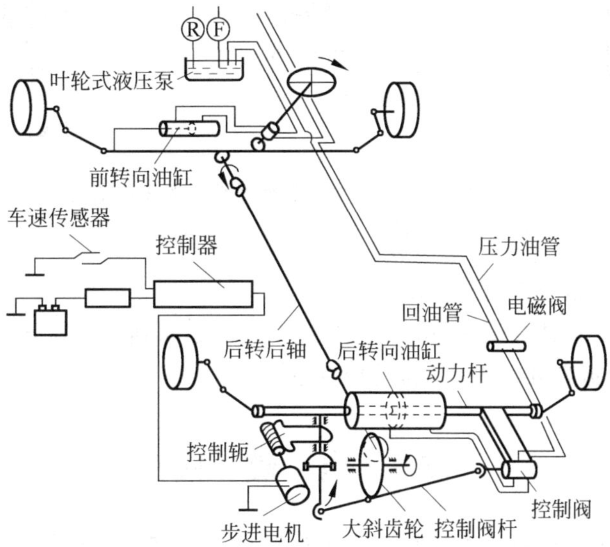

图5-30 车速感应型4WS作用图

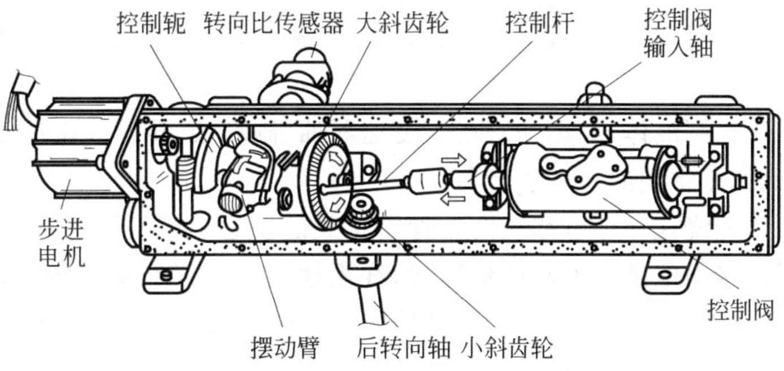

图5-31 后转向机构示意图

3. 电子悬架上的步进电机

在无级式半主动悬架系统要求其阻尼按照行驶状态的动力学要求作无级调节,并在几毫秒内由最小变到最大。为此,采用步进电机来调节阻尼孔的开度,实现减振器阻尼力无级调节。

减振器阻尼力的控制是通过减振器控制杆旋转一定的角度,改变控制阀节流孔的流通面积,从而实现阻尼值的无级变化。该系统由ECU、传感器和执行器组成,如图5-32所示。

ECU接受传感器送入的汽车起步、加速和转向等信号,计算出相应的阻尼值,发出控制信号到执行器,经控制杆调节控制阀,使节流孔阻尼变化。

步进电机装在减振器上部,由直流电机、小齿轮和扇形齿轮组成。得到控制信号后,步

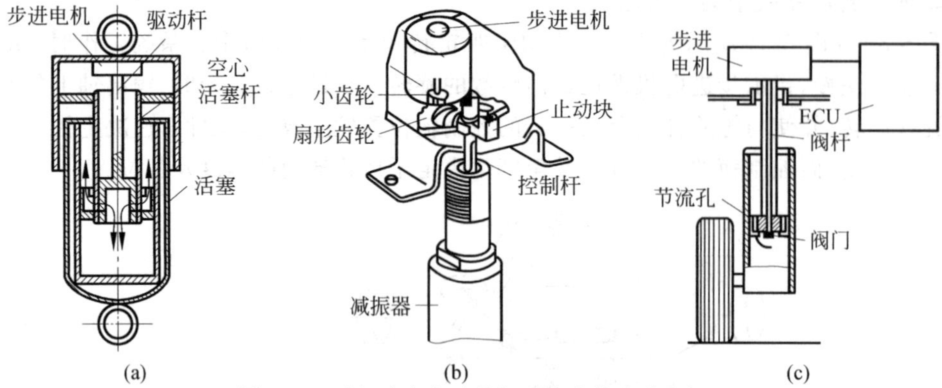

图 5-32 无级式半主动悬架系统中的步进电机

(a) 方式一；(b) 方式二；(c) 方式三

进电机通过扇形齿轮驱动控制杆转动。

这种电子控制悬架具有正常、运动和自动三种模式,可通过转换开关进行选择。只有在自动位置时,各个减振器才在 ECU 自动控制下工作。

5.4 电 磁 阀

电磁阀作为汽车电控系统中最常用的执行器之一,主要用来驱动阀门。电磁阀操作的阀门可以控制液态燃油(喷油器)、燃油蒸气(碳罐清污电磁阀)、空气流量(怠速空气控制电磁阀)、真空(真空电磁阀,控制发送给真空控制部件的真空信号,如废气再循环阀)、废气(废气再循环电磁阀,直接控制废气流量,不使用真空)、制动液(防抱死制动电磁阀),以及机油或发动机冷却液等。

电磁阀是用来控制液体(如燃油、机油、变速器油、制动液、转向液压油)或气体(如真空)的流量和方向,是汽车常用的一种执行器。

电磁阀由一个缠绕在一个可移动的有弹簧负载的铁心上的线圈组成。当 ECU 内的输出驱动器(晶体管)接通电磁阀电路的地线时,线圈通电。流经线圈的电流产生磁力拉动铁心,使之占据整个线圈的长度。铁心的移动使连接在铁心另一端的阀门移动,其工作原理如图 5-33 所示。电磁阀在弹簧负载下可以是常开(N/O)或常闭(N/C)。如果电磁阀在弹簧负载下常开,则在断电时阀门开启,允许介质流通,而在通电时则阻断流通。如果在弹簧负载下常闭,则在断电时阀门关闭,阻断介质流通,而在通电时则允许流通。例如,汽缸喷油器的喷油动作。电磁阀线圈驱动电源有交流和直流两种,直流电磁阀工作可靠,需要 5 V、12 V、14 V 等电源。采用常开还是常闭电磁阀取决于安全考虑,主要是要考虑到 ECU 因为故障不能使电磁阀通电时必须保持的状态。

5.4.1 电磁阀的分类

1. 按工作原理分

根据电磁阀的工作原理不同,可分为直动式电磁阀、先导式电磁阀和分布直动式电磁阀。

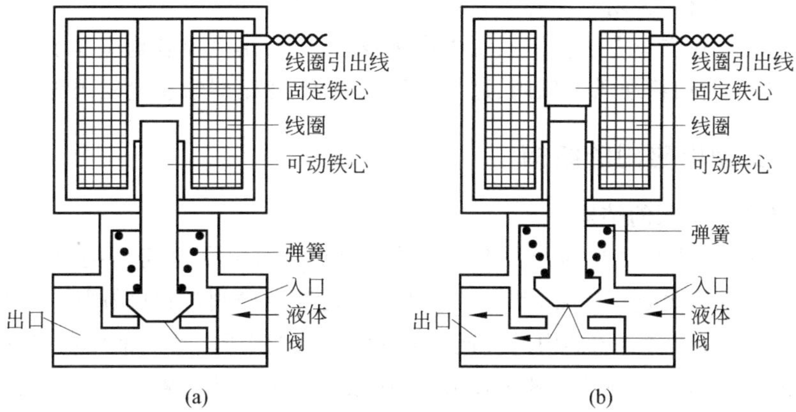

图 5-33　电磁阀工作原理

(a) 断电、铁心释放；(b) 通电、铁心吸合

1) 直动式电磁阀

原理：通电时，电磁线圈产生电磁力把关闭件从阀座上提起，阀门打开；断电时，电磁力消失，弹簧把关闭件压在阀座上，阀门关闭。

特点：在真空、负压、零压时能正常工作，但通径一般不超过 25 mm。

2) 先导式电磁阀

原理：通电时，电磁力把先导孔打开，上腔室压力迅速下降，在关闭件周围形成上低下高的压差，液体压力推动关闭件向上移动，阀门打开；断电时，弹簧力把先导孔关闭，入口压力通过旁通孔迅速在关闭件周围形成下低上高的压差，液体压力推动关闭件向下移动，关闭阀门。

特点：液体压力范围上限较高，可任意安装，但必须满足液体压差条件。

3) 分布直动式电磁阀

原理：它采用直动和先导式相结合的原理，当入口与出口没有压差时，通电后，电磁力直接把先导小阀和主阀关闭件依次向上提起，阀门打开。当入口与出口达到启动压差时，通电后，电磁力先导小阀，主阀下腔压力上升，上腔压力下降，从而利用压差把主阀向上推开；断电时，先导阀利用弹簧力或介质压力推动关闭件，向下移动，使阀门关闭。

特点：在零压差或真空、高压时亦可能动作，但功率较大，要求必须水平安装。

2. 按驱动方式分

根据电磁阀的驱动方式不同，可分为开关型电磁阀、快速开关型电磁阀（高速开关阀）和占空比型电磁阀。

5.4.2　开关型电磁阀

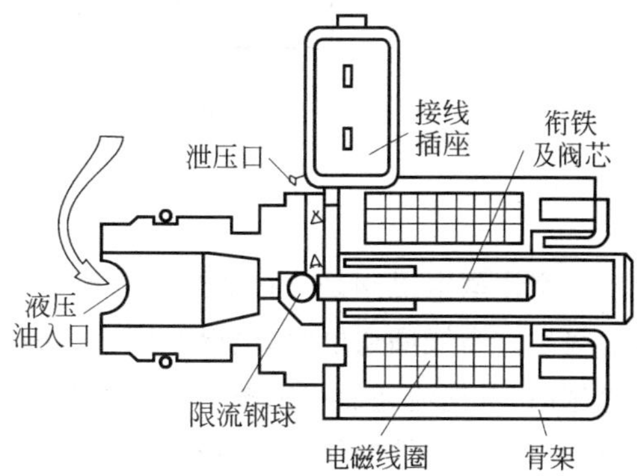

图 5-34　开关型电磁阀

开关型电磁阀通常由电磁线圈、衔铁及阀芯等组成，如图 5-34 所示。它只有两种工作状态：全开或全关。当线圈不通电时，阀芯被油压推开，打开泄油孔，该油路的压力油经电磁阀泄荷，油路压力为零；当线圈通电

时,电磁力使阀芯左移,关闭泄油孔,油路压力上升。

开关型电磁阀在汽车电子控制系统中应用较广,主要用在控制响应要求不高的场合,如活性炭罐电磁阀、曲轴箱通风电磁阀、进气歧管电磁阀、变矩器锁止电磁阀等。

5.4.3 占空比型电磁阀的结构

1. 占空比型电磁阀的结构

有些情况下,驱动电磁阀的开关电路要根据 ECU 的指令快速地接通和断开电磁阀。普通的电磁阀无法满足这个需要,此时需采用占空比型电磁阀,该电磁阀以一定的频率接通和断开脉冲,通过改变一定周期内的导通与截止之比,得到所需要的油压和流量。由于此类电磁阀采用不断的脉冲循环的快速工作方式,所以又称为脉冲电磁阀。此阀的结构简单,制造成本较低,体积小,重量轻,响应速度快,并且能利用现代汽车的 ECU 和电子技术,安装方便,控制方法简单,所以在汽车上应用比较广泛。它通常用于改变液体或气体的流量或压力的大小,如废气再循环的废气流量控制、电控自动变速器的油压控制、发动机怠速控制系统中的进气流量控制等。直动型占空比型电磁阀结构如图 5-35 所示,它主要由阀芯、阀轴、电磁线圈、回位弹簧等部件组成。现以发动机怠速控制的旁通气道中的控制阀为例,说明其结构和调节原理。该阀可以调节进气量的大小,将怠速转速控制在最佳状态。

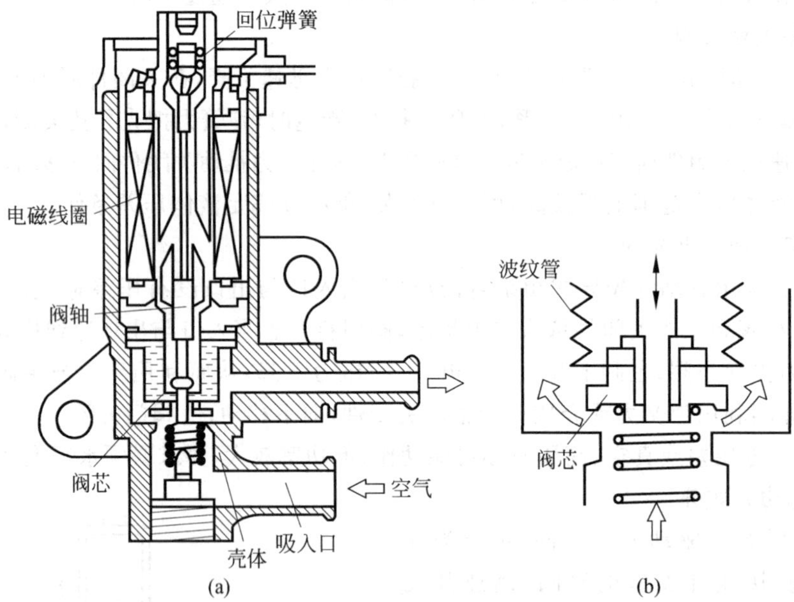

图 5-35 占空比型电磁阀

(a) 结构;(b) 阀口

占空比型电磁阀是一种能进行高速响应的二位二通的换向阀,其响应速度一般达到毫秒的级别。当线圈通电时,电磁线圈产生磁场将阀轴和阀芯吸起,空气旁通道打开,阀门升起得越高,空气流通面积则越大。工作时 ECU 输出占空比可调的脉冲信号,线圈中的平均电流大小决定于控制信号的占空比,最后决定电磁阀的开度和发动机怠速转速的高低。

2. 占空比的含义

控制这种高速电磁阀的是能改变脉冲宽度的定频电脉冲源，在汽车电控系统中，这个脉冲的周期一般在 10～33 ms。图 5-36 所示为电脉冲信号的占空比。所谓占空比就是在一个信号脉冲的周期中，高电平出现的时间宽度占整个脉冲周期的百分数，即为图 5-36 中高电平宽度与周期之比，占空比的表达式如下：

$$占空比=\frac{A}{A+B}\times 100\%=\frac{A}{T}\times 100\%$$

式中，A——高电平出现的时间宽度，ms；

B——低电平出现的时间宽度，ms；

T——一个信号脉冲的周期，ms。

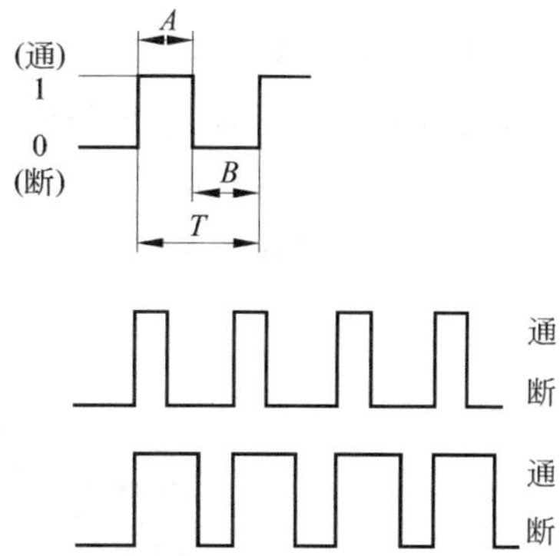

图 5-36　电脉冲信号的占空比

占空比的数值反映了电磁阀中通过电流的平均数，占空比越大，电磁线圈中的平均电流也越大，线圈的电磁吸力也越强，阀门的升程也越高，开度也就越大，当然通过发动机旁通气道的进气流量也就越多，怠速转速也就越高。

3. 占空比型电磁阀在汽车上的应用

占空比型电磁阀在汽车上的应用较广，如控制 EGR 率的 EGR 电磁阀、自动变速器的油压电磁阀、怠速旋转电磁阀等。

1）EGR 电磁阀

早期，汽车上使用较多的废气再循环装置是依靠进气管真空度的变化、机械型控制的真空膜片式废气循环阀，该电磁阀一端与进气管相连，利用产生的真空驱动相关零件运动，从而有负荷时打开，怠速时关闭废气再循环的通道，最终改变废气再循环率。由于其实质是通过真空度来控制废气再循环通道的开度，而真空管路容易受到橡胶老化、磨损的影响，从而影响废气再循环系统的控制精度。

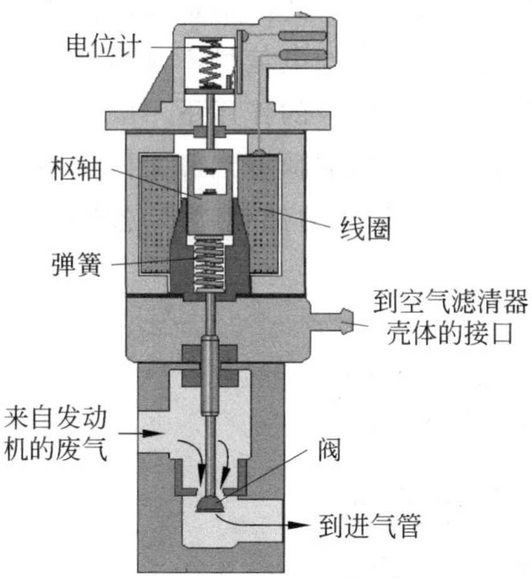

图 5-37　电磁式废气再循环阀

目前，越来越多的汽车上采用的是电磁式废气再循环系统。与真空膜片式废气再循环阀相比，电磁式废气再循环阀在工作可靠性与控制方式上有了很大的提高，它的控制与真空度无关，可以连续、线性地调节废气再循环量。线性电磁式废气再循环阀能够快速响应，具有高可靠性和更为精确的控制能力，其结构如图 5-37 所示，当废气再循环电控单元发送命令使电磁线圈导通时，线圈产生磁力作用于衔铁，带动枢轴上移，打开阀门，使废气流入进气管中。废气流量可以通过电控单元提供不同占空比的电压信号，在发动机各种工况下进行精确的控制。废气再循环阀还集成了枢轴位置（PPS）传感器，PPS 传感器实际是一个与枢轴相连的电位器，对传感器提供 5 V 基准电压，其输出电压信号随着枢轴位置的移动而改变，此信号可以向电控单元提供一个枢轴实际位置的反馈量，当由于排气压力波动、电压波动、阀门磨损和制造公差等因素造成的枢轴位置偏离理想值时,电控单元可以根据PPS传感器的反馈量进行相应的修正与优化,同时还可以对废气再循环系统进行在线监测与故障诊断。

电磁式废气再循环系统在汽车发动机上的布置如图5-38所示,电控单元采集转速传感器、节气门位置传感器、进气歧管压力传感器和冷却液温度传感器等信号,判断发动机所处的运行状况,并采用相应的控制策略,输出不同占空比的脉冲信号,以驱动废气再循环装置中的电磁阀,最终在各种工况下获得最佳EGR率。

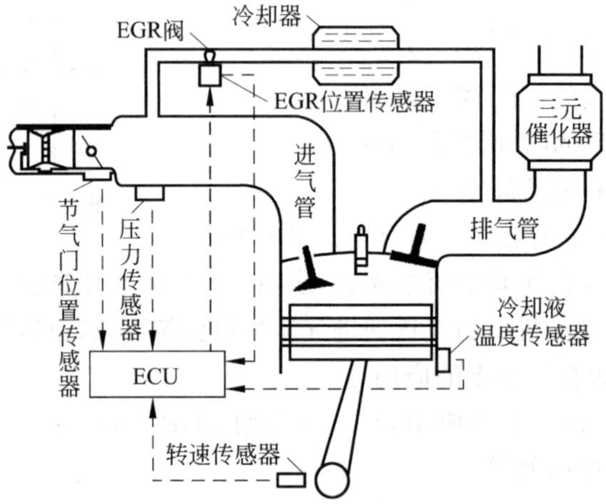

图5-38 废气再循环系统总体布局

2) 自动变速器的油压电磁阀

油压电磁阀的结构与开关型电磁阀基本相似,如图5-39所示,其作用是控制油路中油压的大小。与开关型电磁阀不同之处在于,控制油压电磁阀工作的电信号不是恒定不变的电压信号,而是一个频率固定的脉冲电信号。电磁阀在脉冲电信号的作用下不断反复地开启和关闭泄油孔,ECU通过改变脉冲的宽度,即占空比,来改变电磁阀开启和关闭的时间比例,而达到控制油路压力的目的。占空比越大,经电磁阀泄出的压力油就越多,油路压力就越低;反之,占空比越小,油路压力就越高。

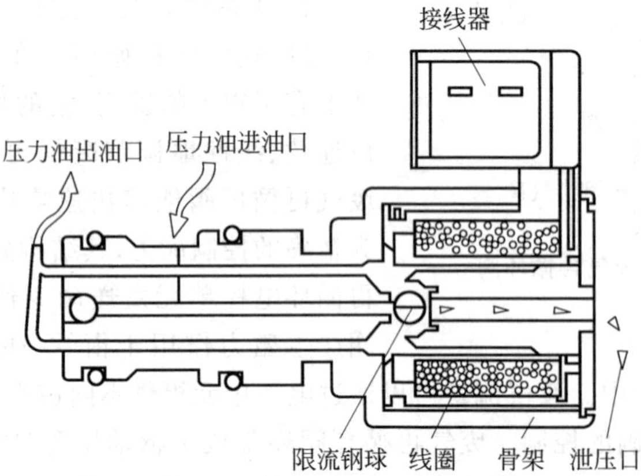

图5-39 油压电磁阀

油压电磁阀一般安装在主油路或蓄能器背压油路中，通过ECU控制，在自动变速器自动升挡及降挡瞬间，或者在闭锁离合器接合及分离动作开始时使油压下降，以减少换挡和接合与分离冲击，使车辆行驶更平稳。

3）怠速旋转电磁阀

怠速旋转电磁阀通电后产生角位移，其主要部件是带动阀转动的转子和定子。怠速旋转电磁阀有两种形式：一种是转子为永久磁铁，电磁线圈绕在定子上；另一种定子为永久磁铁，转子上绕有电磁线圈，通过电刷和集电环将电流引入电磁线圈。转子为永久磁铁的怠速旋转电磁阀的电路原理如图5-40所示。

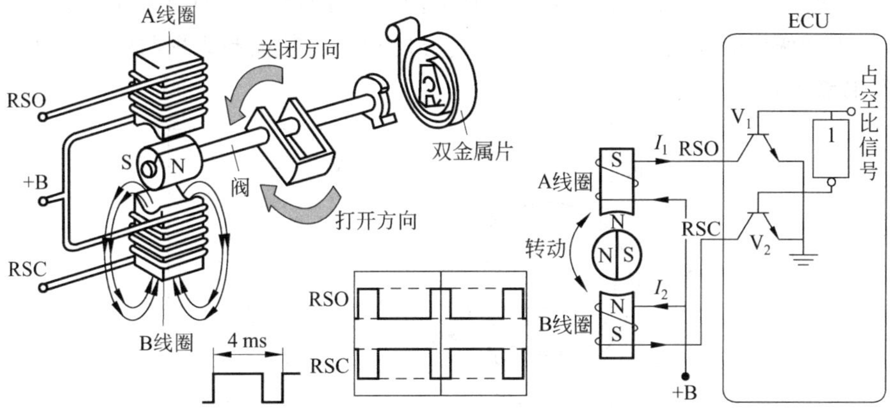

图5-40 怠速旋转电磁阀电路原理

对称布置的定子通入相同的电流时，两线圈A，B产生的磁场对转子的作用力使转子的

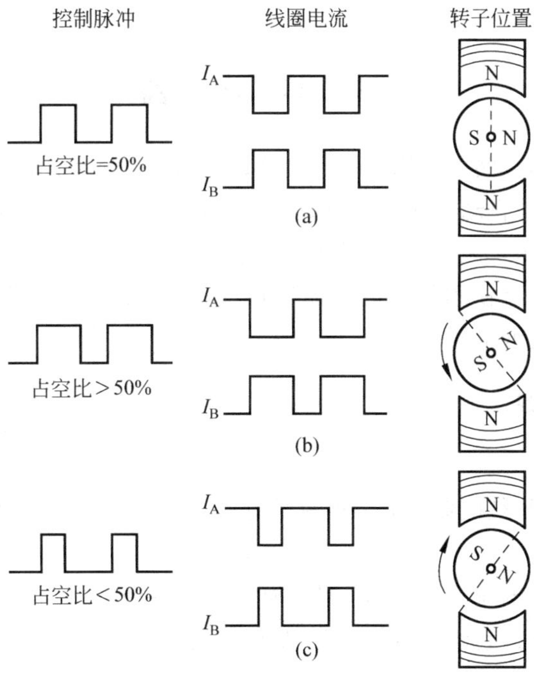

图5-41 怠速旋转电磁阀转动过程

转动方向是相反的。由于ECU产生的控制信号到 V_1 基极,或经反向器反相到 V_2 基极,因此从晶体管 V_1、V_2 集电极输出的是相位相反的控制脉冲。当控制信号占空比为50%时,一个信号周期中 V_1、V_2 的导通相位相反,但导通时间相同。A、B线圈的通电时间各占一半,两线圈的平均电流相同,产生的磁场强度也相同,对转子的作用力相互抵消,故转子保持在原来的位置,如图5-41(a)所示。当控制信号占空比大于50%时,B线圈通电时间大于A,两线圈产生的磁场合力使转子逆时针转动,如图5-41(b)所示。当控制信号占空比小于50%时,A线圈通电时间大于B线圈,两线圈产生的磁场合力使转子顺时针转动,如图5-41(c)所示。如上所述,ECU通过输出不同占空比的控制信号来控制电磁阀转子的转角和转动方向。

定子为永久磁铁的怠速旋转电磁阀原理如图5-42所示,绕在转子铁心上的线圈 L_1,L_2 绕向相反,因此两线圈通电后使转子受力偏转方向相反。其控制原理与转子为永久磁铁的怠速旋转电磁阀相同。

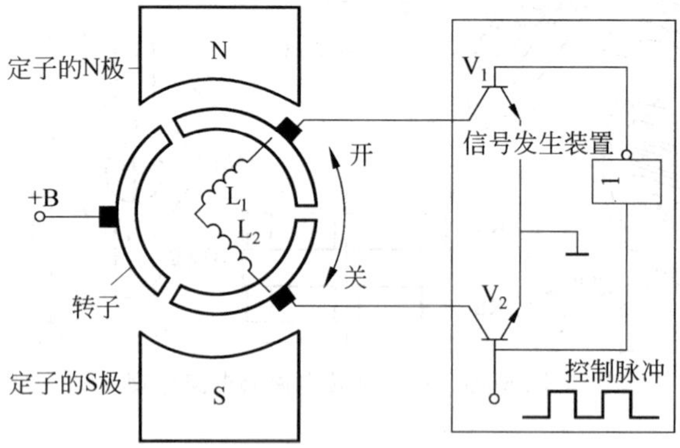

图5-42 定子为永久磁铁的怠速旋转电磁阀原理

5.5 继 电 器

继电器是自动控制电路中常用的一种元件,它是用较小的电流来控制较大电流的一种自动开关,在电路中起着自动操作、自动调节、安全保护等作用。在工业控制中使用的中间继电器、热继电器等体积较大,线圈通过的电流或承受的电压较大,触点允许通过的电流较大。在汽车电气系统中所使用的继电器体积较小,触点控制的电流也较小,属于小型继电器。本节主要讨论小型继电器。

5.5.1 继电器的类型

1. 按反映信号分

根据反映信号不同,继电器可分为电流继电器、电压继电器、中间继电器和热继电器等。

1) 电流继电器

电流继电器是根据电流信号而动作的。如在直流并激电机的励磁线圈里串联一电流继电器,当励磁电流过小时,它的触点便打开,从而控制接触器以切除电机的电源,防止电机因转速过高或电枢电流过大而损坏,具有这种性质的继电器称为欠电流继电器(如JT3-L型);反之,为了防止电机短路或过大的电枢电流(如严重过载)而损坏电机,就要采用过电流继电器(如 JL3 型)。

电流继电器的特点是匝数少、线径较粗、能通过较大电流。选择电流继电器时主要根据电路内的电流种类和额定电流大小来选择。

2) 电压继电器

电压继电器是根据电压信号动作的。如果把上述电流继电器的线圈改用细线绕成,并增加匝数,就成了电压继电器,它的线圈是与电源并联的。

电压继电器也可分为过电压继电器和欠(零)电压继电器两种。

(1) 过电压继电器

当控制线路出现超过所允许的正常电压时,继电器动作而控制切换电器(接触器),使电机等停止工作,以保护电气设备不致因过高的电压而损坏。

(2) 欠(零)电压继电器

当控制线圈电压过低,使控制系统不能正常工作(如异步电机因 $T \propto U^2$,不宜在电压过低的情况下工作),此时利用欠电压继电器电压过低时动作,使控制系统或电机脱离不正常的工作状态,这种保护称欠压保护。

选择电压继电器时根据线路电压的种类和大小来选择。

3) 中间继电器

中间继电器本质上是电压继电器,但还具有触点多(多至六对或更多)、触点能承受的电流较大(额定电流 5～10 A)、动作灵敏度(动作时间小于 0.05 s)等特点。

中间继电器的用途有两个:

第一,用作中间传递信号,当接触器线圈的额定电流超过电压或电流继电器触头所允许通过的电流时,可用中间继电器作为中间放大器再来控制接触器;

第二,同时控制多条线路。

4) 热继电器

热继电器是根据控制对象的温度变化来控制电流流通的继电器,即是利用电流的热效应而动作的电器。它主要用来保护电机的过载、断相运转及电流不平衡,如汽车门窗玻璃升降电机在玻璃升降至极限位置时的过载保护。

2. 按触点状态分

根据继电器触点状态不同,继电器可分为动合继电器、动断继电器和混合式继电器。

1) 动合继电器

继电器线圈有电流通过时,触点闭合,而线圈没有电流通过时,触点在其弹簧力的作用下保持张开,触点断开,如图 5-43 所示。

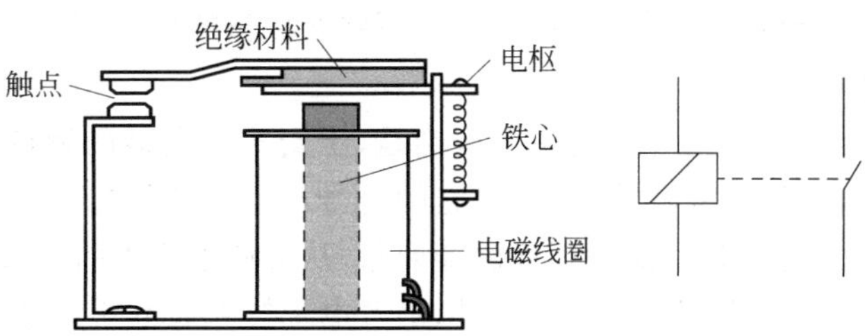

图 5-43　动合继电器

2）动断继电器

继电器线圈不通电时，继电器触点在其弹簧力作用下保持闭合的位置，继电器线圈通电后触点张开，如图5-44所示。

3）混合式继电器

继电器有动合触点和动断触点，继电器线圈通电后动合触点闭合，动断触点张开，如图5-45所示。

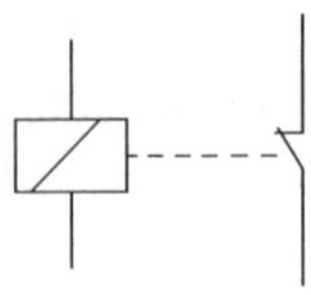

图5-44　动断继电器

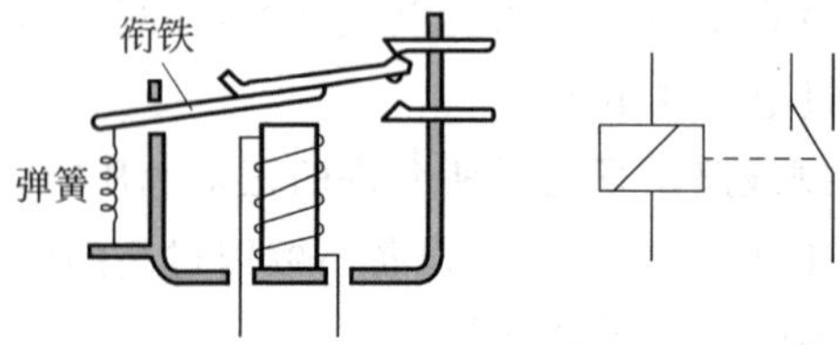

图5-45　混合式继电器

汽车常见继电器的图形符号如图5-46所示。

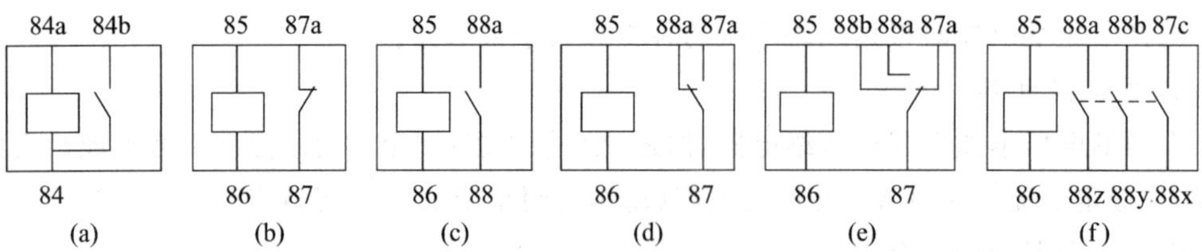

图5-46　汽车常见继电器图形符号

(a) 绕组与触点共用一个接线柱；(b) 一个动断触点；(c) 一个动合触点；(d) 一组转换触点；(e) 两组转换触点；(f) 三个动合触点

3. 按作用原理分

根据继电器的作用原理不同，继电器可分为电磁式继电器、感应式继电器、电动式继电器、电子式继电器、机械式继电器、干簧式继电器等。

1）电磁式继电器

汽车控制电路大多采用电磁式继电器作为控制执行部件，采用干簧式继电器作为传感器。

电磁式继电器是以电磁系统为主体构成的，如图5-47所示为电磁式继电器的结构和符号，当继电器线圈通以电流时，在铁心、轭铁、衔铁和工作气隙中形成磁通回路，从而使衔铁受到电磁吸力的作用而吸向铁心，此时衔铁带动支杆而将板簧推开，使一组或几组动断触点断开(也可以使动合触点接通)。

当切断继电器线圈的电流时，电磁力失去，衔铁在板簧的作用下恢复原位，触点又闭合。

2）干簧式继电器

干簧式继电器与电磁式继电器的主要区别是，干簧式继电器的触点是一个或几个干簧管，如图5-48所示为干簧式继电器的结构，它的符号与电磁式继电器一样。当继电器线圈通以电流时，在线圈中心工作气隙中形成磁通回路，从而使干簧管的一对触点吸合。

除了电磁式继电器和干簧式继电器之外，随着电子技术的不断发展，电子式继电器越来越多地应用到汽车上，电子式继电器相当于一个大电流的开关管，其结构和原理在半导体器

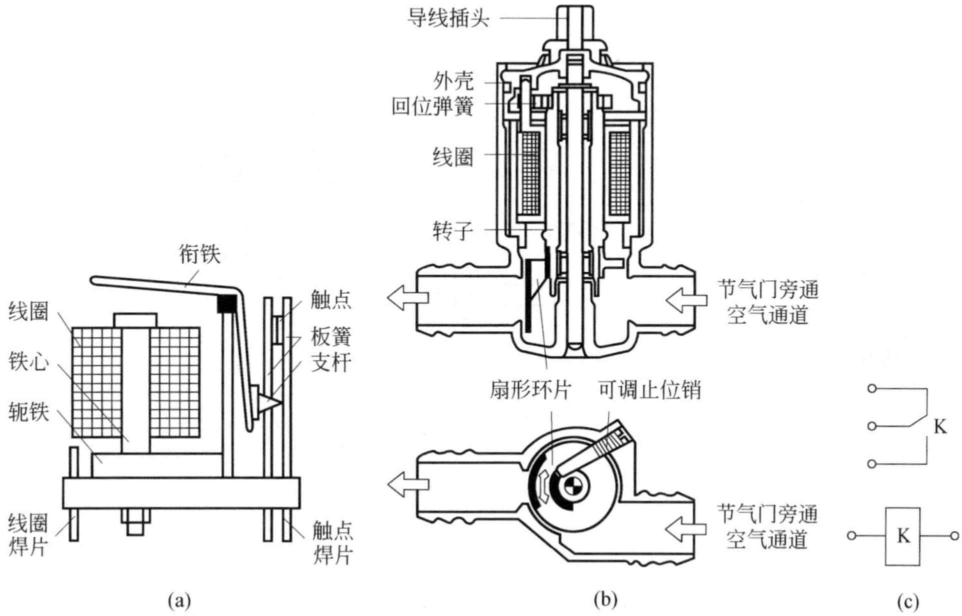

图 5-47　电磁式继电器

(a) 结构；(b) 工作原理；(c) 符号

件中讨论。另外在有些汽车电路中还应用到一些结构和原理比较简单的双金属继电器。

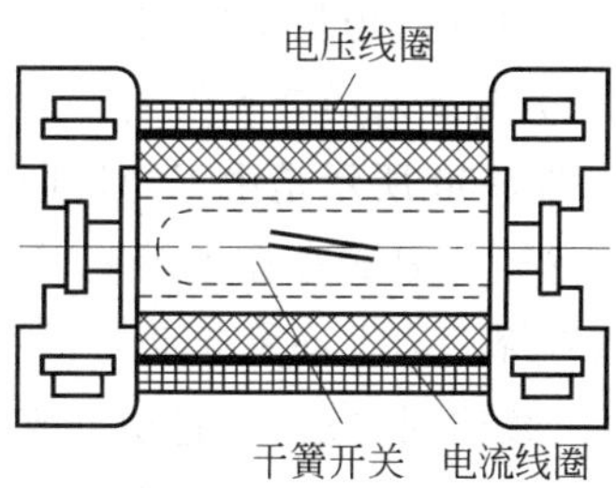

图 5-48　干簧式继电器结构示意图

5.5.2　继电器在汽车上的典型应用

汽车上许多电器部件需要用开关进行控制。由于汽车电气系统电压较低，具有一定功率的电器部件的工作电流较大，一般在几十安以上，这样大的电流如果直接用开关或按键进行通断控制，开关或按键的触点将因无法承受大电流的通过而烧毁。继电器是一种用小电流控制大电流的器件，所以在汽车上经常利用开关控制继电器的吸合与断开，再利用继电器的触点控制电器部件的通断。在汽车上常用的继电器有：起动继电器、汽油泵继电器、喇叭继电器、电动门锁继电器、闪光(转向)继电器、刮水继电器等。

1. 起动继电器

在采用电磁啮合式起动机的起动电路中，起动开关常与点火开关制成一体，由于通过起动机电磁开关(吸引线圈和保持线圈)的电流很大(大功率起动机可达 30～40 A)，而使点火开关早期损坏。为此，在有些汽车上，点火开关和起动机电磁开关之间装有起动继电器，如图 5-49 所示。

当点火开关转到起动位置时，起动继电器线圈中有电流通过，铁心磁化，常开触点闭合，接通了从蓄电池到起动机电磁开关的电路，吸引线圈和保持线圈通电，其电路为：

蓄电池正极→蓄电池接线柱→衔铁→常开触点→“起动机”接线柱→起动机电磁开关接线柱，起动机开始工作，使发动机起动。

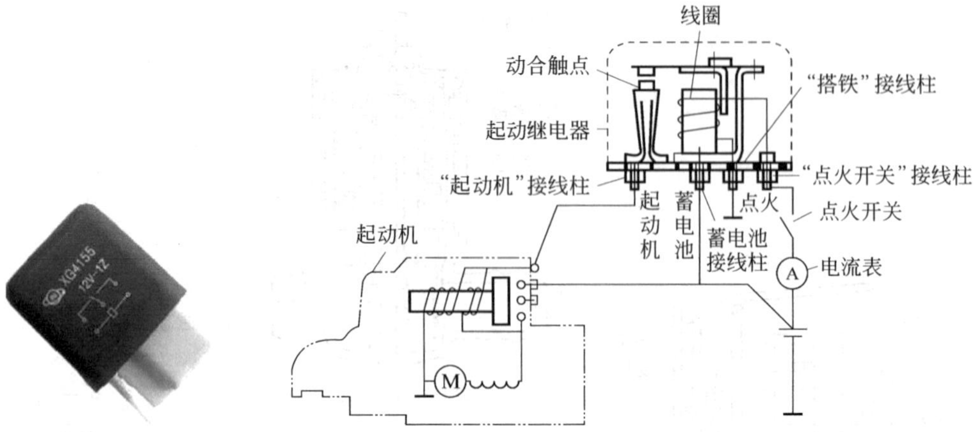

(a)　　　　(b)

图 5-49　电磁啮合式起动机的控制电路

(a) 外形；(b) 原理

发动机起动后，切断起动开关(点火开关的起动挡)，起动机才停止工作。由于通过起动继电器线圈的电流较小，从而保护了起动开关。

2. 汽油泵继电器

汽油泵继电器通常用于控制汽油泵的开关和转速。

1) 汽油泵的开关控制

图 5-50 所示是由 ECU 通过输出电路来进行控制的。这种控制方式由 ECU 根据发动机转速信号是否存在来控制，适用于 D 型系统以及采用卡门旋涡式和热式空气流量计的 L 型系统。当发动机起动时，线圈 L_2 被接通，触点闭合，使汽油泵通电工作。点火开关从"ST"，接柱回位后，若起动失败，发动机不转动，ECU 得不到转速信号 Ne，使晶体管 VT 截止，则汽油泵停止工作；若发动机运转，ECU 得到转速信号 Ne，使晶体管 VT 导通，线圈 L_1 接通，触点闭合，则汽油泵通电工作。

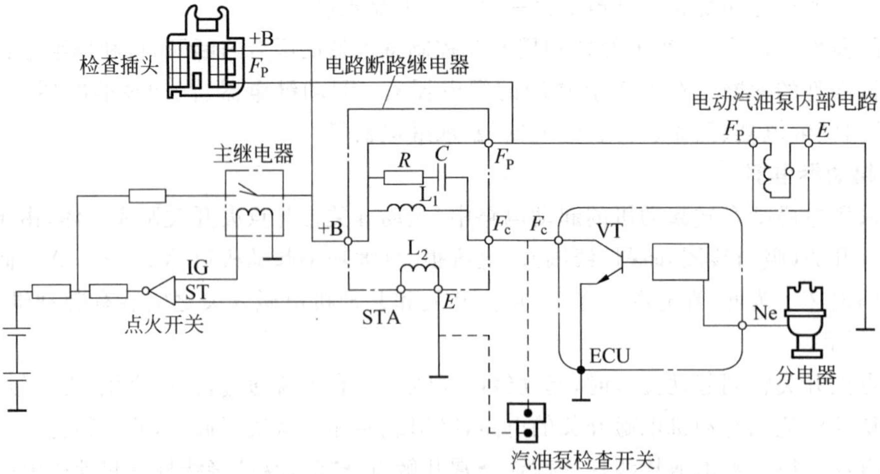

图 5-50　ECU 控制的汽油泵电路

2）油泵的转速控制

图 5-51 所示为汽油泵转速控制原理图。当发动机在中、小负荷工作时，ECU 使晶体管 VT 导通，控制继电路工作，触点 B 接通，由于电路中串联了电阻器，汽油泵以低转速运转。在发动机工作在高速、大负荷状态时，油耗增加，ECU 使晶体管 VT 截止，控制继电器断电，触点 A 闭合，汽油泵工作电流提高，工作转速升高，增加供油量。

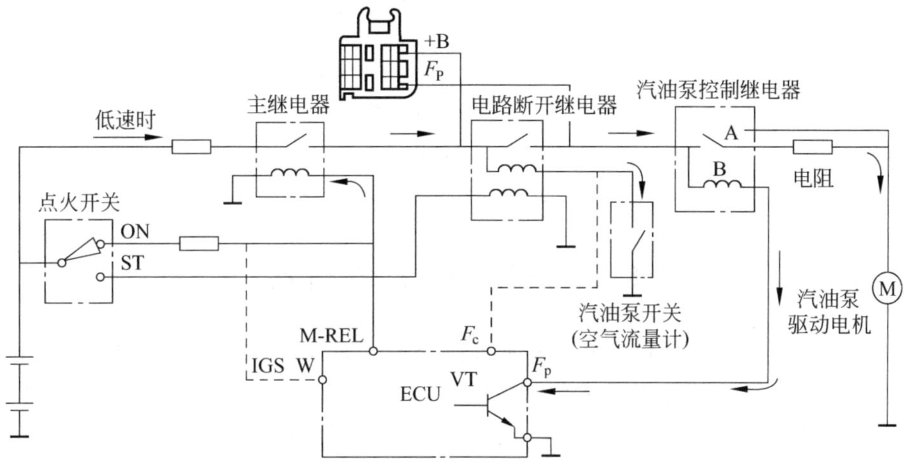

图 5-51　汽油泵转速控制电路(电阻器式)

3. 喇叭继电器

图 5-52 所示为汽车喇叭开关电路，电路中的继电器线圈中有电流通过时，继电器活动触点闭合，接通蓄电池和喇叭部件中的电路。

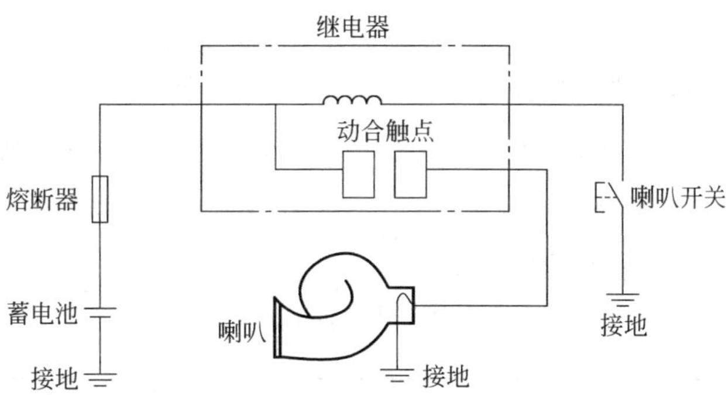

图 5-52　汽车喇叭开关电路

4. 电动门锁继电器

图 5-53 所示为电动门锁电路，开电动门锁电机需要较大的电流，ECU 不能直接开动电机，一般通过提供继电器线圈一端搭铁来激励继电器，继电器通电后，便接通蓄电池到电机的电路。

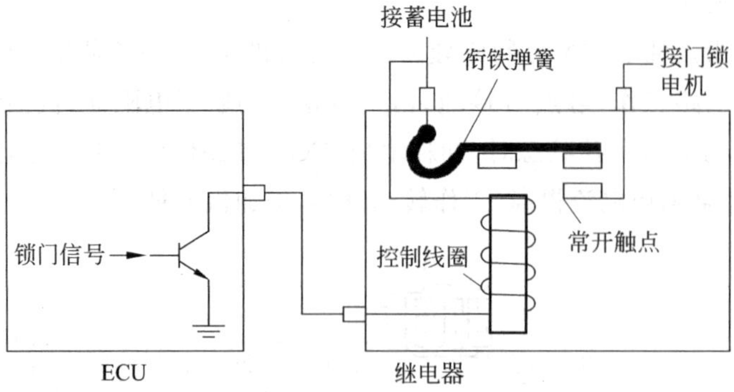

图 5-53　电动门锁电路

5.6　液压与气动执行器

液压和气动执行器的能量控制和转换原理相似。表 5-4 给出了液压和气动执行器的特征和应用领域。液压执行器中通常采用静压能量转换器,它根据容积置换原理工作,通过机械功实现液压能与机械能的相互转换。动压能量转换器则将液体流动能量(例如流动液体的动能)转化为机械能,如动压离合器。

表 5-4　液压和气动执行机构的比较

项目	液压执行器	气动执行器
介质	① 液体,通常为油 ② 油箱或机油箱供给 ③ 近似不可压缩 ④ 自润滑 ⑤ 温度变化时,黏度变化大	① 气体,通常为空气 ② 环境空气供给 ③ 可压缩 ④ 需要外部提供润滑 ⑤ 黏度为常量
压力范围	可达约 30 MPa(柴油机喷嘴为 200 MPa)	可达约 1 MPa 或更大(真空调节器约为 0.05 MPa)
管路连接	流入接口、回流接口和排出接口	只有压力接口,回流接口直接环境
应用	被控对象为负载刚性高的场合,对同步性和定位精度有较高要求的闭环控制场合	被控对象需要的控制力较小的场合,机械作用定位的开环控制场合

5.6.1　液压式执行器

液压式执行器主要包括执行往复运动的液压缸、回转液压缸、液压马达等。在汽车中多采用电控液压执行系统,即电子控制系统发出指令,执行机构为液压系统,液压执行机构是借助流体介质的压力能来传递压力和进行运动控制的,其特点是响应快、动作准确,尤其是在需要精确控制离合器压力的场合广泛应用,在这种情况下压力控制可由高速开关采用脉宽调制信号(PWM)实现直接控制。

1. 自动变速器中的液压式执行器

自动变速器中的液压式执行器主要有制动器和离合器。制动器分为带式和片式制动器。制动器和离合器均是由液压油驱动，而液压油的油量由电磁阀来控制。

1）离合器

自动变速器中换挡离合器采用多片式结构，由油缸中的活塞运动来控制离合器分离式接合，如图 5-54 所示。

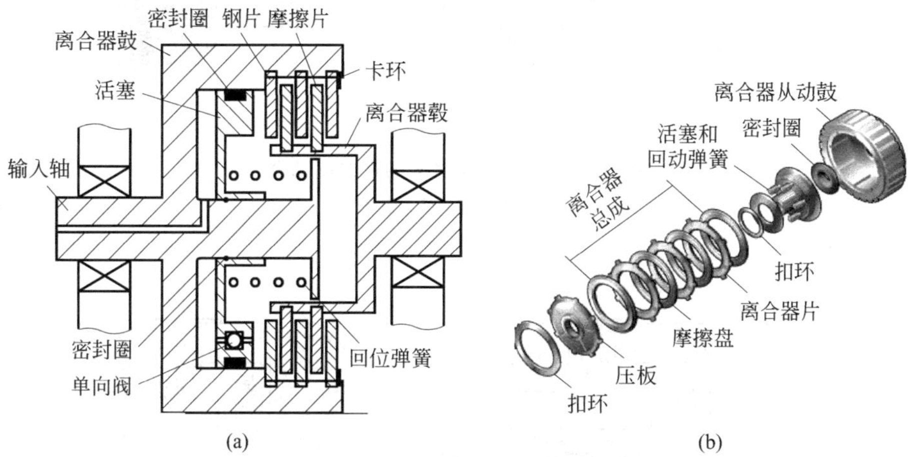

图 5-54　自动变速器中的换挡离合器

（a）组成；（b）零件图

离合器接合：当压力油经过油道进入活塞缸时，油压克服弹簧张力推动活塞右移，将所有主、从动件依次压紧，即钢片与摩擦片在摩擦力的作用下一同旋转，离合器接合，动力从输入轴经离合器传到输出轴。

离合器分离：当油压撤除后，活塞在回位弹簧作用下回位，离合器分离，切断输入轴至输出轴的动力传递。

离合器液压缸内的离心油压，在接合时影响压紧力和储备系数，分离时影响彻底分离。为防止上述现象的发生，在活塞外圈上设有单向球阀，当压力油经油道进入活塞油腔时，单向阀的钢球在油压作用下封闭活塞上的排油孔，使工作油液不能从活塞缸内排出，这时油压推动活塞克服弹簧张力，使离合器接合。当油压撤除后，单向阀的钢球在离心力作用下离开球座，开启泄油孔，使离心油压得以释放，保证离合器彻底分离。

2）带式制动器

自动变速器中的带式制动器由液压缸和制动带组成，如图 5-55 所示。

当压力油经过油道进入活塞时，活塞移动，推动推杆，使制动带压紧转动，使转鼓不转动。

3）片式制动器

自动变速器中的片式制动器采用湿式多片，与湿式多片离合器结构类似，仅钢片固定不动。当活塞移动压紧钢片与摩擦片时，钢片逐渐被制动，直至不能转动，如图 5-56 所示。

2. CVT 中的液压执行器

无级变速器（CVT）是通过液压油驱动主轴油缸的移动，来控制主、从动带轮的工作直径变化，来实现速比的连续变化，如图 5-57 所示。

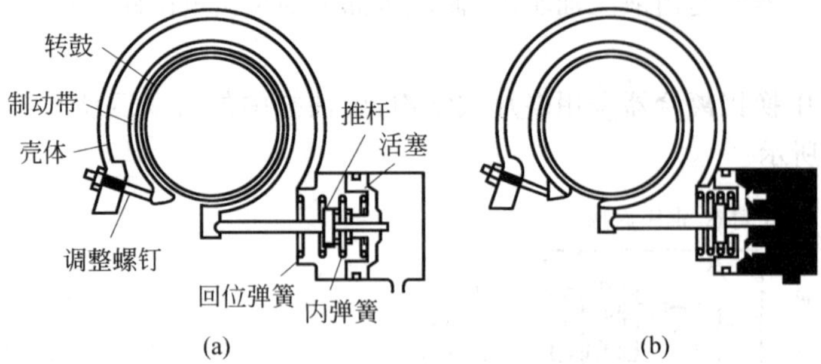

图 5-55 自动变速器中的带式制动器

(a) 未制动；(b) 制动

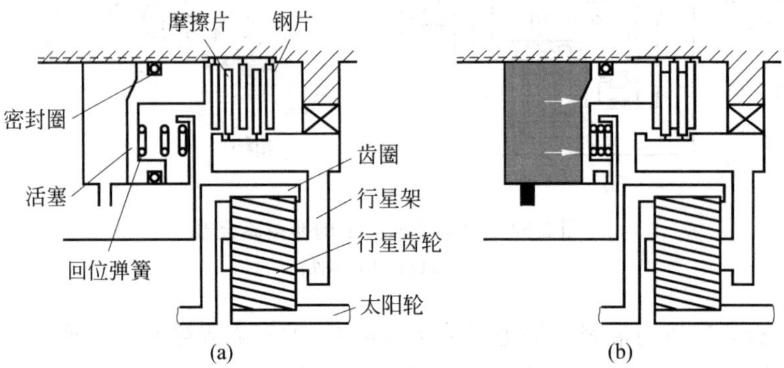

图 5-56 自动变速器中的片式制动器

(a) 未制动；(b) 制动

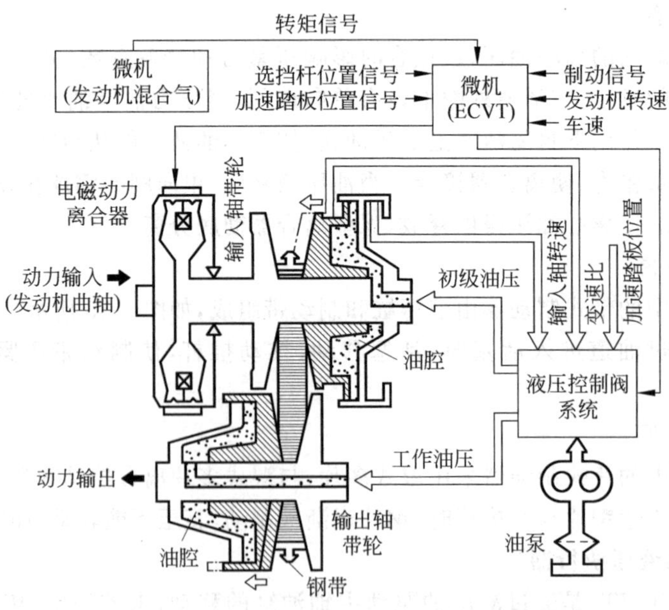

图 5-57 无级变速器(CVT)中的液压执行器

当主、从动带轮的可动部分轴向移动时，两个带轮槽宽成反比变化。改变传动带与带轮结合的半径，可以改变传动比。金属带无级传动变速器的速比 i 变化范围为 0.445～2.6，$i=1$ 时传动效率最高(约 92%)。

3. 电子悬架中的液压执行器

自动液压悬架控制系统的液压执行器如图 5-58 所示，为了适应汽车重心在不同方向上产生的惯性力，柔和地调节悬架系统，达到舒适的乘坐条件，在车身上分别装有上下、前后、横向、车高等高精度瞬时加速度传感器，将各种传感器信号送入电子控制装置，分析计算后发出指令，通过调节阀对液压缸中的液压进行控制，可使转弯时侧倾很小，制动时抑制前倾，以及控制恶劣路面上的汽车上下跳动。

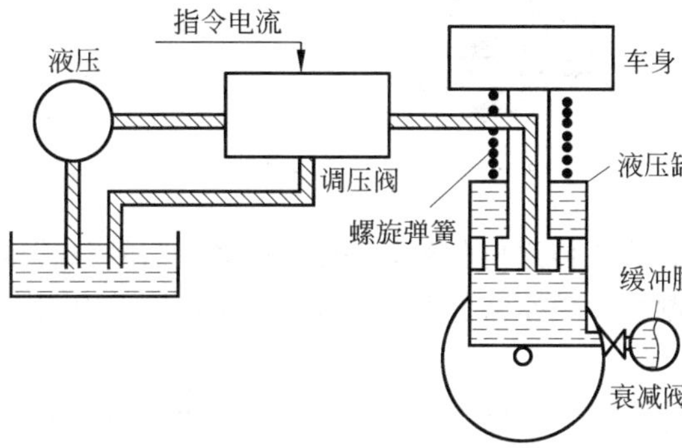

图 5-58　液压悬架系统执行器

5.6.2　气动式执行器

气动式执行器除了采用压缩空气作为工作介质外，其他与液压式执行器没有什么区别。具有代表性的气压执行器有气缸、气压马达等。气压驱动虽然可以得到较大的驱动力、行程和速度，但由于空气黏性差，具有可压缩性，所以不能在定位精度高的场合使用。

气动式执行器主要应用于汽车空气悬架、电子气压制动、气动巡航、气动换挡等系统中。

1. 空气悬架系统中的气动式执行器

一些大客车、工程机械和高档轿车采用了空气悬架，空气悬架中的压缩空气可通过气压控制阀来控制其排出或输入，如图 5-59 所示。

空气悬架一般具有以下几个功能：

(1) 控制悬架的阻尼力和刚度。

(2) 控制车身高度。

(3) 控制驻车。

(4) 控制前跪(大客车上)。

2. 电子气压制动系统中的气动式执行器

在大客车和大货车上通常采用电子气压制动系统(ABS/ASR)。

电子气压制动系统如图 5-60 所示，在此系统中，通过电磁阀调节压缩空气气压，控制车轮制动器，电子装置对每一单个制动缸进行直接控制，因此需要设置很多阀门，如行车制动阀、手动阀、多路保护阀以及相应数量的气动管路等。制动踏板和驻车制动器都装有输入装

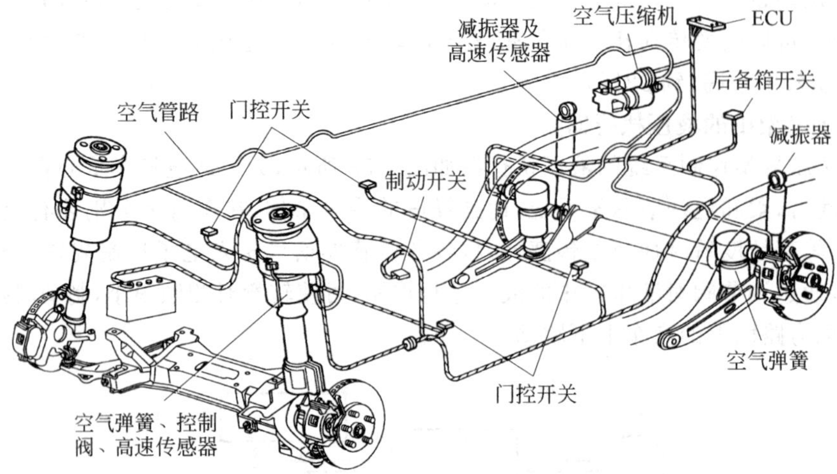

图 5-59 空气悬架

置,在操作时,向电子控制装置传送电信号,根据这些输入信号与其他测定值之间的关系,电子装置可通过调节阀控制每一单个车轮的制动力,采用电子气压制动器可使制动摩擦片的磨损减小。

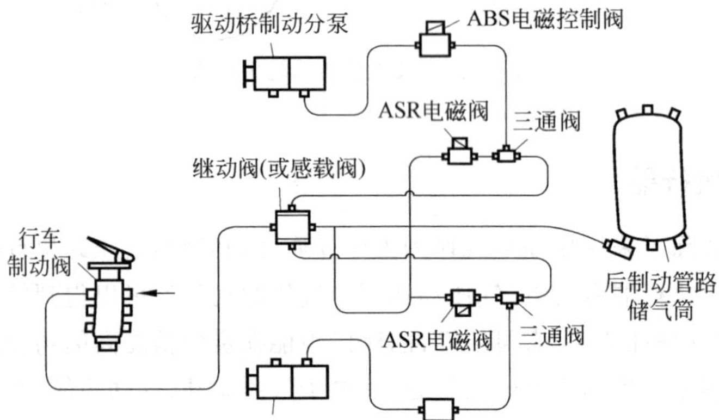

图 5-60 电子气压制动系统中的气动式执行器

3. 气动式巡航系统中的气动式执行器

气动式巡航系统中的气动式执行器是真空驱动型执行器。

真空驱动型执行器依靠真空力驱动节气门。真空源有两种取得方式,一种是仅从发动机进气歧管取得;另一种是从发动机进气歧管和真空泵取得。当进气歧管真空度较低时,真空泵参与工作,提高真空度。真空驱动型执行器主要由控制阀、释放阀、两个电磁线圈、膜片、回位弹簧和空气滤清器等组成。气动式巡航系统已被电动式所取代。

5.7 电动汽车的驱动电机

电机是指依据电磁感应定律实现电能的转换或传递的一种电磁装置,主要作用是产生驱动转矩,是电动汽车的动力源,也是一种执行器。

5.7.1　电动汽车驱动电机应满足的主要要求

汽车行驶的特点是频繁地启动、加速、减速、停车等。在低速或爬坡时需要高转矩，在高速行驶时需要低转矩。电机的转速范围应能满足汽车从零到最大行驶速度的要求，即要求电机具有高的比功率(电机单位质量的输出功率)和功率密度。电动汽车驱动电机应满足的主要要求可归纳为如下几个方面：

(1) 高电压。在允许的范围内，尽可能采用高电压，可以减小电机的尺寸和导线等装备的尺寸，特别是可以降低逆变器的成本。例如，丰田的 THS 混动动力汽车的工作电压由 274 V 提高到 500 V，在尺寸不变的条件下，最高功率由 33 kW 提高到 50 kW，最大转矩由 350 N·m 提高到 4000 N·m。可见，应用高电压系统对汽车动力性能的提高极为有利。

(2) 转速高。电动汽车所采用的感应电机的转速可以达到 8000～12000 r/min，高转速电机的体积较小，质量较轻，有利于降低整车的装备质量。

(3) 质量轻，体积小。电机可通过采用铝合金外壳等途径降低电机的质量，各种控制装置和冷却系统的材料等也应尽可能选用轻质材料。电动汽车驱动电机要求有高的比功率和在较宽的转速、转矩范围内都有较高的效率，以实现降低车重，延长续驶里程；而工业驱动电机通常对比功率、效率及成本进行综合考虑，在额定工作点附近对效率进行优化。

(4) 电动汽车电机应具有较大的启动转矩和较大范围的调速性能，以满足启动、加速、行驶、减速、制动等所需的功率与转矩。电机应具有自动调速功能，以减轻驾驶员的操纵强度，提高驾驶的舒适性，并且能够达到与内燃机汽车加速踏板同样的控制响应。

(5) 电动汽车驱动电机需要有 4～5 倍的过载，以满足短时加速行驶与最大爬坡度的要求，而工业驱动电机只要求有 2 倍的过载就可以了。

(6) 电动汽车驱动电机应具有高的可控性、稳态精度、动态性能，以满足多部电机协调运行，而工业驱动电机只要求满足某一种特定的性能。

(7) 电动汽车电机应具有高效率、低损耗，并在汽车减速时，可进行制动能量回收。

(8) 电气系统安全性和控制系统的安全性应达到有关的标准和规定。电动汽车的各种动力电池组和电机的工作电压可以达到 300 V 以上，因此必须装备高压保护设备以保证安全。

(9) 电机应具有高的可靠性、耐温和耐潮性，并在运行时噪声低，能够在较恶劣的环境下长期工作。

(10) 结构简单。电机应适合大批量生产，使用维修方便，价格便宜等。

电动汽车驱动电机与传统工业电机的对比分析见表 5-5。

表 5-5　电动汽车驱动电机与传统工业电机的对比分析

比较项	传统工业电机	电动汽车驱动电机
外形尺寸	应用场合限制较少，可大量使用各种标准结构和零件	车内空间有限，要根据整车的特殊要求进行专门设计
功率密度	较低(0.2 kW/kg)	较高(1～2.5 kW/kg)
可靠性要求	较高，以保证生产效率	很高，以保障乘车者安全
功率	一般关注额定工作点的效率	在整个工作转速转矩范围内均要求较高效率

续表

比较项	传统工业电机	电动汽车驱动电机
环境/噪声/振动	一般环境温度(−20～40℃);相对固定,振动较小	温度变化大(−40～115℃);既要保证在振动剧烈的环境中可靠工作,又要减小自身振动以免影响整车性能和安全
冷却方式	通常为风冷(体积大)	通常采用水冷以减小体积
控制性能	动态性能要求较低,多采用一般变频调速	动态性能要求高,需要采取精确的力矩和转速控制
总体性价比	一般	极高:汽车业对成本十分敏感,既要性能好,又要价格低

5.7.2 驱动电机的类型

为了满足电动汽车的工作特性,适于电动汽车的驱动电机主要有4种:直流有刷电机、交流异步感应电机、开关磁阻电机、永磁同步电机。

1. 直流有刷电机

直流有刷电机因控制简单、生产技术成熟,在电动汽车发展早期得到了广泛的采用。但因其结构上存在电刷和换向器而限制了电机的转速和过载能力,同时其运转时会产生火花,可靠性较差,需要经常维护保养,目前在电动汽车驱动系统中已经被淘汰。

2. 交流异步感应电机

交流异步感应电机与直流有刷电机相比,效率高、功率大、结构简单,无电刷和换向器,可靠性高、便于维护。但与永磁电机相比,其存在损耗大、功率密度低、发热量大、功率因数低等缺陷,在电动汽车中的应用也逐渐被永磁电机所取代。

3. 开关磁阻电机

开关磁阻电机是近年来新研发的一种电机,具有结构简单、运行效率高、易于散热、耐高温以及维护方便等显著特点,能够较好地满足电动汽车的需求。但其扭矩脉动严重,电机运行噪声大,与永磁同步电机相比效率和功率密度均偏低,限制了其在电动汽车中的应用。

4. 永磁同步电机

永磁同步电机采用永磁体直接励磁,具有体积小、无励磁损耗、效率和功率密度高、功率因数高、转矩脉动小、振动和噪声小、可靠性高以及维护成本低等优点,已经逐渐取代其他类型的电机作为电动汽车的首选。但永磁材料在高温、振动以及过流的条件下,会产生不可逆的退磁现象,这会降低永磁电机的性能。因此还需通过技术、工艺等方面的研究来提升永磁同步电机的性能水平。

几种电动汽车驱动电机的外形如图5-61所示。4种驱动电机的性能及参数对比见表5-6。

表5-6 4种驱动电机的性能及参数对比

比较项	直流有刷电机	交流异步感应电机	永磁同步电机	开关磁阻电机
功率密度	低	中	高	较高
功率因数/%	—	82～85	90～93	60～65

续表

比　较　项	直流有刷电机	交流异步感应电机	永磁同步电机	开关磁阻电机
峰值效率/%	85～89	90～95	95～97	80～90
负载效率/%	80～87	90～92	85～97	78～86
过载能力/%	200	300～500	300	300～500
转速范围/(r/min)	4000～6000	12000～15000	4000～15000	>15000
恒功率区	—	1∶5	1∶2.25	1∶3
过载系数	2	3～5	3	3～5
可靠性	中	较高	高	较高
结构坚固性	低	高	较高	高
外形尺寸/体积	大	中	小	小
重量	重	中	轻	轻
调速控制性能	很好	中	好	好
电机成本	低	中	高	中
电机控制器成本	低	高	高	中

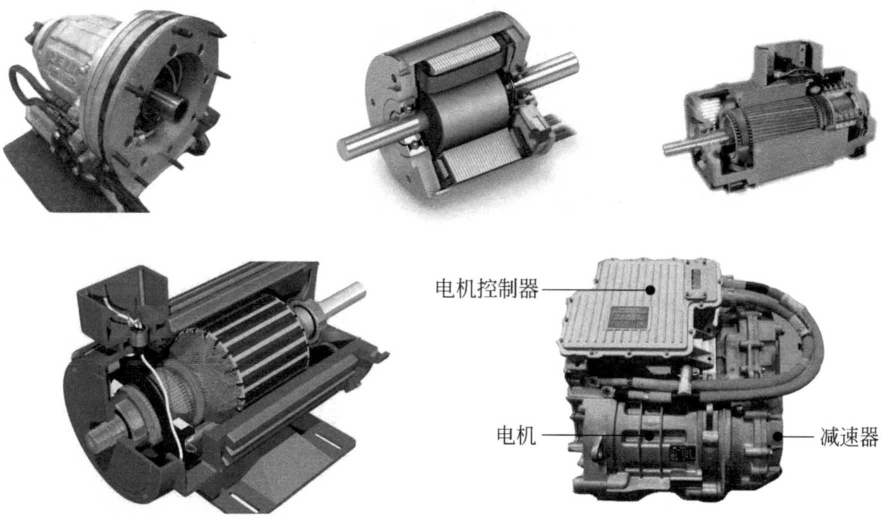

图 5-61　电动汽车驱动电机

思考与练习

1. 汽车执行器有哪些类型？
2. 绘制一台永磁铁直流电机的原理图并且解释其工作原理。
3. 电刷式直流电机的特征是什么？换向器电刷装置的功能是什么？解释其工作原理。

4. 直流电机的励磁方式有哪几种？各有何特点？
5. 列举直流电机在汽车中的应用事例。
6. 在什么情况下,步进电机比直流和交流电机有利？
7. 为何说电子节气门中的电机是一种伺服电机？
8. 何谓步进电机？简述三相反应式步进电机的工作原理。
9. 永磁式步进电机与三相反应式步进电机有何区别？列举其在汽车上的应用。
10. 开关型电磁阀与占空比型电磁阀有何区别？分别列举在汽车上的应用。
11. 汽车上为何广泛采用继电器？
12. 电动汽车的驱动电机有哪些类型？各有何特点？

第 6 章　控制理论在汽车上的应用

汽车电子控制建立在自动控制理论基础上，使汽车操纵实现了自动化，极大地提高了汽车性能，减轻了驾驶员的劳动强度，大大提高了汽车产品的质量。目前汽车上采用的主要控制技术有：PID 控制、自适应控制、最优控制、滑模控制、模糊控制、神经网络控制、预测控制等。

在控制系统中，若系统的输出量对系统的控制没有影响，则叫做开环控制系统。若系统的输出量对系统的控制有直接影响，则叫做闭环控制系统。在汽车电子控制系统中，闭环控制系统应用非常广泛。

6.1　PID 控制

PID（比例、积分、微分）控制属于经典控制理论的范畴，是连续系统中技术成熟、应用最广泛的一种控制方式。它最大的优点是不需要了解被控对象的数学模型，只要根据经验在线调节控制参数，即可取得满意的结果。不足之处是对被控对象的参数变化比较敏感。PID 可由硬件电路实现，也可由软件编程实现，后者通常被称为数字 PID 调节器。由于软件编程方法实现 PID 控制时参数变化可灵活调整，因此应用十分广泛。

6.1.1　PID 的控制原理

1. PID 控制器

将偏差的比例（P）、积分（I）和微分（D）通过线性组合构成控制量，对被控制对象进行控制，故称 PID 控制器。常规 PID 控制系统原理框图如图 6-1 所示，系统由模拟 PID 控制器和被控对象组成。

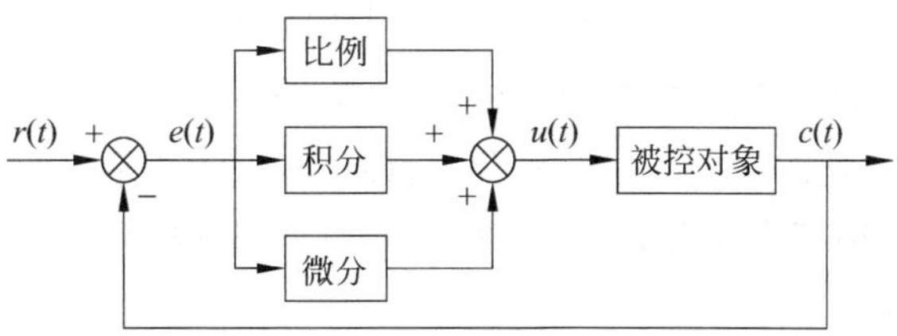

图 6-1　模拟 PID 控制系统原理图

PID 控制器是一种线性控制器，它根据给定值 $r(t)$ 与实际值 $c(t)$ 构成控制偏差，即

$$e(t)=r(t)-c(t) \tag{6-1}$$

PID 控制器的控制规律为

$$u(t)=K_{\mathrm{P}}\left[e(t)+\frac{\int_0^t e(t)\mathrm{d}t}{T_{\mathrm{I}}}+\frac{T_{\mathrm{D}}\mathrm{d}e(t)}{\mathrm{d}t}\right]+u_0 \tag{6-2}$$

或写成传递函数的形式

$$G(s)=\frac{U(s)}{E(s)}=K_P\left(1+\frac{1}{T_I s}+T_D s\right) \tag{6-3}$$

式中，K_P——比例系数；

T_I——积分时间常数；

T_D——微分时间常数；

$e(t)$——偏差；

$u(t)$——控制量；

u_0——控制量的基本值，即 $e(t)=0$ 的控制量。

简单说来，PID 控制器各校正环节的作用如下：

(1) 比例环节：及时成比例地反映控制系统的偏差信号 $e(t)$，偏差一旦产生，控制器立即产生控制作用，以减少偏差。

(2) 积分环节：主要用于消除静差，提高系统的无差度。积分作用的强弱取决于积分时间常数 T_I，T_I 越大，积分作用越弱，反之则越强。

(3) 微分环节：能反映偏差信号的变化趋势(变化速率)，并能在偏差信号值变得太大之前，在系统中引入一个有效的早期修正信号，从而加快系统的动作速度，减少调节时间。

2. P 控制器

其控制规律表达式为

$$u(t)=K_P e(t)+u_0 \tag{6-4}$$

比例控制器只有 PID 控制器中的第 1 项，它对于误差 e 是即时反应的，成比例地反映控制系统的偏差信号 $e(t)$。偏差一旦产生，控制器立即产生控制作用，以减少偏差。比例控制器是根据误差进行控制，使系统沿着减小误差的方向运动。误差大则控制作用也大。比例控制器一般不能消除稳态误差。增大 K_P 可以加快系统的响应速度，减少稳态误差。但过大的 K_P 有可能加大系统超调，产生振荡，以至于系统不稳定。

3. PI 控制器

其控制规律表达式为

$$u(t)=K_P\left[e(t)+\frac{1}{T_I}\int_0^t e(t)\mathrm{d}t\right]+u_0 \tag{6-5}$$

在比例控制器的基础上加上积分控制即构成比例积分控制器。积分控制的引入，可以消除或减少控制系统的稳态误差。但是积分的引入，有可能使系统的响应变慢，并有可能使系统不稳定。增加 T_I 即减少积分作用，有利于增加系统的稳定性，减少超调，但系统静态误差的消除将随之变慢。

综上所述，积分控制主要用于消除静差，提高系统的无差度。积分作用的强弱取决于积分时间常数，积分时间常数越大，积分作用越弱；积分作用太强会使系统超调加大，甚至使系统出现振荡。只要系统有误差存在，积分控制器就不断积累，输出控制量，以消除误差。因而，只要有足够的时间，积分控制将能完全消除误差，使系统误差为零，从而消除稳态误差。

4. PD 控制器

PD 控制器的控制规律表达式为

$$u(t)=K_P\left[e(t)+T_D\frac{\mathrm{d}e(t)}{\mathrm{d}t}\right]+u_0 \tag{6-6}$$

在P控制器上加上微分作用即构成了PD控制器。

微分环节的加入，可以在误差出现或变化瞬间，按偏差变化的趋向进行控制。它引进一个早期的修正作用，有助于增加系统的稳定性。微分时间常数 T_D 的增加即微分作用的增加，将有助于加速系统的动态响应，使系统超调减少，使系统趋于稳定。但微分作用有可能放大系统的噪声，降低系统的抗干扰能力。

微分控制器能反映偏差信号的变化趋势（变化速率），并能在偏差信号变得太大之前，在系统中引入一个有效的早期修正信号，从而加快系统的动作速度，减少调节时间。微分控制可以减少超调量，克服振荡，使系统的稳定性提高，同时加快系统的动态响应速度，减少调整时间，从而改善系统的动态性能。

6.1.2　数字PID控制算法

在计算机控制系统中使用的是数字PID控制器，数字PID控制算法通常又分为位置式PID控制算法和增量式PID控制算法。

1. 位置式PID控制算法

由于计算机控制是一种采样控制，只能根据采样时刻的偏差值计算控制量，因此PID控制器中的积分和微分项不能直接使用，需要进行离散化处理。对模拟PID控制算法的表达式，以一系列的采样时刻点 kT 代表连续时间 t，以和式代替积分，以增量代替微分，可作如下近似变换：

$$\begin{cases} t = kT \\ e(t) = e(kT) \\ \int_0^t e(t)\mathrm{d}t \approx T\sum_{j=0}^{k} t(jT) = T\sum_{j=0}^{k} e(j) \\ \dfrac{\mathrm{d}e(t)}{\mathrm{d}t} \approx \dfrac{e(kT)-e[(k-1)T]}{T} = \dfrac{e(k)-e(k-1)}{T}, \end{cases} \quad k = 0,1,2,\cdots \tag{6-7}$$

式中，T——采样周期。

显然，上述离散化过程中，采样周期必须足够短，才能保证有足够的精度。为书写方便，将 $e(kT)$ 简化表示成 $e(k)$，即省去 T。将式(6-7)代入式(6-2)，可得离散的PID表达式为

$$u(k) = K_P\left\{e(k) + \frac{T}{T_I}\sum_{j=0}^{k} e(j) + \frac{T_D}{T}[e(k) - e(k-1)]\right\} + u_0 \tag{6-8}$$

或

$$u(k) = K_P e(k) + K_I\sum_{j=0}^{k} e(j) + K_D[e(k) - e(k-1)] + u_0 \tag{6-9}$$

式中，k——采样序列，$k=0,1,2,\cdots$；

$u(k)$——第 k 次采样时刻的计算机输出值；

$e(k)$——第 k 次采样时刻输入的偏差值；

$e(k-1)$——第 $k-1$ 次采样时刻输入的偏差值；

K_I——积分系数，$K_I=K_P T/T_I$；

K_D——微分系数，$K_D=K_P T_D/T$。

由 z 变换的性质：

$$Z[e(k-1)]=z^{-1}E(z)$$

$$Z\left[\sum_{j=0}^{k}e(j)\right]=\frac{E(z)}{1-z^{-1}}$$

由式(6-9)的 z 变换式为

$$U(z)=K_{\mathrm{P}}E(z)+K_{\mathrm{I}}\frac{E(z)}{1-z^{-1}}+K_{\mathrm{D}}[E(z)-z^{-1}E(z)] \tag{6-10}$$

由式(6-10)便可得到数字 PID 控制器的 z 的传递函数为

$$G(z)=\frac{U(z)}{E(z)}=K_{\mathrm{P}}+\frac{K_{\mathrm{I}}}{1-z^{-1}}+K_{\mathrm{D}}(1-z^{-1}) \tag{6-11}$$

或

$$G(z)=\frac{1}{1-z^{-1}}\left[K_{\mathrm{P}}(1-z^{-1})+K_{\mathrm{I}}+K_{\mathrm{D}}(1-z^{-1})^2\right] \tag{6-12}$$

数字 PID 控制器的功能结构如图 6-2 所示。

由于计算机输出的 $u(k)$ 直接去控制执行机构(如怠速电机)，$u(k)$ 的值和执行机构的位置(如怠速阀门开度)是一一对应的，所以通常称式(6-8)或式(6-9)为位置式 PID 控制算法。图 6-3 给出了位置式 PID 控制系统示意图。

图 6-4 给出了位置式 PID 控制算法的程序框图。这种算法的缺点是，由于全量输出，所以每次输出均与过去的状态有关，计算时要对 $e(k)$ 进行累加，计算机运算工作量大。而且，因为计算机输出的 $u(k)$ 对应的是执行机构的实际位置，如计算机出现故障，$u(k)$ 的大幅度变化会引起执行机构位置的大幅度变化。这种情况往往是工程实际中不允许的，在某些场

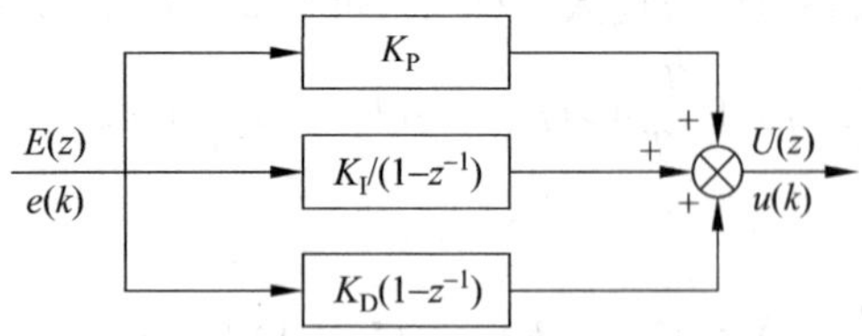

图 6-2 数字 PID 控制器的功能结构

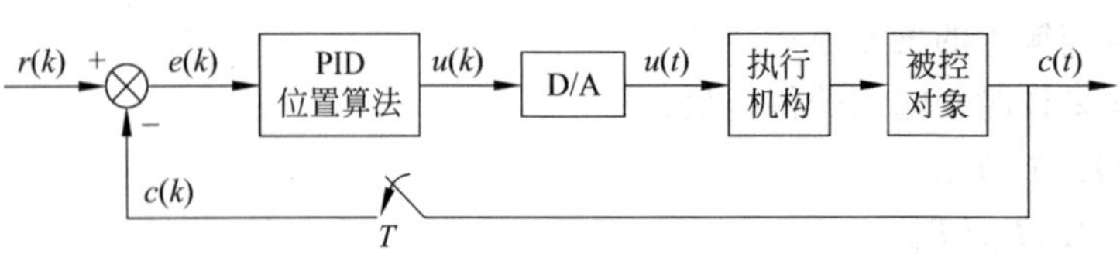

图 6-3 位置式 PID 控制系统

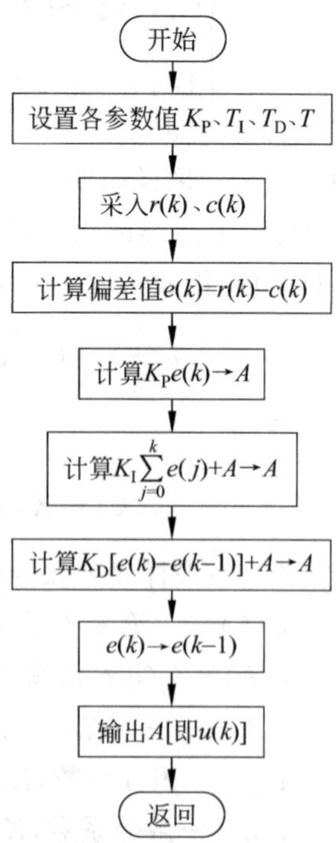

图 6-4 位置式 PID 控制算法程序框图

合还可能造成重大事故，因而产生了增量式PID控制算法。所谓增量式PID，是指数字控制器的输出只是控制量的增量 $\Delta u(k)$。

2. 增量式PID控制算法

当执行机构需要的是控制量的增量（如驱动步进电机）时，可由式(6-6)导出提供增量的PID控制算式。根据递推原理可得

$$u(k-1)=K_{\mathrm{P}}e(k-1)+K_{\mathrm{I}}\sum_{j=0}^{k-1}e(j)+K_{\mathrm{D}}[e(k-1)-e(k-2)]+u_0 \tag{6-13}$$

用式(6-9)减去式(6-13)，可得

$$\begin{aligned}\Delta u(k)=&K_{\mathrm{P}}[e(k)-e(k-1)]+K_{\mathrm{I}}e(k)+\\&K_{\mathrm{D}}[e(k)-2e(k-1)+e(k-2)]\end{aligned} \tag{6-14}$$

为便于计算，可以将式(6-14)乘开，合并同类项，可得增量式PID控制算法的表达式：

$$\Delta u(k)=Ae(k)+Be(k-1)+Ce(k-2) \tag{6-15}$$

式中：

$$A=K_{\mathrm{P}}+K_{\mathrm{I}}+K_{\mathrm{D}}=K_{\mathrm{P}}\left(1+\frac{T}{T_{\mathrm{I}}}+\frac{T_{\mathrm{D}}}{T}\right) \tag{6-16}$$

$$B=-(K_{\mathrm{P}}+2K_{\mathrm{D}})=-K_{\mathrm{P}}\left(1+2\frac{T_{\mathrm{D}}}{T}\right) \tag{6-17}$$

$$C=K_{\mathrm{D}}=K_{\mathrm{P}}\frac{T_{\mathrm{D}}}{T} \tag{6-18}$$

A、B、C 都是与采样周期、比例系数、积分时间常数、微分时间常数有关的系数。可以看出，由于一般计算机控制系统采用恒定的采样周期 T，一旦确定了 K_{P}、K_{I}、K_{D}，只要使用前后3次测量值的偏差，即可由式(6-15)求出控制增量。

增量式PID控制系统的框图如图6-5所示。

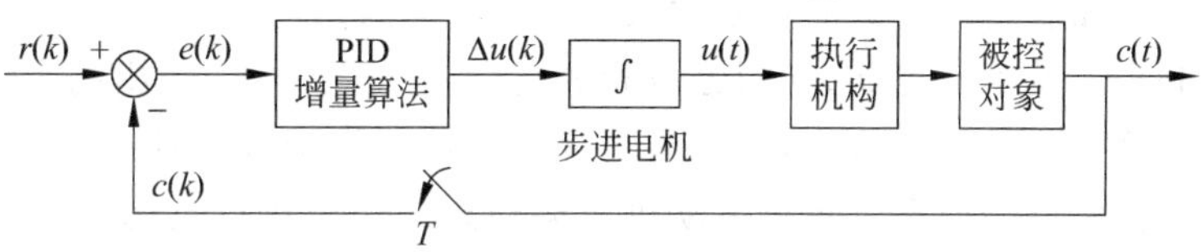

图6-5　增量式PID控制系统示意图

采用增量式算法时，计算机输出的控制增量 $\Delta u(k)$ 对应的是本次执行机构位置（如阀门开度）的增量。对应阀门实际位置的控制量，即控制量增量的积累 $u(k)=\sum_{j=0}^{k}\Delta u(j)$，需要采用一定的方法来解决，如用有积累作用的执行机构（如步进电动机）来实现；而目前较多的是利用算式 $u(k)=u(k-1)+\Delta u(k)$，通过执行软件来完成。图6-6给出了增量式PID控制算法的程序框图。

就整个系统而言，位置式与增量式控制算法并无本质区别，或者仍然全部由计算机承担其计算，或者一部分由其他部件去完成。增量式控制虽然只是算法上作了一点改进，却带来了不少优点：

(1) 由于计算机输出增量，所以误动作时影响小，必要时可用逻辑判断的方法去掉。

(2) 手动/自动切换时冲击小，便于实现无扰动切换。此外，当计算机发生故障时，由于

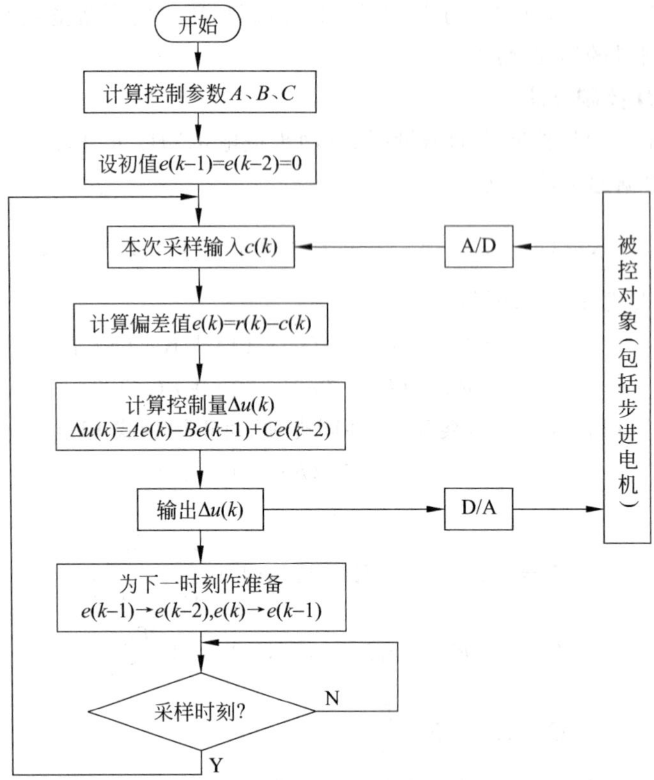

图 6-6　增量式 PID 控制算法程序框图

输出通道或执行机构具有信号的锁存作用,故能仍然保持原值。

(3) 算式中不需要累加。控制增量 $\Delta u(k)$的确定仅与最近的 k 次采样值有关,所以较容易通过加权处理而获得比较好的控制效果。

增量式控制也有其不足之处,如积分截断效应大、有静态误差、溢出的影响大等。因此,在选择时不可一概而论。一般认为,在以晶闸管作为执行机构或在控制精度要求高的系统中,可采用位置控制算法;而在以步进电动机或电动阀门作为执行机构的系统中,则可采用增量控制算法。

6.1.3　PID 控制器参数的整定

当车辆运行工况变化时,PID 控制的效果在很大程度上取决于 K_P、K_I、K_D 和 T 等参数的选择。PID 控制器的设计一般来说可以分成两个部分。一是根据 PID 控制器各环节的作用,选择控制器的结构,以保证闭环系统的稳定,并尽可能地消除稳态误差。例如,要求系统稳态误差为零,则应选择包含积分环节的调节器如 PI、PID 等;对于有滞后性质的对象,往往引入微分环节等。二是根据对象和对控制性能的要求,采用一些改进的 PID 算法等。一旦控制器的结构确定下来,控制器设计的下一步任务就归结为参数整定。

1. 采样周期 T_s 的选择

设采样周期为 T_s,则采样频率为 $1/T_s$,采样角速度为 $\omega_s=2\pi/T_s$。

1) 香农采样定理

香农(Shannon)采样定理限制了采样周期的上限,即控制系统采样周期的上限应满足:

$$T_s \leqslant \frac{\pi}{\omega_{max}} \quad 或 \quad T_s \leqslant \frac{T}{2\pi/T_{min}} = \frac{T_{min}}{2} \tag{6-19}$$

式中，ω_{max}——被采样信号的上限角频率；

T_{min}——被采样信号的下限周期。

2）其他因素

香农采样定理限制了采样周期的上限，但并不意味着采样周期越小越好。采样周期的选择受到很多方面因素的影响。车辆电子控制系统最佳采样频率的选择是对很多因素的折中考虑。在工程上最好选择尽可能低的采样速率，而同时又能满足全部要求的性能指标。具体说来，对采样周期的选择要考虑以下因素：

(1) 从对目标值跟踪的角度，要求采样周期要小。

(2) 从抑制扰动的角度，采样周期选择应小些。

(3) 从计算机精度考虑，过短的采样周期不适宜。如果采样周期过短，前后两次采样之差可能因计算机精度不够高而反映不出来，使控制作用因此而减弱。

(4) 从执行机构考虑，要求输入信号保持一定的宽度，而采样周期必须大于这一宽度。

(5) 从系统成本上考虑，希望采样周期越长越好。采样周期的加长，意味着可以用于控制计算的时间加长。可使用速度更低的计算机，降低成本。

以上所述的对于采样周期的要求，通常彼此之间并不矛盾。在实际应用中，可以统筹兼顾，针对实际情况选择。

2. 比例、积分、微分系数的确定

数字PID控制算法是在采用周期 T_s 足够小的前提下，用数字PID去逼近模拟PID，因此参数整定方法也可以按照模拟PID参数整定的方法来整定。

参数整定通常有两种方法，即理论设计法和实验确定法。前者需要有被控对象的精确模型，然后采用最优化的方法确定PID的各个参数。被控对象的模型可以通过物理建模或系统辨识等方法得到，但这样通常只能得到近似的模型。因此，经常采用通过试验确定法（如试凑法、经验法）来选择PID参数的方法。

1）试验试凑法选择PID参数

根据控制理论的知识，可以获得如下定性结论：增大比例系数 K_P 将加快系统响应并减少稳态误差，但过大的 K_P 会使系统稳定性变差，引起较大的超调，产生振荡。增大积分时间常数 T_I 又有利于减少超调，提高系统稳定性，但系统稳态误差的消除将随之变慢。增大微分时间常数可以加速系统的响应，使超调量减少，增加系统稳定性，但系统抗干扰能力下降。

试验试凑法就是参考上述参数对控制过程的响应趋势，通过闭环试验，观察系统响应曲线，根据各控制参数对系统响应的影响，反复调节试凑，直到满意为止，从而确定PID参数。

具体做法是采用先比例，后积分，再微分的整定步骤：

(1) 只整定比例系数，将 K_P 由小变大，并观察相应的系统响应，直到得到响应快、超调小的响应曲线。此时若系统无稳态误差或稳态误差已小到允许范围内，并且认为响应曲线已经可以满足要求，则只需用比例控制器即可。而最优比例系数 K_P 也就相应确定。

(2) 如果在比例控制的基础上，系统稳态误差太大，则必须加入积分环节。整定时先将步骤(1)中整定的比例系数略微缩小（可减小到原来的50%～80%），再将积分时间常数

T_I 设置为一较大值并连续减少，从而增大积分作用，使得在保持系统良好动态性能的前提下消除稳态误差。这一步可反复进行，即根据响应曲线的好坏反复改变比例系数 K_P 与积分时间常数 T_I，以期得到满意的结果。

(3) 若使用PI控制器消除了稳态误差，但系统动态响应经反复调整后仍不能令人满意，则可以加入微分环节，构成PID控制器。在整定时，先将微分时间常数 T_I 设定为零，再逐步增加 T_D，并相应的改变比例系数 K_P 和积分时间常数 T_I，反复试凑，直到得到满意的控制效果和控制参数。

根据上述步骤，可以看出，“满意”的调节效果不是唯一的，而是根据不同的对象和控制要求而不同。不同的比例、积分、微分的组合，可能达到相近的控制效果。实际应用中，只要受控过程或受控对象的主要指标达到设计要求，相应的控制参数即可作为有效的控制参数。

PID参数选择是一项比较麻烦的工作，不仅费时而且要求调试人员具有丰富的经验。为此，已经发展将计算机用于PID参数的选择，即PID参数自寻优整定。

2) 试验经验法选择PID参数

用试凑法确定PID控制器参数，需要进行较多的现场试验。为了减少试凑的次数，可以用已经获得的经验，根据要求，事先执行某些试验获得一些基础参数，然后根据经验公式由这些基础参数导出PID控制参数。常用的方法有扩充临界比例度法和阶跃曲线法。

6.1.4 PID在自动空调控制中的应用

1. 变风量自动空调模型

简单变风量自动空调系统是通过改变空调鼓风机的风量来调节和控制车内温度，可简化为单输入/单输出系统，如图6-7所示。

图6-7　简单变风量自动空调系统示意图

2. 汽车空调热平衡方程的建立

在建模过程中，将汽车车厢看成一个定压定容系统，假设空气为理想气体。

假如不考虑太阳辐射传入车厢的热量，不考虑换气通风带入的热量差，不考虑人体散出的热量，则根据热力学第一定律，可以得到空调系统的热力学方程：

$$Q_S = Q_1 + Q_2 \tag{6-20}$$

式中，Q_S——汽车车厢内的热量变化；

Q_1——汽车空调吸入的空气与输出的空气的热量差；

Q_2——车身壁面传入车内的热量。

汽车车厢内热量变化的计算公式为

$$Q_S = m\Delta i = \rho Vc\Delta T_1 \tag{6-21}$$

式中，m——车厢内的空气质量；

Δi——车厢内空气焓值的变化量；

ρ——空气密度；

V——车厢总体积；

c——空气比热容(理想条件下约为1.003 kJ/(kg·℃))；

ΔT_1——车厢内空气温度的变化。

把空调对空气的处理看成理想的热交换器，将车厢内的一部分空气吸入，然后经过热交

换由风机从出风口排出相同体积的空气，所以有

$$Q_1 = \rho V_1 c(T_2 - T_1) = \rho v S \Delta t c(T_2 - T_1) \tag{6-22}$$

式中，V_1——空调风机送出风的体积；

T_1——车厢内温度；

T_2——风机出风口温度；

v——风机出风口风速；

S——风机出风口面积；

Δt——所需时间。

车身壁面传入车内的热量对车内的温度影响较大，其计算方法如下：

$$Q_2 = KA\Delta t(T_3 - T_1) \tag{6-23}$$

式中，A——车身表面积；

K——车身围护结构对室内的导热系数；

Δt——所需时间；

T_3——车外温度。

将式(6-21)、式(6-22)和式(6-23)代入式(6-20)可得

$$\rho Vc\Delta T_1 = \rho v S \Delta t c(T_2 - T_1) + KA\Delta t(T_3 - T_1) \tag{6-24}$$

$$\frac{\Delta T_1}{\Delta t} = \frac{vS}{V}(T_2 - T_1) + \frac{KA}{\rho Vc}(T_3 - T_1) \tag{6-25}$$

即空调车内的传递函数为

$$\frac{\mathrm{d}T_1}{\mathrm{d}t} = a_1(T_2 - T_1) + a_2(T_3 - T_1) \tag{6-26}$$

式中，a_1，a_2——待定系数。

3. 仿真分析

根据所建立的空调车内的传递函数，利用位置式 PID 控制算法的表达式，用 Simulink 下的 PID 控制器进行仿真分析。

当条件改变后，即输入为阶跃输入时，可得到车内温度变化的响应曲线如图 6-8 所示。由于 PID 控制具有超调量小、稳定性好等特点，故一般汽车空调采用 PID 控制可节能 15%～20%。

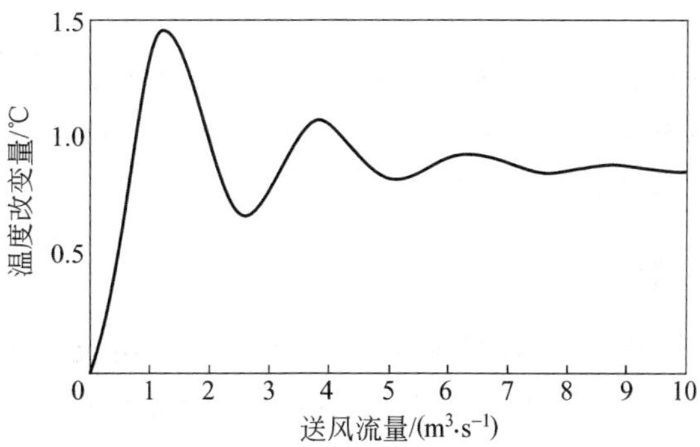

图 6-8　普通位置式 PID 控制下的阶跃响应

6.2 自适应控制

一般在进行控制系统设计时,认为系统的模型参数保持不变。但是,随着汽车的连续使用,系统元件磨损、老化,调整间隙过大等都使系统的参数发生了变化。若电子控制单元的控制方式保持不变,则系统的控制性能就会变差。如在对汽车悬架的电子控制中,悬架的质量和轮胎气压是系统的两个重要参数,但随着装载量的变化,悬架质量会发生变化,轮胎气压也会经常发生变化。控制系统应能随时根据这种变化采取相应的措施,自适应控制就是解决这个问题的。

自适应控制系统概括起来有以下功能:

(1) 自动测量和分析输入信号及受控对象特性或测量计算机系统的变化情况。

(2) 由(1)的结果计算相应的控制或调整对策。

(3) 由执行器改变控制部件的结构参数,以实现自适应控制。

自适应控制的基本特点是:控制系统在运行过程中自身不断地认识被控制对象的状态、参数或性能,并根据预定的性能指标做出决策,自动改变控制参数、结构或控制作用,使控制系统在某种意义下达到最优。

按照其调节方式的不同,自适应控制系统可以分为两种基本形式,即前馈和反馈。

6.2.1 前馈自适应控制

如果通过可测信号能够观测到过程特性的改变,并且预先知道如何根据这些信号来调整控制器,那么就可以应用如图6-9所示的前馈自适应控制系统。这种系统也叫开环自适应,因为它没有从闭环内部引出信号反馈到控制器中。

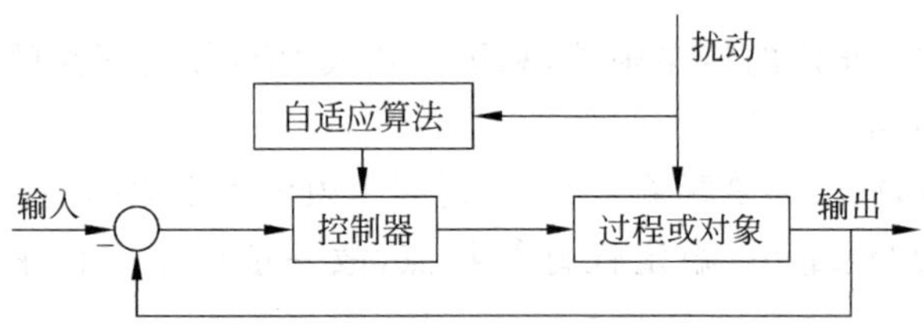

图6-9 前馈自适应控制系统

在汽车车身的电控系统中,为适应海拔高度、工作温度等参数的变化,通常采用这种前馈自适应控制系统。因为利用气压表或温度计等即可测出这些参数的变化量,并且可在控制器中预先设定好系统随之所作的改变。

6.2.2 反馈自适应控制

如果过程特性的变化不能直接观测到,则必须采用反馈自适应控制系统。如图6-10所示,根据系统的输入、输出信号等参数,便能够计算出输入控制器的参数,使之适应过程。

反馈自适应控制又分为两大类,即参考模型自适应控制和自校正自适应控制,这两种控制在理论上比较成熟,应用也较广泛。

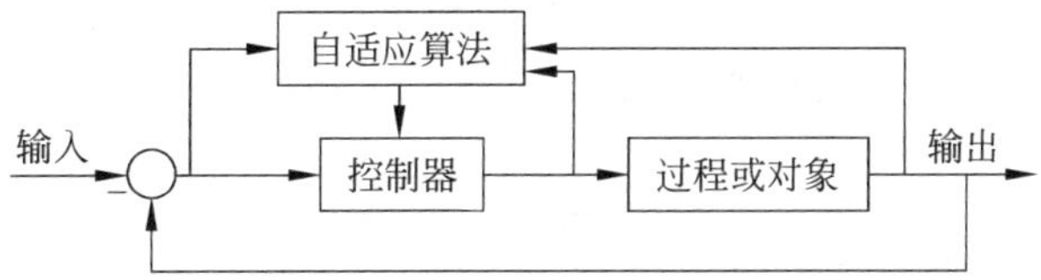

图 6-10　反馈自适应控制系统

1. 参考模型自适应控制系统的基本原理

参考模型自适应控制系统对系统控制性能的要求用一个参考模型来体现，模型的输出就是理想的响应，如图 6-11 所示。系统在运行中不断比较参考模型的输出或状态 y_m 和被控制对象的输出或状态 y_p，设两者的误差信号为 e，自适应控制器根据误差信号 e 调整控制器的某些参数或产生一个辅助输入，使 e 尽快地趋近于零。这样，控制对象的输出就是参考模型的输出。当被控对象的参数发生变动时，参考模型自适应控制系统仍然确保被控对象的输出为参考模型的输出，这样就实现了自适应控制。

2. 自校正自适应控制系统的基本原理

自校正自适应控制系统由被控对象、参数辨识器和控制器等部分组成，如图 6-12 所示。该系统由两个环路组成。内环由控制器和被控对象组成，外环则由参数辨识器与控制参数修正器组成。自校正自适应控制系统的主要特点是辨识器，它自动测量和分析系统参数及状态的变化情况，并将其转化成电信号输入控制器。在控制过程中，首先进行被控对象参数的在线辨识，然后根据辨识结果以及预先指定的性能指标，进行综合评判，确定和修改控制器参数，最后计算控制器输出，使系统适应新的条件。

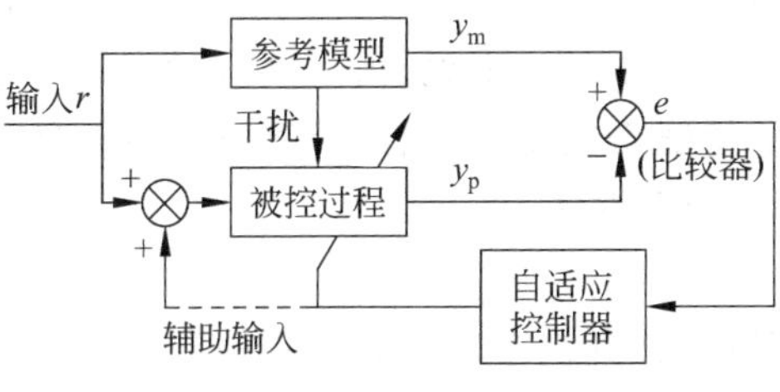

图 6-11　参考模型自适应控制系统的原理图

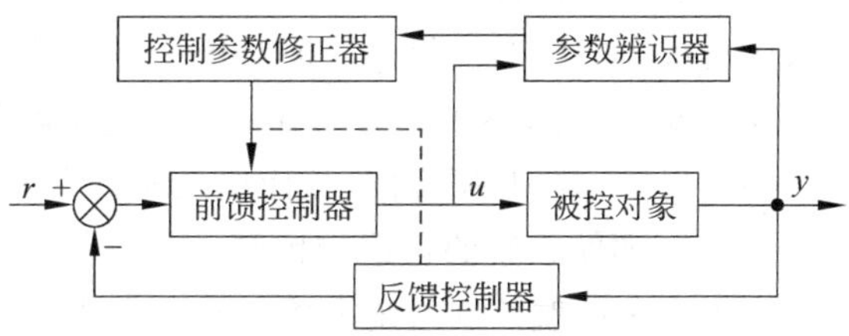

图 6-12　自校正自适应控制系统示意图

r—输入；u—控制量；y—输出

上述两类反馈自适应控制的共同特点是控制参数随着被控对象特性的变化和环境的改变不断进行调整，控制器具有一定的自适应。但两类系统中控制器参数的调整方法是不同的。参考模型自适应控制系统调整控制参数的根据是参考模型的输出(或状态)和被控对象输出(或状态)之间的误差；而自校正自适应控制系统调整的根据则是被控对象的参数识别。同时两类系统的设计思想也不同：参考模型自适应控制的设计思想是确保系统稳定；而自校正自适应控制的设计思想则是保证某一性能指标最优。

6.2.3　自适应控制系统在汽车控制系统中的应用

1. 半自动悬架阻尼自适应控制

半主动悬架阻尼的控制属于自适应控制，即所设计的系统，在输入或干扰发生较大范围的变化时，能自动适应环境，调节系统参数，使输出仍能被有效控制，达到设计要求。图 6-13

是某半主动悬架阻尼自适应控制系统框图,它是利用汽车悬挂质量的影响,逐步调节悬架阻尼,直至车身垂直加速度的方均根值达到极小值。

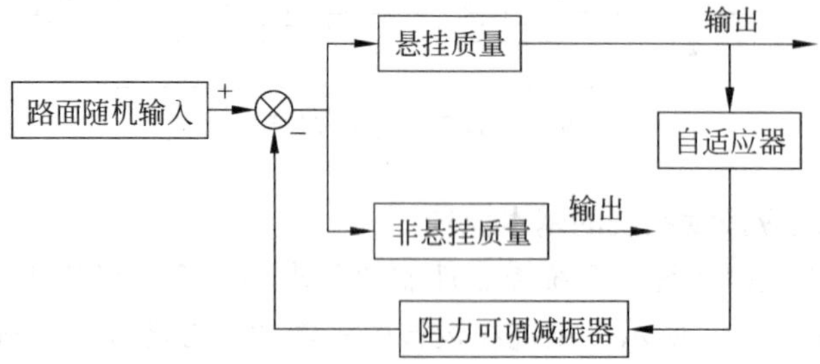

图 6-13　某半主动悬架阻尼自适应控制系统框图

单片机计算出当前的路面激励特征系数,进而不断地调节节流阀的开口面积使之始终处于最佳值,此时悬架系统就会处于最佳减振状态。

研究表明,在路面条件一定的情况下,不同车速下总有一个最佳的阀口使汽车车身垂直加速度的均方值最小,即此时的阀开口为最佳。但当路面条件不同时,同一车速下阀的最佳开口并不相同。实际上阀的最佳开口不但与车速有关,而且与路面不平度系数有关,即与激励的特征系数有关。

在半主动悬架系统液压阻尼的自适应控制过程中,由计算机根据液压缸活塞杆的运动速度及当前阀的开度计算出当前的阻尼系数,然后再计算出激励的特征系数,根据计算得到的激励特征系数确定下一步节流阀的最佳开口面积。

当激励频率接近汽车系统的固有频率时,将引起共振。对于阻尼不可调的悬架系统,在共振区时汽车的平顺性很差。但对于具有自适应性的液压阻尼来说,由于共振时车体的垂直加速度变大,其结果相当于路面条件变差,激励的特征系数变大,因此计算机会自动增大悬架的阻尼以抑制共振峰值,从而使悬架具有更好的减振性能。

2. 汽车巡航系统的自适应控制

由于汽车巡航控制系统本质上是一个非线性系统,并且汽车在行驶过程中受到路面坡度、空气阻力等外界因素干扰,因而基于时不变系统得到的控制方法就难以在各种工况下取得良好的效果,解决的办法是加入自适应环节,控制方法能随各种因素的变化而实时地加以调整,以适应复杂多变的行驶工况。

目前用于汽车巡航控制的自适应控制主要为模型参考自适应控制。基于自适应控制的汽车巡航控制原理如图 6-14 所示。设定车速同时加到控制器和参考模型上,由于参考模型的理想车速和实际车速不一致,产生偏差,自适应机构检测到这一偏差后,经过一定的运算,

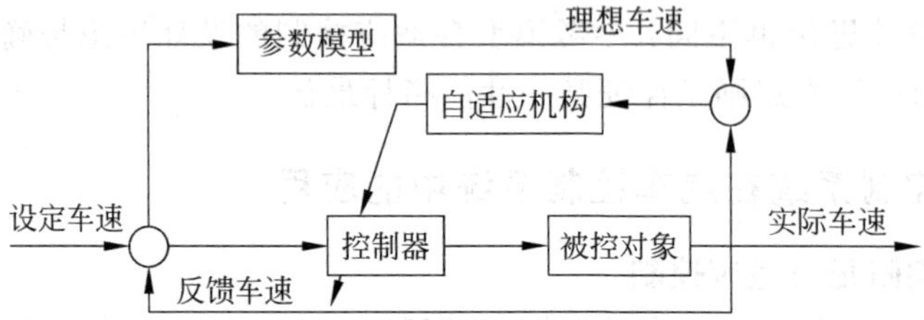

图 6-14　基于自适应控制的汽车巡航控制原理图

产生适当的调整信号改变控制器参数，从而使实际车速迅速趋近于理想车速，当偏差趋于零时，自适应调整过程就停止，控制参数也就调整完毕。当汽车在行驶过程中遇到上下坡或是由于风力而使车速发生变化时，系统也如上述过程一样，对控制器参数进行调整。

3. 空燃比自适应控制

在发动空燃比控制中，氧传感器装在排气管内，由于高温和工作环境污染而老化，从而引起测量误差。采用自适应控制可以将氧传感器的输出信号与储存在控制单元中的参数进行对比，以确定氧传感器是否老化和老化的程度。若系统发现氧传感器老化，则通过选用适当的修正系数对氧传感器的输出值进行校准，使其输出值接近老化前的正常情况。

6.3 模糊控制

近年来兴起的模糊(fuzzy)控制是一种新型的智能控制。它模仿人工控制活动中人脑的模糊概念和成功的控制策略，运用模糊数学，把人工控制策略用计算机来实现。

模糊控制是一种基于模糊控制规则的控制方式。模糊控制不依赖系统的精确数学模型，因而对系统参数变化不敏感，具有很强的鲁棒性。另外，它的控制算法是基于若干条控制规则，算法非常简捷，特别适合于汽车动态系统。

6.3.1 模糊控制的基本原理

模糊控制就是通过计算机来模拟人们用自然界语言来描述的控制过程，从而实现对被控对象的自动控制。在模拟自动控制的过程中，由于计算机智能化程度还不高，无法自己思维，所以须将整个控制过程抽象为计算机能识别的语句、规则等信息，让其按一定规则做出判断并进行控制，其原理如图 6-15 所示。整个计算机控制过程可按如下步骤进行：

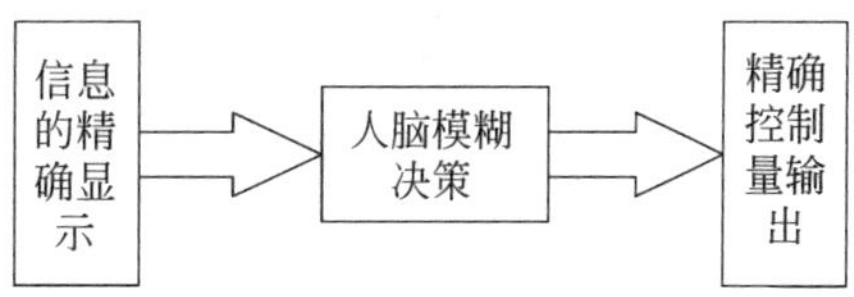

图 6-15　模糊控制原理简图

(1) 根据实际情况进行采样，将采样信息转化为计算机能识别的信息输入计算机。

(2) 根据事先计算机内规定好的判断规则进行判断，并进行相应的调整，得出调整决策。

(3) 调整完毕后，将判断的结果输出给被控对象来实现控制。

6.3.2 模糊控制系统的组成

模糊控制系统一般可分为 4 个组成部分，如图 6-16 所示。

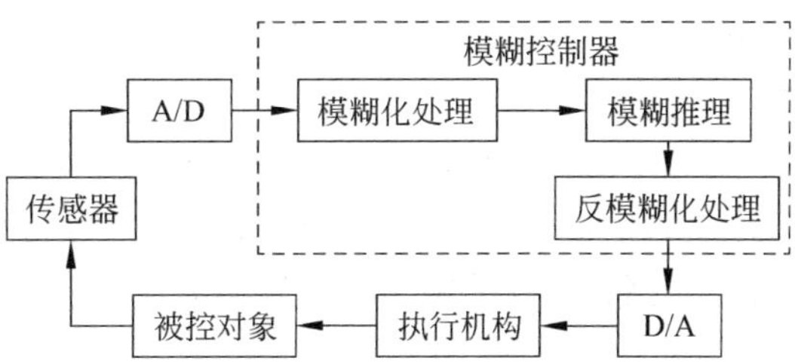

图 6-16　模糊控制的组成

1. 模糊控制器

模糊控制器是以模糊逻辑推理为主要组成部分,同时又具有模糊化和去模糊功能的控制器。它实际上是一台计算机。

2. 输入/输出接口装置

模糊控制器通过输入/输出接口从被控对象获取数字信号量,并将模糊控制器决策出的输出数字信号经过数模变换,变成模拟信号,送给执行机构去控制被控对象。在I/O接口装置中,除A/D、D/A转换外,还包括必要的电平转换电路。

3. 广义对象

广义对象包括被控对象和执行机构,被控对象可以是线性或非线性的、定常或时变的,也可以是单变量或多变量的,有时滞或无时滞的,以及有强干扰的等多种情况。

4. 传感器

传感器是将被控对象或各种过程被控量转换为电信号(模拟的或数字的)的一类装置。被控量往往是非电量,如温度、压力、流量、浓度和湿度等。传感器在模糊控制系统中占有十分重要的地位,它的性能直接影响着整个控制系统的精度。

6.3.3 模糊控制的工作过程

精确量模糊化模糊控制系统的原理框图如图6-17所示。

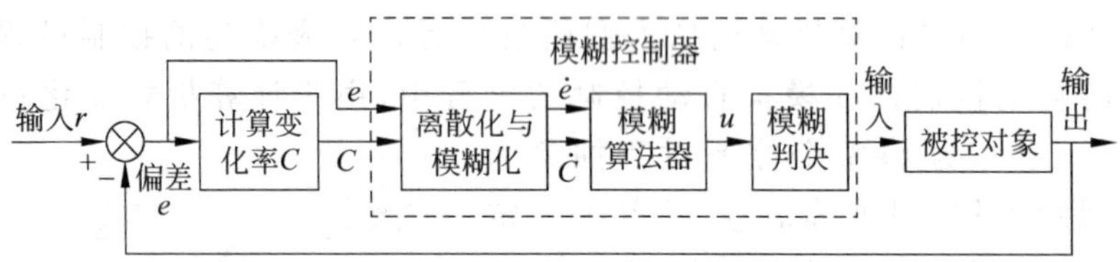

图6-17 模糊控制系统的原理框图

模糊控制的基本过程如下:

(1) 将精确量模糊化。

(2) 将模糊变量分解成模糊子集。

(3) 构造模糊控制规则集。

(4) 确定系统的模糊输出量。

(5) 进行模糊判决,得出控制量的精确值。

此处的精确量是指模糊控制器的输入量和控制量的基本论域。常用的论域是系统偏差e,偏差变化率$\dot{e}$和控制量u。

1. 将精确量模糊化

精确量模糊化的规则是一样的,现以偏差e为例。设偏差e的基本论域为$[-x,x]$,偏差e所取的模糊集论域为$[-n,-n+1,\cdots,0,\cdots,n-1,n]$,即可得精确量模糊化的量化因子$K_p=n/x$。实际一般做法是将$n$值设定为6。如偏差$e$的变化不在$[-6,+6]$,而在$[a,b]$,则可通过变换式

$$y=\frac{12}{b-a}\left(x-\frac{a+b}{2}\right)$$

把$[a,b]$间变量 x 转化为$[-6,+6]$之间的变量 y。

2. 将模糊变量分解成模糊子集

将精确量模糊化后的模糊变量分解成几个不同的模糊子集。模糊子集如何划分有一定的主观性，一般根据经验来定，但习惯上多分成 8 个子集，即相应为：正大(PL)、正中(PM)、正小(PS)、正零(PO)，负零(NO)、负小(NS)、负中(NM)、负大(NL)等 8 挡。

在模糊子集划分以后，模糊隶属函数也就构成了，模糊隶属函数将 0～1 之间的变数值分配给每一个子集，如表 6-1 所示。

表 6-1　精确量离散化所得模糊子集的隶属度

变量挡	元素												
	−6	−5	−4	−3	−2	−1	0	1	2	3	4	5	6
负大(NL)	1.0	0.8	0.7	0.4	0.1	0	0	0	0	0	0	0	0
负中(NM)	0.2	0.7	1.0	0.7	0.3	0	0	0	0	0	0	0	0
负小(NS)	0	0.1	0.3	0.7	1.0	0.7	0.2	0	0	0	0	0	0
负零(NO)	0	0	0	0	0.1	0.6	1.0	0	0	0	0	0	0
正零(PO)	0	0	0	0	0	0	1.0	0.6	0.1	0	0	0	0
正小(PS)	0	0	0	0	0	0	0.2	0.7	1.0	0.7	0.3	0.1	0
正中(PM)	0	0	0	0	0	0	0	0	0.2	0.7	1.0	0.7	0.3
正大(PL)	0	0	0	0	0	0	0	0	0.1	0.4	0.7	0.8	1.0

模糊隶属函数既可以用列表的形式表示，也可以具有三角形与梯形等形状，图 6-18 即为三角形式。

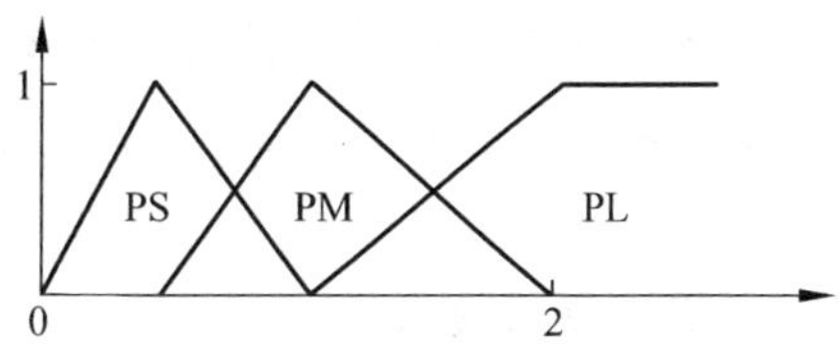

图 6-18　三角形式模糊隶属函数

3. 构造模糊控制规则集

设$\widetilde{E}$、$\widetilde{C}$、$\widetilde{U}$分别表示偏差 e、偏差变化率$\dot{e}$ 及控制量 u 的模糊量，那么典型的模糊控制规则集如表 6-2 所示。

表 6-2　典型的控制规则集

$\widetilde{E}$、$\widetilde{C}$、$\widetilde{U}$	NL	NM	NS	NO	PO	PS	PM	PL
NL	×	×	PL	PL	PL	PL	NM	NL
NM	PL	PL	PS	PM	PM	PM	NM	NL
NS	PL	PM	PS	PS	PS	PS	NM	NL
0	PL	PM	PS	0	0	NS	NM	NL
PS	PL	PM	NS	NS	NS	NS	NM	NL
PM	PL	PM	NM	NM	NS	NS	NL	NL
PL	PL	PM	NL	NL	NL	NL	×	×

注："×"表示不可能出现的情况。

控制规则集是实践经验的总结，它是由若干模糊条件语句组成，如$\widetilde{E}=$NL，则不论是$\widetilde{C}$为何值，都应使 e 迅速下降，故取$\widetilde{U}=$ PL；如$\widetilde{E}=$ NO，$\widetilde{C}=$ PS，则取$\widetilde{U}=$ NS 以消除偏差；……这些规则的原则是要迅速消除偏差，又要防止超调和振荡。

4. 确定系统的模糊输出量

上述模糊规则集中每一条语句，即

$$\text{If } \widetilde{E} \text{ and } \widetilde{C}\text{, then } \widetilde{U}$$

都可用前面讲过的方法得出模糊关系$\widetilde{R}$为

$$\widetilde{R}=(\widetilde{E}\times\widetilde{C})\times\widetilde{U}$$

定义为

$$\mu_R(x,y,z)=[\mu_{\widetilde{E}}(x)\wedge\mu_{\widetilde{C}}(y)]\wedge\mu_{\widetilde{U}}(z)$$

实际上，优秀操作人员的控制经验可归结为一系列条件语句

$$\text{If } \widetilde{E}_1 \text{ and } \widetilde{C}_1 \text{ then } \widetilde{U}_1$$

$$\text{If } \widetilde{E}_2 \text{ and } \widetilde{C}_2 \text{ then } \widetilde{U}_2$$

$$\vdots$$

$$\text{If } \widetilde{E}_n \text{ and } \widetilde{C}_n \text{ then } \widetilde{U}_n$$

有了控制规则表，根据每一条语句，都可推出相应的模糊关系，即可得$\widetilde{R}_1,\widetilde{R}_2,\cdots,\widetilde{R}_n$，而整个系统总的控制规则的模糊关系$\widetilde{R}$为

$$\widetilde{R}=\bigvee_{i=1}^{n}\widetilde{R}_i$$

有了$\widetilde{R}$，则当任意输入为$\widetilde{E}_i$、$\widetilde{C}_i$时，相应的输出$\widetilde{U}_i$为

$$\widetilde{U}_i=(\widetilde{E}_i\times\widetilde{C}_i)\cdot\widetilde{R}$$

5. 进行模糊判决，得出控制量的精确值

由模糊控制器得出的输出量$\widetilde{U}$是个模糊子集，需把其转化成一个精确的控制量u。常用的方法有最大隶属度法、取中位数法和重心法等。

1）最大隶属度法

取模糊子集U中隶属度最大的元素作为输出量u，如

$$\widetilde{U}=\frac{0.1}{2}+\frac{0.4}{3}+\frac{0.7}{4}+\frac{1.0}{5}+\frac{0.7}{6}+\frac{0.3}{7}$$

则取$u=5$。

2）取中位数法

最大隶属度法完全排除了其他一切隶属度较小的元素的影响和作用。为了充分利用模糊子集所有的信息量，可以求出把隶属函数曲线和横坐标之间包含面积平分为两部分的数，以此数作为输出量。

3）重心法

求出隶属函数曲线和横坐标之间包含面积的重心位置，以此得出控制量的精确值，这和取中位数法基本相似。

6.3.4　模糊控制在汽车控制系统中的应用

模糊控制在汽车上得到了应用，主要有自动变速器换挡控制、ABS控制、主动悬架阻尼控制、ASR控制、ESP控制、自动空调控制、SRS控制等。

1. 自动变速器的模糊换挡控制

1）模糊换挡的基本原则

模糊换挡规律实际上就是要电控机械自动变速器汽车具有熟练驾驶员的驾驶经验，具备将复杂的道路、气候、汽车情况进行综合并选择最佳行驶状态的能力。实际工作中，驾驶员的操作意图主要通过加速踏板和制动踏板来反映，驾驶员通过自身感觉器官的听、看来获得发动机和外界环境的信息，然后决定换挡，换挡的基本原则是保证汽车的动力性和经济性，目的是保证汽车顺利、安全的行驶。

通过对驾驶员操作经验的总结，得到智能模糊换挡的主要原则如下：

（1）如果是平直道路，则优先采用平直道路换挡规律。

（2）如果没有制动信号参与，为减少频繁换挡次数，在每个挡位的停留时间应大于一个设定值；若小于设定值，除非是动力不足，否则禁止换挡。

（3）如果轻踏制动踏板，不降挡；如果重踏制动踏板，则降挡。

（4）如果是上坡状况，当动力不足时降挡，同时为防止连续坡道的频繁换挡，应增大低挡使用范围。

（5）如果是下坡状况，坡道坡度不大、道路状况良好，则不应换挡；如果坡道坡度大，道路状况不好，有制动信号，则应降挡。

（6）如果弯道半径大，则不应降挡；如果弯道半径小，则应降挡。尽可能避免在坡道上转弯，转弯时应尽可能低速转大弯，在原地转小弯时应避免使用高挡。

（7）如果短时间行驶，应增加低挡使用范围。

（8）如果道路状况良好，应以经济挡位、经济车速运行。

（9）如果高挡运行，则以经济性作为换挡原则。

2）模糊换挡策略

换挡过程实际上是一个很复杂的过程，采用单一的换挡规律很难满足实际需要，为此采用了模糊决策＋模糊修正的模糊换挡策略，其原理如图 6-19 所示。

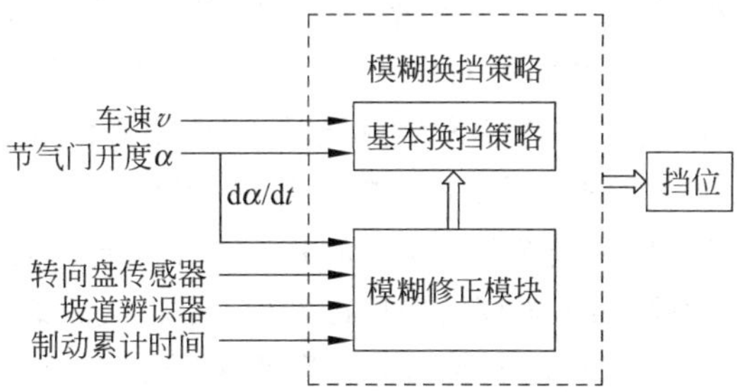

图 6-19　模糊换挡策略原理图

模糊换挡系统以车速 v、加速踏板信号 α 二参数的换挡规律为依据，并根据坡道、弯道道路条件、制动信号，利用由经验丰富的驾驶员总结出来的换挡规律进行模糊推理，最后经换挡可行性分析后，输出换挡指令。

汽车模糊换挡问题实际上就是挡位的模糊决策问题，其核心就是模糊控制器的设计。

模糊换挡控制器的设计内容主要包括：

（1）输入变量的语句集（车速、节气门开度）。

(2) 输出变量的语言集(挡位)。

(3) 确定车速隶属函数。

(4) 确定节气门开度隶属函数。

(5) 建立模糊换挡规则。

(6) 建立模糊修正模块,以适应各种行驶工况。

2. 安全气囊的模糊控制

安全气囊控制系统的关键技术要求:①碰撞强度判断要准确;②点火时刻要正确;③抵抗粗糙路面的干扰能力要强;④工作稳定性和可靠性要高。安全气囊点火控制算法应在发生碰撞后20~30 ms内做出点火判断。

安全气囊常采用的控制策略:当加速度突然变化很大,且在此后20 ms内速度变化量也很大的情况下,点爆安全气囊,否则不点爆。考虑到加速度的突变程度、速度的变化量和持续时间的长短等均为模糊信息,可采用模糊逻辑方法来实现控制系统对不同程度碰撞的识别与聚类,并结合速度变量法和加速度坡度法作为决策依据,用于安全气囊的点爆控制。但是,由于实际碰撞试验的次数有限,致使模糊控制规则的准确性受到限制,真正实现起来有一定的难度。

控制算法的具体实现步骤如下:

(1) 将加速度传感器获取的车辆加速度信号进行连续采样20个点(采样频率1 kHz),对于加速度曲线的每一点对应于不同时刻的加速度值。

(2) 对采样加速度进行加速度变化量和速度变化量的计算。用移动窗积分求出速度变化量,对应不同加速度变化量的积分窗长度不同,这样可得到模糊控制器的加速度变化量和速度变化量两个输入变量。

(3) 隶属函数的确定。各参数对相应子集的隶属函数分别由不同的函数族决定。参数的相应子集指该参数被人为地划分成的等级所构成的一组模糊集合。相应子集的多少由控制精度决定。例如,参数"速度变化量"的相应子集可以是"正大、正小、负小,负大",也可以是"正大、正中、正小、负小、负中、负大",后者比前者模糊子集多,因而控制精度更高(在其他条件相同的情况下)。加速度变化量所对应子集的隶属函数,亦用类似方法构成。

(4) 模糊控制规则的确定。当车辆发生碰撞时,加速度变化量会产生一个骤变,并且同时车身有变形。加速度的突然骤变可能是碰撞的开始,但也可能是车辆通过粗糙的路面或低强度碰撞(此时并不需要打开安全气囊)。如果此时伴随着的是很大的速度变化量(在20 ms范围内),则可用以判断出高强度的碰撞已发生,需立即点爆安全气囊。因此,在拟定模糊控制规则时,要根据加速度和速度变化量的等级,推导出碰撞强度的等级。例如:

① 如果加速度变化量"正大"、速度变化量"正大",则认为处于最紧急状态,输出应为"最大",气囊迅速打开。

② 如果加速度变化量"正中"、速度变化量"正大",则认为出现临界紧急状态,输出应为"中",并与碰撞强度指标进行比较,超过指标,则安全气囊打开。

(5) 利用模糊控制规则,推导控制输出的模糊量。由前一步骤计算的对规则条件部分的隶属度,可直接得出相应规则结论部分对于相应子集的隶属度。将对应值与碰撞强度指标进行比较,若超过指标,则安全气囊点爆。

(6) 仿真计算。由于碰撞形式的多样性,如正面碰撞、侧面碰撞、追尾碰撞、滚翻等,其加速度波形、碰撞强度、车体变形等都是不一样的，使其控制规则十分复杂。上述控制算法可以在比较成熟的软件下完成，如在 MATLAB/FUZZY LOGIC BOX 下完成。在对算法的准确性检验中，以若干组碰撞试验的加速度曲线为试验样本，选择一批有代表性的数据进行测试并送入模糊控制器当中，以确定是否应触发以及何时触发安全气囊。仿真计算验证了该算法的正确性。

6.4　其他控制

1. 最优控制

最优控制是所选的系统性能指标达到最优的一种控制方法。系统性能指标是根据工作要求选定的。控制系统中，最优控制的设计方法主要有极大（小）值原理和动态规划法。

设状态方程式的规范表达形式为

$$\begin{cases}\dot{\boldsymbol{X}}=\boldsymbol{AX}+\boldsymbol{BU}+\boldsymbol{D}\boldsymbol{\xi}\\ \boldsymbol{Y}=\boldsymbol{CX}\end{cases}\tag{6-27}$$

式中：$\boldsymbol{A}$——系统矩阵；

$\boldsymbol{B}$——控制矩阵；

$\boldsymbol{C}$——输出矩阵；

$\boldsymbol{D}$——扰动矩阵；

$\boldsymbol{X}$——状态向量；

$\boldsymbol{Y}$——输出向量；

$\boldsymbol{U}$——控制向量；

$\boldsymbol{\xi}$——扰动向量。

评价控制系统性能的二次型目标函数为

$$J_v=\int_0^{\infty}(\boldsymbol{X}^{\mathrm{T}}\boldsymbol{QX}+\boldsymbol{U}^{\mathrm{T}}\boldsymbol{RU})\mathrm{d}t\tag{6-28}$$

式中，$\boldsymbol{Q}$—— 状态变量的加权矩阵；

$\boldsymbol{R}$—— 控制变量的加权矩阵。

式(6-28)中的第一项就是要使系统尽快从非零状态转移到零状态，即系统的调整时间要短，超调量要小。但调整时间越短，势必控制量加大，能量消耗加大。式(6-28)中的第二项就是抑制调节过程中的控制量，使控制量在执行器允许的范围内，且节能。$\boldsymbol{Q}$、$\boldsymbol{R}$ 都是加权矩阵，可用随机的方法决定。取不同的值就允许对不同的分量加不同的权系数，如认为某一个分量特别需要约束，则对它所加的权系数越大；如认为某一个分量无关紧要，可以不加约束，即对它所加的权系数是零。由于对控制量 $\boldsymbol{U}$ 的每一个分量都需约束，故矩阵 $\boldsymbol{R}$ 为正定对称矩阵。对状态变量 $\boldsymbol{X}$，则不一定每个分量都需加以约束，故矩阵 $\boldsymbol{Q}$ 可取为半正定对称矩阵。实践表明，正确选取加权矩阵的值十分重要，取不同的加权矩阵就会得到不同的系统性能。

最优控制算法实质上是求解在约束条件下的极值问题。

应用极值原理，求最优控制问题，使 J_v 为最小，可得到著名的 Riccati 方程：

$$\boldsymbol{A}^{\mathrm{T}}+\boldsymbol{PA}+\boldsymbol{Q}-\boldsymbol{PBR}^{-1}\boldsymbol{B}^{\mathrm{T}}\boldsymbol{P}=\boldsymbol{0}\tag{6-29}$$

由此可求出矩阵 $\boldsymbol{P}$。继而求出反馈控制矩阵 $\boldsymbol{K}$ 为

$$\boldsymbol{K}=\boldsymbol{R}^{-1}\boldsymbol{B}^{\mathrm{T}}\boldsymbol{P} \tag{6-30}$$

这样可解出控制向量 $\boldsymbol{U}$ 为

$$\boldsymbol{U}=-\boldsymbol{K}\boldsymbol{X} \tag{6-31}$$

目前最优控制在汽车电子控制悬架、电控离合器、四轮转向、ABS中得到应用。

2. 神经网络控制

人工神经网络(artificial neural networks,ANN)是指用工程技术手段模拟人脑神经的结构和功能的技术,用电子计算机模拟人脑神经元对信息进行加工、存储和搜索等的技术。采用神经网络基本原理对控制对象进行控制的方法称为神经网络控制。

神经网络的控制系统是仿真人的神经网络,是实现人工智能的一种途径。神经网络具有无限逼近非线性函数的能力,而且它不需要任何的先验知识,只要有一定的数据进行训练即可,这样可以用神经网络代替模型的非线性函数。而且神经网络可以离线训练,也可以在线训练,采用神经网络进行控制可以减少整个系统的标定时间,可以简化控制策略。而且神经网络对于训练数据的噪声不很敏感,具有很好的外延性和鲁棒性。这种系统在20世纪60年代已经成为控制论研究的重要领域。目前这项研究已全面展开,并在很多领域中得到应用。人工神经网络这种方法在汽车控制中的应用虽只是开始,但已显示出它巨大的生命力。

目前,神经网络模型已有近50种,为了应用于汽车控制多采用Rumd-hart等人提出的反向传播(back propagation,BP)网络,它是目前应用最广泛,自学能力比较强的一种模型。

BP神经网络由输入节点、中间节点、输出节点以及前向相互的连接所构成。输入和输出节点数目由实际问题确定,中间层的层数及节点数取决于问题的复杂性及分析精度。图6-20是一个双隐层BP神经网络。

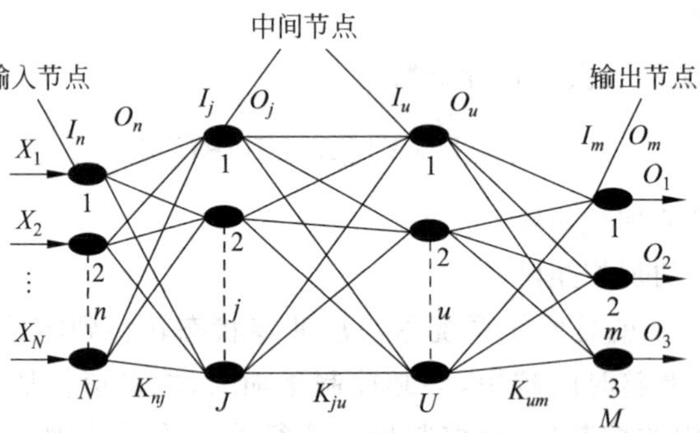

图6-20 双隐层BP神经网络

BP神经网络的学习过程是由前向计算过程、误差计算和误差反向传播过程组成。

神经网络的具体学习过程是:当有信息输入时,把输入信号送到输入节点,经过权值的处理传播到隐节点;在隐含层经过作用函数运算后,送到输出节点;得到输出值,让它与期望输出值进行比较,若有误差就反向传播,逐层修改权值和阈值。重复上述过程,直到输出满足要求为止。

近年来,汽车领域中开展了神经控制的应用研究,在自动换挡、四轮转向控制、防抱死制动控制、自动牌照识别、半主动悬架、主动悬架、ASR等方面取得了不少成果。

3. 学习控制

1) 学习的类别

学习是人类基本的智能活动，也是人类智能的基本特征之一。人类的知识、才能、智慧和能力是在人类活动中不断学习而形成、发展和完善的。学习主要有监督学习、无监督学习和强化学习三种。

(1) 监督学习。学习者直接接受导师的知识讲解，按导师要求进行正确的调节和控制。这种来源于别人知识的学习，虽然不太准确，但可以为学习者简捷地提供一个粗略的控制方案。

(2) 无监督学习。学习者自身通过不断摸索规律、积累知识和经验的过程。

(3) 强化学习。学习者通过一段时间的观察，在最初建立的控制经验中，有一部分由于能带来良好的控制效果，逐渐在大脑记忆中得到“强化”，而另一部分则渐渐“弱化”。得到强化的知识与经验，经过知识表示、语言处理、逻辑归纳，以一定形式的控制规则较长期地记忆在大脑中，并随时可以作为监督学习的知识。

2) 学习控制的方式

学习控制(learning control)是智能控制最早研究的领域之一。它能够在系统运行过程中采集有关系统的位置信息，进行估计、分类、推理、决策，实施优化控制，以便不断改善系统品质，直至达到期望或令人满意的动态与静态性能。因此，学习控制的机理是，寻求动态控制系统输入与输出间的简单传递关系——执行一个由前一步控制过程学习得到的控制决策，使系统性能优于前一步——重复这种学习过程，学习记忆结果，稳步改善受控系统的性能指标。目前，学习控制大致有如下几种。

(1) 基于模式识别的学习控制

1964 年由史密斯(F.W.Smith)提出一种基于模式识别自适应原理的棒-棒(bang-bang)控制；1965 年由傅京孙(K.S.Fu)等人提出把启发式规则用于再励学习(或强化学习)控制和利用贝叶斯(Bayes)学习估计的学习控制方法等。

(2) 基于规则的学习控制

傅京孙等人于 1969 年提出的基于模糊规则推理的模糊学习控制等。

由于上列两种学习控制存在收敛速度慢、占有内存大等缺点，20 世纪 80 年代初，日本学者提出了另外两种学习控制原理，并正在引起人们的关注。

(3) 重复学习控制

重复学习控制(repetitive learning control)亦称迭代学习控制，是由日本学者内山于 1978 年首先提出的。此后，于 1980 年由井上、中野等人针对电子同步加速器的电源研究，提出了频域范围的重复学习控制。

(4) 反复学习控制

1984 年由日本学者有本、川村和宫崎等人提出的反复学习控制(iterative learning control)，是在理论上对重复学习控制的进一步发展，并推广到时域范围内，其应用领域也极为宽广。

(5) 连接主义学习控制

自 20 世纪 80 年代以来，神经网络技术的研究和发展，为连接主义学习控制(connectionist learning control) 开创了新的途径。由霍普菲尔德(J.J.Hopileld)于 1985 年提出了一种具有联想记忆功能的反馈互联网络学习控制，由鲁姆尔哈特(Rumelhart)提出了能实现多层神经网络的误差反向传播的学习控制等。近几年来对连接主义的学习控制研究较为引人关注。

4. 滑模控制

滑模控制属于一类特殊的非线性控制系统。它根据系统当时的状态、偏差及其导数值，在不同的控制区域，以理想开关的方式切换控制量的大小和符号，使系统状态在切换线邻近区域来回运动，一直到系统状态的运动成了沿切换线的滑动。

滑模控制在汽车电子节气门、电控离合器、四轮驱动、ABS、ASR、ESP等得到应用。

5. 预测控制

预测控制是一种基于模型的控制算法，这一模型即称为预测模型。预测模型的功能是根据对象的历史信息和未来输入，预测其未来输出。这里对预测模型只强调其功能而不强调其结构形式。因此，不但状态方程、传递函数这类传统的模型都可以作为预测模型，而且也可以把对象的阶跃响应或脉冲响应作为预测模型。通常这种简单的模型是在对象运行过程中直接取得的。

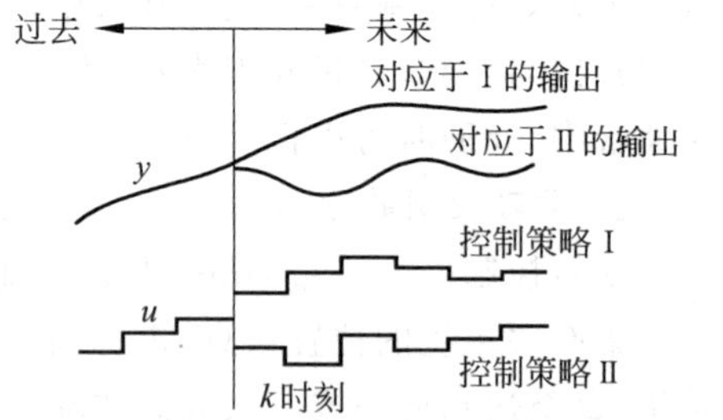

图 6-21　基于模型的预测

预测模型具有展示系统未来动态行为的功能，这样，我们就可像在系统仿真时那样，任意地给出未来策略，观察对象在不同控制策略下输出的变化，见图6-21。

预测模型在发动机怠速、主动悬架、ESP等得到应用。

思考与练习

1. 何谓PID控制？简述其控制原理。
2. 简述P控制器、PI控制器、PD控制器的应用场合。
3. 试推导出位置式PID控制算法和增量式PID控制算法。
4. 为何需要对PID控制器参数进行整定？
5. 简述PID控制在电子节气门上的应用方法。
6. 何谓自适应控制？列举自适应控制系统在汽车控制系统中的应用。
7. 何谓模糊控制？列举模糊控制在汽车控制系统中的应用。
8. 何谓最优控制？在汽车控制系统中如何运用？
9. 何谓学习控制？其在汽车控制系统中为何得到广泛采用？

第7章　汽车网络系统

汽车网络技术已成为现代汽车高端的标准配置，是实现舒适、安全、环保、节能等先进控制装备对车身进行控制的重要技术手段之一。

现代汽车上使用了大量的电子控制装置，许多中高档轿车采用了十几个或几十个电控单元，而每一个电控单元连接着多个传感器和执行器，并且各控制单元间也需要进行信息交换，如果每项信息都通过各自独立的数据线进行传输，这样会导致电控单元引脚数增加，使整个电控系统的线束和插接件也会增加，最终导致故障率增加。

为了简化线路，提高各电控单元之间的通信速度，降低故障频率，汽车网络系统应运而生。CAN、LIN、MOST、FlexRey、VAN、ByteFlight 等总线系统成为汽车电子领域的最大热点，其网络传输协议已成为现代汽车网络传输的关键技术。

7.1　汽车网络的类型与传输原理

7.1.1　汽车网络的特点

汽车网络具有如下特点：

(1) 减少了线束的数量和体积，因而也就减少了线束的造价和质量，提高了电子系统的可靠性，使之维修容易、安装简便。

(2) 由于采用了通用传感器(如动力系统和传动系统共用车速传感器)，通过网络进行数据通信，可以达到消除冗余传感器并实现数据共享的目的。

(3) 改善了汽车系统设计和配置的灵活性，即通过网络的软、硬件变化可以实现整车功能的变化和扩展，真正实现汽车各个装置的模块化。

(4) 使用网络将汽车各个电子装置连接起来，让汽车真正成为系统控制的整体对象，利于汽车动力性、排放性、操纵性、经济性和安全性的改进和完善。

随着过程控制技术、现场总线控制技术、信息技术、计算机网络技术、微处理器技术、集成电路技术等的飞速发展，汽车网络技术得到了迅速发展，并不断适应线控、光纤、蓝牙等技术在汽车上的应用。

目前汽车网络系统广泛应用于车身系统、动力传动系统、安全系统和信息系统，如图7-1所示。典型的汽车网络系统如图7-2所示。

7.1.2　汽车网络的类型

1. 按拓扑结构分

拓扑是研究与大小、形状无关的线和面特性的方法。通常把控制器抽象为点，把网络中的通信介质(如数据线)抽象为线，从而抽象出网络的拓扑结构。

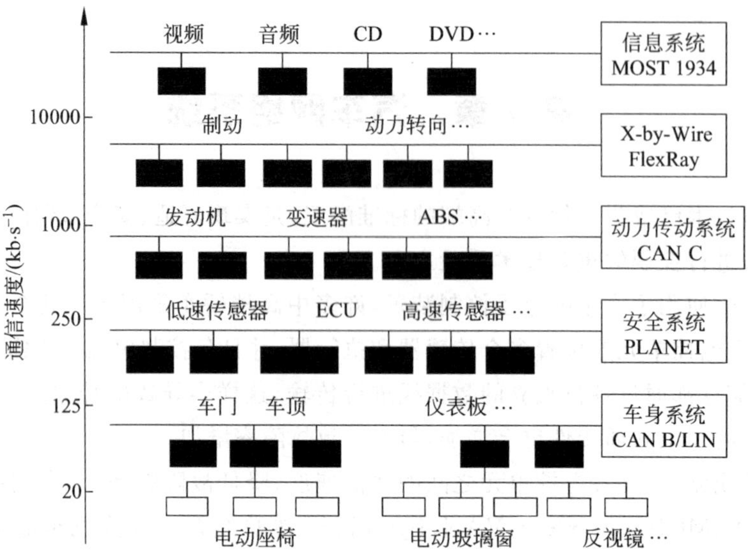

图 7-1　汽车网络系统的拓扑图

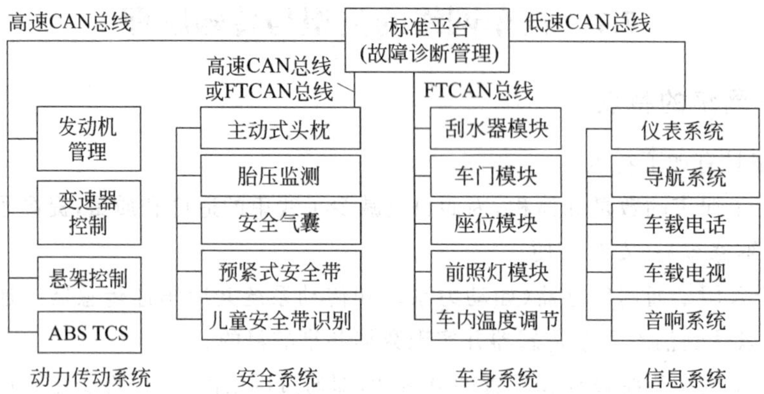

图 7-2　典型的汽车网络系统

按网络的拓扑结构不同,汽车网络主要有星形、环形、树形和总线形,如图 7-3 所示。

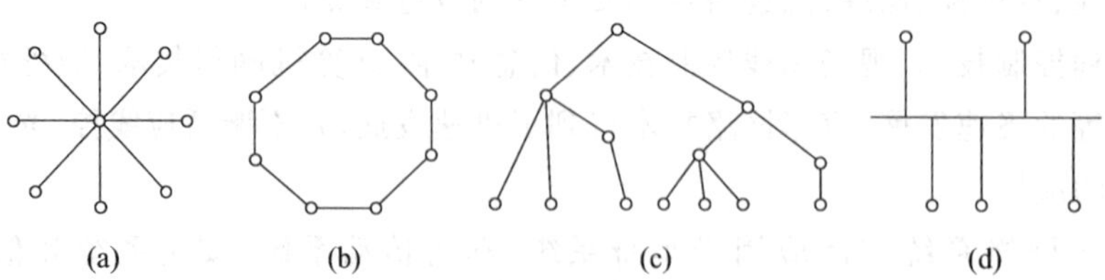

图 7-3　常见局域网拓扑结构

(a) 星形;(b) 环形;(c) 树形;(d) 总线形

(1) 星形拓扑结构

每个节点均以一条单独信道与中心节点相连,中心节点是通信控制中心。其优点是建网容易、控制简单;缺点是网络共享能力差、可靠性低,一旦中心节点出现故障,就会导致全网瘫痪。

(2) 环形拓扑结构

网络中各节点通过一条首尾相连的通信链路连接而成一个闭合环形结构网，数据在环上流动。由于各节点共享环路，因此需要采取措施(如令牌控制)来协调控制各节点的发送。其优点是无信道选择问题；其缺点是不便于扩充，系统响应延时大。

(3) 树形拓扑结构

树形拓扑结构为天然的分层网络结构，网络成本低、结构简单，适合于分主次、分等级的层次型管理系统。

(4) 总线形拓扑结构

总线形拓扑结构将各个节点和一根总线相连，网络结构简单、灵活、可扩充性好、可靠性高、资源共享能力强。但由于同环形结构一样采用共享信道，因此需处理多站争用总线的问题。汽车上的网络多采用此种结构，如CAN网。

2. 按传输速率分

按数据传输速率不同，美国汽车工程师协会(SAE)将汽车网络划分为A类、B类、C类网络，如表7-1所示。

表7-1 SAE汽车网络级别

特 性	A类网络	B类网络	C类网络
传输速度/(kb/s)	1～10	10～125	125～1000
信息传输延时/ms	<50	<20	<5
时钟离散度要求/%	20	2	0.01
传输介质(总线)	单线	单线	双绞线
信息优先权	有	有	有
容错能力	无	无	有

D类以上没有定义，有一种说法，把传输速度在1 Mb/s以上的网络定义为D类网络。

A类网络主要应用于要求价格低，数据传输速度、实时性、可靠性要求较低的情况，如车身系统的车门、天窗、座椅、灯光等网络系统。A类网络也作为一些传感器和执行器级别的底层局部连接总线使用。

B类网络用于数据传输速度要求较高的系统，包括一些车身控制系统(如SRS、空调、安全带、防盗、雨刷等)、仪表盘、低挡的实时控制系统以及故障诊断系统(OBD)等。

C类网络主要用于可靠性和实时性要求较高的系统，如高档的实时控制系统(如发动机、变速器、制动、悬架、ESP等)、线控系统(如线控制动、线控转向等)。

常用的网络中，LIN是典型的A类网络；典型的B类网络是低速CAN、J1850、VAN；高速CAN、FlexRay是典型的C类网络。随着成本的降低和应用系统功能的提高，网络应用范围会下移。一些新出现的汽车网络系统，可以达到几兆的速度和具有更高的可靠性。

三类网络功能均向下涵盖，即B类网支持A类网的功能，C类网能同时实现B类和A类网功能。

3. 按通信协议分

按通信协议不同,汽车网络系统可分为CAN网、VAN网、MOST网等。

CAN网是根据CAN协议设计的汽车网络系统。由于CAN协议已被ISO颁布为国际标准,所以得到广泛应用。CAN协议发展很快,既有高速CAN协议(如ISO 11898、SAE J1939、SAE J2284),也有低速CAN协议(ISO 11519、SAE J2411、SLIO CAN),以致出现了全车CAN网络。

VAN网是采用VAN协议建立的汽车网络系统,主要有车身VAN网、舒适系统VAN网两种。

LIN网是采用LIN协议建立的汽车网络系统,适应于智能传感器和执行器的低速通信网络。

MOST网是根据MOST协议建立的汽车网络系统,主要应用于汽车多媒体和通信的分布式网络。

主要车载网络的名称、概要、通信速度与开发单位,见表7-2。

表7-2 主要车载网络基本情况

车载网络名称	概　　要	通信速度	开发单位
CAN (Controller Area Network)	车身/动力传动系统控制用LAN协议,最有可能成为世界标准的车用LAN协议	1 Mb/s	Robert Bosch公司(开发),ISO
VAN (Vehicle Area Network)	车身系统控制用LAN协议,以法国为中心	1 Mb/s	ISO
J1850	车身系统控制用LAN协议,以美国为中心	10.4～41.6 kb/s	Ford Motor公司
LIN(Local Interconnect Network)	车身系统控制用LAN协议,液压组件专用	20 kb/s	LIN协议
IDB-C (ITS Data Bus on CAN)	以CAN为基础的控制用LAN协议	250 kb/s	IDM论坛
TTP/C(Time Triggered Protocol by CAN)	重视安全、按用途分类的控制用LAN协议,时分多路复用(TDMA)	2 Mb/s 25 Mb/s	TTT计算机技术公司
TTCAN(Time Triggered CAN)	重视安全、按用途分类的控制用LAN协议,时间同步的CAN	1 Mb/s	Robert Bosch公司,CAN
ByteFlight	重视安全、按用途分类的控制用LAN协议,通用时分多路复用(FTDM A)	10 Mb/s	BMW公司
FlexRay	重视安全、按用途分类的控制用LAN协议	5 Mb/s	BMW公司 Daimler-Chrysler公司
D2B/Optical(Domestic Digital Bus/Optical)	一种音频系统通信协议,将D2B作为音频系统总线,采用光通信	5.6 Mb/s	C&C公司
MOST(Media Oriented System Transport)	一种信息系统通信协议,以欧洲为中心,由克莱斯勒与BMW公司推动	22.5 Mb/s	MOST公司
IEEE 1394	一种信息系统通信协议,有转化成IDB1394的动向	100 Mb/s	1394工业协会

4. 按应用系统分

按应用系统不同，汽车网络系统大致分为动力传动网络系统、车身网络系统、安全网络系统、信息与车载媒体网络系统和故障诊断网络系统等 5 种。

1) 动力传动网络系统

动力传动网络系统主要是将发动机、ABS、自动变速器三个控制单元连接成一个网络，也可连接 SRS、ESP、悬架组合仪表等控制单元。动力传动系统的受控对象直接关系汽车的行驶状态，对通信实时性有较高的要求。因此使用高速的总线连接动力传动系统。传感器组的各种状态信息可以通过广播的形式在高速总线上发布，各节点可以在统一时刻根据自己的需要获取自己需要获取的信息。这种方式最大限度地提高了通信的实时性。动力传动网络系统属于高速网络，数据传递应尽可能快，以致及时利用数据，数据传输速度一般为1 Mb/s。

2) 车身网络系统

车身网络系统主要将防盗、雨刷、天窗、车门、车灯、座椅等电子控制单元连接成一个网络。车身系统的控制单元多为低速电机和开关量器件，对实时性要求低而数量众多，使用低速的总线连接这些电控单元。将这部分电控单元与汽车的驱动系统分开，有利于保证驱动系统通信的实时性。此外，采用低速总线还可增加传输距离、提高抗干扰能力以及降低硬件成本。数据传输速度一般为 100～125 kb/s。

3) 安全网络系统

安全网络系统主要是将 SRS、安全带、加速度传感器、儿童安全带识别等电子控制单元连接为一个网络。这是根据多个传感器的信息使安全气囊启动等的系统控制系统。由此使用节点数将急剧地增加。对此系统的要求是：成本低、通信速度快、通信可靠性高。

4) 信息与车载媒体网络系统

信息与车载媒体网络系统将 GPS、组合仪表、CD、车载电话、电视、收音机等电子控制单元连接为一个网络。信息与车载媒体网络系统的容量大、通信速度非常快，通信速率一般在 2 Mb/s 以上。

5) 故障诊断网络系统

故障诊断网络系统是专为车用故障诊断设备建立的通信网络系统，以用于汽车再现诊断或远程诊断。

7.1.3　多路传输基本原理

1. 数据传输方式

1) 串行传输与并行传输

串行传输的数据是一位一位在设备之间进行传输，在发送站需将并行数据位流变成串行数据位流，然后发送到传输信道上；而在接收站又要将从传输信道接收到的数据位流变换成并行数据位流。并行传输时，多个位在设备间同时传输。串行传输的速度比并行传输要慢得多，但费用低，通常传输距离较远的数字通信系统多采用串行传输；并行传输的速度高，但设备费用也高，适用于近距离传输。

2) 同步传输与异步传输

同步传输方式中，各字符没有起始位和停止位，采用按位同步的原则。位同步即接收端接收的每一位数据信息都要和发送端准确地保持同步。异步传输方式是在位同步基础上的同步,要求发送端与接收端必须保持一个群内的同步。异步传输方式实现简单,但传输效率低。同步传输方式对发送端和接收端的要求较高,由于取消了每个字符的起始位和停止位,传输效率高于异步传输方式,适用于高速数据通信。

3) 多路复用技术

在同一条通信线路上,实现同时传送多路信号。该技术分为时分多路复用、频分多路复用和波分多路复用。时分多路复用(TDM)是在传输时将时间分成小的时间段,每一时间段由复用的一路信号占用,各路信号在微观上串行传输,宏观上并行传输,广泛应用于数字通信和计算机网络系统。频分多路复用(FDM)是将多路信号分别调制到互不交叠的频段进行传输,各路信号在微观上并行传输,其缺点是各路信号之间易互相干扰,多用于模拟通信。波分多路复用(WDM)是在光波频率范围内,将不同波长的光波,按一定间隔排列在一根光纤中传输。

汽车网络一般采用时分多路复用传输方式,如图7-4所示。

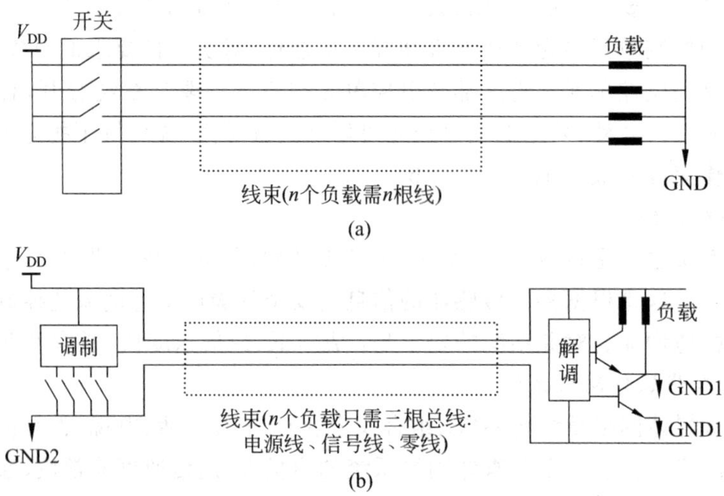

图7-4　多路传输与单路传输

(a) 单路传输; (b) 多路传输(串行分时通信)

2. 信息多路传输与分离过程

通过寻址系统A,数据D0或D1由多路传输模块进入到总线S。信息D一旦传输到信息分离模块就被导引到由新的寻址系统A所储存的输出口S0和S1处,如图7-5所示。

通过一个地址,可以导引两个数据;通过两个地址,可以导引4个数据,以此类推。

数据D0和D1进入到多路转换器中呈并行方式排列,而数据D则以串行方式传输到输出S。数据D以串行方式进入到信息分离器,然后以并行方式传输到输出S0和S1。这些数据的传输通过一个时钟同步完成。每一个发送器和接收器都是同步发送和接收的。

1) 多路传输阶段

当地址A处于"0"状态时,不管D1处于什么状态,在输出S处都可以得到数据D0。当地址A处于"1"状态时,不管D0处于什么状态,在输出S处都可以得到数据D1。数据D0和D1总是位于输入处,由地址A决定它们之间谁将被传输。数据0或1是一些电平符号,如图7-6所示。

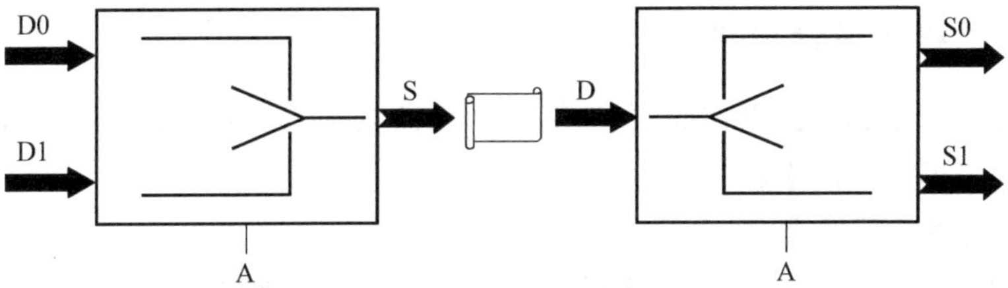

A	D0	D1	S
0	0	X	0
0	1	X	1
1	X	0	0
1	X	1	1

A	D	S0	S1
0	0	0	0
0	1	1	0
1	0	0	0
1	1	0	1

图 7-5　多路传输及信息分离原理

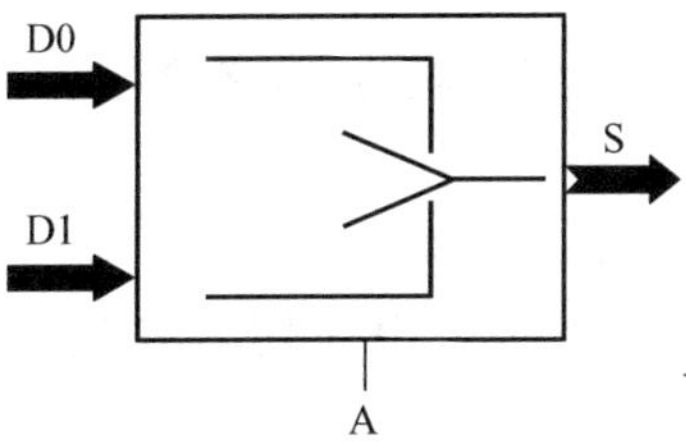

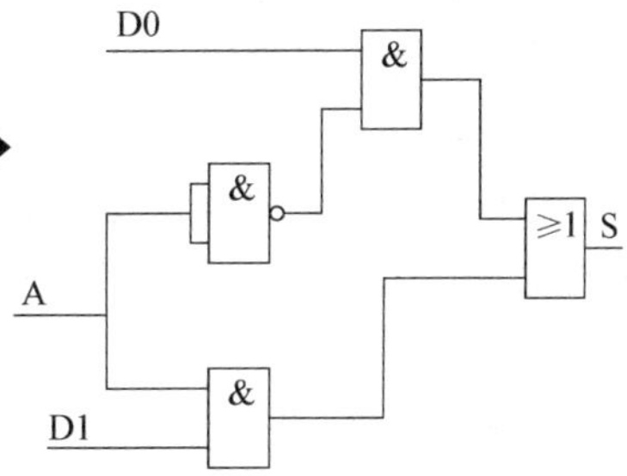

A	D0	D1	S
0	0	X	0
0	1	X	1
1	X	0	0
1	X	1	1

$S=\overline{A}.D0+A.D1$

D0,D1=数据
A=选址
X=不重要状态

图 7-6　多路传输阶段

2）信息分离阶段

当地址 A 处于状态“0”时，数据 D 被传输到输出 S0，S1 保持“0”状态。当地址 A 处于状态“1”时，数据 D 被传输到输出 S1，S0 保持“0”状态。数据 D 总是位于输入处，由地址 A 的状态决定它们的去向，如图 7-7 所示。

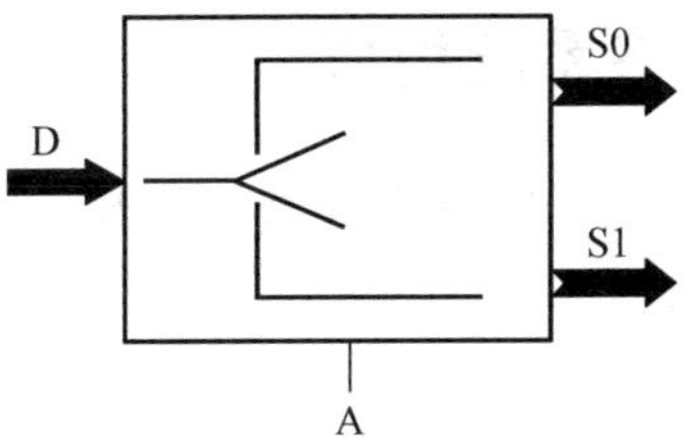

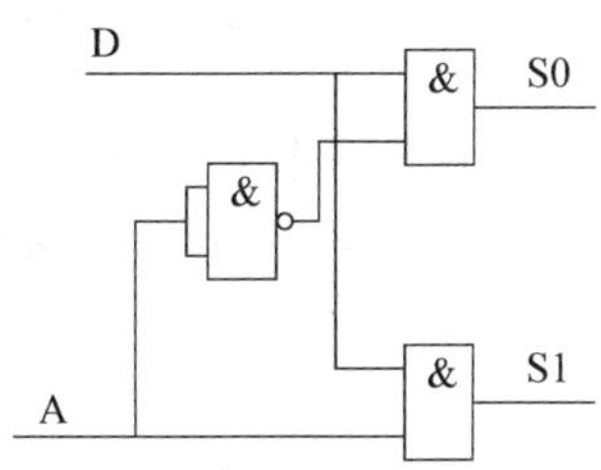

A	D	S0	S1
0	0	0	0
0	1	1	0
1	0	0	0
1	1	0	1

D=数据，A=地址
$S0=\overline{A}.D$，$S1=A.D$

图 7-7　信息分离阶段

7.1.4 汽车网络的设计要求

汽车使用应安全、方便、操作简便、性能可靠和低成本,且运行环境恶劣,为此汽车网络系统的设计应考虑下列因素:

(1) 温度范围一般要求在$-40\sim125$℃。

(2) 油、水、盐雾、尘土以及可能遇到的化学腐蚀物质的影响。

(3) 机械振动、颠簸、冲击的影响。

(4) 电磁兼容问题:系统必须具有承受外来电磁干扰的能力和不能对环境造成电磁干扰和辐射(家庭环境的电磁场为3 V/m,工厂环境的电磁场为10 V/m,汽车环境电磁场可能大于200 V/m)。

(5) 环境保护问题。工作中的释放物(包括声、光、电磁、油和气等)必须满足环保要求,部件和整车报废时的回收处理问题。

(6) 可能的故障和可能的误操作,如电源反接、线头脱落、短路/断路、摩擦等,造成的损失应尽量小。

(7) 应充分考虑事故时的保护措施或对安全的影响。

(8) 任何部件必须保证高的可靠性,在要求的使用周期内发生故障的概率要足够小。

(9) 批量生产的成本价格。

汽车网络系统除了考虑以上基本因素之外,还应当考虑以下因素:

(1) 节点与总线的连接头的电气与力学特性以及连接头数量。

(2) 网络系统和应用系统的评估与性能检测方法。

(3) 容错和故障恢复问题。

(4) 实时控制网络的时间特性。

(5) 安装与维护中的布线。

(6) 网上节点的增加与软硬件更新(可扩展性)。

汽车网络系统要求可靠、廉价、与应用系统一体化、线路简单和实时性好。

7.2 汽车网络系统组成

汽车网络系统由硬件和软件两大部分组成,其中,硬件主要由模块、传输介质、负载电阻、网关等组成(见图7-8);软件主要指通信协议。

7.2.1 模块

模块是探测信号和(或)进行信号处理的一种电子装置,通常是指电子控制单元(ECU)、传感器和执行器。模块的功能是将信号发送至数据总线上,并接收来自数据总线上的信号。在汽车网络系统通常将模块称为节点。

模块(节点)一般由微处理器、控制器、收发器(或线路接口)等组成,如图7-9所示。本文主要介绍模块中的控制器和收发器。

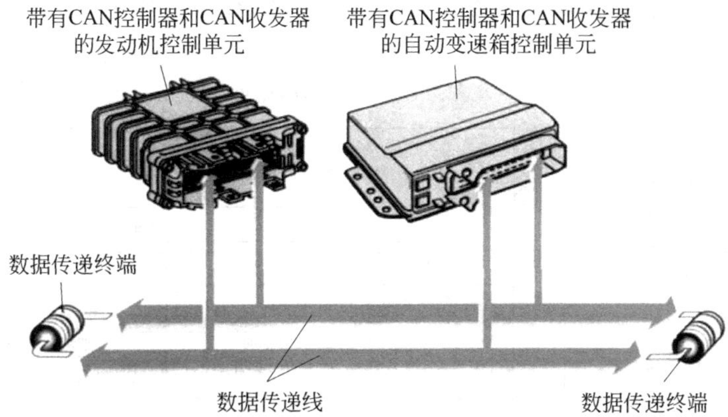

图 7-8　汽车网络系统的组成

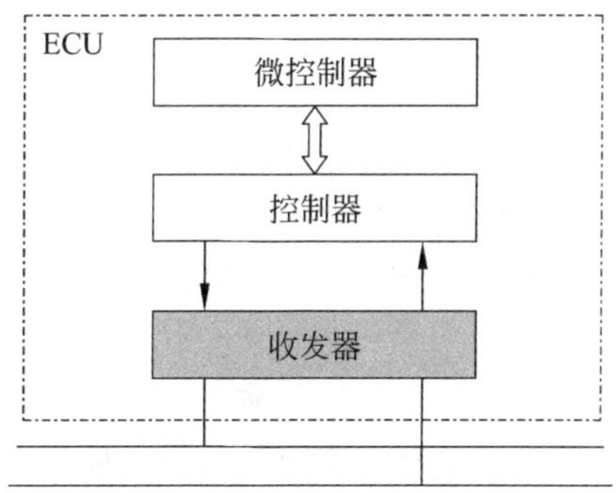

图 7-9　模块(节点)的组成

1. 控制器

1) 控制器功能

控制器位于模块的内部,安装在微处理器与收发器之间。控制器的功能有两大功能:

(1) 接收模块中微处理器传来的数据,并对这些数据进行处理后,传送到收发器。

(2) 接收收发器从网络传来的数据,并对这些信号处理后,传送到模块中的微处理器。

2) 控制器的类型

不同通信协议采用的控制器型号不同,但通常分为两大类,即独立控制器和存片控制器。

(1) 独立控制器

独立 CAN 控制器是指单一模块,不与 ECU 的微处理器集成。独立控制器使用起来比较灵活,可与多种类型的单片机进行接口组合。主要型号有 Intel 82526、Philips 82C200、Philips SJA1000、Simens 81C90/91、NEC 72005、MCP 2510 等。

下面以 SJA1000 控制器为例介绍其工作原理

SJA1000 控制器是专为 CAN2.0B 协议设计的一种独立控制器,由 Philips 公司生产。该控制器采用 28 个引脚,位速率达 1 Mb/s,时钟频率为 24 Hz,可与不同微处理器直接连接,具有 Basic 和 Peli 两种 CAN 工作模式。

SJA1000 型 CAN 控制器主要由接口管理逻辑、发送缓冲器、接收缓冲器、验收滤波器、位流处理器、位时序逻辑、错误管理逻辑等模块组成,如图7-10所示。

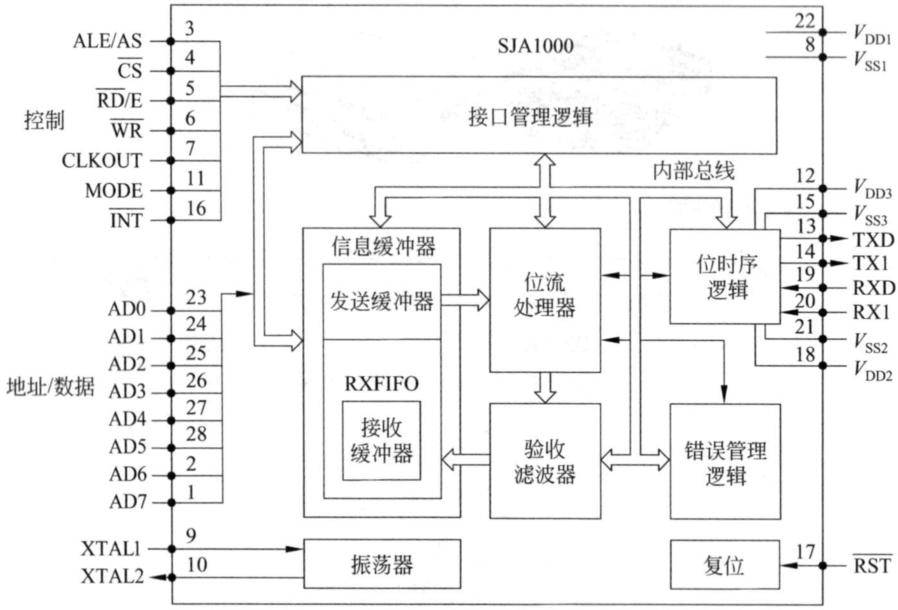

图7-10 SJA1000控制器的结构

接口管理逻辑(IML)用以接收来自微控制器的命令,分配控制信息缓存器(发送缓存器、接收缓存器0和接收缓存器1),并为微控制器提供中断和状态信息。

发送缓冲器(TB)是CPU和BSP(位流处理器)之间的接口,能够存储发送到CAN网络上的完整信息。发送缓冲器长13个字节,由CPU写入,BSP读出。

接收缓冲器(RXB,RXFIFO)是验收滤波器和CPU之间的接口,用来储存从CAN总线上接收的信息。接收缓冲器作为接收先入先出队列(FIFO)的一个窗口,可被CPU访问。CPU在此FIFO的支持下,可以在处理信息的时候接收其他信息。

验收滤波器(ACF)用以比较总线上的报文标识符和接收滤波器内容,判别是否接收报文。

位流处理器(BSP)是一个系列发生器,用以控制发送缓冲器、接收缓冲器和CAN总线之间的位流。它还负责仲裁、位填充、错误界定以及错误处理等功能。

位时序逻辑(BTL)的功能是监视串口的CAN总线和处理与总线有关的位时序。它在信息开头的总线传输时同步CAN总线位流(硬同步),接收信息时再次同步下一次传送(软同步)。BTL还提供了可编程的时间段来补偿传播延迟时间、相位转换(例如,由于振荡漂移)、定义采样点和一位时间内的采样次数。

错误管理逻辑(EML)传输层模块的错误管制。它接收BSP的出错报告,通知BSP和IML进行错误统计。

(2) 在片控制器

在片控制器与ECU微处理器集成为一体,它们在许多特定情况下,使电路设计简化和紧凑、效率提高,如Philips 8XC592、Motorola 68HC05X4、Simens C167C等。

2. 收发器

1) 收发器功能

收发器又称为驱动器或线路接口，收发器也位于模块的内部，安装在控制器与数据传输介质之间。收发器的功能主要有：

(1) 接收控制器传来模块的信号，并将其转化为电信号输送至数据传输介质。

(2) 接收数据传输介质传来的其他模块信号，并将其发送至控制器。

2) 收发器的类型

收发器提供控制器与物理介质(总线)之间的接口，是影响网络系统安全性、可靠性、电磁兼容性的主要因素。

不同通信协议采用不同型号的收发器，常见的收发器主要有 82C250、82C251、TJA1050、TJA1040、MC33897、SI9200 等。

下面以 82C250 收发器为例，介绍收发器的结构原理。

82C250 收发器是 Philips 公司专为 CAN 协议生产的一种收发器，与 SJA1000 控制器配合使用。82C250 收发器采用 8 个引脚，其功能框图如图 7-11 所示。

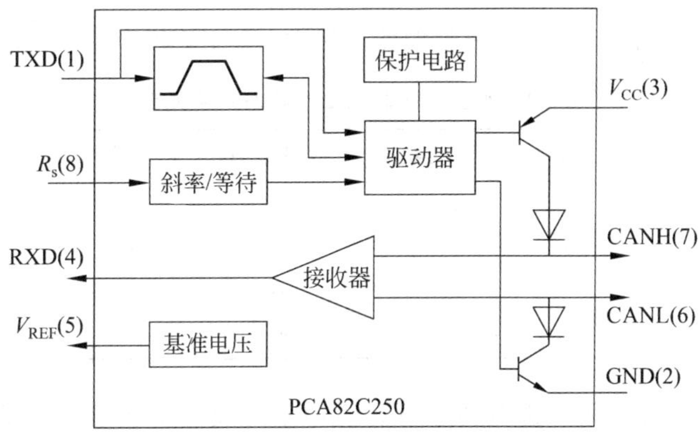

图 7-11　82C250 收发器的功能框图

控制器 SJA1000 的串行数据输出线 TX 和串行数据输入线 RX 分别通过光电隔离电路连接到收发器 PCA82C250，PCA82C250 通过有差动发送和接收功能的两个总线终端 CANH 和 CANL 连接到总线电缆，输入 R_s 用于模式控制，参考电压输出 V_{REF} 的输出电压是 0.5 倍的额定 V_{CC}，其中 PCA82C250 的额定电源电压是 5 V。

3) 收发器的数据传递

收发器通过 TX 线(发送导线)或 RX 线(接收导线)与数据传输总线构件相连，见图 7-12，RX 线通过一个放大器直接与数据传输总线相连，始终监控总线信号。

收发器的特点是 TX 线与总线的耦合。如图 7-13 所示，这个耦合过程是通过一个断路式集流器电路来实现的。因此，总线导线上就会出现状态 1 和状态 0 两种状态。

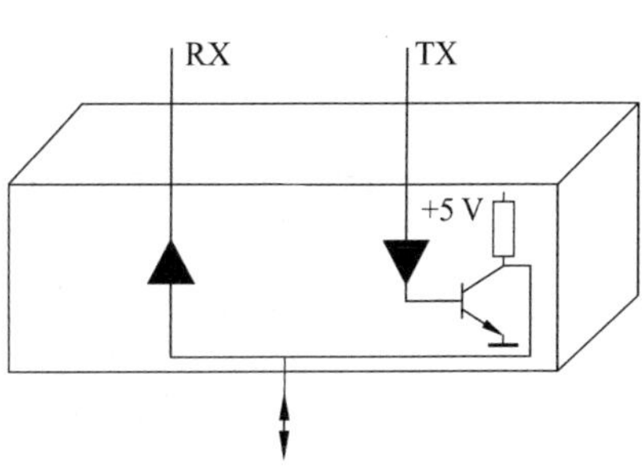

图 7-12　收发器与 TX 线耦合

状态1：截止状态，晶体管截止(开关未闭合)，无源，总线电平=1，电阻高。

状态0：接通状态，晶体管导通(开关已闭合)，有源，总线电平=0，电阻低。

如图7-14所示，假设有三个控制器收发器耦合在一根总线导线上，开关未闭合表示1(无源)、开关已闭合表示0(有源)，则收发器C有源，收发器A和B无源。工作过程如下：

(1) 如果某一开关已闭合，电阻上就有电流流过，于是总线导线上的电压就为0 V。

(2) 如果所有开关均未闭合，那么就没有电流流过，电阻上就没有压降，于是总线导线上的电压就为5 V。

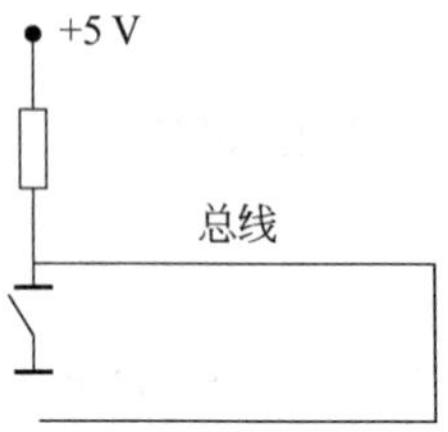

图7-13　总线开关状态示意图

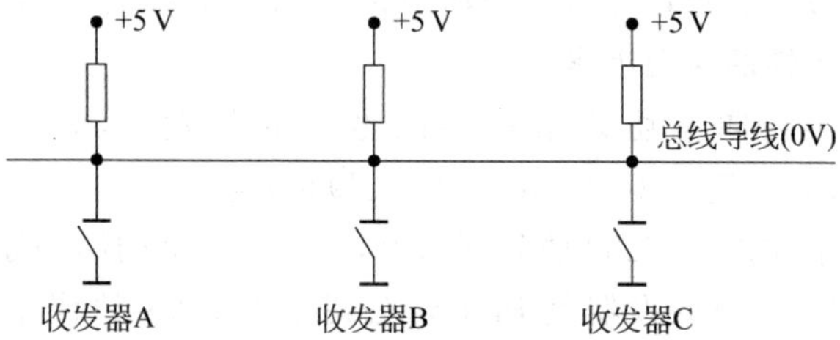

图7-14　在一条总线上耦合的三个收发器

按照图7-14所示连接方式，三个收发器连接在CAN总线上的工作状态如表7-3所示。

表7-3　收发器和总线工作状态对应关系表

收发器 A	收发器 B	收发器 C	总线状态	收发器 A	收发器 B	收发器 C	总线状态
1	1	1	1(5 V)	0	1	1	0(0 V)
1	1	0	0(0 V)	0	1	0	0(0 V)
1	0	1	0(0 V)	0	0	1	0(0 V)
1	0	0	0(0 V)	0	0	0	0(0 V)

总线系统中的信号采用二进制传输，因此，如果总线处于状态1(无源)，那么此状态可以由某一个控制单元使用状态0(有源)来改写。我们将无源的总线电平称为隐性的，有源的总线电平称为显性的。实现逻辑运算的模型，见图7-15和图7-16。

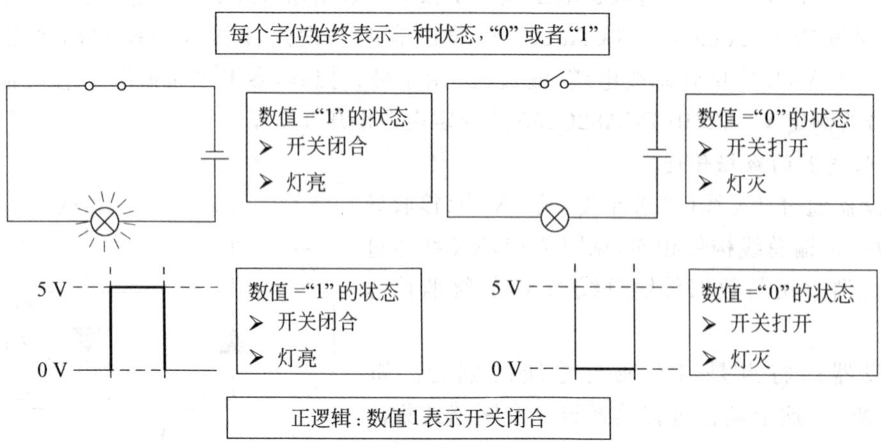

图7-15　正逻辑运算模型

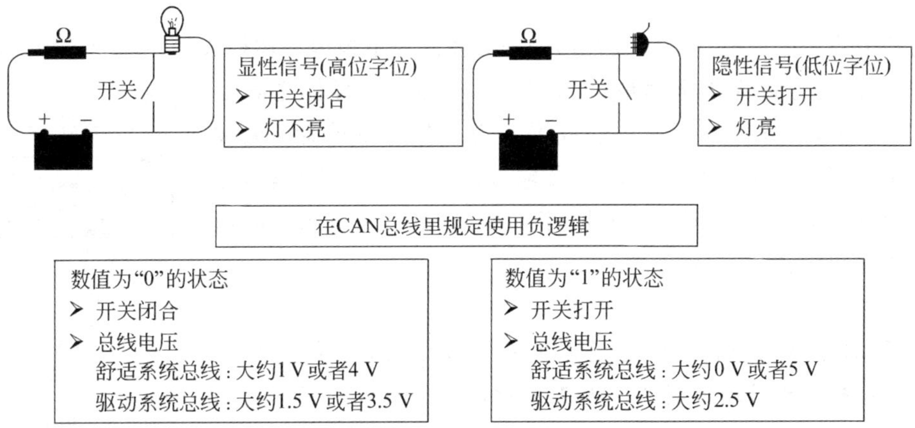

图 7-16　负逻辑运算模型

总线系统采用二进制传输，负逻辑运算。

7.2.2　传输介质

汽车网络系统的传输介质主要有双绞线、同轴电缆、光纤、无线介质等。

1. 双绞线

双绞线(TPL)是综合布线工程中最常用的一种传输介质。双绞线由两根具有绝缘保护层的铜导线按一定密度互相绞在一起，这样可降低信号干扰的程度，每一根导线在传输中辐射的电波都会被另一根线上发出的电波抵消。双绞线既可以用于传输模拟信号，也可以用于传输数字信号。区域网中的双绞线在 100 kb/s 速率下的传输距离可达 1 km。双绞线比同轴电缆或光纤的价格便宜得多。双绞线根据是否具有屏蔽性分为非屏蔽双绞线(UTP)和屏蔽双绞线(STP)两类(见图 7-17(a)、(b))。

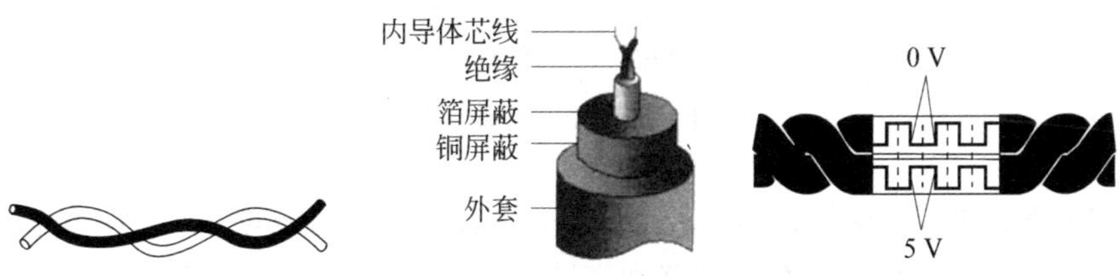

(a)　(b)　(c)

图 7-17　双绞线

(a) 非屏蔽双绞线；(b) 屏蔽双绞线；(c) 抗干扰

STP 在 UTP 外面再加上一个由金属丝纺织而成的屏蔽层，以提高其抗电磁干扰能力，因此，STF 抗外界干扰的性能优于 UTP，但价格要比 UTP 昂贵。相互缠绕的一对双绞线可作为一条信息通路。

双绞线中的两条线的电位总相反，如果一条是 5 V，另一条就是 0 V，始终保持电压总和为一常数(见图 7-17(c))。通过这种方法，CAN 总线得到了保护而免受外界的电磁场干扰，同时 CAN 总线向外辐射也保持中性，即无辐射。

2. 同轴电缆

同轴电缆是由一根空心的圆柱形的外导体围绕单根内导体构成的。内导体为实芯或多芯硬质铜线,外导体为硬金属或金属网。内导体和外导体之间由绝缘材料隔离,外导体外还有皮套或屏蔽物。有两种同轴电缆被广泛使用,一种是50电缆,用于数字传输,由于多用于基带传输,也叫基带同轴电缆;另一种是75电缆,用于模拟传输,一般用于电视信号的传输,称为宽带同轴电缆。

3. 光纤

光纤和同轴电缆相似,中心是光传播的玻璃纤芯。纤芯是采用超纯的熔凝石英玻璃拉成的比人头发丝还细的芯线,它质地脆、易断裂。在多模光纤中,需要外加一保护层。纤芯外面包围着一层折射率比纤芯低的玻璃封套,以使光纤保持在纤芯内。再外面的是一层薄的塑料外套,用来保护封套(见图7-18)。光纤不受电磁干扰或噪声影响。光纤有单模和多模之分。纤芯的直径是15～100 μm,而单模光纤纤芯的直径为8～10 μm。光纤通常被扎成束,外面有外壳保护。

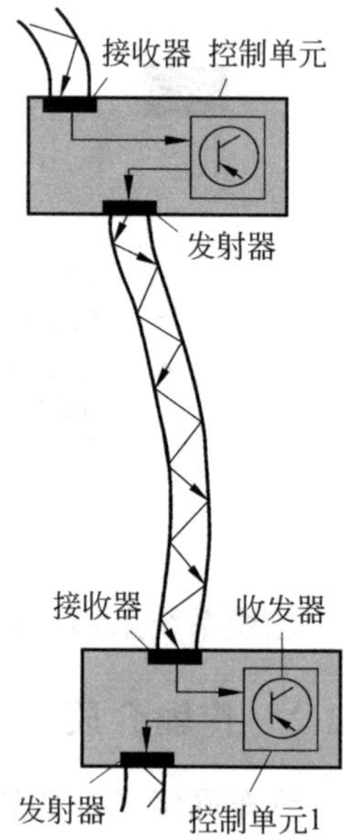

图7-18 光纤的光波传输

光导纤维的任务是将在某一控制单元发射器内产生的光波传送到另一控制单元的接收器。

在发送端,可用发光二极管(LED)或激光二极管(LD)等光电转换器件把电信号转换成光信号,再耦合到光纤中进行传输;在接收端,通过光电二极管(PIN)等器件进行逆变换,把光纤传来的光脉冲转换成电信号输出(见图7-19)。

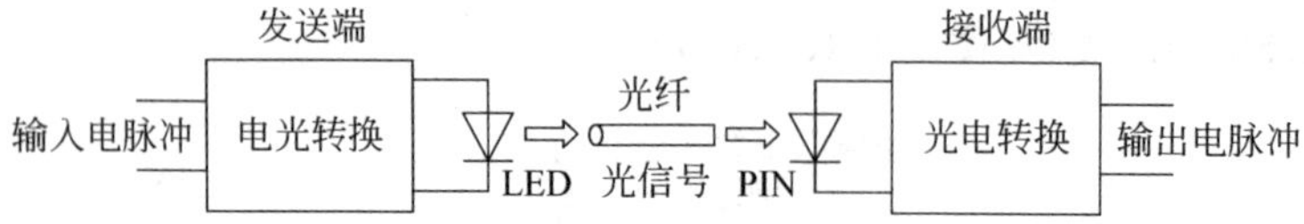

图7-19 光纤传输系统

光纤的特点:频带宽度较大和多路、尺寸小、质量轻;通过效率大、信号功率损失小、与频率的关系减弱;超高绝缘、不存在短路和搭铁问题;耐腐蚀、灵敏度高;抗干扰性能强;允许有较高的数据传输速率和较高的信噪比,适用于发动机实时控制、汽车状态监测和通/断负载的开关控制等要求。光纤多路传输系统是汽车多路传输系统的发展方向,是汽车线束的发展方向。

4. 无线介质

无线介质是指通过大气传输电磁波的三种技术,即微波、红外线和激光。这三种技术都需要在发送方和接收方之间有一条视线通路。

无线介质信号传输技术称为蓝牙(blue tooth)技术。车载蓝牙系统的数据传输速度可达1 Mb/s,传输频率为2.40～2.48 GHz,有效距离为10 m。

车载蓝牙系统主要应用于车载电话、CAN网关、车载多媒体、驻车遥控等方面。

7.2.3　数据传递终端和网关

1. 数据传递终端

在数据总线的两个末端设有两个终端电阻，其目的是防止数据在终端被反射，并以回声的形式返回，数据在终端的反射会影响数据的传输。

新型 CAN 总线，将终端电阻分布在各控制单元内，形成分布式电阻，称为负载电阻，即发动机控制单元内的“中央末端电阻”和其他控制单元内的高欧姆电阻。

2. 网关

网关是连接异型汽车网络的接口装置。其功能是将异型网络的通信协议进行翻译和解释，并进行无差错数据传输。即从第一个网络接收信息、翻译信息，向第二个网络发送信息。

汽车网关主要是能在 OSI 参考模型的物理层、数据链路层和应用层上对双方不同的协议进行翻译和解释。

网关（见图 7-20）实际上就是一种模块，它工作的好坏决定了不同的总线、模块和网络相互间通信质量的好坏。

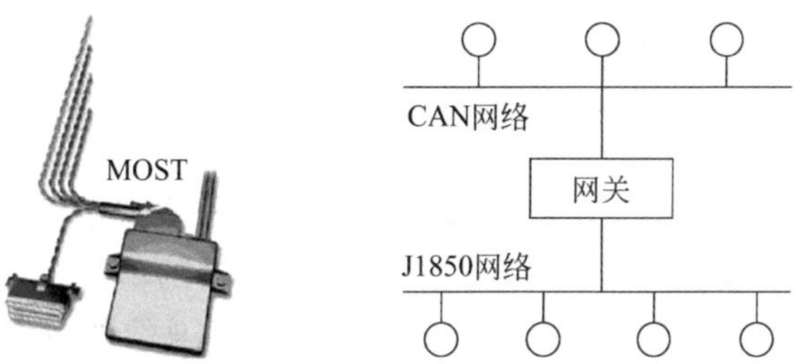

(a)　(b)

图 7-20　网关

(a) 外形；(b) 连接方式

这是因为两个异型汽车网络，各自的电压电平和电阻配置不同，使网络之间无法耦合连接；各自的数据传输速率不同，无法使用另一个网络发送信号，所以，异型网络之间必须有一个转换装置来建立之间的相关连接。

7.2.4　通信协议

1. 定义

通信协议是指通信双方控制信息交换规则的标准和约定的集合，即指数据在总线上传输的规则。在汽车上，要实现车内各控制单元的通信，必须制定规则，即通信方法、通信时间、通信内容，保证通信双方能互相配合，是通信双方能共同遵守、可接受的一组规定和规则。

2. 类型

在汽车网络系统发展初期，汽车制造商根据自己的需要开发各自的汽车网络系统，因此出现了许多网络通信协议，如表 7-4 所示。

表 7-4 不同网络所采用的通信协议及其特性

类　别	A类网络	B类网络	C类网络	多媒体
主流协议	LIN、TTP/A	中速CAN、J1850、VAN	高速CAN(ISO11898)、TTP/C、FlexRay、ByteFlight	DDB、MOST
信息传输延时/ms	<50	<20	<5	<5
时钟离散度要求/%	20	2	0.01	
优先级	有	有	有	
容错能力	无	无	有	有
介质	单线	单线	双绞线	光纤
应用场合	面向传感器、执行器的低速网络	独立模块间的信息传输	主要面向高速实时闭环控制系统	多媒体系统
汽车上的应用范围	电动门窗、座椅调节、灯光照明控制等	电子仪表、驾驶信息、故障诊断、安全气囊、自动控制等	发动机控制、变速控制、ABS、悬架控制、转向控制等	信息娱乐(CD/DVD、导航等)

除了常用的LIN、TTP、CAN、J1850、VAN、FlexRay、ByteFlight，DDB、MOST等汽车网络通信协议之外，还有许多其他汽车网络通信协议，但应用较少。

1) LIN协议

LIN协议是A类汽车网络系统的首选，是用于汽车分布式电控系统的一种新型低成本串行通信系统，它是一种基于UART数据格式、主从结构的单线12 V的总线通信系统，主要用于智能传感器和执行器的串行通信，而这正是CAN总线的带宽和功能所不要求的部分。由于目前尚未建立低端多路通信的汽车标准，因此，LAN正试图发展成为低成本的串行通信的行业标准。

LIN协议的技术特点为：

(1) 单主机多从机结构(没有总线仲裁)。

(2) 基于普通UART/SCI接口的低成本硬件、低成本软件。

(3) 带时间同步的多点广播接收，从节点无须石英或陶瓷振荡器。

(4) 确定性的信号传输。

(5) 低成本的单线实现。

(6) 速率可达20 kb/s，总线长度≤40 m，可选的数据域长度为0～8 B。

(7) 保证信号传输的延迟时间。

(8) 数据校验和的安全性和错误检测。

(9) 使用最小成本的半导体元件(小尺寸单芯片系统)，且可使用汽车蓄电池供电。

(10) 不需改变LIN从节点的硬件和软件即可在网络上增加节点，通常一个LIN网络节点数小于16个。

LIN协议的主要优点可以概括为以下几个方面：

(1) LIN是一种低端网络系统，可提供简单的网络解决方案，支持网络节点的互操作性，大大减少了系统安装、调试和接线的成本和时间。

(2) LIN的通信量小、配置灵活、单线连接和单主机/多从机的通信结构(无须总线仲裁)，可保证低端设备和电子控制单元简便、快捷的实时通信。

(3) 通过主机节点(网关)，可将 LIN 与上层网络(如 CAN)相连接，实现 LIN 的子总线辅助通信功能，可优化网络结构，提高网络效率和可靠性。

(4) LIN 的协议是开放的，任何组织和个人无须支付费用即可获取。

2) TTP 协议

TTP 协议又称时间触发协议，由 TTTech 公司开发。TTP 协议有两种：TTP/A 和 TTP/C。

TTP/A 适应于 A 类汽车网络，它的应用目标与 LIN 基本一致。它是基于时间触发访问方式的协议，使用不同的物理层，数据传输速度在很大范围内选择。

TTP/C 应用于 C 类汽车网络，是一个应用于分布式实时控制系统的完整的通信协议，它能够支持多种的容错策略，提供了容错的时间同步以及广泛的错误检测机制，同时还提供了节点的恢复和再整合功能。采用光纤作为传输介质、传输速度可达 25 Mb/s。

3) CAN 协议

CAN 总线是德国 BOSCH 公司从 20 世纪 80 年代初为解决现代汽车中众多的控制与测试仪器之间的数据交换而开发的一种串行数据通信协议，它是一种多主总线，通信介质可以是双绞线、同轴电缆或光导纤维。通信速率可达 1 Mb/s。CAN 总线通信接口中集成了 CAN 协议的物理层和数据链路层功能，可完成对通信数据的成帧处理，包括位填充、数据块编码、循环冗余检验、优先级判别等项工作。CAN 协议的一个最大特点是废除了传统的站地址编码，而代之以对通信数据块进行编码，最多可标识 2048(2.0 A)个或 5 亿(2.0 B)多个数据块。采用这种方法的优点可使网络内的节点个数在理论上受限制。数据段长度最多为 8 个字节，不会占用总线时间过长，从而保证了通信的实时性。CAN 协议采用 CRC 检验并可提供相应的错误处理功能，保证了数据通信的可靠性。

CAN 协议可用于 B 类和 C 类汽车网络系统，并被 ISO 作为国际标准。

4) J1850 协议

J1850 协议由美国汽车工程师学会(SAE)开发，应用于 B 类网络，采用双绞线为传输介质，传输速度为 10.4 kb/s，主要在美国和日本汽车公司中应用。

5) VAN 协议

VAN 协议主要应用于 B 类汽车网络，是由法国标致、雪铁龙、雷诺公司联合开发研制的，主要应用于汽车车身系统。VAN 协议是一种只需要中等通信速率的通信协议，传输速率为 250 kb/s，数据域长度为 0～64 B，采用双绞线作为传输介质。VAN 协议尤其适用于车身功能和汽车舒适性功能的管理。实际上，许多功能从发出指令到有所行动都需要反应时间，VAN 的反应时间大约是 100 ms，由此可见，VAN 协议是十分有效的。

6) FlexRay 协议

FlexRay 是一种新的汽车网络通信协议，它采用 FTDM(flexile time division multiple access)的确定性访问方式，具有容错功能和确定的消息传输时间，能够满足汽车控制系统的高速率通信要求。BMW、Daimler-Chrysler、Motorola 和 Philips 联合开发和建立了这个 FlexRay 标准，GM 公司也加入了 FlexRay 联盟，共同致力于开发汽车分布式控制系统中高速总线系统的标准。该标准不仅提高了一致性、可靠性、竞争力和效率，而且还简化了开发和使用，并降低了成本。

7) ByteFlight 协议

ByteFlight 主要以 BMW 公司为中心制订的。数据传输速率为 10 Mb/s，光纤可长达

43 m。ByteFlight 不仅可以用于安全气囊系统的网络通信,还可用于 X-by-Wire 系统的通信和控制,属于 C 类汽车网络协议。

ByteFlight 的特点是既能满足某些高优先级消息需要时间触发,以保证确定延迟的要求,又能满足某些消息需要事件触发、需要中断处理的要求。

8) DDB 协议

DDB 协议是用于汽车多媒体和通信的分布式网络,通常使用光纤作为传输介质,可连接 CD 播放器、语音控制单元、电话和因特网。

9) MOST 协议

MOST 协议是一种专为媒体信息传送的协议,得到了广泛采用。MOST 网络可以不需要额外的主控计算机系统,结构灵活、性能可靠和易于扩展。MOST 网络光纤作为物理层的传输介质,可以连接视听设备、通信设备以及信息服务设备。MOST 网络支持"即插即用"方式,在网络上可以随时添加和去除设备。MOST 协议具有以下基本特征:

(1) 支持多种网络连接方式。

(2) 使用 POF(plastic optical fiber)优化信息传送质量。

(3) 无论是否有主控计算机都可以工作。

(4) 发送/接收器嵌有虚拟网络管理系统。

(5) 支持数据的同步和异步传输。

(6) 支持声音和压缩图像的实时处理。

(7) 保证低成本的条件下,达到 24.8 Mb/s 的数据传输速度。

(8) 提供 MOST 设备标准。

(9) 方便简洁的应用系统界面。

7.3 汽车网络多路传输数据编码技术

7.3.1 汽车网络多路传输数据编码技术的类型

数据编码技术对辐射 EMI 有着重要的作用。为达到可能的最高数据速度,选择一个合适的数据编码技术就很重要,这项技术要在最长时间内在转换器与同步位之间,每一位都有最少的转换器,以便能有效实施无效位检测。

汽车网络多路传输数据编码技术主要有 PWM、NRZ、MAN、MFM 等,见表 7-5。

表 7-5 汽车网络多路传输中几种位编码技术的比较

特　性	PWM	VPWM	10 位 NRZ	位填充 NRZ	L-MAN	E-MAN	MFM
可变性	否	是	否	是	否	否	否
同步性	是	是	否	否	是	否	是
仲裁性	是	是	是	是	是	是	是
转换/位	2	1	≤1.25	≤1.015	≤2	≤1.25	≤1
最大数据速度/(kb/s)	7.1	11.2	13.5	16.6	8.4	13.5	16.8
dBV<PWM	基点	9	11	14	5	11	15
振荡稳定性/%	±29.2	±29.2	±5.1	±9.7	±29.2	±9.7	±10.7
完整性	最佳	良好	一般	一般	最佳	一般	较好

在表 7-5 中的可变性一栏中，描述了为何数据字节的传输时间会因数据值而成为一个变量的属性。VPWM 和位填充 NRZ 都有可变字节重复速率(数据可变性)。

一些位编码技术与下降沿或在位边界内的转换器同步。10 位 NRZ、位填充 NRZ 和 E-MAN 都为同步提供了附加转换器(时钟同步)。

所有可能考虑到的编码技术都能够逐位裁定。这并不通常被某些编码技术所能认知，如 MFM，转换位由每位数据转换的数量来计算。

合适的数据编码技术应不产生额外的 EMI，这是编码选择的主要因素。

7.3.2　脉宽调制编码技术

1. 脉宽调制(PWM)编码的原理

脉宽调制(PWM)是一种对模拟信号进行数字编码的方法。通过高分辨率的计数器，方波的占空比可以被调制，用来对一个具体模拟信号的电平进行编码。PWM 信号是一种数字信号，在任意时刻，信号幅值或为满幅值或为零。只要带宽足够宽，任何模拟值都可以用 PWM 进行编码。

脉宽调制的基本原理是利用频率足够高的基准脉冲信号来记数信号高电平或低电平的宽度，所记基准脉冲个数即为信号所代表的含义。图 7-21 为 PWM 调制方式的原理示意图。

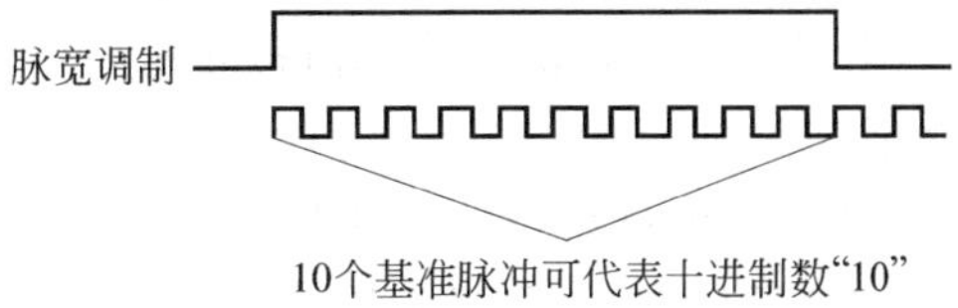

图 7-21　脉宽调制的原理示意图

PWM 编码技术由每位两个示例时期或阶段(T_1与 T_2)组成，如图 7-22 所示。PWM 编码具备每位时间保持恒定的优点，但它也具备因每位有两个转换器而产生更多 EMI 的缺点。PWM 每阶段的时间也影响着 EMI 产生的噪声，为使 EMI 影响最小化，一个阶段时间通常定义成其他阶段持续时间的两倍。

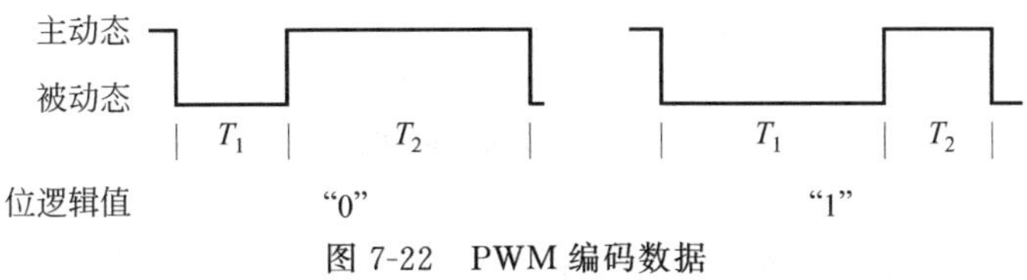

图 7-22　PWM 编码数据

2. 脉宽调制编码的优点

(1) 对脉宽调制而言，其脉冲高低电平的跳变表示了数据包的开始与结束。开始和结束信号与数据本身分离，易于区分和识别，用一些简单的触发器和计数器在基准脉冲准确的前提下，就可以读出脉冲宽度所包含的信息。

(2) 脉宽调制仅要求发射端和接收端基准时钟信号频率相同即可，无相位对齐的要求。

(3) 用脉宽调制的数据包，测试数据的大小由脉冲宽度表示，信号相位、频率的轻微变化对提取数据没有太大的影响。即使有影响也仅相当于给测试信号加入了一个白噪声干扰。只要信号相位、频率变化引起的误差在测试系统的误差容许之内,接收到的数据就是有效数据。

从总体上看,脉宽调制是一种简单有效的编码方式。

3. 脉宽调制编码的特点

1) PWM 的仲裁

PWM 可以进行逐位仲裁,图 7-23 表述了逻辑"0"位在逐位仲裁中较逻辑"1"占有优先的支配地位。

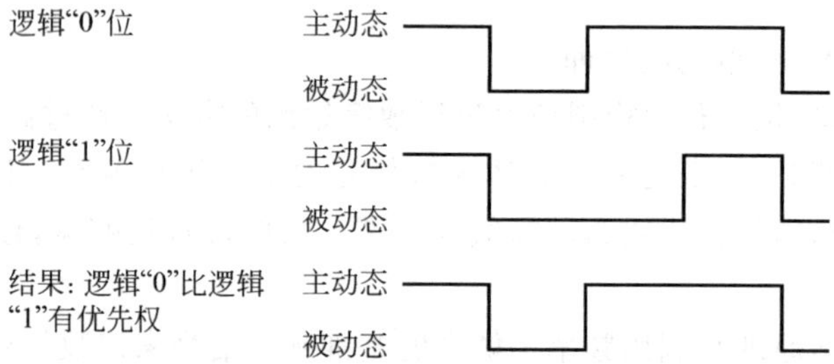

图 7-23 逻辑"0"与逻辑"1"的裁定

2) PWM 数据的完整性

如图 7-24 所示,考虑一个具备能力检测转换和阶段化每一示例窗口的硬件样本。示例从抽取一个转换器开始,然后连续的示例窗口 1、窗口 2、窗口 3。若转换没被窗口 3 检测到,数据就会被认为失真,信号也就会被删掉。当这种示例被 PWM 编码数据使用,举例者就会给出每位 5 个窗口,每位产生双转换和双阶段信息。转换和阶段信息必须对正确的 PWM 编码数据保持恒定,或者假设存在失真,则信号就应当被删掉。若在任何时候,任意一个转换或阶段被示例窗口 1 检测到这个数据存在失真,则信号就被彻底删除。

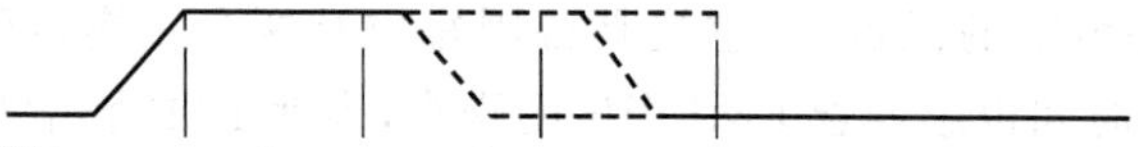

窗口	1	2	3
错误	$1+\varphi$	×	×
短	0	$1+\varphi$	×
长	0	0	$1+\varphi$

图 7-24 3 窗口取样器

PWM 编码被定性为具有极好的"最佳"无效位检测能力,尽管低通滤波器的影响非常差。此外,它有三个有效检测中的两项(例如,数据和"尖"噪声的双时期确认)。当数据完整性具有极高优先权时,汽车多路传输中应用的 PWM 编码技术就是最佳的。然而,这个编码技术每位有多个转换器,且不允许在接近 EMI 自然极限点时,为单根导线和双绞线媒介处理数据速度。

4. 可变脉宽调制(VPWM)编码技术

VPWM(有时指 VPW 调节)是 PWM 的一种变形。通常的 PWM 每位有两个阶段,如图 7-25 所示,T_1是被动态短部分,T_2 是主动态长部分。这种组合被定义为逻辑"0"位。注意到逻辑"0"位在其相对的被动态长部分、主动态短部分一起被裁定时占有优先权。

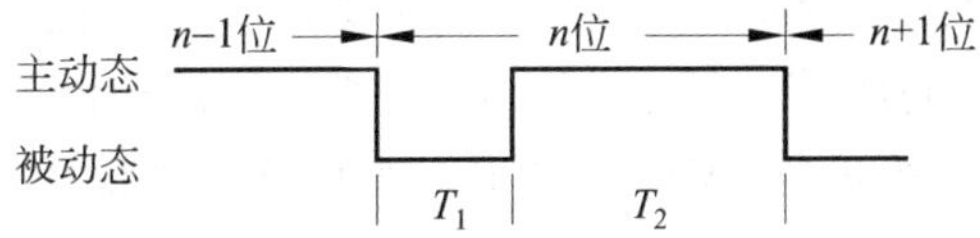

图 7-25 PWM 编码中的逻辑"0"位

VPWM 最引人注意的一个特征是因诸如接地偏置、输出驱动等因素带来的脉宽变化，在不严格减少振荡器容限的情况下，计时变化可以增加到脉宽计时中。

1) VPWM 的仲裁

VPWM 将每个阶段编成一个数据位，图 7-26 表述了一个被动短区与被动长区的仲裁。图 7-27 表述了一个主动长区与主动短区的仲裁。在两个例子中，逻辑"0"比逻辑"1"占有优先权。因此，使用 VPWM 数据编码的仲裁是可实现的。

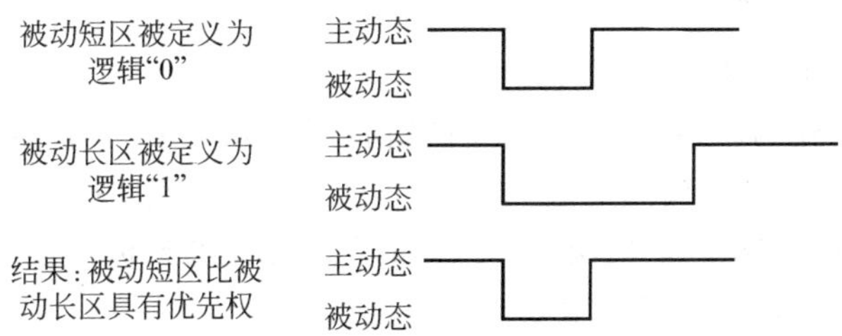

图 7-26 一个被动短区与一个被动长区的仲裁

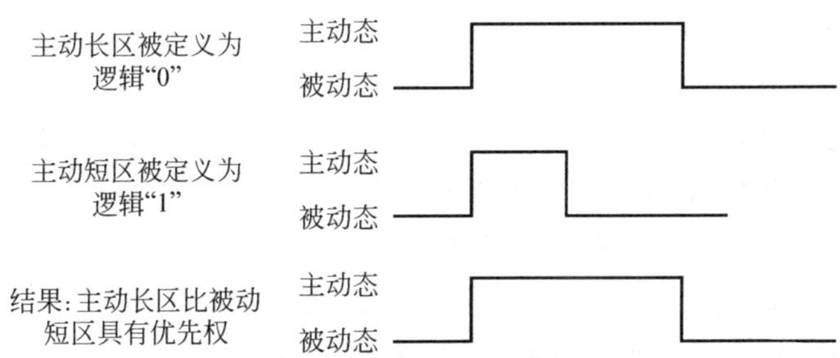

图 7-27 一个主动长区与一个主动短区的仲裁

VPWM 应用在 SAE J1850 上，它使用脉冲宽度 64 μs 作为短区，128 μs 作为长区，与常规 PWM 使用近似相同的平均数据速度 10.4 kb/s，这个常规 PWM 使用 32 μs 的脉宽作为短区，64 μs 作为长区。VPWM 短区最小的脉宽是 64 μs，且允许有 16 μs 的上升时间。与传统 PWM 的 32 μs 短区仅 8 μs 的上升时间作比较，适当延长的上升时间为波形结果带来了超过 PWM 约 9 dBV 的 EMI 增加值。VPWM 编码的缺点就在于每转换字节的数据速率都会依照数据值及时变化。VPWM 的微机与转换器/接收器接口连接速率被要求每字节要低于 512 μs，相对应的 PWM，则要求是每字节要低于 768 μs。

2) VPWM 的数据完整性

如图 7-24 所示，由于抽样取 3 倍的每一脉冲宽度，因此 VPWM 有良好的数据完整性。取样器被设计成每个取样窗均检测一个阶跃和阶段，每位都有平均 2.5 个取样。在任何时候,任一阶段的阶跃被取样窗1检测到,若数据失真,信号则被删掉。

取样的顺序由任一阶段的阶跃初始化,然后在窗口1没有检测到阶跃(0)、窗口2中检测到阶跃(1+φ)和特征区间的情况下有一个短符号信号被检测到,窗口3则不关心(×)。这是因为取样停止,程序开始重复,窗口3是下一个取样序列的窗口1。

在窗口1或2没有检测到阶跃(0),窗口3中检测到一个阶跃(1+φ)和特征阶段的情况下,同样可以检测到一个长符号信息。

在检测到一个阶跃后,其后的特征阶段检测被用于确认序列的非失真性。它也用于定义接收到的逻辑"0"或"1"。

VPWM的数据完整性被定义为"好",这是因为数据脉宽的低通滤波是好的。每个阶段都被一个错误取样窗口证实,而脉冲持续时间也由特征阶段检测中的三个无效位检测中的两个所证实。

7.3.3 曼彻斯特编码技术

1. 曼彻斯特码及其特点

用于数字基带传输的码型种类较多,曼彻斯特码是其中常用的一种。曼彻斯特码用跳变沿(而非电平)来表示要传输的二进制信息(0或1),一般规定在位元中间用下跳变表示"1",用上跳变表示"0"。图7-28给出了二进制码与曼彻斯特码波形的对比关系。

由于曼彻斯特码采用跳变沿来表示0或1,与二进制码相比,具有如下优点:

(1)波形在每一位元中间都有跳变,因此具有丰富的定时信息,便于接收端提取定时信号。若采用二进制传输,当出现连续的0或1时,则无法区分两位元之间的边界。

(2)由于曼彻斯特码在每一位元中都有电平的转变,因此,传输时无直流分量,可降低系统的功耗。而对于二进制波形,当出现连续的1时,将有直流分量的产生。

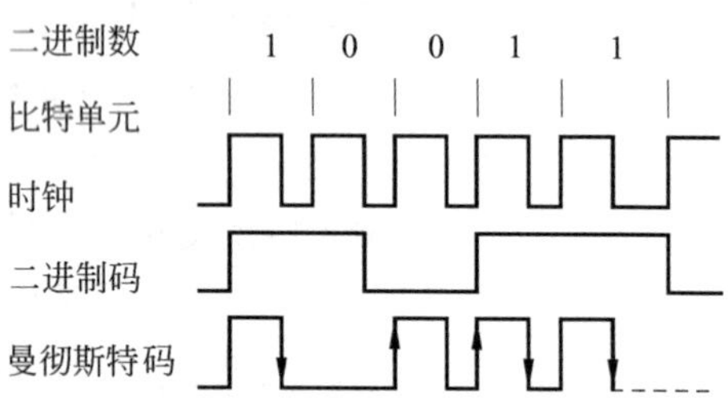

图7-28 二进制码和曼彻斯特码

(3)曼彻斯特码传输方式非常适合于多路数据的快速切换。

2. 数据传输格式

在采用曼彻斯特码的传输系统中,广泛采用数据的帧格式,一帧数据共有20位,其中,3位同步头,16位数据位,1位校验位。数据字中,同步头1.5位元处有一个上跳变;命令字中,同步头1.5位元处有一个下跳变。每帧的最后一位为校验位,曼彻斯特码采用奇校验。根据曼彻斯特码的特点,每个数据位都由高、低电平组成,因而在连续传输的有效数据位中不会存在超过一个数据位宽度的高电平或低电平,在每个帧数据的前面设一个同步头,高低电平各为1.5T。这样在接收数据时,只要采样得到的电平满足1.5T,则认为该电平是同步头,开始接收数据。

曼彻斯特型编码技术可分为L-曼彻斯特型(L-MAN)和E-曼彻斯特(E-MAN)两种。

3. L-曼彻斯特型编码技术

L-MAN编码技术包含了每位两个相反相位的取样阶段,如图7-29所示。L-MAN的优点在于每位时间是恒定的,其缺点是产生了更多的EMI,这是由于它每位有平均1.5到最大 2 个的阶跃。

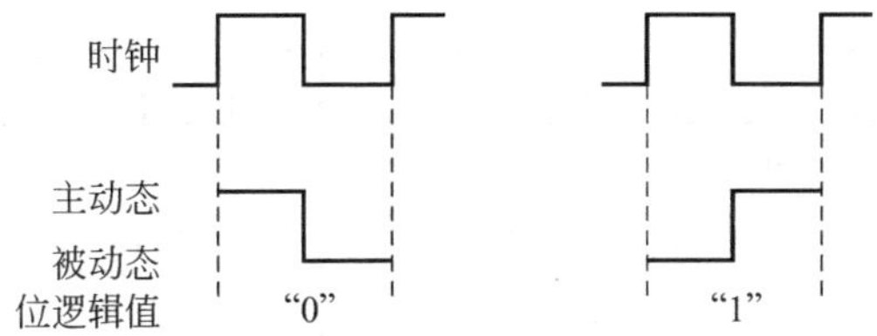

图 7-29　L-MAN 编码同步位

从主动态到被动态阶跃被编译为逻辑"0",从被动态到主动态的阶跃被编译为逻辑"1"。根据数据的不同,在位阶段中心经常产生同步阶跃,但不会在位阶段的开头部分产生。如图 7-30 所示,当数据序列中有从 0 到 1 或从 1 到 0 时,阶跃就不会产生。

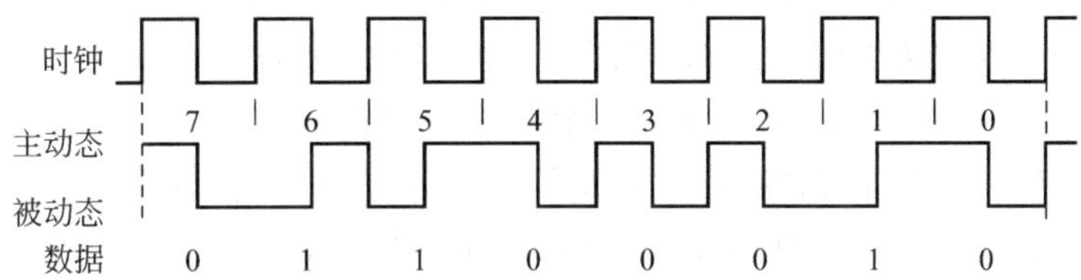

图 7-30　一个字节的 L-MAN 编码数据

1) L-MAN 的仲裁

图 7-31 表述了逻辑"0"为何总优先逻辑"1"的仲裁。这种情况是合理的,因为信号的主动部分越过了信号的被动部分,也在其被动竞争者变为主动之前关闭了它的输出。

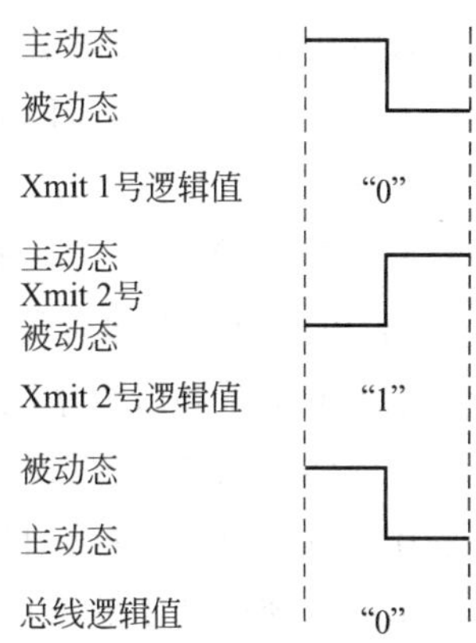

图 7-31　逻辑"0"与逻辑"1"的仲裁

2) L-MAN 的数据完整性

考虑每个窗口都有能力检测阶跃和阶段的 3 窗口取样器,如图 7-24 所示。电路从一个阶跃处开始取样,然后连续取窗口 1、窗口 2、再到窗口 3。若窗口 3 没有检测到一个阶跃,那么数据就是已经被破坏,信号也就被删掉。当把这个取样器应用到 L-MAN 编码数据中,取样器将在每位中取 4～5 个窗口,并在每位生成补充阶跃和阶段信息。若 D_n 和 D_{n+1} 有相同的逻辑水平,例如,同为"1"或"0",那么阶跃就不会发生在位边界,或者假定了一个失真的数据,数据将被删掉。若在任何时候,窗口 1 检测出任一阶段的阶跃,数据就被破坏,信号也就被删掉。

尽管 L-MAN 编码低通滤波器的功能非常差,但 L-MAN 编码被定性为具有较好的"最佳"无效位测试能力。此外,它有三项有效检测中的两项,即在位边界对应于特殊区间的双偏差、每位的"尖"噪声检测。在汽车多路传输中,当数据完整性有最高级别的优先权时,L-MAN 有"最佳"的编码技术。但是,这个编码技术在每一字节中有多个阶跃,且不允许在单线或双绞线传输媒介对应的 EMI 自然极限情况下改变数据速率。

4. E-曼彻斯特编码技术

E-曼彻斯特(E-MAN)又称为增强型曼彻斯特,采用了用于同步的 L-MAN 编码的数据位,并结合了3个NRZ的编码数据位。图7-32表述了E-MAN编码数据位的4位。

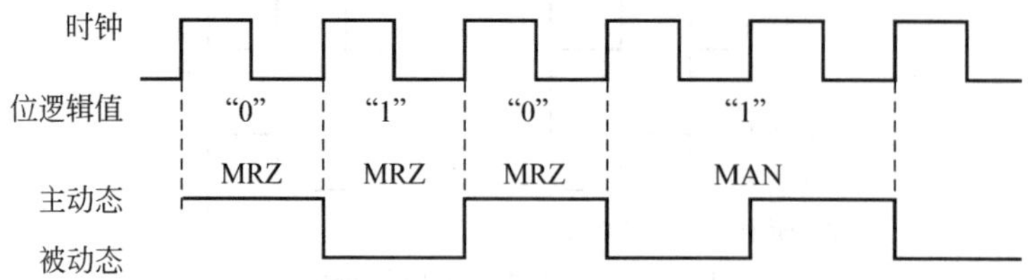

图7-32 E-MAN编码数据位的4位

1) E-MAN的仲裁

当仲裁时,在NRZ位和MAN编码同步位中,主动部分(逻辑"0")比被动部分(逻辑"1")更具优先性。对于E-MAN编码字节中NRZ编码部分,逻辑"0"高于逻辑"1"的支配地位是易于理解的。看起来混淆的逻辑"0"同步位优势可以通过考虑主动部分与越过被动部分,并在竞争对手转为主动前关闭其输出来轻松理解并认识。

E-MAN高于PWM或VPWM的主要优点在于:与传统PWM 32 μs的最短脉宽、13 μs的上升时间相比,其最短脉宽在10.4 kb/s时约为76.8 μs,并具备32.3 μs的42%的上升时间。适当长的上升时间和波形的结果是比PWM的EMI值约增加了11 dBV。E-MAN优于VPWM的另一个优点在于:每字节转换数据速率是一个定值。E-MAN微机转换器/接收器的循环监测速率要求是每字节低于768 μs的定值。

2) E-MAN的数据完整性

若将用于位填充NRZ实例的取样技术同样用于E-MAN,则每个取样窗口都能够检测到一个阶跃和一个阶段,E-MAN的取样硬件可以在每个脉宽上取6倍于脉宽的区间。

取样序列由阶跃的任一阶段初始化,若在窗口2中有个阶跃($1+\varphi$),则D_n的值将由逻辑水平的阶段来决定。在取样序列中,若在窗口3中检测到有一阶跃($1+\varphi$),则$D_n=D_{n+1}$,且由逻辑水平和阶段来决定;若在窗口4中检测到有一阶跃,则$D_n=D_{n+1}=D_{n+2}$,且其值由逻辑水平和阶段来决定。

在取样序列中,若在窗口5中检测有阶跃($1+\varphi$),则$D_n=D_{n+1}=D_{n+2}$,且其值由逻辑水平和阶段来决定。D_{n+3}的值就由阶段(φ)来决定,这是因为它是L-MAN的编码位,将由接下来的取样序列中的窗口2检测的阶跃来加以确认。

在取样序列中,若在窗口6中检测有阶跃($1+\varphi$),则$D_n=D_{n+1}=D_{n+2}$,且其值由逻辑水平和阶段来决定。D_{n+3}的值就由阶段(φ)来决定,这是因为它是L-MAN的编码位。

在序列中,L-MAN编码位不是唯一的,检测器硬件必须跟踪L-MAN位的正确位置,这是因为若L-MAN编码位的阶跃($1+\varphi$)在窗口6以外的窗口中被检测到,则D_{n+3}的值就由阶跃的阶段(φ)来决定。

E-MAN编码的数据完整性被定义为"一般",这主要是因为在序列中L-MAN编码位并不是唯一的,而且检测器硬件会因此受到扰乱。若在窗口1中检测到一阶跃,就是检测到一个无效位,这完善了数据的完整性,但它不可能使每位都有效。同所有解码技术一样,数据通过了一个低通滤波器,然而,由于数据脉冲持续时间长的原因,E-MAN的过滤非常有用。

7.4　控制器局域网

7.4.1　CAN 的基本特点

控制器局域网(controller area network,CAN)是一种有效支持分布式控制或实时控制的串行通信网络。这种网络属于现场总线的范畴,可称为 CAN Bus(CAN 总线)。由于 CAN 既能适用通信速率高达 1 Mb/s 的高速网络,又能适用于低成本的多线路网络,因此可以廉价地在汽车的电气系统中应用。

CAN 协议具有如下特点:

(1) 国际标准　CAN 是到目前为止唯一有国际标准且成本较低的现场总线。

(2) 多主方式　CAN 为多主方式工作,网络上任一节点均可在任意时刻主动地向网络上其他节点发送信息,而不分主从,有极高的总线利用率。

(3) 标识符报文　报文中不包含源地址或目标地址,仅用标识符来表示功能信息及优先级信息。在报文标识符上,CAN 上的节点分成不同的优先级,可满足不同的实时要求,优先级高的数据最多可在 134 μs 内得到传输。

(4) 总线仲裁技术　采用非破坏总线仲裁技术。当多个节点同时向总线发送信息出现冲突时,优先级低的节点会主动退出发送,而最高优先级的节点可不受影响地继续传输数据,从而大大节省了总线冲突仲裁时间。尤其是在网络负载很重的情况下,也不会现网络瘫痪情况。

(5) 数据传输方式灵活　CAN 节点只需通过报文的标识符滤波即可实现点对点、点对多点及全局广播等几种方式传送接收数据。

(6) 通信距离与速率高　CAN 的直接通信距离最远可达 10 km(速率 5 kb/s 以下);通信速率最高可达 1 Mb/s (此时通信距离最长为 40 m)。

(7) 节点数多　CAN 上的节点数主要取决于总线驱动电路,目前可达 110 个。在 CAN 2.0 A 标准帧报文中标识符有 11 位,而在 CAN 2.0 B 扩展帧报文中标识符有 29 位,使节点的个数几乎不受限制。

(8) 短帧结构　报文采用短帧结构,其传输时间短,受干扰概率低,保证了数据的出错率极低。

(9) 错误检测和校正能力强　CAN 的每帧信息都有 CRC 校验及其他检错措施,保证了极好的检错效果,从而保证了数据的可靠传输。

(10) 通信介质选择灵活　CAN 的通信介质可为双绞线、同轴电缆或光纤,选择灵活。

(11) 自动关闭和自动重发　CAN 节点在错误严重的情况下,具有自动关闭输出功能,以使总线上其他节点的操作不受影响,而且发送的信息遭到破坏后,可自动重发。

7.4.2　CAN 协议的网络结构

1. OSI 的 7 层体系结构

国际参考标准化组织推荐的开放系统互联网(OSI)的 7 层参考模型(见图 7-33),是目前国际上数据网的公认标准。其目的就是要在各种终端设备、微处理器、操作系统进程之间以及人们互相交换信息的过程中,能够逐步实现标准化。OSI 参考模型从第 1 层到第 7 层依次为物理层、数据链路层、网络层、传输层、会话层、表示层和应用层。其中 1~2 层,即物理层和数据链路层由硬件控制;3~7 层,即网络层、传输层、会话层、表示层和应用层由软件控制。

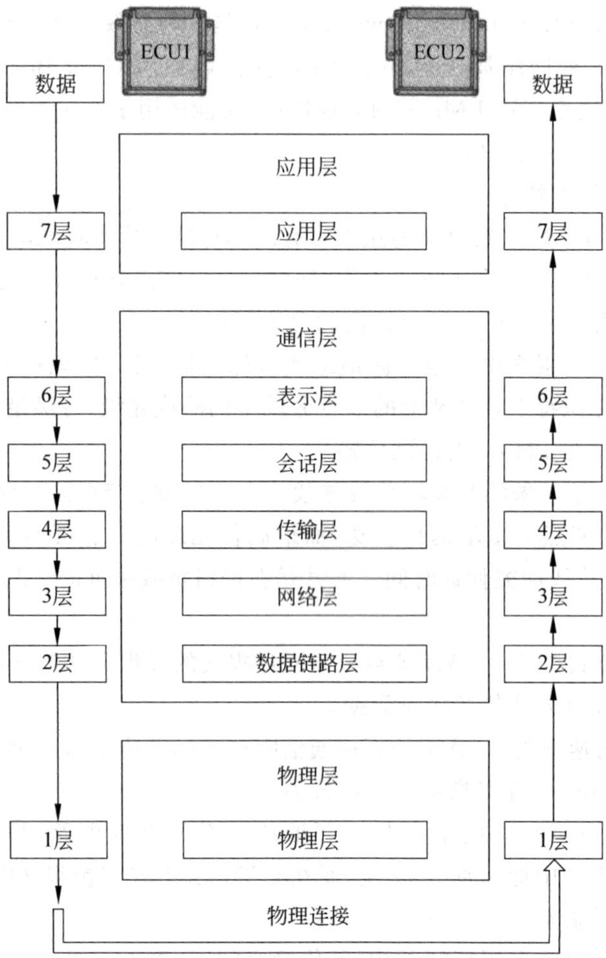

图 7-33 OSI 的 7 层体系网络结构

每个层次都在完成信息交换的任务中担当一个相对独立的角色,具有特定的功能。其中第 7 层为最高层,第 1 层为最低层。

2. CAN 协议的分层结构

CAN 协议的网络结构主要包括两大部分:一是通信部分,二是网络管理部分,如图 7-34 所示。通信部分相当于 OSI 模型的物理层、数据链路层、传输层和应用层。

CAN 层按 3 个特定的子层分层:即物理层、数据链路层和应用层。其中,物理层和数据链路层作为通信硬件;应用层的主要用途是针对不同的硬件在执行 CAN 协议时,提供通用的接口集,该层还具有对 CAN 硬件配置和控制的驱动功能;还可以选择能提供两种附加数据传送服务——确认数据传送服务和数据报传送服务的软件子层。

传输层能对随机的长数据单元从一个站点到另一个站点提供透明而可靠的传送。交互

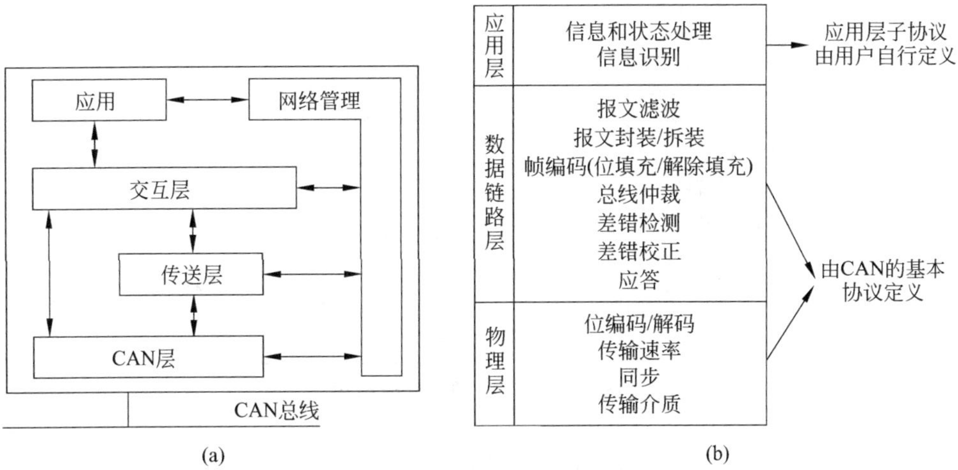

图 7-34　CAN 的总体与分层结构

(a) 总体结构框图；(b) 分层结构框图

层是各种服务和协议的集合，它支持不同站点应用过程或管理过程之间的交互作用。

网络管理部分的功能是为获得操作的安全性和可靠性，该部分成了各种功能和实体的和集，它能对网络配置进行检测，对失效进行校正及支持网络诊断等。

CAN 协议的结构模型与 OSI 参考模型的主要区别有如下两点：

(1) CAN 网络结构各层功能只限于车内通信的需要和为特定目的服务，相比 OSI 的 7 层协议稍简单些，但效率要高些，尤其是实时控制效果最为显著。

(2) CAN 的信息不必通过所有的网络层，即在某一层中处理数据时，可直接调用较低层参与服务。

3. CAN 的物理层

物理层是将 ECU 连接至总线的电路实现，其作用是在不同节点之间根据所有的电气属性进行的实际传输。

1) *物理层的功能模型*

CAN 物理层划分为物理信令(PLS)子层、媒体附属装置(PMA)子层和介质相关接口(MDI)子层三部分(见图 7-35)。其中，媒体附属装置子层和介质相关接口子层构成了媒体访问单元(MAU)，MAU 表示用于耦合节点至发送媒体部分。

(1) PLS 子层实现与位表示、定时和同步相关的功能。

(2) PMA 子层实现总线发送/接收的功能电路并可提供总线故障检测方法。

(3) MDI 子层是物理媒体和 MAU 之间的机械和电气接口。

2) *物理介质*

电子控制单元之间的连接线应为屏蔽双绞线，其中信号的名称分别是 CAN-H 和 CAN-L，两信号线之间应有 120 Ω 的电阻，电子控制单元对应引脚也分别表示为 CAN-H 和 CAN-L。

3) *差动电压*

与每个独立单元引脚相连的 CAN-H 和 CAN-L 相对于屏蔽地电压记作 $V_{CAN\text{-}H}$ 和

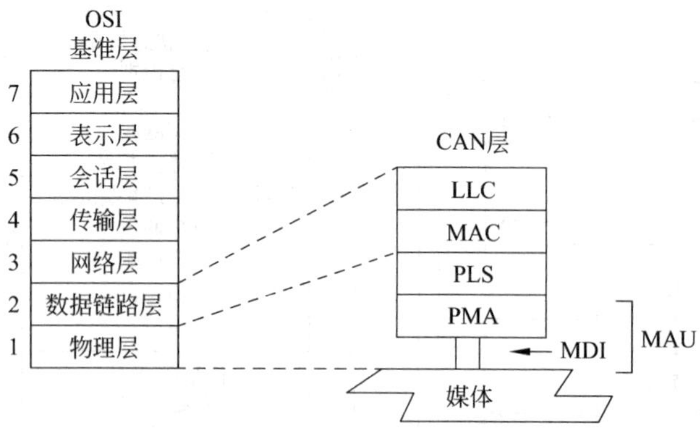

图 7-35 CAN 的物理层结构

V_{CAN-L}。某一时刻的差动电压 V_{diff} 按下式计算：

$$V_{diff}=V_{CAN-H}-V_{CAN-L}$$

4）总线级别

总线有两种逻辑状态(两种位电平)：显性和隐性。显性(dominant)数值表示逻辑 0，而隐性(recessive)表示逻辑 1。“隐性”状态下，CAN-H 和 CAN-L 被固定于平均电压电平，V_{diff} 近似为 0。“显性”状态下，V_{diff} 以大于最小阈值的差分电压表示，如图 7-36 所示。

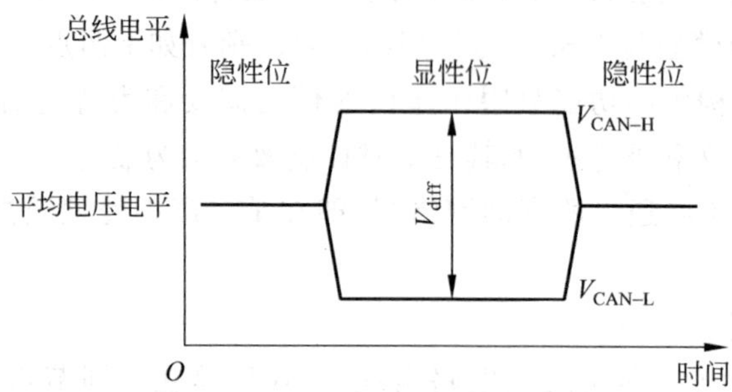

图 7-36 总线位的数值表示

通过总线传输的报文采用不归零(non-return-to-zero)编码方法，这意味着一个完整位的位电平要么是显性(逻辑 0)，要么是隐性(逻辑 1)。当总线上的 CAN 控制器发送的位都是隐性位时，此时总线状态是隐性；如果总线上有显性位出现，隐性位总是让位于显性位，即总线此时处于显性位状态。

5）拓扑

网络的线路拓扑应尽可能地近似于线性结构。

6）终结电阻

总线在每一个终点都以记为 R_L 的终结电阻而结束。终结电阻应该连接在 CAN-H 和 CAN-L 之间，以保证 CAN-H 和 CAN-L 导线的正确终止。

7）位时间

位时间即比特时间是一位的持续时间。在位时间内作用的总线管理功能，如 ECU 同步作用，网络传输延迟补偿，以及采样点位置确定，是由 CAN 模块的可编程位时间逻辑门综合控制电路确定的。

一位的位时间可以分为 4 部分，即同步段、传播段、相位缓冲段 1 和相位缓冲段 2，如图 7-37 所示。

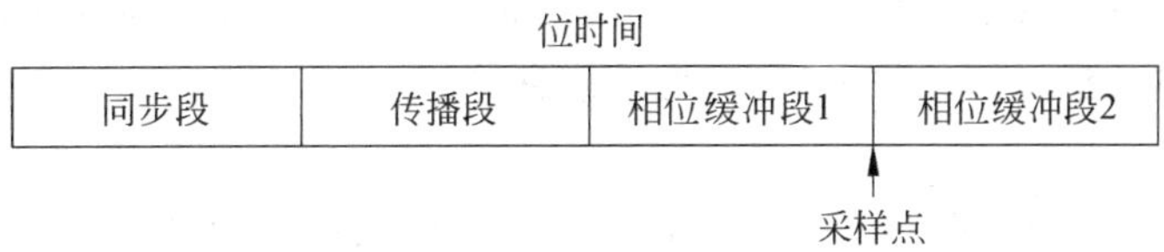

图 7-37　位时间的组成

同步段用来使总线上的不同 ECU 实现同步。

传播段用来在网络中补偿物理延迟时间。它是由总线的传输时间和 ECU 的内部延迟时间引起的。

相位缓冲段 1 和相位缓冲段 2 均用来补偿相位误差，它可以通过再次同步来延长或缩短。

采样点是一个时点，在此点上仲裁位电平被解读，并被理解为各位的数值，位于相位缓冲段 1 的终点(相位缓冲段 2 的起点)。

8) 同步规则

同步包括重同步和硬同步两种，均应遵循下列规则：

(1) 在一个位时间内仅允许一种同步。

(2) 如果在先前的采样点测得的总线值不同于紧随跳变沿之后的总线值，则执行一次硬同步。

(3) 在总线空闲期间，当存在一个隐性位至显性位的跳变沿时，则执行一次硬同步。

(4) 所有履行以上规则(1)和(2)的其他隐性位到显性位的跳变沿都将被用于重同步。例外情况是，如果是跳变沿位于采样点之前，且隐性位到显性位的跳变沿被应用于重同步，发送显性位的节点将不执行重同步。

9) 总线故障

总线故障影响通信的正常进行，常见故障有：

(1) 失去和网络的联系。如果一个节点失去和网络的联系，其他的节点将继续保持通信。

(2) 节点电源或接地损坏。如果一个节点失去供电或在低电压条件下，网络不会过载，其他节点将继续保持通信。如果一个节点失去接地，网络将不会发生中断，其他的节点仍会保持通信。

(3) 断开屏蔽。如果在一个节点断开屏蔽，通信是可能的，但电磁干扰将增加。通常将在屏蔽和线路之间存在模式电压。

(4) 开路、短路故障。原则上，如果有一重大的报文破坏速率出现，则此故障应该是可发现的。

4. CAN 协议的数据链路层

1) 功能

在物理线路上，由于噪声干扰、信号衰减等多种原因，数据传输过程中常常出现差错，而物理层只负责透明地传输结构的原始比特流，不可能进行任何差错控制。因此，当需要在一条线路上传送数据时，除了必须有一条物理线路(链路)外，还必须有一些必要的规程来控制这些数据的传输。把实现这些规程的硬件和软件加到链路上，就构成了数据链路层。

数据链路层是 CAN 的核心部分,其功能是保证物理层处于各种通信环境条件下,都能向高层提供一条无差错、高可靠性的传输通道。

为此,通常将原始数据分割成一定长度的数据单元——帧,一帧内应包含同步信号、差错控制、流量控制、控制信息、数据信息、地址信息等。

2) 组成

CAN 协议的数据链路层包括逻辑链路控制子层(LLC 子层)和媒体访问控制子层(MAC 子层)。

LLC 子层完成接收过滤、超载通知和管理恢复等功能。MAC 子层完成数据打包/解包、帧编码/解码、媒体访问管理、错误检测、错误信令、接收应答、串并转换等功能。这些功能都是围绕信息帧传送过程展开的。

7.4.3 CAN 协议的信息帧

信息帧用于实现数据链路层各子层的功能。帧是一种将原始数据分割成一定长度的数据片,即数据传输的单元,以便更可靠地传输数据。CAN 总线所传输的信息帧有数据帧、远程帧、错误帧和超载帧 4 种类型。

1. 数据帧

数据帧的功能是将数据从发送器传到接收器。数据帧有标准帧和扩展帧两种,均由 7 个不同的域组成:起始域、仲裁域、控制域、数据域、安全域、应答域、结束域,如图 7-38 所示。

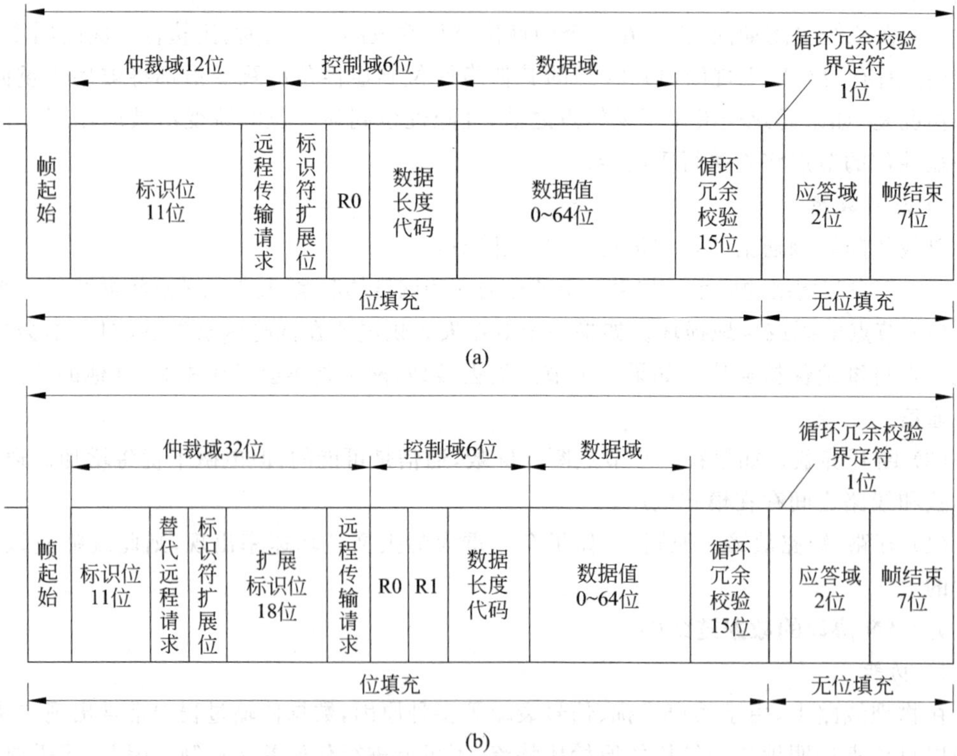

图 7-38 CAN 数据帧的组成

(a) 标准帧; (b) 扩展帧

1）起始域

起始域标志数据帧或远程帧的起始，仅由一个“显性”位组成（即0），带有约5 V电压（系统决定）的1位被送入CAN高位传输线，带有约0 V电压的1位被送入CAN低速传输线。

2）仲裁域

仲裁域根据识别符判定数据中的优先权。标准格式下识别符长度为11位，这些位按ID-7到ID-0的顺序发送，最低位是ID-0。7个最高位（ID-10～ID-4）必须不能全是“隐性”。在标准帧里，识别符后是远程发送请求位，该位若为“显性”（即“0”），代表发送的信息是数据；若为“隐性”（即“1”）代表发送的信息是数据请求。只要总线空闲，各控制单元均可向总线发送数据，如果各个控制单元要同时发送各自的数据，那么系统必须决定哪一个控制单元先进行发送。具有最高优先权的数据先发送，标识符的二进制值越小，其优先权就越高。例如，发动机控制单元、ABS控制单元、自动变速器控制单元同时向总线发送数据时，三者仲裁域的标识符分别为010 1000 0000、001 1010 0000、100 0100 0000（程序中设置好的），则由于ABS控制单元的标识符最小，系统就先发送ABS控制单元发送的数据。此时，发动机控制单元和自动变速器控制单元转化为接收器接收数据。总线一旦空闲，系统会接下来发送其他的数据，但要注意在数据被成功接收之前仍要争取仲裁，即总线发送数据是根据各控制单元的优先权决定的，而不是按请求发送的时间先后来决定。

3）控制域

控制域显示在数字域中所包含的数据和长度代码，供接收器检查是否已经接收到所传来的所有信息。控制域由6个位组成，包括数据长度代码和两个将来作为扩展用的保留位。所发送的保留位必须为“显性”。接收器接收所有由“显性”和“隐性”组合在一起的位。数据长度代码为4个位，指示了数据域中字节的数量。

由于数据帧允许的数据字节数为0～8，所以数据长度最多为8。

4）数据域

数据域由数据帧发送的数据组成，可以为0～8个字节，每字节包含了8个位（最大为64个位）。该数据可以代表实际的数据，也可以是一个数据请求，如果是数据请求，就没有数据字节随从，控制域中的数据长度代码就不会与数据字节有直接关系。那么，数据域是如何表示数据的呢？例如要表达节气门开度信号，系统可以用2个位表示4个节气门开度位置；也用3个位表示8个节气门开度位置。

同理，可用8位数表示256个节气门开度位置。如果1个字节不够表示，可以用2个字节或多个字节表示，但不超过8个字节，即不超过64位。

5）安全域

安全域检测传递数据中的错误。CAN系统用于电噪声很大的环境，这个环境中的数据最容易丢失或破坏。CAN协议提供了5种错误检测和修正的方法，因此如果数据被破坏，它能够检测出来，而且网络中的所有的电控单元都会忽略这个数据。这5种错误检测类型分别为位错误、填充错误、CRC错误、形式错误、应答错误。

(1) 位错误。各控制单元在发送位的同时也对总线进行监视。如果所发送的位值与所监视的位值不相符合，则在此位时间里检测到一个位错误。但是在仲裁域的填充位流期间或应答间隙发送一“隐性”位的情况是例外的——此时，当监视到一“显性”位时，不会发出位错误。当发送器发送一个被动错误标志但检测到“显性”位时,也不视为位错误。

(2) 填充错误。如果在使用位填充法进行编码的信息中,出现了第6个连续相同的位电平时,将检测到一个填充错误。

(3) CRC错误。ERE序列包括发送器的CRC计算结果,接收器计算CRC的方法与发送器相同。如果接收器的计算结果与接收到CRC序列的结果不相符,则检测到一个CRC错误。

(4) 形式错误。当一个固定形式的域含有1个或多个非法位,则检测到一个形式错误。

(5) 应答错误。只要在应答间隙期间所监视的位不为“显性”,则发送器会检测到一个应答错误。

6) 应答域

在应答域中接收器通知发送器已经正确接收到数据。如果检查到错误,接收器立即通知发送器,发送器然后再发送一次数据,直到该数据被准确接收为止,但从检测到错误到下一数据的传送开始为止,发送时间最多为29个位的时间。应答域长度为2个位,包含应答间隙和应答界定符,常态下发送两个隐性位。当接收器正确地接收到有效的数据,接收器就会在应答间隙期间内向发送器发送一显性的位以后应答,而应答界定符始终是“隐性”位。

7) 结束域

结束域标志着数据报告结束,由7个隐性位组成。这里是显示错误并重复发送数据的最后一次机会。

2. 远程帧

远程帧的功能是将数据请求从发送器传到接收器。通过发送远程帧,作为某数据接收器的控制单元会对不同的数据传送进行初始化设置。

远程帧由6个不同的域组成:起始域、仲裁域、控制域、安全域、应答域、结束域,如图7-39所示。与数据帧相反,远程帧的远程发送请求位(RTR位)是“隐性”的(即“1”)。它没有数据域,数据长度代码的数值是部首制约的(可以标注为容许范围里0~8的任何数值)。其余域功能同数据帧。

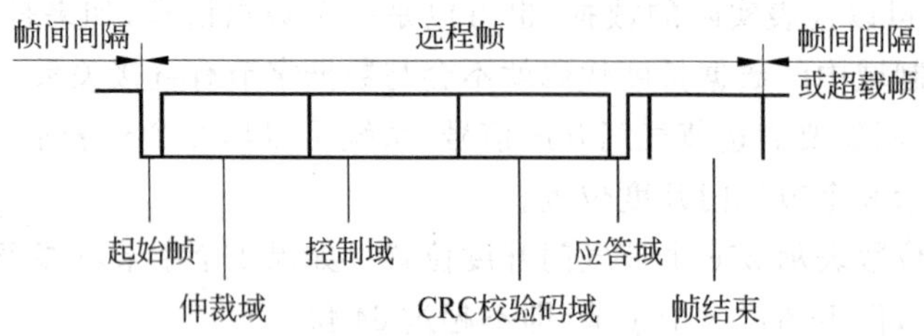

图7-39 远程帧格式

3. 错误帧

错误帧的功能是可以对所发送的数据进行错误监测、错误标定和错误自控。错误帧由两个不同的域组成,第一个域放映来自控制器的错误标志,第二个域为错误界定符,如图7-40所示。

1) 错误标志

有两种形式的错误标志:激活错误标志和认可错误标志。激活错误标志由6个连续显

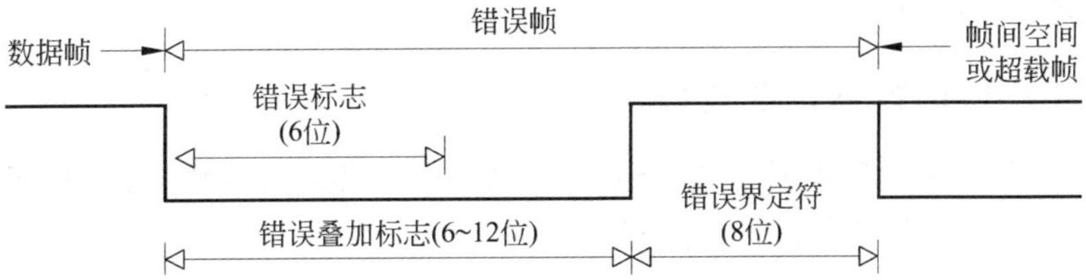

图 7-40　错误帧结构

性位组成；认可错误标志由 6 个连续隐性位组成，它可由其他 CAN 控制器的显性位改写。

处于激活错误状态的 CAN 节点检测到错误后，将发出激活错误标志，该错误标志不满足位填充(插入)规则，或者破坏了应答域或帧结束域的固定格式。所有其他节点都将检测到错误状态，并发出该错误标志。因此，这些从总线上检测到的显性位串是各个节点发出的不同错误标志的结果，这一位串的长度最短是 6 个，最长是 12 个。认可错误状态的 CAN 控制器检测到错误后发出认可错误标志，并等待从认可错误标志开始的相同极性的 6 个连续位。

2) 错误界定

错误界定符由 8 个隐性位组成，它与过载界定有相同的格式。错误标志发送后，每一个 CAN 节点监视总线，直至检测到一个显性位到隐性位的跳变。此时表示 CAN 节点已经完成了错误标志的发送，并开始发送 8 个隐性位的界定符。之后网络上的错误激活节点便可同时开始其他的发送。

如果数据帧或远程帧的发送过程出错，则重发，当连续出现错误帧错误时，则相应的节点将变为认可错误节点。

当正确结束错误标志，认可节点需要总线空闲至少 3 个位周期(如果在一个认可错误接收器出现本地错误)。

4. 超载帧

超载帧的功能是当 CAN 接收器尚未准备好，或接收器在间歇域期间检测到一个显性位时，发送过载信息，以延迟数据的传送。

超载帧由两个区域组成，即超载标志及超载界定符，如图 7-41 所示。有两种状态将导致超载帧发送：一是接收方在接收一帧之前需要过多的时间处理当前的数据(接收尚未准备好)；二是在帧空隙域检测到显性位信号。

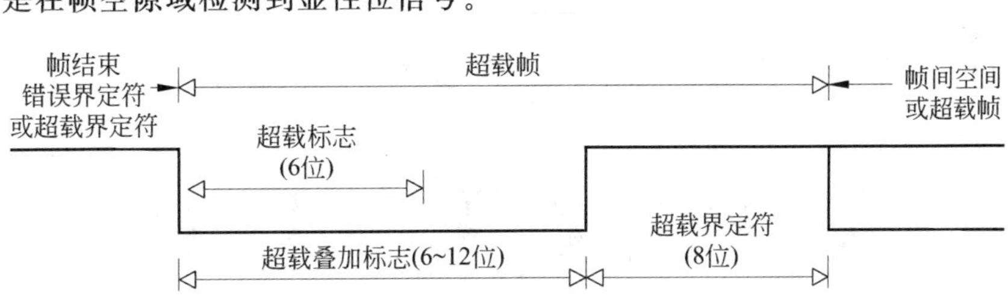

图 7-41　超载帧结构

超载帧发送条件：一是由第一个超载条件引起的超载帧的发送是在帧空隙域的第一位周期；二是由第二个条件引起的超载帧的发送是在检测到显性位信号后的一位。

超载标志由 6 个隐性位组成，其格式与错误标志相同。超载界定符由 8 个隐性位组成，其格式与错误界定符相同。

7.4.4 CAN协议的数据传递过程

CAN并没有指定的数据接收者,数据在CAN总线传输过程中,可以被所有电控单元接收和计算。CAN协议的数据传递过程,见图7-42。

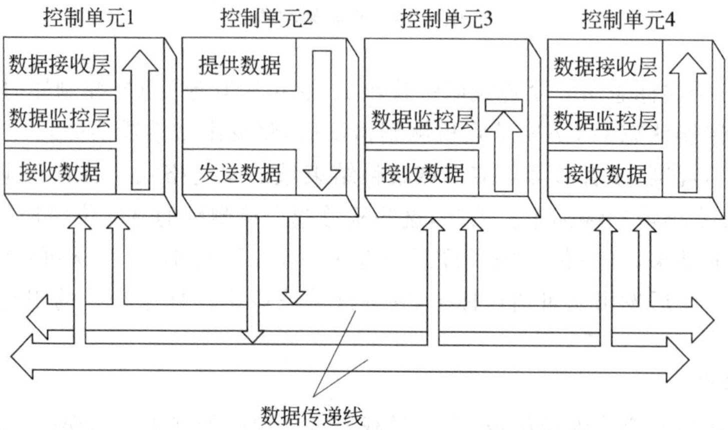

图7-42 CAN数据总线的数据传递过程

1. 提供数据

电控单元的微处理器CAN控制器提供需要发送的数据。

2. 发送数据

CAN收发器接收由CAN控制器传来的数据,转为CAN网络电信号并发送到CAN总线上。例如,发动机控制单元的发送过程,如图7-43所示。

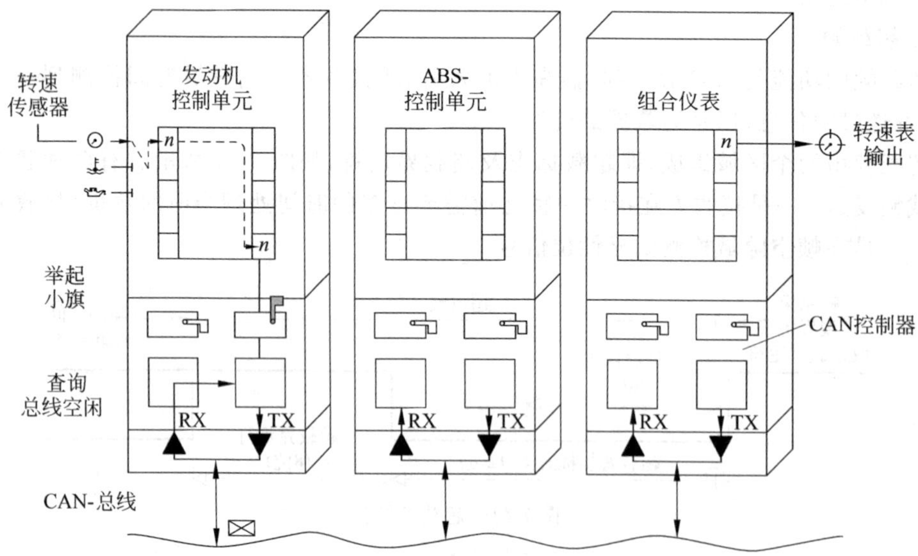

图7-43 信息发送过程

(1) 传感器接收到转速值,该值以固定的周期到达微控制器的输入存储器内。由于该转速值还用于其他控制单元，如组合仪表，所以该值应通过数据传输总线来传递。

(2) 该转速值被复制到发动机控制单元的发送存储器内。

(3) 该信息从发送存储器进入数据传输总线构件的发送邮箱内。如果发送邮箱内有一个实时值，那么该值会由发送特征位(举起的小旗示意有传输任务)显示出来，将发送任务委托给数据传输总线构件，发动机控制单元就完成了此过程中的任务。

(4) 发动机转速值按协议被转换成数据传输总线的特殊格式。

(5) 数据传输总线构件通过 RX 线来检查总线是否有源(是否正在交换别的信息)，必要时会等待，直至总线空闲下来为止，见图 7-44。如果总线空闲下来，发动机信息就会被发送出去。

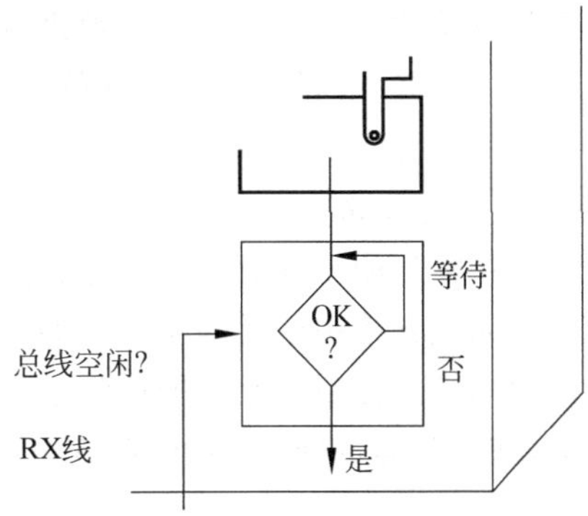

图 7-44　总线空闲查询

3. 接收数据

所有与 CAN-bus 数据总线一起构成网络的电控单元转为接收器，从 CAN-bus 数据总线上接收数据。

信息接收过程分为两步：

检查信息是否正确(在监控层)，检查信息是否可用(在接受层)，如图 7-45 所示。

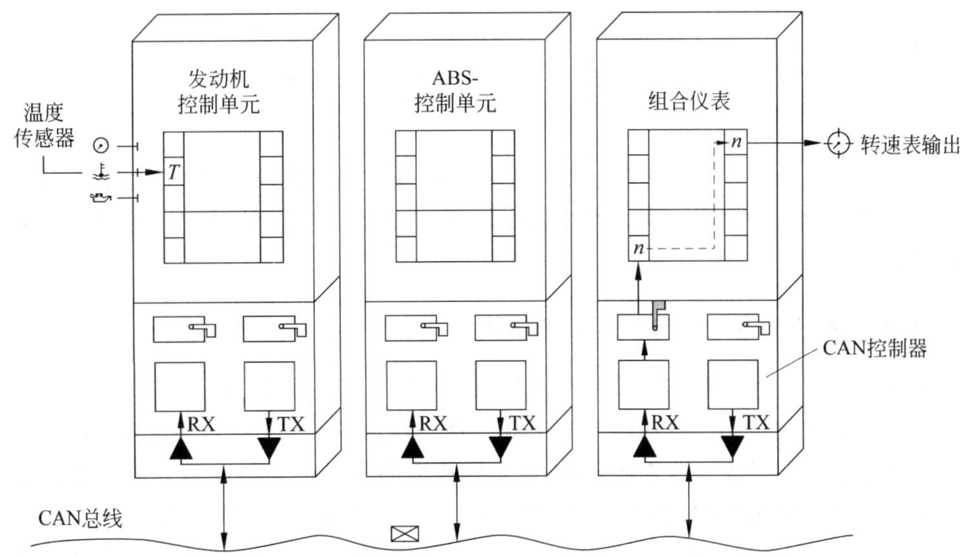

图 7-45　信息接收过程

1) 信息接收

连接的所有装置都接收发动机控制单元发送的信息，该信息是通过 RX 线到达数据传输总线构件各自的接收区。

2) 信息校验

接收器接收发动机的所有信息，并且在相应的监控层检查这些信息是否正确，这样就可以识别出在某种情况下某一控制单元上出现的局部故障。所有连接的装置都接收发动机控制单元发送的信息，可以通过监控层内的循环冗余码校验 CRC(cycling redundancy check)，校验和数来确定是否有传递错误。在发送每个信息时，所有数据位会产生并传递一个 16 位的校验码。接收器按同样的规则，从所有已经接收到的数据位中计算出校验和数。随后，接收到的校验数与计算出的校验数进行比较，如果确定无传递错误，那么连接的所有装置会给发送器一个确认回答，这个回答就是所谓的“信息收到符号”ACK(acknowledge)，它位于校验和数后。

3) 信息接收

已接收到的正确信息会到达相关数据传输总线构件的接受区，在那里来决定该信息是否用于完成各控制单元的功能。如果不是，该信息就被拒收；如果是，该信息就会进入相应的接收邮箱。控制单元根据接收信号(升起的“接收小旗”)就会知道：现在有一个信息(如转速)在排队等待处理，见图 7-46。

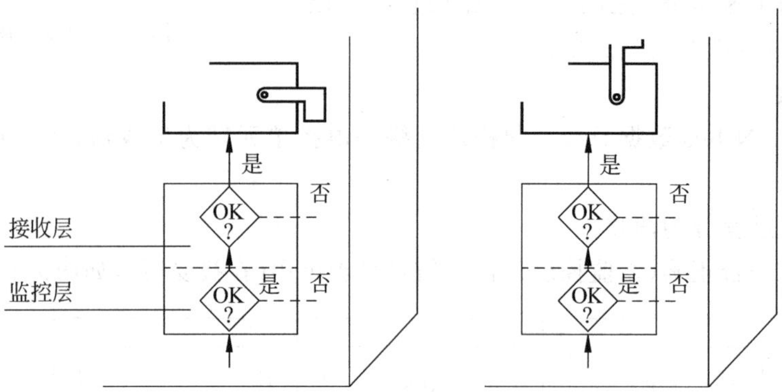

图 7-46　信息接收判断

组合仪表调出该信息并将相应的值复制到它的输入存储器内，至此，通过数据传输总线构件发送和接收信息的过程结束。在组合仪表内，转速经微控制器处理后控制转速表显示相应的转速。

7.4.5　CAN 协议的差动传递防干扰技术

控制单元是通过收发器连接到 CAN 驱动总线上的，在这个收发器内有一个接收器，该接收器是安装在接收一侧的差动信号放大器。收发器内的 CAN-H 线和 CAN-L 线上的信号转换是通过差动信号放大器来实现的，这个转换后的信号称为差动信号放大器的输出电压。差动信号放大器用 CAN-H 线上的电压(U_{CAN-H})减去 CAN-L 线上的电压(U_{CAN-H})，就得出了输出电压。CAN-H 信号和 CAN-L 信号经过差动信号放大器处理后，差动信号放大器再将转换后的信号传至控制单元的 CAN 接收区，就是所谓的差动传递技术，如图 7-47 所示。

由于数据总线也要布置在发动机舱内，所以数据总线就要遭受各种干扰(在保养时要考虑对地短路和蓄电池电压、点火装置的火花放电和静态放电)。差动传递技术可最大限度地消除干扰的影响。由于 CAN-H 线和 CAN-L 线是扭绞在一起的(双绞线)，所以干扰脉冲 X 就总是有规律地作用在两条线上，由于差动信号放大器总是用 CAN-H 线上的电压(3.5 V$-X$)减去CAN-L 线上的电压(1.5 V$-X$)，因此在经过处理后，差动信号中就不再有

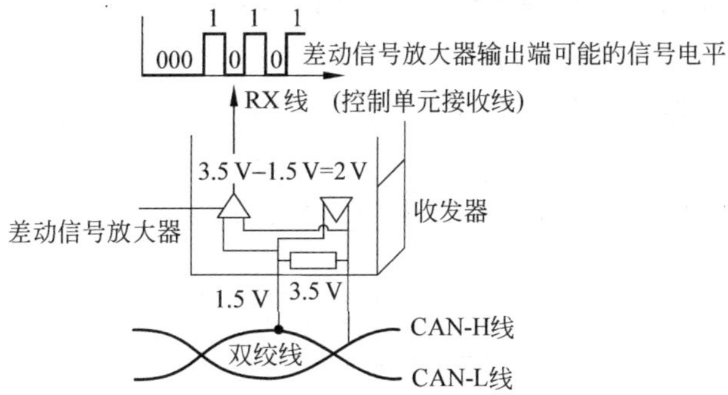

图 7-47　CAN 驱动数据总线的差动信号放大器

干扰脉冲了，即输出电压为(3.5 V−X)−(1.5 V−X)=3.5 V−1.5 V=2 V，如图 7-48 所示。这种差动传递技术的另一个优点是即使车上的供电电压有波动(例如在启动发动机时)，也不会影响各个控制单元的数据传递(数据传递可靠性)。

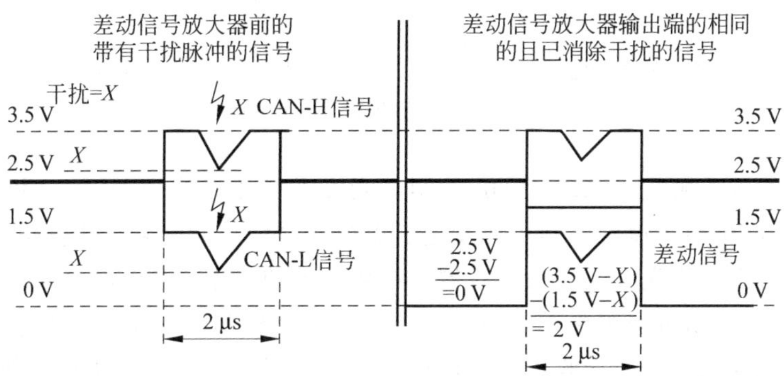

图 7-48　CAN 驱动数据总线差动信号放大器内的干扰过滤

收发器将 CAN 信号输送到 CAN 总线的两条导线上，相应地在 CAN-H 线上的电压就升高，而在 CAN-L 线上的电压就降低一个同样大小的值。对于驱动 CAN 总线来说，一条导线上的电压改变值不低于 1 V。控制单元循环往复地在发送信息，就是说信息的重复率一般为 10～25 ms。CAN 驱动数据总线由点火开关接通，短时工作后，又完全关闭。

收发器发送一侧的任务是将控制单元内的 CAN 控制器的较弱信号放大，使之达到 CAN 导线上的信号电平和控制单元输入端的信号电平。

7.4.6　CAN 协议的数据报告优先权

如果多个控制单元要同时发送各自的数据，那么系统就必须决定哪一个单元首先发送。具有最高优先级的数据，首先发送。基于安全考虑，由 ABS/EDL 控制单元提供的数据比动变速控制单元提供的数据(驾驶舒适)更重要。

在数据帧的仲裁域中，有 11 位的标识符，前 3 位表示优先权(P)。数据报告优先权可以在最高位 0 和最低位 7 之间设置，000、001、010、011、100、101、110、111。例如，在由发动机、自动变速器和 ABS 构成的动力传动网络系统中，三者报文的优先权分别设置为 010、100、000，由此可见 ABS 的优先权最高，发动机次之，自动变速器最低。

3个控制单元同时发送数据,此时,在数据传输线上进行1位的数据比较。如果一个控制单元发送了一个低电压,而检测到一个高电位,那么这个控制单元就停止发送,而转为接收,即发出高电位的数据具有优先权,而发出低电位的数据丧失优先权,如图7-49所示。

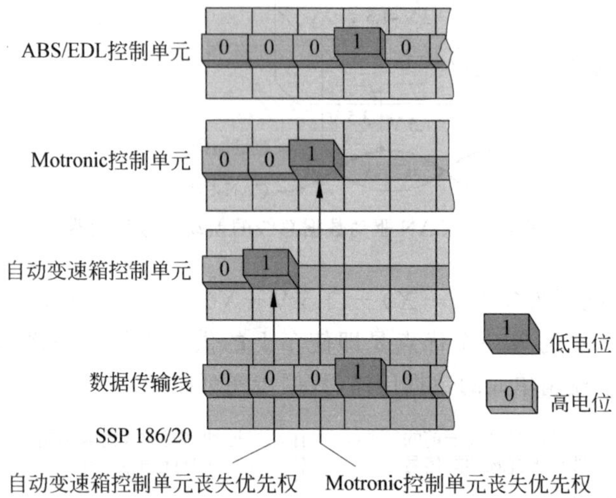

图7-49 数据报告优先权的确定

在数据列的状态域位1,ABS/EDL控制单元发送了1个高电位,发动机控制单元也发送了1个高电位,自动变速器控制单元发送了1个低电位而检测到1个高电位,那么自动变速器控制单元将失去优先权而转为接收器。在数据列的状态域位2,ABS/EDL控制单元发送了1个高电位,发动机控制单元发送了1个低电位并检测到1个高电位,那么,发动机控制单元也失去优先权而转为接收器。在数据列的状态域位3,ABS/EDL控制单元拥有最高优先权并接收分配的数据,该优先权保证其持续发送数据直至发送终了,ABS/EDL控制单元结束发送数据后,其他控制单元再发送各自的数据。

思考与练习

1. 简述汽车网络技术的发展背景和特点。
2. 为何汽车网络主要采用拓扑结构?
3. 设计汽车网络系统应考虑哪些要求?
4. 何谓多路传输?简述其数据传输与分离原理。
5. 汽车网络系统中的模块(域节点)主要由哪些硬件构成?
6. 模块中的控制器和收发器有何功能?
7. 为何传输介质多选用双绞线?
8. 光纤为何能提高传输速率?
9. 简述汽车蓝牙的应用场合。
10. 网关有何功能?通常安装在什么位置?
11. 何谓通信协议?为何形成众多的汽车网络通信协议?
12. A类汽车网络有哪些通信协议?各有何特点?

13. B 类汽车网络有哪些通信协议？各有何特点？
14. C 类汽车网络有哪些通信协议？各有何特点？
15. 多媒体网络有哪些通信协议？各有何特点？
16. 汽车网络常采用哪些编码技术？
17. 简述 PWM 编码技术的原理。
18. 简述 VPWM 编码技术的原理。
19. L-MAN 与 E-MAN 编码技术有何区别？
20. 何谓 CAN？有何特点？
21. 为什么要建立开放系统互联参考模式？解释“开放系统”的含义。
22. 简述 OSI 参考模型的结构和特点。
23. 简述 CAN 的分层结构体系。
24. CAN 的物理层有何功能？绘制其功能模型。
25. CAN 的数据链路层有何功能？各子层有何功能？
26. CAN 的信息帧有几种类型？各有何功能？
27. 绘制 CAN 数据帧的结构框图，解释各域的功用。
28. CAN 为何采用差动传递技术？简述其工作原理。
29. 为何要设计 CAN 的数据报告优先权？简述其设计原理。
30. 何谓 LIN？其有何特点？主要应用在什么场合？
31. 何谓 VAN？其有何特点？主要应用场合有哪些？
32. 为何多媒体系统一般要采用 MOST 协议？

参 考 文 献

[1] 陈刚,王良模.汽车电子控制技术[M].北京：机械工业出版社,2017.

[2] 陈宁,徐树杰.智能汽车传感器技术[M].北京：机械工业出版社,2020.

[3] 陈小娟.汽车电子控制基础[M].西安：西安电子科技大学出版社,2016.

[4] 康拉德.BOSCH汽车电气与电子[M].孙泽昌,等译.北京：北京理工大学出版社,2020.

[5] 康拉德.汽车电子学[M].5版.李裕华,马慧敏,李航,译.西安：西安交通大学出版社,2021.

[6] 鲁植雄,冯崇毅.汽车电子控制技术[M].3版.北京：人民交通出版社,2018.

[7] 魏民祥,赵万忠.汽车电子与智能控制基础[M].北京：清华大学出版社,2019.

[8] 严朝勇.电动汽车电机控制与驱动技术[M].北京：机械工业出版社,2017.

[9] 张克明.汽车电子控制技术基础[M].北京：机械工业出版社,2016.

[10] 张蕾.汽车电子控制技术[M].2版.北京：清华大学出版社,2021.

[11] 周凯.汽车电子控制技术基础[M].哈尔滨：哈尔滨工业大学出版社,2015.

[12] 鲁植雄.汽车电子控制基础[M].2版.北京：清华大学出版社,2017.